最新贿赂十罪认定与处理实务

李文峰 徐彦丽 著

中国检察出版社

图书在版编目（CIP）数据

最新贿赂十罪认定与处理实务/李文峰，徐彦丽著. —北京：中国检察出版社，2012.8
ISBN 978－7－5102－0678－8

Ⅰ.①最… Ⅱ.①李… ②徐… Ⅲ.①贿赂罪－研究－中国
Ⅳ.①D924.392.4

中国版本图书馆 CIP 数据核字（2012）第 153681 号

最新贿赂十罪认定与处理实务

李文峰　徐彦丽　著

出版发行：中国检察出版社
社　　址：北京市石景山区鲁谷东街 5 号（100040）
网　　址：中国检察出版社（www.zgjccbs.com）
电　　话：(010)68630384(编辑)　68650015(发行)　68636518(门市)
经　　销：新华书店
印　　刷：三河市西华印务有限公司
开　　本：720 mm×960 mm　16 开
印　　张：24.25 印张　　插页 4
字　　数：451 千字
版　　次：2012 年 8 月第一版　　2012 年 8 月第一次印刷
书　　号：ISBN 978－7－5102－0678－8
定　　价：50.00 元

序

韩玉胜[①]

贿赂犯罪古已有之，皋陶之刑中就有“贪以败官为墨”的记载，我国历朝历代的刑律中均有关于贿赂犯罪的规定。新中国成立后，从1952年《惩治贪污条例》到1979年刑法，从1988年《关于惩治贪污罪贿赂罪的补充规定》到1997年刑法，及至2011年《刑法修正案（八）》，均有关于贿赂犯罪的规定。为指导司法实践，最高人民法院、最高人民检察院先后制定了多个有关贿赂犯罪的司法解释、会议纪要等。但在刑法学界和实务部门，有关贿赂犯罪的诸多问题仍然争论不休，有待从理论和实践相结合的角度进行深入研究。李文峰、徐彦丽两位年轻的作者以深厚扎实的刑法理论功底并结合多年的司法工作实践，对贿赂犯罪的立法、司法解释和理论、实践问题进行了深入思考和研究，成就了《最新贿赂十罪认定与处理实务》一书。通读这部书稿以后，我深为他们脚踏实地刻苦钻研的精神所感动，我认为本书有以下五个特点：

一、体系完整。经过多次修正的刑法分则共规定有十个贿赂犯罪，分别是第三章中的非国家工作人员受贿罪、对非国家工作人员行贿罪、对外国公职人员、国际公共组织官员行贿罪；第八章中的受贿罪、单位受贿罪、利用影响力受贿罪、行贿罪、单位行贿罪、对单位行贿罪、介绍贿赂罪。本书对这十个罪名分别进行了研究，每个罪名独立成章，包括立法沿革、概念、客体、对象、客观方面、主体、主观方面、罪与非罪、此罪与彼罪、定罪量刑情节、法定刑等部分，无论全书体系还是每个罪名体系均较为完整。

二、重点突出。我国刑法分则虽然规定有十个贿赂犯罪，但实践中大量发生的还是受贿罪、非国家工作人员受贿罪、行贿罪，其他犯罪发生较少，如实践中还没有看到对外国公职人员、国际公共组织官员行贿罪的案例。本书在论

---

① 中国人民大学法学院教授，博士生导师；国家重点人文社会科学研究基地——中国人民大学刑事法律科学研究中心副主任，刑事执行法学研究所所长；中国人民大学律师学院副院长；中国人民大学法学院校友工作委员会主任；中国人民大学犯罪与监狱学研究所副所长；中国监狱工作协会副会长。

述时也突出了这一特点，对这三个罪名的论述占了绝大多数篇幅。就每个罪名而言，也做到了重点突出，对争议不大的问题论述较少，对争议较多的问题没有回避，而是作为这个罪名的重点进行深入研究。对罪名中有关共性的问题，如“国家工作人员”的界定、“职务便利”的理解、“贿赂”的范围、“不正当利益”的含义等，则集中在受贿罪或行贿罪中详细阐述，其他罪名中对此部分内容则予以简写。

三、论证深入。如关于国家工作人员的范围，详细分析了“委派”与“委托”、“公务”与“劳务”的含义和区别。关于贿赂的范围，在分析争议观点的基础上，对法律法规、部门规章、国际公约等进行了比较研究，提出了自己的观点。关于经济往来中受贿罪的认定，对“经济往来”、“国家规定”、“回扣”、“折扣”、“佣金”、“手续费”等结合有关法律法规、部门规章进行了界定。关于受贿罪与贪污罪、单位受贿罪、非国家工作人员受贿罪的界限均进行了深入研究论证。

四、案例丰富。本书有三百余个案例，一些最近判决的案例也被收入书中。这些案例都较为典型，既有案情的叙述，也有法院对定罪量刑的说明，有的案例还有被告人的上诉理由和检察机关的抗诉理由。这些案例都附随在每个罪名具体的知识点之后，通过这些案例，读者不仅能够加深对理论知识的理解，而且可以知晓被告人及其辩护人如何进行无罪或罪轻的辩解或辩护，明白法院如何对贿赂犯罪进行定罪量刑。我认为这是本书的一大特色，也增加了本书的可读性。

五、实用性强。本书既有对有关贿赂犯罪的法律法规、司法解释的详细阐释，也有对有关贿赂犯罪争议问题的深入研究，还有对有关贿赂犯罪知识点的案例说明。通览本书，我感到作者对每个贿赂犯罪的知识点都进行了深入论证，有关贿赂犯罪的疑问基本上都能在本书中找到答案。本书语言流畅，深入浅出，无论对于从事贿赂犯罪研究的学者，还是实务部门的法律工作者，或者是广大的国家工作人员，以及其他想了解有关贿赂犯罪知识的公民，都具有很好的实用价值。

应两位作者之邀为本书作序是我的荣幸。我相信，作者今后一定还会有新的力作问世，继续为刑法理论的深入研究和刑事司法实务经验的总结做出更多的成就。

2012 年 4 月于中国人民大学明德法学楼

目　录

第一章 受贿罪

一、受贿罪概述

（一）受贿罪的立法沿革

1952年4月21日中央人民政府公布的《中华人民共和国惩治贪污条例》第2条规定："一切国家机关、企业、学校及其附属机构的工作人员，凡侵吞、盗窃、骗取、套取国家财物，强索他人财物，收受贿赂以及其他假公济私违法取利之行为，均为贪污罪。"从该条规定可以看出，受贿罪是作为贪污罪的一种行为方式规定的。

1979年刑法在分则渎职罪一章规定了单独的受贿罪，第185条第1、第2款规定："国家工作人员利用职务上的便利，收受贿赂的，处五年以下有期徒刑或者拘役。赃款、赃物没收，公款、公物追还。犯前款罪，致使国家或者公民利益遭受严重损失的，处五年以上有期徒刑。"1982年3月8日全国人大常委会《关于严惩严重破坏经济的罪犯的决定》第1条第2项将1979年刑法第185条第1款和第2款受贿罪修改为："国家工作人员索取、收受贿赂的，比照刑法第一百五十五条贪污罪论处；情节特别严重的，处无期徒刑或者死刑。"由于1979年刑法对受贿罪采取的是简单罪状的立法方式，伴随着改革开放的逐步深入，实践中出现了许多疑难问题。1985年7月18日最高人民法院、最高人民检察院联合下发了《关于当前办理经济犯罪案件中具体应用法律的若干问题的解答（试行）》，第2条明确了司法实践中认定受贿罪的几个问题。

1988年1月21日全国人大常委会通过的《关于惩治贪污罪贿赂罪的补充规定》用两个条文规定了受贿罪。第4条规定："国家工作人员、集体经济组织工作人员或者其他从事公务的人员，利用职务上的便利，索取他人财物的，或者非法收受他人财物为他人谋取利益的，是受贿罪。与国家工作人员、集体经济组织工作人员或者其他从事公务的人员勾结，伙同受贿的，以共犯论处。国家工作人员、集体经济组织工作人员或者其他从事公务的人员，在经济往来中，违反国家规定收受各种名义的回扣、手续费，归个人所有的，以受贿论处。”第5条规定：“对犯受贿罪的，根据受贿所得数额及情节，依照本规定第二条的规定处罚；受贿数额不满一万元，使国家利益或者集体利益遭受重大损失的，处十年以上有期徒刑；受贿数额在一万元以上，使国家利益或者集体利益遭受重大损失的，处无期徒刑或者死刑，并处没收财产。索贿的从重处罚。因受贿而进行违法活动构成其他罪的，依照数罪并罚的规定处罚。”1989年11月6日最高人民法院、最高人民检察院联合制发了《关于执行〈关于惩治贪污罪贿赂罪的补充规定〉若干问题的解答》，对受贿罪的主体问题、受贿罪中“利用职务上的便利”如何理解的问题、已离、退休的国家工作人员的受贿问题、关于构成受贿罪的行为如何掌握的问题又作了具体解释。

1995年2月28日全国人大常委会通过的《关于惩治违反公司法的犯罪的决定》，将公司、企业人员的受贿行为从受贿罪中分离出来独立成罪，第9条规定：“公司董事、监事或者职工利用职务上的便利，索取或者收受贿赂，数额较大的，处五年以下有期徒刑或者拘役；数额巨大的，处五年以上有期徒刑，可以并处没收财产。”第14条规定：“有限责任公司、股份有限公司以外的企业职工有本决定第九条、第十条、第十一条规定的犯罪行为的，适用本决定。”该决定增设了公司、企业人员受贿罪，相应地缩小了受贿罪的主体范围。

1997年修订后的刑法吸收了《关于惩治贪污罪贿赂罪的补充规定》和《关于惩治违反公司法的犯罪的决定》的有关内容，将受贿罪纳入贪污贿赂罪一章，第385条规定：“国家工作人员利用职务上的便利，索取他人财物的，或者非法收受他人财物，为他人谋取利益的，是受贿罪。国家工作人员在经济往来中，违反国家规定，收受各种名义的回扣、手续费，归个人所有的，以受贿论处。”第386条规定：“对犯受贿罪的，根据受贿所得数额及情节，依照本法第三百八十三条的规定处罚。索贿的从重处罚。”1999年9月16日最高人民检察院公布的《关于人民检察院直接受理立案侦查案件立案标准的规定（试行）》，对受贿罪的概念、理解、立案标准等进行了规定。2007年7月8日最高人民法院、最高人民检察院联合印发了《关于办理受贿刑事案件适用法律若干问题的意见》，对新形势下关于受贿罪认定的几个问题进行了解释。2008年11月20日最高人民法院、最高人民检察院又联合印发了《关于办理商业贿赂刑事案件适用法律若干问题的意见》。

此外，刑法其他条文也有关于受贿罪的规定。刑法第163条第3款规定：“国有公司、企业或者其他国有单位中从事公务的人员和国有公司、企业或者其他国有单位委派到非国有公司、企业以及其他单位从事公务的人员，利用职务上的便利，索取他人财物或者非法收受他人财物，为他人谋取利益，数额较大的，或者在经济往来中，利用职务上的便利，违反国家规定，收受各种名义的回扣、手续费，归个人所有的，依照刑法第三百八十五条、第三百八十六条的规定定罪处罚。”

刑法第 184 条第 2 款规定：“国有金融机构工作人员和国有金融机构委派到非国有金融机构从事公务的人员在金融业务活动中索取他人财物或者非法收受他人财物，为他人谋取利益的，或者违反国家规定，收受各种名义的回扣、手续费，归个人所有的，依照本法第三百八十五条、第三百八十六条的规定定罪处罚。”

刑法第 388 条规定：“国家工作人员利用本人职权或者地位形成的便利条件，通过其他国家工作人员职务上的行为，为请托人谋取不正当利益，索取请托人财物或者收受请托人财物的，以受贿论处。”

（二）受贿罪的概念

关于受贿罪的概念，刑法学界的表述不尽相同。根据刑法第 385 条和 1999 年最高人民检察院《关于人民检察院直接受理立案侦查案件立案标准的规定（试行）》之规定，受贿罪，是指国家工作人员利用职务上的便利，索取他人财物的，或者非法收受他人财物，为他人谋取利益的行为。

二、受贿罪的客体和对象

（一）受贿罪的客体

关于受贿罪侵犯的客体，刑法学界的认识并不一致。由于 1979 年刑法将受贿罪归类在渎职罪一章，因此当时的通说认为受贿罪侵犯的客体是国家机关的正常活动，即正确执行国家机关对内、对外职能任务的一种活动。这种对国家机关正常管理活动的侵犯，会带来侵蚀国家肌体、败坏国家机关的声誉、损害人民群众对国家机关及其工作人员的信赖，从而危害社会主义经济发展的结果。①

1997 年刑法修订以后，受贿罪规定在了贪污贿赂罪一章。刑法学界的通说认为，受贿罪侵犯的客体是国家工作人员职务行为的廉洁性。② 除通说外，也有的学者对受贿罪的客体提出了不同的看法。有的学者认为，受贿罪的客体

---

① 参见高铭暄主编：《中国刑法学》，中国人民大学出版社 1989 年版，第 601 页。

② 参见高铭暄、马克昌主编：《刑法学》（第五版），北京大学出版社、高等教育出版社 2011 年版，第 629 页；赵秉志主编：《刑法新教程》，中国人民大学出版社 2001 年版，第 837 页；何秉松主编：《刑法教科书》（下卷），中国法制出版社 2000 年版，第 1132 页；苏惠渔主编：《刑法学》，中国政法大学出版社 1999 年版，第 869 页。

是公众对国家工作人员职务行为公正性的信赖。① 也有的学者认为，受贿罪的客体是国家工作人员职务行为的不可收买性。② 还有的学者认为，受贿罪的客体是国家工作人员职务行为的不可出卖性。③ 有的学者主张受贿罪的客体是复杂客体，侵犯了国家工作人员职务行为的廉洁性以及党和政府的威信。④ 受贿罪既侵犯了国家工作人员职务行为的廉洁性，又侵犯了国家机关的正常管理活动和声誉。⑤ 应该说，上述学者所提到的这些客体，受贿罪确实都会不同程度地侵犯。笔者主张通说的观点。鉴于受贿罪客体的不同表述不会影响到实践中对受贿罪的处理，在此不予展开评述。

（二）受贿罪的对象

受贿罪的犯罪对象是贿赂。但关于贿赂的范围，刑法学界并没有一致的认识，归纳起来，主要有三种不同的观点：

第一种观点认为，贿赂的对象仅限于财物，即金钱和物品。我国自古以来关于贿赂的解释均指财物，新中国成立以来的刑事立法也都将贿赂限定为财物。1997 年修订刑法时，对贿赂的范围如何确定曾有过争论，焦点是应否包括财产性利益，但修订后的刑法仍然将贿赂限定为财物。既然修订刑法时已经有意见提出要扩大贿赂的范围，而最终又没有采纳这种意见，那么，按照罪刑法定的原则，目前司法实践中只能把贿赂局限在财物上。⑥

第二种观点认为，贿赂的对象是指财物和财产性利益。如有的学者认为，贿赂即我国刑法所规定的财物，应当是指具有价值的有体物、无体物和财产性利益，非财产性利益不属于贿赂。⑦ 也有的学者虽然认为贿赂的对象是财物，但财物应当作适当的扩大解释，不仅指有形的可以用金钱计量的钱物，也包括无形的可以用金钱计量的物质性利益，如债权的设立、债务的免除以及其他形式的物质性利益，但不包括诸如提升职务、迁移户口、升学就业、提供女色等

---

① 参见孙国祥著：《贪污贿赂犯罪疑难问题学理与判解》，中国检察出版社 2003 年版，第 278 页。

② 参见张明楷著：《刑法学》（下），法律出版社 1997 年版，第 918 页。

③ 参见李希慧主编：《贪污贿赂罪研究》，知识产权出版社 2004 年版，第 130 页。

④ 参见高铭暄主编：《刑法专论》（下编），高等教育出版社 2002 年版，第 812 页。

⑤ 参见孙谦主编：《国家工作人员职务犯罪研究》，法律出版社 1998 年版，第 87 页。

⑥ 参见孙谦主编：《国家工作人员职务犯罪研究》，法律出版社 1998 年版，第 90 页。

⑦ 参见高铭暄、马克昌主编：《刑法学》（第五版），北京大学出版社、高等教育出版社 2011 年版，第 629 页。

非物质性不正当利益。① 还有的学者认为，对于国家工作人员利用职务上的便利，要求或者接受相对人为其本人或者第三人设定债权股权，免除所欠债务，免费提供劳务或装修房屋，免费旅游，减免贷款借款利息，免费提供住房使用权或高档物品使用权，免费吃喝玩乐消费等，应当实质性地解释为索取或者非法收受财物。②

第三种观点认为，贿赂的对象是指不正当利益，既包括财物，也包括财产性利益，还包括其他非财产性的不正当利益。这些非财产性利益，如解决住房、迁移户口、调动工作、招工招干、提拔职务、出国留学，甚至性服务等，虽然不能像财物或财产性利益那样可以用金钱计量，但却可以使受贿人获得用钱财买不到或难以买到的实际利益，其诱惑力往往甚于财物。在国外，将其他不正当利益列入贿赂范围的立法例也很多，如日本刑法规定异性间的性交、提供地位等都能成为贿赂。③

除了刑法之外，我国一些法律法规和国际条约等也对贿赂的范围作出了规定。1993 年 12 月 1 日《反不正当竞争法》第 8 条规定："经营者不得采用财物或者其他手段进行贿赂以销售或者购买商品。"第 22 条规定："经营者采用财物或者其他手段进行贿赂以销售或者购买商品，构成犯罪的，依法追究刑事责任；不构成犯罪的，监督检查部门可以根据情节处以一万元以上二十万元以下的罚款，有违法所得的，予以没收。"1996 年 11 月 15 日，国家工商行政管理局《关于禁止商业贿赂行为的暂行规定》第 2 条对《反不正当竞争法》第 8 条的规定做了进一步解释。所称财物，是指现金和实物，包括经营者为销售或者购买商品，假借促销费、宣传费、赞助费、科研费、劳务费、咨询费、佣金等名义，或者以报销各种费用等方式，给付对方单位或者个人的财物。所称其他手段，是指提供国内外各种名义的旅游、考察等给付财物以外的其他利益的手段。

2000 年 6 月 8 日中央纪委办公厅、监察部办公厅《关于对浙江省纪委〈关于党员、行政监察对象接受私营企业老板出资的旅游活动应当如何定性处理的请示〉的答复》指出：党和国家工作人员或者其他从事公务的人员中的共产党员，利用职务上的便利，为他人谋利益，接受其邀请，本人或携带亲友外出旅游，费用由邀请方支付的行为，以受贿错误论，依照《中国共产党纪

---

① 参见何秉松主编：《刑法教科书》（下卷），中国法制出版社 2000 年版，第 1133 页。

② 参见肖中华著：《贪污贿赂罪疑难解析》，上海人民出版社 2006 年版，第 147 页。

③ 参见［日］大谷实著：《刑法各论》，黎宏译，法律出版社 2003 年版，第 455 页。

律处分条例（试行）》第六十一条给予党纪处分。行政监察对象利用职务或工作上的便利，接受他人邀请，本人或携带亲友外出旅游，费用由邀请方支付的行为，需要给予行政处分的，可参照本答复处理。

2005 年 10 月 27 日我国全国人大常委会批准加入的《联合国反腐败公约》第 15 条（贿赂本国公职人员）规定：各缔约国均应当采取必要的立法措施和其他措施，将下列故意实施的行为规定为犯罪：（1）直接或间接向公职人员许诺给予、提议给予或者实际给予该公职人员本人或者其他人员或实体不正当好处，以使该公职人员在执行公务时作为或者不作为；（2）公职人员为其本人或者其他人员或实体直接或间接索取或者收受不正当好处，以作为其在执行公务时作为或者不作为的条件。

2007 年 11 月 12 日公安部消防局发布的《公安消防部队四个严禁》，对收受贿赂进行了解释：《四个严禁》第三条所称的“收受贿赂”，是指收受对方或者第三方现金、有价证券、支付凭证、贵重物品；报销应由个人或单位支付的费用；获得明显低价购买商品、低价承租、低价或者免费装修房屋、提供住房、安排旅游和出国（境）考察等间接物质利益；获得安排子女升学，帮助本人或他人就业、调动工作、晋职晋级，提供性服务等非物质性利益；由请托人出资“合作”开办公司或者进行其他“合作”投资；以委托请托人投资证券、期货或者其他委托理财的名义获取“收益”；通过赌博的方式收受财物；使特定关系人不实际工作却获取所谓薪酬；离职后收受财物等行为。

2008 年 11 月 20 日最高人民法院、最高人民检察院联合印发的《关于办理商业贿赂刑事案件适用法律若干问题的意见》第 7 条指出：商业贿赂中的财物，既包括金钱和实物，也包括可以用金钱计算数额的财产性利益，如提供房屋装修、含有金额的会员卡、代币卡（券）、旅游费用等。具体数额以实际支付的资费为准。

从上述法律法规和国际条约等规定可以看出，《反不正当竞争法》所指的贿赂包括财物和其他手段；中央纪委办公厅和监察部办公厅答复表明免费旅游从性质上讲属于贿赂；《联合国反腐败公约》所指的贿赂是指不正当好处；公安部消防局对贿赂的解释则更为宽泛，不仅包括财物，而且包括间接物质利益，还将非物质性利益也包括在内。最高人民法院、最高人民检察院《关于办理商业贿赂刑事案件适用法律若干问题的意见》所指的贿赂既包括金钱和实物，也包括财产性利益。《联合国反腐败公约》和公安部消防局关于贿赂的范围相当于上述第三种观点所指的贿赂范围，最高人民法院、最高人民检察院《关于办理商业贿赂刑事案件适用法律若干问题的意见》关于贿赂的范围相当于上述第二种观点所指的贿赂范围。

笔者认为，随着我国经济社会的快速发展，以及党和政府打击贪污贿赂犯罪的逐步深入，贿赂犯罪也出现了一些新的变化。虽然传统的财物贿赂仍然存在，但也出现了一些财产性利益的贿赂，如免费提供住房、免费旅游、低价购买住房或高价出售住房等，还出现了一些非财产性利益，如调动工作、提供性服务等。虽然 1997 年刑法修订时，有专家学者主张扩大贿赂的范围，将财产性利益甚至性贿赂都纳入贿赂的范围，但现行刑法规定的贿赂仍然限于财物。应该说，现行刑法规定已经不能完全适应司法实践打击贿赂犯罪的需要，鉴于此，最高人民法院、最高人民检察院《关于办理商业贿赂刑事案件适用法律若干问题的意见》对贿赂中的财物进行了适当的扩大解释。笔者认为，有必要适当扩大我国刑法中贿赂的范围，笔者赞同第二种观点主张的贿赂的范围，即“贿赂”既包括金钱和实物，也包括可以用金钱计算数额的财产性利益。

【案例 1－1】2005 年春节前，被告人付某某在任郸城县人民政府法制办公室主任期间，原郸城县城关镇北环办事处副主任兼文书王某某为要回郸城县人民政府法制办公室欠北环办事处的土地补偿款，从中抽回他的为公垫支，将其在北环办事处试验田东北角所建楼房一套送给付某某。经评估该套楼房价值 66389.2 元。郸城县人民法院一审判决付某某犯受贿罪，判处有期徒刑 5 年。付某某不服，提出上诉。周口市中级人民法院二审认为：付某某身为国家工作人员，利用职务上的便利，非法收受他人价值 66389.2 元的房子一套，为他人谋取利益，其行为已构成受贿罪。原审判决认定事实清楚，适用法律正确，定罪准确，量刑适当，审判程序合法。裁定驳回上诉，维持原判。本案中，被告人付某某收受的他人财物为房屋，这说明房屋等不动产可以成为贿赂，即受贿罪的对象。

【案例 1－2】2005 年年初，中国铝业河南分公司水电厂与郑州市上街区昌铝工贸公司签订水电厂排水车间预沉池合同，水电厂与昌铝工贸公司结账后，由该公司在年底给水电厂排水车间一定的费用。2005 年度，郑州市昌铝工贸公司应在年底支付给水电厂排水车间约 8 万元到 9 万元的费用。2006 年 6 月 27 日，被告人张某某利用其担任水电厂排水车间主任的职务之便，向郑州市昌铝工贸公司负责人李某某索要了一辆捷达轿车，车款 9.48 万元由李某某支付，该车登记在张某某名下。后郑州市昌铝工贸公司一直未支付水电厂排水车间的欠款。2007 年 4 月 9 日，张某某利用其担任水电厂排水车间主任职务之便，让本车间净水剂供应商姚某某将其捷达轿车卖掉，后姚某某将车以 8 万元价格卖掉。2007 年 4 月 19 日，姚某某为张某某购买了一辆本田思域轿车，并支付车款 16.6 万元，姚某某支付了办理车辆落户手续的相关费用 20578.93 元，该车登记在张某某名下。在更换车辆的过程中，姚某某共计付款

186578.93 元，扣除捷达车的变现款 8 万元，张某某从中受贿 106578.93 元。此后，张某某为姚某某谋取利益。郑州市上街区人民法院一审以受贿罪判处张某某有期徒刑 10 年 6 个月。张某某不服，提出上诉。郑州市中级人民法院二审裁定驳回上诉，维持原判。本案中，被告人张某某向他人索要的并不是现金等普通财物，而是轿车，并且两次索要的轿车均登记在张某某名下，因此张某某的行为构成受贿罪，受贿数额为第一次的轿车款加上第二次的轿车差价款。

【案例 1-3】 1995 年 3 月 16 日，被告人康某某（1999 年 5 月至案发之日任该村党支部书记）在担任郑州市金水区祭城镇崔庄村村长时，该村与河南省江海房地产有限公司签订了土地征用合同，合同涉及土地各种补偿款项 1760 万元。1996 年 12 月 27 日郑州市土地管理局与河南省江海房地产有限公司签订了国有土地使用权出让合同，1997 年 4 月河南省江海房地产有限公司取得了国有土地使用证。被告人王某某（1998 年 1 月至 1999 年 5 月期间）在担任该村党支部书记时，与康某某曾多次协调河南省江海房地产有限公司与本村村民因土地补偿款未付清而引发的矛盾冲突。2000 年年初，康某某在催要土地补偿款时向河南省江海房地产有限公司提出，由该公司出资安排两个人去美国旅游，2000 年五六月份，河南省江海房地产有限公司向河南省中国青年旅行社支付两被告人各项旅游费用 89270 元（核每人 44635 元）。同年 7 月份，康某某、王某某去美国旅游 12 天。2001 年 4 月河南省江海房地产有限公司将土地补偿款全部付清。案发后赃款全部追回。新郑市人民法院经审理认为：被告人康某某在崔庄村土地被征用后的土地补偿费用管理过程中，利用职务上的便利，向他人提出并接受安排旅游；被告人王某某身为国家工作人员，接受他人安排旅游，为他人谋取利益，其行为均构成受贿罪。康某某在任崔庄村村委领导期间，对河南省江海房地产有限公司所欠土地补偿款的催要清偿，以及协调因土地补偿款没有到位而引发的村民与河南省江海房地产有限公司的纠纷，系协助人民政府从事的土地征用补偿费用的管理工作，应以国家工作人员论处。出国旅游作为一种财产性利益，应系财物的一种表现形式。康某某、王某某主动向纪检部门交代了犯罪事实，是自首，应当从轻或减轻处罚。两被告人主动退还了旅游款项，可酌情从轻处罚。故对两被告人均可减轻或从轻予以量刑处罚。判决：康某某犯受贿罪，判处有期徒刑 3 年，缓刑 5 年。王某某犯受贿罪，判处有期徒刑 2 年，缓刑 3 年。本案中，两被告人受贿的对象为出国旅游，这是一种消费活动，但这种消费活动是可以用金钱计算的，具体受贿数额为两被告人各项旅游费用 89270 元，法院以受贿罪对两被告人定罪量刑是正确的。

【案例1-4】 2002年至2008年间，海口市煤气管理总公司与海南宁龙实业有限公司（以下简称宁龙公司）持续合作开发房地产等项目，时任海口市煤气管理总公司总经理的符某对于双方合作的项目及合作项目资金的使用均有审批权。合作期间，符某及其妻子何某非法收受宁龙公司总经理蒋某（另案处理）贿赂款90余万元。2002年，符某、何某欲购买海口市金贸中路1号半山花园小区的房产。一天，符某与蒋某在一酒楼喝茶时，向蒋某提出其想在半山花园小区购买一套房，需要资金50万元，蒋某听后表示50万元由他支付，并让符某提供一个账户。事后，符某安排何某与蒋某联系办理转款事宜。2002年11月18日，蒋某将50万元转入何某提供的账户。2003年，符某、何某购买了海口市滨海大道紫荆信息公寓10楼C座房产。2004年上半年的一天，符某请蒋某帮忙参谋装修一事，蒋某为了使双方合作项目顺利开展，提出为该房安排装修设计，符某表示同意，并随即安排何某与蒋某一同负责装修具体事宜。后蒋某委托覃某装修，并以宁龙公司的名义与覃某所在的港天利装修工程有限公司签订了装修合同，同时交代覃某按照何某的要求进行装修，后覃某照办。工程完工后，蒋某通过转账、付现的方式陆续向覃某支付了该房的装修款30.6万余元。此外，在2005年至2008年间，符某每年出国考察一次，每次出国考察前，蒋某都送给符某美元5000元，4年累计送给符某美元2万元。案发后，符某、何某潜逃。2010年6月，符某、何某主动到检察机关投案自首，并如实供述了非法收受他人贿赂的犯罪事实。海南省海口市秀英区人民法院一审以受贿罪判处符某有期徒刑7年；以受贿罪判处何某有期徒刑3年，缓刑5年。① 本案中，被告人受贿的对象除现金外，还包括他人出资为其购买房屋和装修房屋的费用。

【案例1-5】 被告人温某，原系浙江省丽水市城市建设发展有限公司副总经理。2003年，温某通过朋友介绍认识了丁某。为了实现自己的目的，丁某搞起了“长远投资”。温某在担任丽水城建发展有限公司副总经理之初，公司还没有给温某配车，恰巧这时丁某买了新车。于是，温某经常借丁某的车来开。有一次，两个人在杭州相遇，丁某拉着温某去杭州大厦，这次选中的是一条价值300元的裤子。考虑到这条裤子的价格也就相当于一条香烟，温某接受了。此后，两个人经常一起出入杭州的一些高档商场。最多的一次，丁某为温某支付了1万余元的衣服钱。这样三年下来，温某先后收受丁某送的高档衣服7件，价值人民币1.47万元以上；高档皮鞋3双，价值人民币3300元以上；

① 参见李轩甫等：《买房、装修，夫妻合谋受贿90余万元》，载《检察日报》2011年10月27日。

高档裤子4条，价值人民币4100元以上；手机一部，价值人民币3160元。丁某与温某建立了较好的关系后，就常带温某一起去嫖娼，费用均由丁某支付。起初的近20次嫖娼，丁某都是预先支付了费用。从2005年下半年开始，丁某将钱直接放在温某所住宾馆房间的枕头下，由温某自己支付。温某以这种方式收受丁某所送人民币共计13次，每次500元到1500元不等，共计9500元。作为回报，温某为丁某争取了数个大桥桥栏建设工程、亮化工程、粉饰工程等，使丁某获得70余万元利润。2006年10月，温某被丽水市景宁县检察院立案侦查。经过景宁县检察院认真查证，除了温某自己交代的收受丁某高档衣服、皮鞋和嫖娼费共计人民币3.4万余元外，他没有直接收受现金。在侦查期间，温某退清了全部赃款。2006年12月24日，景宁县检察院以受贿罪对温某提起公诉，将温某收受丁某的9500元嫖娼费计入受贿额。法院经审理认为：温某利用职务之便，非法收受包括嫖娼费在内的他人财物3.4万余元，破坏了国家工作人员职务行为的廉洁性和有关正常管理活动，其行为已构成受贿罪，依法判处其有期徒刑1年6个月，缓刑2年。本案中，行贿人以为温某支付嫖资的方式来收买他，这种行贿方式，是否算"性贿赂"的范畴呢？负责该案审查起诉的景宁县检察院公诉科检察官钟时剑认为，这与人们常说的性贿赂还是有区别的。"性贿赂"是指女方本人直接通过性交易的方式，从对方那里获得利益。而本案不属于这一类。行贿人丁某只是把钱放在了温某的枕头底下，其实也可以算是一种资金行贿，只不过温某将钱直接用于了嫖娼。温某收受了钱财作何用途，不能改变受贿的性质。也正是基于这样的法律认识，对温某自供的近20笔由丁某事先支付的"共同嫖娼费"，检察机关没有计入受贿额。"性贿赂"尽管在我国还没有明确的法律定义，但丁某事先支付的"共同嫖娼费"应该归于性贿赂一类。①

三、受贿罪的客观方面

受贿罪的客观方面表现为国家工作人员利用职务上的便利，索取他人财物的，或者非法收受他人财物，为他人谋取利益的行为。具体来讲，应当从以下三个方面来理解受贿罪的客观方面。

（一）利用职务上的便利

如何理解"利用职务上的便利"，刑法学界一直存有争议。1985年最高人

---

① 参见范跃红、郑俭轩：《浙江首例：嫖娼费计入受贿额》，载《检察日报》2007年1月23日。

民法院、最高人民检察院《关于当前办理经济犯罪案件中具体应用法律的若干问题的解答（试行）》第 2 条甚至出现了“国家工作人员利用职权或者工作便利，为他人谋取利益，以‘酬谢费’等名义索取、收受财物的……应认定为受贿罪”的解释，将“工作便利”作为了“利用职务上的便利”的一种表现形式。1989 年最高人民法院、最高人民检察院《关于执行〈关于惩治贪污罪贿赂罪的补充规定〉若干问题的解答》对受贿罪中“利用职务上的便利”如何理解的问题进行了解释：受贿罪中“利用职务上的便利”，是指利用职权或者与职务有关的便利条件。“职权”是指本人职务范围内的权力。“与职务有关”，是指虽然不是直接利用职权，但利用了本人的职权或地位形成的便利条件。1999 年最高人民检察院《关于人民检察院直接受理立案侦查案件立案标准的规定（试行）》对受贿罪中“利用职务上的便利”如何理解进行了解释：“利用职务上的便利”，是指利用本人职务范围内的权力，即自己职务上主管、负责或者承办某项公共事务的职权及其所形成的便利条件。2003 年最高人民法院《全国法院审理经济犯罪案件工作座谈会纪要》第 3 条第 1 项指出：刑法第 385 条第 1 款规定的“利用职务上的便利”，既包括利用本人职务上主管、负责、承办某项公共事务的职权，也包括利用职务上有隶属、制约关系的其他国家工作人员的职权。担任单位领导职务的国家工作人员通过不属自己主管的下级部门的国家工作人员的职务为他人谋取利益的，应当认定为“利用职务上的便利”为他人谋取利益。就现行司法解释而言，“利用职务上的便利”应当包括以下几种情形：

1. 利用本人职务上主管、负责、承办某项公共事务的职权。

【案例 1－6】在 2004 年 2 月至 2006 年 6 月，被告人卓某先后担任广州经济技术开发区环境综合管理局副局长、局长。期间，卓某利用职务上的便利，在主管该局绿化、义务植树等环境综合整治、道路保洁、垃圾清运等招投标过程中，于 2004 年春节至 2006 年春节，在其家中、暨南大学西门天河商厦停车场内的愉园沐足阁等地，共 4 次收受施工单位广州经济技术开发区恒华园艺发展公司总经理林某某贿送的现金 15 万元；于 2004 年 12 月至 2006 年 2 月，在广州市天河区国防大厦、广州市天河区石牌商贸大厦天正茶艺馆、广州市天河区跑马场内的某俱乐部、江苏省昆山市等地，共 5 次收受中标单位广东路通交通服务有限公司董事长刘某某贿送的现金 11.9 万元。综上所述，卓某收受他人贿送的现金合计为 26.9 万元。2006 年 6 月 22 日，卓某向广州市人民检察院投案自首。同年 7 月 19 日，广州市人民检察院扣押了卓某退出的全部赃款 26.9 万元。广州市萝岗区人民法院一审认为：被告人卓某的行为已构成受贿罪，其能退出全部赃款，且有自首表现，依法可以减轻处罚，判决卓某犯受贿罪，判处有期徒刑 4 年，并处没收个人财产 5 千元。卓某以量刑过重为由提出上诉，请求对其适用缓刑。广州市中级人民法院二审裁定驳回上诉，维持原判。

【案例 1-7】在 2009 年 1 月至 2010 年 6 月的短短一年半间，被告人薛某某在上海市静安区渣土管理所先后担任副所长、所长期间，利用主管该区渣土运输监察勘验、审核批准等权限，以渣土处置费回扣的名义，收受静安区临时对口渣土处置收纳卸点经营者上海某公司负责人秦某给予的贿赂款 27 万元。2010 年，薛某某以相同的名义，还收受了上海某渣土运输服务有限公司副总经理倪某的贿赂款 12 万元。此外，在 2009 年 2 月至 2010 年 4 月间，薛某某还多次先后收受某渣管所监察工作人员王某给予的贿赂款 7.5 万元。静安区人民法院经审理认为：被告人薛某某系国家工作人员，利用职务上的便利收受他人财物，为他人谋取利益，数额达人民币 46.5 万元，该行为已构成了受贿罪，应依法予以惩处。鉴于薛某某在案发后能坦白交代罪行，并在家属的帮助下退缴了全部赃款，确有认罪悔罪的表现，依法酌情从轻处罚。判决被告人薛某某犯受贿罪，判处有期徒刑 13 年 3 个月，并处没收财产人民币 1 万元。①

【案例 1-8】2007 年元月以来，被告人李某某利用担任汤阴县计划生育指导站站长的职务便利，通过中间人李甲、李乙、李丙、王某某等人为按政策应做绝育手术的二胎生育户李丁、王甲等 222 人开虚假《绝育手术证明》222 张，收受李甲、李乙、李丙、王某某等人所送现金共计 30.55 万元，为他人谋取非法利益。案发后，李某某积极退回赃款。汤阴县人民法院一审判决李某某犯受贿罪，判处有期徒刑 10 年，剥夺政治权利 1 年。李某某不服，提出上诉。安阳市中级人民法院二审裁定驳回上诉，维持原判。

【案例 1-9】被告人程某在任邯郸钢铁集团公司三炼钢门岗小队长期间，接受姚某某的请托，利用门岗小队长负责核对过往车辆物流单与车上所装物资是否相符的检查职责之便，对姚某某利用排废车辆夹带邯钢物资（氧化铁皮）出门的行为予以放行，每放行一辆后八轮车，姚某某给程某 1000 元现金，放行一辆翻斗车，姚某某给程某 500 元现金，共给予程某 22000 元。邯郸市丛台区人民法院一审认为：被告人程某利用职务上的便利，非法收受他人财物，为他人谋取利益，其行为已构成受贿罪。鉴于被告人归案后认罪态度较好，判决被告人程某犯受贿罪，判处有期徒刑 1 年 6 个月。程某不服，提出上诉。邯郸市中级人民法院二审裁定驳回上诉，维持原判。

---

① 参见李鸿光：《上海静安区原渣土管理所所长受贿获刑》，载《东方网》2011 年 10 月 10 日。

2. 利用职务上有隶属、制约关系的其他国家工作人员的职权。所谓“隶属”，是指行为人与被其利用的人之间在职务上具有上下级的关系。所谓“制约”，是指行为人与被其利用的人虽然在职务上没有上下级的关系，但彼此的工作相互联系、相互依存，具有一定的限制或约束关系。

【案例1－10】1992年11月至2008年5月，被告人陈某某利用担任中共莆田市委副书记、莆田市人民政府市长，中共宁德市委书记，中共福建省委常委、秘书长的职务便利，在职务晋升、企业经营、土地使用以及案件处理等方面为他人谋取利益，收受、索取福建森坤投资集团有限公司董事长郑某某、宁德市海洋与渔业局原局长薛某某等26人给予的人民币513.7万元、美元34.78万元、港币12万元、加拿大元3000元、欧米茄牌手表和百达翡丽牌手表各一块，折合人民币共计819.31万元。南京市中级人民法院经审理认为：被告人陈某某身为国家工作人员，利用职务便利，为他人谋取利益，非法索取、收受他人财物，折合人民币共计819.31万元，其行为已构成受贿罪。根据陈某某的受贿数额和情节，考虑到其能够坦白办案机关尚不掌握的大部分受贿事实并退缴了全部赃款赃物，判决陈某某犯受贿罪，判处无期徒刑，剥夺政治权利终身，并处没收个人全部财产。扣押在案的受贿赃款人民币515.59万元、美元34.78万元、港币12万元，赃物百达翡丽牌手表一块、欧米茄牌手表一块予以没收，上缴国库。宣判后，陈某某在法定期限内未上诉，检察机关也没有抗诉，一审判决发生法律效力。

【案例1－11】被告人贾某某于1997年11月起担任北京市朝阳区环境保护局副局长，先后负责管理科、审批科以及监察队等部门的工作。1999年期间，贾某某通过他人介绍结识了从事煤炭销售的李某某（另案处理）。后贾某某应李某某的要求，利用其职权为李某某联系了北京北辰热力厂以及北京燕晨物业管理中心两家用煤单位。李某某为了对贾某某表示感谢，于2002年2月间给予其现金人民币20万元。在贾某某的授意下，李某某于同年2月9日将上述人民币20万元交给贾某某之妹贾甲，由贾甲以贾甲个人名义存入中国农业银行北京清河支行。同年7月28日，李某某将上述款项从贾甲处取走。2005年4月21日，贾某某向北京市朝阳区人民检察院反贪污贿赂局投案。北京市朝阳区人民法院一审认为：被告人贾某某身为国家机关工作人员，本应廉洁自律，但其却利用与其本人职务存在制约关系的其他国家工作人员的职权为他人谋取利益，并收受他人给予的“好处费”，其行为侵犯了国家工作人员的职务廉洁性，触犯了刑律，已构成受贿罪，依法应予惩处。鉴于贾某某犯罪以后自动投案，如实供述自己的罪行，是自首，故对其所犯受贿罪依法减轻处罚。依照刑法第385条第1款等，于2006年12月12日判决贾某某犯受贿罪，判处有期徒刑 5 年。贾某某不服，提出上诉。北京市第二中级人民法院于 2007 年 5 月 11 日二审裁定驳回上诉，维持原判。

3. 担任单位领导职务的国家工作人员利用不属于自己主管的下级部门的国家工作人员的职权。

【案例 1－12】 被告人胡某某在 1994 年上半年至 1999 年 8 月间，利用职务便利，先后 86 次收受、1 次索取他人财物折合人民币共计 544.25 万元，其中索取他人人民币 2 万元；38 次为他人谋取利益。胡某某还犯有行贿罪和巨额财产来源不明罪。南昌市中级人民法院一审判决：被告人胡某某犯受贿罪，判处死刑，剥夺政治权利终身，违法所得予以追缴，并处没收个人全部财产；犯行贿罪，判处有期徒刑 2 年；犯巨额财产来源不明罪，判处有期徒刑 4 年，超出其合法收入的 161.77 万元，予以追缴；决定执行死刑，剥夺政治权利终身，并处没收个人全部财产，追缴非法所得 161.77 万元。胡某某不服，提出上诉，其中一个上诉理由是：原判认定他受贿 544.25 万元中，有人民币 78.5 万元、港币 67 万元、美元 1.5 万元以及价值人民币 24.847 万元的物品，不应认定受贿。理由是他收受上述财物并替他人谋利，未利用其职务所分管工作的便利，故对上述收受行为应适用刑法第 388 条来定性，而为他人所谋之利均为正当利益。具体事实是：为奥特停车场和营运线路两件事而收受周某某的人民币 53 万元、港币 67 万元、美元 1.5 万元及价值人民币 20.407 万元的物品；为金阳光集团登记注册及其与南昌铁路局合作开发房地产两件事收受李某某的人民币 1 万元及价值人民币 1 万元的物品；为周某某、熊某某销售上海第二毛纺厂衣服面料、“宝马”车档案以及海威实业公司承制江西省建设银行营业部服装共三件事，收受周某某、熊某某人民币 17.5 万元和价值人民币 3.44 万元的物品；为欧阳某毕业分配工作一事收受晏某某人民币 5 万元；收受刘某某人民币 2 万元，只是朋友间的馈赠往来。江西省高级人民法院二审认为：关于胡某某上诉提出，部分收受他人财物的行为不能认定为受贿犯罪的观点，本院认为，胡某某在担任江西省人民政府副省长的职务期间，对全省各级政府的工作具有法定的领导职权，这种职权是统一而不可分割的。换言之，胡某某在其担任副省长职务期间，虽不直接分管交通、毕业生分配等工作，但他对这些本属于政府职能内的事项仍具有领导职权，在这些范围内为他人谋利，应属于利用了职务上的便利。事实上，胡某某在其不分管的部门为他人谋利时，均批示或要求部门或下级政府办理，而并非斡旋他们办理。胡就此收受他人财物的行为，应适用刑法第 385 条的规定定性；至于所谋之利是否正当，则不影响本罪的构成。故此，胡某某认为部分收受财物的行为不构成受贿罪的上诉理由，不能成立，应予驳回。裁定驳回上诉，维持原判。最高人民法院核准了二审裁定。

需要指出的是，刑法第388条规定了斡旋受贿罪，是指国家工作人员利用本人职权或者地位形成的便利条件，通过其他国家工作人员职务上的行为，为请托人谋取不正当利益，索取请托人财物或者收受请托人财物的行为。对于刑法第385条规定的普通受贿罪中“利用职务上的便利”是否包括斡旋受贿罪中“利用本人职权或者地位形成的便利条件”，刑法学界有不同认识。如有的学者认为，“利用职务上的便利”应作广义上的解释，一般情况下是指利用本人因现有职务而主管、负责某项公共事务的便利条件，也包括虽然没有直接利用本人的职权，但却利用了与自己职务有直接关系的便利条件，即“利用本人职权或者地位形成的便利条件”。① 从“利用职务上的便利”的涵义上来看，完全可以将“利用本人职权或者地位形成的便利条件”包括在内，它也是“利用职务上的便利”中的一种情形。② 笔者认为，从立法用语来看，刑法第385条普通受贿罪中“利用职务上的便利”不应当包括第388条斡旋受贿罪中“利用本人职权或者地位形成的便利条件”，二者是并列关系而非包容关系。

（二）索取他人财物，或者非法收受他人财物为他人谋取利益

受贿罪的实质是“权钱交易”，即行为人利用职务上的便利，来换取他人财物。刑法第385条按照行为人取得财物的不同方式，划分为主动的索取型和被动的非法收受型。从犯罪构成要件来讲，前者不要求为他人谋取利益，后者要求为他人谋取利益。

1. 索取他人财物。所谓索取他人财物，是指行为人利用职务上的便利，主动向他人索要或勒索并收取财物，其基本特征是行为人索要财物的主动性和他人交付财物的被动性。1989年最高人民法院、最高人民检察院《关于执行〈关于惩治贪污罪贿赂罪的补充规定〉若干问题的解答》和1999年最高人民检察院《关于人民检察院直接受理立案侦查案件立案标准的规定（试行）》关于受贿罪的解释均指出：索取他人财物的，不论是否“为他人谋取利益”，均可构成受贿罪。索贿行为可以是明示的，也可以是暗示的；可以是本人直接索取，也可以是通过他人间接索取。

---

① 参见祝铭山主编：《中国刑法教程》，中国政法大学出版社1998年版，第710—711页。

② 参见孟庆华著：《贪污贿赂罪重点疑点难点问题判解研究》，人民法院出版社2005年版，第228页。

【案例1-13】1995年至2002年期间，被告人李某某担任广州副食品批发公司总经理、广州南粤连锁分公司总经理和广州南粤副食品连锁有限公司董事长、总经理，负责主管经营管理全面工作。李某某在任职期间，利用职务便利，先后十次致电与其任职公司有业务往来的黄豆、豆片供应商黄某某（另案处理）索要好处费，并告诉行贿人具体金额，约定给钱的时间、地点，共计22.5万元。另查明，李某某于2009年6月29日向广州市荔湾区人民检察院退出款项22.5万元。广州市荔湾区人民法院一审认为：被告人李某某身为国有企业工作人员，利用职务上的便利，索取他人财物，其行为已构成受贿罪。李某某如实供述自己的罪行且主动退出全部赃款，认罪态度较好，可酌情从轻处罚。判决李某某犯受贿罪，判处有期徒刑10年，并处没收财产5万元。李某某上诉称：其具有自首情节，请求二审法院对其减轻处罚。广州市中级人民法院二审认为：对于李某某提出其具有自首情节的意见，经向相关办案机关调查，查证属实，本院予以采纳。李某某能自首且主动退出全部赃款，认罪态度较好，依法可予以减轻处罚。原审判决认定的事实清楚，证据确定、充分，定罪准确，惟没予认定李某某具有自首情节不当，本院予以纠正。判决李某某犯受贿罪，判处有期徒刑3年，并处没收财产人民币2万元。

【案例1-14】2004年2月，被告人顾某被上海市松江区泖港镇人民政府任命为上海强民工贸有限公司总经理。2008年12月至2009年1月，顾某利用职务便利，以上海强民工贸有限公司资金紧张、先前对注册在其经济小区内的上海明蔚商贸有限公司等单位在财政扶持比例上予以照顾为由，向上海明蔚商贸有限公司负责人叶某索取由镇财政奖励给上海明蔚商贸有限公司扶持款人民币28万元，并据为己有。2006年年初，顾某利用职务便利，收受上海富庭装饰工程有限公司蔡某所送的人民币1万元。后将上海强民工贸有限公司的资金多次出借给上海富庭装饰工程有限公司使用。2008年，顾某利用职务便利，收受上海威东电器工程有限公司徐某所送的人民币1万元。顾某到案后，主动交代了上述受贿事实。上海市松江区人民法院经审理认为：被告人顾某利用职务便利，索取或收受他人贿赂共计人民币30万元，为他人谋取利益，其行为已构成受贿罪。顾某具有自首情节，可依法减轻处罚。顾某能自愿认罪且已退出了受贿款，可酌情从轻处罚。根据被告人犯罪的事实、性质、情节和对社会的危害程度及认罪态度，判决顾某犯受贿罪，判处有期徒刑5年。

【案例1-15】2003年年底至2007年8月，被告人孙某利用担任广西壮族自治区人民政府副主席职务上的便利，为他人在原料供应、木材采伐指标等事项上谋取利益，先后4次索取或非法收受张某某、林某等5人给予的财物折合人民币共计3284256元，其中索贿人民币1584256元。有两笔情况如下：

(1) 2003 年年底至 2004 年年底，孙某接受广西柳江县恒兴板业有限公司负责人张某某的请托，为该公司与广西壮族自治区农垦局下属单位签订土地租赁协议、供应生产原料等事项提供了帮助。为此，2006 年 5 月，孙某以该公司聘请其女儿孙某某担任法律顾问的名义向张某某索要人民币 50 万元。张某某按要求将人民币 50 万元汇入孙某某的账户，孙某之妻刘某收到该款后告诉了孙某。2007 年 5 月，孙某得知中央纪委正在调查其问题后，让刘某退还了此款。(2) 2005 年 6 月，孙某接受广西贵港市甘化集团有限公司董事长林某的请托，为其公司解决商品木材采伐指标等事项提供了帮助。为此，2006 年 5 月，孙某以该公司聘请其女儿孙某某担任法律顾问的名义向林某索要人民币 50 万元。林某按要求将人民币 50 万元汇入孙某某的账户，孙某之妻刘某收到该款后告诉了孙某。2007 年 5 月，孙某得知中央纪委正在调查其问题后，让刘某退还了此款。南宁市中级人民法院经审理认为：被告人孙某身为国家工作人员，利用职务便利，伙同他人共同贪污人民币 400 万元，其行为已构成贪污罪，贪污数额特别巨大；利用职务便利，为他人谋取利益，索取或非法收受他人财物折合人民币共计 328 万余元，其行为已构成受贿罪，受贿数额亦特别巨大。鉴于孙某贪污犯罪存在部分未遂及部分赃款已追缴的情节；其在审查期间，主动坦白有关部门尚未掌握的大部分受贿犯罪事实，大部分受贿赃款赃物已追缴，认罪悔罪，可酌情从轻处罚。判决：被告人孙某犯贪污罪，判处有期徒刑 15 年，并处没收个人财产人民币 60 万元；犯受贿罪，判处有期徒刑 14 年，并处没收个人财产人民币 40 万元；决定执行有期徒刑 18 年，并处没收个人财产人民币 100 万元。一审判决后，孙某在法定期限内未上诉，检察机关也没有提出抗诉，一审判决发生法律效力。

2. 非法收受他人财物，为他人谋取利益。所谓非法收受他人财物，是指行为人被动地非法接受对方给付自己的财物，其基本特征是行贿人给付财物的主动性和受贿人接受他人财物的被动性。至于行为人被动的程度，可以是在行贿人主动给付财物后，连句客套话都没有，理直气壮地接受；也可以是再三婉拒终而接受；还可以是行贿人当时留下财物本人并不知晓，当行贿人走后才发现并接受。1989 年最高人民法院、最高人民检察院《关于执行〈关于惩治贪污罪贿赂罪的补充规定〉若干问题的解答》和 1999 年最高人民检察院《关于人民检察院直接受理立案侦查案件立案标准的规定（试行）》关于受贿罪的解释均指出：非法收受他人财物的，必须同时具备“为他人谋取利益”的条件，才能构成受贿罪。但是为他人谋取的利益是否正当，为他人谋取的利益是否实现，不影响受贿罪的认定。2003 年最高人民法院《全国法院审理经济犯罪案件工作座谈会纪要》第 3 条第 2 项进一步明确指出：所谓“为他人谋取利益”，包括承诺、实施和实现三个阶段的行为。只要具有其中一个阶段的行为，如国家工作人员收受他人财物时，根据他人提出的具体请托事项，承诺为他人谋取利益的，就具备了为他人谋取利益的要件。明知他人有具体请托事项而收受其财物的，视为承诺为他人谋取利益。为他人谋取的利益既可以是正当的利益，也可以是不正当的利益；既可以是财产性利益，也可以是非财产性利益。

【案例1－16】 2001年9月9日，广西贵港市覃塘供销合作社以公开招标的形式，将该单位位于覃塘镇三角岭的5357.12平方米土地使用权以人民币222万元的价格转让给房地产开发商彭某。彭某获得该幅房地产的使用权属后，被告人甘某利用其担任供销社主任的职务之便，帮助彭某理顺上述房地产转让相关的手续，协调处理这幅土地的搬迁、拆迁问题。除此之外，甘某居然还将财政返还给覃塘供销社的土地出让金人民币799764.50元用于抵作彭某的购地款，并先后5次收受彭某送给的好处费人民币35.2万元。另据查明，2005年间，甘某在担任贵港市物资回收公司经理期间，应黄某以挂靠贵港市物资回收公司的名义，参加中国石油化工股份有限公司广西贵港石油分公司的废旧物资资产处理的招投标资格的请求，同意并帮助黄某办理了相关投标、签订合同等手续，使黄某顺利中标，事后甘某收受黄某及其合伙人吴某等人经商量后送给的好处费人民币1.5万元。法院一审认为：被告人甘某身为国家工作人员，利用职务上的便利，非法收受他人财物，为他人谋取利益，其行为已构成受贿罪，判处有期徒刑10年，并处没收个人财产人民币5万元。被告人甘某不服，提出上诉。贵港市中级人民法院二审裁定驳回上诉，维持原判。

【案例1－17】 辽宁省大连市人民检察院指控被告人慕某某犯受贿罪、巨额财产来源不明罪一案时，其中一笔指控：被告人慕某某应赵某某请托，承诺对其提拔重用。为此，于1999年春节前，在其办公室收受赵某某所送人民币1万元；春节前，在其办公室收受赵某某所送美元2000元（折合人民币16556元）；2000年8月，在北京301医院收受赵某某所送人民币1万元。慕某某的辩护人提出这笔指控没有证据证实慕某某承诺提拔赵某某。大连市中级人民法院对该笔指控审理后认为：对于辩护人提出没有证据证实慕某某承诺提拔赵某某的辩护意见，经查，公诉机关在庭审中出示的证人证言证实，慕某某答应有机会对赵某某予以提拔，与证人赵某某的证言可相互印证。但是公诉机关没有出示慕为赵实际谋取利益的证据，因此，本院对慕某某的辩护人的辩护意见予以采纳。客观上慕某某没有利用职务之便为赵某某谋取利益，不能认定慕某某受贿人民币36556元。笔者认为，本案中法院将受贿罪中为他人谋取利益理解为实际谋取到利益，导致对这笔受贿的指控不予认定，不符合刑法和司法解释的有关规定，属于适用法律错误。

【案例1-18】被告人刘某某于1998年7月在担任辽宁省人民政府副省长期间，接受沈阳客运集团公司（以下简称客运集团）原总经理夏某某（另案处理）的请托，授意其秘书与中国建设银行沈阳市分行领导协调，为该公司即将到期的贷款人民币3000万元办理了转贷款手续。1999年末，辽宁省地方税务局稽查局发现客运集团应补缴各种税款共计人民币31185764.80元，同时拟处以14277717元的罚款，并先后下达了税务处理决定书、税务行政处罚事项告知书。刘某某再次接受夏某某的请托，与辽宁省地方税务局领导打招呼，后客运集团涉税问题未受处理。1999年末，刘某某因其女儿刘甲申请到澳大利亚留学签证被拒签，遂通过夏某某找到澳大利亚籍华人英某商量，英某提出通过在澳注册公司为刘甲办理赴澳签证，夏某某表示愿意承担注册公司所需的20万美元。为此，夏某某动用客运集团的公款由沈阳信合经贸有限公司经理董某某兑换成20万美元交给英某带到澳大利亚。2000年春节期间，夏某某对刘某某表示将该款送给其女儿刘甲在国外使用。后因刘甲通过其他途径办成了留学手续，英某便与夏某某商定用该款在悉尼市为刘甲购买一套住房。同年七八月间，英某和夏某某将为刘甲买房之事告诉了刘某某，刘某某表示同意。后因刘甲未去居住，英某便与夏某某商定把此房卖出后将房款给付刘某某。2001年2月，夏某某因涉嫌违法违纪问题被有关部门调查。同年四五月间，英某到刘某某家中，与其商量把房子出卖，将房款给刘甲，刘某某同意卖房，但表示把钱先放在英某那里。2002年2月，英某再次到刘某某家中与其商量将卖房款交给刘甲，刘某某表示同意。同年四五月间，英某分5次将31万澳大利亚元（折合人民币131.75万元）在悉尼市交给刘甲，刘甲收受后告知了刘某某及刘妻郭某某。案发后，赃款被全部追缴。鞍山市中级人民法院一审认为：被告人刘某某身为国家工作人员，利用职务之便，为有关单位谋取利益，非法收受他人财物，折合人民币131.75万元，其行为已构成受贿罪。鉴于在庭审中其有认罪、悔罪表现，且赃款已被全部追缴，可酌情从轻处罚。判决刘某某犯受贿罪，判处有期徒刑12年。刘某某不服，提出上诉。辽宁省高级人民法院二审裁定驳回上诉，维持原判。

需要指出的是，根据刑法第389条、第393条的规定，行贿罪和单位行贿罪的行贿对象均为国家工作人员。与此相对应，刑法第385条为他人谋取利益中的“他人”，就应当既包括个人，也包括单位。实践中，无论国家工作人员索取或者非法收受的是个人的财物，还是单位的财物，均可以构成受贿罪。

【案例1-19】2007年10月，安徽省蚌埠市某玻璃有限公司发生安全生产事故，时任该市安监局副局长的被告人王某作为调查组副组长，负责事故的调查和处理。在事故调查处理过程中，王某等人违反国家相关规定，擅自决定减轻对该玻璃有限公司的处罚，并分三次收受该玻璃有限公司现金共计6万元。另外，王某在担任该市安监局副局长期间，先后收受部分企业购物卡和现金共计3万元。法院经审理，一审判决被告人王某犯受贿罪，判处有期徒刑6年。① 本案中，被告人王某的受贿款均来自于公司、企业等单位，为他人谋取利益中的"他人"指的就是这些行贿的单位。

【案例1-20】 1995年6月至2006年12月，被告人杜某某先后担任山东省人民政府副省长、山东省青岛市人民政府市长、中共山东省委副书记、中共山东省青岛市市委书记。期间，杜某某利用职务便利，为山东黄岛发电厂、张某、李某、杜某谋取利益，非法收受黄岛发电厂、张某、李某、杜某人民币420万元、美元1万元（折合人民币82768元）以及别墅一幢（购买价人民币198万元），共计折合人民币6262768元。厦门市中级人民法院经审理认为：被告人杜某某身为国家工作人员，利用职务便利，为他人谋取利益，收受他人财物折合人民币共计626万余元，其行为已构成受贿罪，受贿数额特别巨大。杜某某在被审查期间，如实交代了有关部门尚未掌握的部分犯罪事实，具有坦白情节；检举揭发他人违法行为，为侦破有关案件起到了积极作用；认罪、悔罪，赃款已全部退缴，故犯罪不属于情节特别严重。判决被告人杜某某犯受贿罪，判处无期徒刑，剥夺政治权利终身，并处没收个人全部财产。一审宣判后，杜某某未上诉，检察机关也未提出抗诉，一审判决发生法律效力。

【案例1-21】 2005年至2011年间，被告人陈某某利用担任南湖（秀城）新区党工委书记、南湖（秀城）新区管委会主任、南湖区副区长、南湖区委常委等职务便利，在该区重大工程项目发包、工程款支付、国有土地使用权出让、招商引资政策扶持、资金补助等经济活动中，为嘉兴市中创置业有限公司、嘉兴禾园房地产开发有限责任公司等多家单位及个人谋取利益，非法收受企业及个人贿赂200余万元，其行为已构成受贿罪。浙江省嘉兴市中级人民法院经审理认为：鉴于被告人陈某某归案后能如实供述罪行，还主动交代未被办案机关掌握的部分受贿事实，认罪态度好，依法可以从轻处罚。陈某某通过家属退清赃款，在量刑时亦酌情予以考虑。辩护人提出陈某某具有法定和酌定从轻处罚情节的意见予以采纳。判决被告人陈某某犯受贿罪，判处有期徒刑13年，剥夺政治权利3年，并处没收个人财产人民币40万元。

---

① 参见徐进、周林：《安徽蚌埠安监局原副局长涉嫌受贿一审获刑6年》，载《正义网》2011年11月16日。

（三）数额较大

刑法第385条规定的受贿罪虽然没有数额标准，但并不是所有受贿行为都构成犯罪。刑法第386条规定：对犯受贿罪的，根据受贿所得数额及情节，依照本法第383条的规定处罚。1999年最高人民检察院《关于人民检察院直接受理立案侦查案件立案标准的规定（试行）》进一步明确了受贿案件的追诉标准，涉嫌下列情形之一的，应予立案：

1. 个人受贿数额在5千元以上的。这意味着，凡是行为人受贿数额在5千元以上的，均应当立案侦查。

2. 个人受贿数额不满5千元，但具有下列情形之一的：（1）因受贿行为而使国家或者社会利益遭受重大损失的；（2）故意刁难、要挟有关单位、个人，造成恶劣影响的；（3）强行索取财物的。如何理解不满5千元，是否受贿1千元也要追究刑事责任呢？对此，1999年最高人民检察院《关于人民检察院直接受理立案侦查案件立案标准的规定（试行）》附则部分第2项指出：本规定中有关犯罪数额“不满”，是指接近该数额且已达到该数额的80%以上。据此，不满5千元，也就是说应当在4千元以上。行为人受贿数额在4千元以上，并且具有上述三种情形之一的，依据上述司法解释，也应当立案侦查。

司法实践中，受贿罪的犯罪对象为财物，既包括金钱，也包括物品。在贿赂为金钱的情况下，容易计算受贿数额；但在贿赂为物品的情况下，计算受贿的具体数额时情况则较为复杂。笔者认为，可以参照1997年11月4日最高人民法院《关于审理盗窃案件具体应用法律若干问题的解释》第5条的规定来计算受贿物品的具体数额。2007年最高人民法院、最高人民检察院《关于办理受贿刑事案件适用法律若干问题的意见》，也对以交易形式受贿、收受干股受贿、以开办公司等合作投资名义受贿、以委托请托人投资证券、期货或者其他委托理财的名义受贿、以赌博形式受贿等类型的受贿罪如何计算犯罪数额的问题进行了解释。

【案例1－22】1993年下半年，挂靠在浦江县教育局建筑队的项目经理张某某通过时任县教育局局长的周某某帮忙，承建了浦江县堂头中学宿舍工程。1994年上半年张某某主动提出承建周某某私房，1996年6月完工。同年下半年，张某某列出结算单，工程款为39006元。张某某提出沙石料不算钱，付2万元算了。于是周某某付给张某某2万元。嗣后，由于房屋有质量问题，张某某与周某某都先后进行过修理。案发后，经有关部门鉴定，张某某实际上免收了周某某工程款12987元。该房的质量经鉴定需修理费31124.40元。浦江县人民法院一审认为：被告人周某某为张某某谋取利益，张为周建私房后免收工程款 12987 元，其行为已构成受贿罪。以受贿罪判处周某某有期徒刑 1 年，缓刑 1 年 6 个月。周某某不服，提出上诉。金华市中级人民法院二审裁定驳回上诉，维持原判。周某某仍不服，向浙江省高级人民法院申诉称：其在堂头中学教工宿舍楼工程发包过程中没有利用职务之便为张某某谋利；其付 2 万元工程款前后，对房屋门窗及屋面漏水进行过四次修理，费用全部由周某某本人支付。因此，未付的 12987 元中应当包含着周某某已支付和日后尚需支付的修理费和补偿，不存在受贿的故意。1997 年 5 月 23 日，周某某和张某某在电话中双方主张重新结账和变更行为实际上已经撤销了支付 2 万元时双方口头上的结账行为。要求撤销原判，宣告无罪。浙江省高级人民法院再审认为：周某某担任浦江县教育局局长期间，向上级领导和下属校长推荐张某某承包堂头中学宿舍楼工程的事实清楚，证据确凿。虽然该工程的发包经教育局领导班子集体研究决定，手续合法，但仍可以认定周某某利用职务之便为张某某谋利。张某某承建周某某和朱某某两家私房，该两家工程款结算清单均为 3.9 万余元。其中朱某某对清单内容提出了质疑，并在实际支付时扣除了 5000 余元，说明张某某所列的结算清单只是其单方意思表示，在实际中尚可核算和讨价还价。而事实上该清单确实有较大水分，经鉴定，周某某的清单中多列了 6000 余元。同时，周某某的私房因质量问题已经返修多次，周某某和张某某都是清楚的。因此，周某某支付工程款时，张某某虽然免收了 19006 元，但实际上这 19006 元包含了价格水分、质量问题、远亲关系及张某某表示感谢等多种因素，其中后一种因素，符合受贿性质。原审判决在认定受贿数额时，虽然扣除了价格水分，但对质量问题的补偿未作考虑，应属不当。由于质量问题的存在，周某某支付 2 万元人民币结账时，其受贿数额实际上处于不确定状态。案发后，经建设银行浦江县支行鉴定，周某某的房屋因质量问题尚需的整修费高达 3 万多元，已大大超过张某某少收的工程款。周某某申诉称未付部分包含修理费，实际没有收受好处的理由成立，应予采信。综上，周某某在担任浦江县教育局局长期间，利用职务之便为他人谋取利益，且主观上也有收受好处的犯意，但在受贿当时受贿额处于不确定状态，而且实际上并没有得到好处。根据犯罪主客观相一致的原则，原判对周某某以受贿定罪，定性不当，应予纠正。改判周某某无罪。

【案例 1－23】1997 年至 2009 年，被告人田某利用担任浙江省乔司监狱政委、党委书记，浙江省监狱管理局政委、党委副书记，监狱管理局局长、党委书记等职务的便利，为他人在工程款结算、任职升职、工作调动、罪犯服刑等方面谋取利益，非法收受李某某、胡某某、赵某某等 31 人现金、银行卡、超市卡、白金项链、液晶电视、手表、家具、字画、玉器等财物，价值人民币共计64.2万余元。其中，2002年，田某收受余某某所送玉观音1个及玉香炉、玉弥勒佛、翡翠珍珠等物，并受余某某所托，承诺为其儿子今后工作提供帮助。2006年，田某将余某某所送玉观音以人民币12万元的价格转让他人。对于此节指控，田某的辩护人辩称，田某收受行贿人余某某所送的玉观音经司法鉴定价值人民币3000元，故应认定田某收受余某某贿赂3000元。杭州市中级人民法院经审理认为：经查，行贿人余某某在将玉观音送给田某的同时，通过田某介绍，将1件玉财神像以12万元的价格转让给许某某，田某、余某某均证实，转让给许某某的玉财神，无论从重量、大小、品相上，都次于田某收受的玉观音，因此，田某在参照余某某的成交价格后，主观上对余某某所送玉观音的心理巨额价值应有一定认识，仍予以收受，客观上事后以12万元的价格将该玉观音销售，本院认为，田某具有收受价值12万元玉观音的故意和行为，同时承诺利用职务便利帮助余某某之子安排工作，受贿事实成立，其受贿数额应当以人民币12万元认定。对辩护人的相关辩护意见本院不予采纳。田某身为国家机关工作人员，利用职务便利，在工程款结算、任职升职、工作调动、罪犯服刑等方面为他人谋取利益，非法收受他人财物，其行为构成受贿罪。田某主动向有关部门交代办案单位尚不掌握的受贿犯罪事实，具有自首情节，且归案后认罪态度好，具有悔罪表现，依法可以减轻处罚。于2010年1月21日判决田某犯受贿罪，判处有期徒刑7年，并处没收个人财产10万元。宣判后，田某在法定期限内未提出上诉，检察机关也未提出抗诉，一审判决发生法律效力。1997年最高人民法院《关于审理盗窃案件具体应用法律若干问题的解释》第5条第7项指出：销赃数额高于按本解释计算的盗窃数额的，盗窃数额按销赃数额计算。笔者认为，参照该司法解释的精神，并结合被告人田某收受和销售玉观音时的具体情况，法院认定田某此节受贿数额为12万元而不是3千元是适当的。

2008年最高人民法院、最高人民检察院《关于办理商业贿赂刑事案件适用法律若干问题的意见》第8条指出：收受银行卡的，不论受贿人是否实际取出或者消费，卡内的存款数额一般应全额认定为受贿数额。使用银行卡透支的，如果由给予银行卡的一方承担还款责任，透支数额也应当认定为受贿数额。

【案例1－24】被告人王某于1999年7月，在担任原对外贸易经济合作部计划财务司综合制度处主任科员期间，利用本单位为职工购买住房，其作为房源小组的工作人员，参与房源联系工作，并负责与北京颐安房地产股份有限公司具体联系的职务便利，收受该公司给付的户名为“李某”的中国工商银行活期存折2个，内存人民币10万元。王某将部分款项交予他人用于个人股票经营活动。北京市东城区人民法院一审认为：被告人王某身为国家工作人员，理应克己奉公，但其却利用职务便利，非法收受他人钱财，其行为侵犯了国家工作人员职务行为的廉洁性，已构成受贿罪。判决王某犯受贿罪，判处有期徒刑10年。王某不服，提出上诉。北京市第二中级人民法院二审裁定驳回上诉，维持原判。

【案例1-25】 1997年至1998年6月间，被告人程某某担任河南石油勘探局副局长兼采购开采聚丙烯酰胺招标小组组长。在河南石油勘探局进口聚丙烯酰胺的招标活动中，中国国际企业合作公司代理的外国投标商英国联胶公司生产的1285聚合物中标。1997年5月2日、1998年4月18日，中国国际企业合作公司与河南石油勘探局签订了聚丙烯酰胺的购销合同。2000年8月，双方经协商修改了合同中英国联胶公司生产的聚丙烯酰胺1285HN的单价和总价。同年8月4日，英国联胶公司的代理商陈某某（另案处理）为感谢程某某在业务活动中的合作，送给程某某一张存有81867美元的招商银行“一卡通”银行卡，储蓄种类为整存整取二年期，折合人民币678841.16元；同时还有一张写有银行卡密码和数额的字条。后程某某变更了密码，并将该银行卡和字条存放于自己租用的招商银行北京分行亚运村支行保管箱内，案发后被起获。程某某在担任河南石油勘探局副局长兼采购聚丙烯酰胺招标小组组长期间，安排中国上海三琦实业有限公司的业务员应某某（另案处理）担任了日本国际石油株式会社代理商与河南石油勘探局业务活动的中介代理，应某某从中获取了利益。1999年7月底，应某某专程从上海市来到北京市，答谢程某某在上述业务活动中给予的帮助。程某某在接受应某某的宴请后，收受应某某给予的26000美元，折合人民币215524.40元。北京市第二中级人民法院一审认为：被告人程某某身为国家工作人员，利用职务上的便利，为他人谋取利益，非法收受他人巨额钱财，其行为已构成受贿罪，依法应予惩处。起诉书指控程某某第一起受贿犯罪的事实清楚，证据确实、充分。程某某的辩护人认为，招商银行“一卡通”系整存整取、期限二年，虽程某某修改了银行卡的密码，但程某某并不能支取，银行卡内存储美元的所有权未转移，起诉书指控的第一起受贿事实不能成立的辩护意见，经查，程某某收受陈某某给予的招商银行“一卡通”银行卡的事实存在，证人陈某某的证言和程某某修改“一卡通”银行卡密码的行为，均能说明程某某有受贿的故意，程某某长期将银行卡存放在自己租用的银行保管箱内的行为，符合受贿罪的特征。判决程某某犯受贿罪，判处有期徒刑11年。程某某不服，提出上诉。北京市高级人民法院二审裁定驳回上诉，维持原判。本案中，被告人程某某利用职务上的便利，收受陈某某给予的“一卡通”银行卡后即变更密码，并长期将该卡存放在其在银行租用的保险箱中，直至案发被查获的事实，已经表明其主观上对该卡及卡中存款有非法占有的故意，虽尚未实际领取该存款，但其收受钱款的行为已经实施终了，故已构成受贿罪。

四、受贿罪的主体

从新中国的立法来看，受贿罪的主体经历了一个发展变化的过程。

1952 年《中华人民共和国惩治贪污条例》将受贿作为贪污罪的一种行为方式，其主体是“一切国家机关、企业、学校及其附属机构的工作人员”。

1979 年刑法第 185 条规定受贿罪的主体是“国家工作人员”，第 83 条进一步解释说“本法所说的国家工作人员，是指一切国家机关、企业、事业单位和其他依照法律从事公务的人员。”1982 年全国人大常委会《关于严惩严重破坏经济的罪犯的决定》第 1 条规定，“国家工作人员，包括在国家各级权力机关、各级行政机关、各级司法机关、军队、国营企业、国家事业机构中工作的人员，以及其他各种依照法律从事公务的人员。”

1988 年全国人大常委会《关于惩治贪污罪贿赂罪的补充规定》第 4 条规定受贿罪的主体是“国家工作人员、集体经济组织工作人员或者其他经手、管理公共财物的人员”。1989 年最高人民法院、最高人民检察院《关于执行〈关于惩治贪污罪贿赂罪的补充规定〉若干问题的解答》指出：受贿罪主体，是指国家工作人员、集体经济组织工作人员或者其他从事公务的人员。“其他从事公务的人员”，是指国家工作人员、集体经济组织工作人员以外的依照法律从事公务或者受委托从事公务的人员。

1995 年全国人大常委会《关于惩治违反公司法的犯罪的决定》第 9 条增设了公司、企业人员受贿罪，将“公司董事、监事或者职工”从受贿罪的主体中分离出来。为了区分受贿罪与公司、企业人员受贿罪等职务犯罪的界限，最高人民检察院、最高人民法院先后制定了司法解释，对国家工作人员的范围进行了界定。1995 年 11 月最高人民检察院《关于办理公司、企业人员受贿、侵占和挪用公司、企业资金犯罪案件适用法律的几个问题的通知》第 1 条指出：所谓“国家工作人员”，是指：（1）国家机关工作人员，即在国家各级权力机关、各级行政机关、各级司法机关和军队工作的人员；（2）在国家各类事业机构中工作的人员；（3）国有企业中的管理工作人员；（4）公司、企业中由政府主管部门任命或者委派的管理人员；（5）国有企业委派到参股、合营公司、企业中行使管理职能的人员；（6）其他依法从事公务的人员。1995 年 12 月最高人民法院《关于办理违反公司法受贿、侵占、挪用等刑事案件适用法律若干问题的解释》第4条指出：国家工作人员，是指在国有公司、企业或者其他公司、企业中行使管理职权，并具有国家工作人员身份的人员，包括受国有公司、国有企业委派或者聘请，作为国有公司、国有企业代表，在中外合资、合作、股份制公司、企业中，行使管理职权，并具有国家工作人员身份的人员。

1997年刑法第385条规定受贿罪的主体是“国家工作人员”，第93条进一步解释说“本法所称国家工作人员，是指国家机关中从事公务的人员。国有公司、企业、事业单位、人民团体中从事公务的人员和国家机关、国有公司、企业、事业单位委派到非国有公司、企业、事业单位、社会团体从事公务的人员，以及其他依照法律从事公务的人员，以国家工作人员论。”根据上述法律规定，受贿罪的主体具体可以分为以下四类：

（一）国家机关中从事公务的人员

所谓国家机关，是指行使国家权力、管理国家事务的机关。包括国家权力机关、国家行政机关、审判机关、检察机关和军队等。关于“国家机关中从事公务的人员”的范围，刑法学界一直有不同意见。有的学者认为，依据我国《宪法》第三章国家机构的规定，国家机关包括：全国人民代表大会及其常委会，中华人民共和国国家主席，国务院，中央军事委员会，地方各级人民代表大会和地方各级人民政府，民族自治地方的自治机关，人民法院和人民检察院。因此，中国共产党的各级机关、各级政协组织、居民委员会、村民委员会均不属于国家机关，在这些机关中从事公务的人员，不能以在“国家机关中从事公务的人员”论。① 有的学者认为，国家机关中从事公务的人员，即各级国家权力机关、行政机关、审判机关、检察机关、军事机关中从事公务的人员。中国共产党各级机关、中国人民政治协商会议的各级机关中从事公务的人员，应当视为国家机关工作人员。② 也有的学者认为，所谓国家机关工作人员，就是在中国共产党的各级领导机关、各级国家权力机关、行政机关、审判机关、检察机关、军事机关及中国人民政治协商会议的各级机关以及附属于党

① 参见何秉松主编：《刑法教科书》（下卷），中国法制出版社2000年版，第1120页。

② 参见高铭暄、马克昌主编：《刑法学》（下编），中国法制出版社1999年版，第628页；陈正云、文盛堂主编：《贪污贿赂犯罪认定与侦查实务》，中国检察出版社2002年版，第4页。

的各级领导机关中的共青团组织、妇联组织中从事公务的人员。① 还有的学者认为，当前我国国家机关工作人员的构成情况比较复杂，可以划分为以下两类：第一类是严格意义上的国家机关工作人员，具体包括在各级国家权力机关、各级国家行政机关、各级司法机关和各级军事机关中从事公务的人员；第二类是准国家机关工作人员，具体包括：（1）根据国家政治制度，应以国家机关工作人员论的人员：①在乡级以上中国共产党的机关中从事公务的人员；②正在履行职务期间的各级政协委员以及在各级政协常设机构和办事机构中从事公务的人员；③在各民主党派、工商联各级机关中从事公务的人员；④在各级工会、共青团、妇联机关中从事公务的人员。（2）虽然所在机构设置在非国家机关内，但因其机构本身性质属于国家机关，而以国家机关工作人员论的人员：①在铁路、林业、农垦、油田等国有企业中的公安机关、人民检察院、人民法院、监察部门中从事公务的人员；②在新疆生产建设兵团管理机关中从事公务的人员。（3）虽然不具有国家机关工作人员身份，但因法律、法规授权或者国家机关委托行使国家管理职能，而以国家机关工作人员论的人员：①在直接隶属于国家机关、行使一定的政府管理职能的国有公司、企业、事业单位（如知识产权局、气象局、地震局、烟草公司、盐业局、科学院、电力总公司）中从事公务的人员；②受国家机关委派从事公务的人员（如稽查特派员）或者经授权或者委托行使政府行政管理职权（如行政处罚权）的组织的人员；③受国家机关正式聘用，在国家机关中从事公务的人员。②

笔者认为，从本来意义上讲，国家机关应当限定为国家权力机关、行政机关、司法机关和军事机关，国家机关工作人员就是在这四类机关中从事公务的人员。但就我国的具体国情和政治体制而言，国家机关工作人员的范围不应当局限于这四类机关，还应当有所扩大。对于那种虽然不属于宪法上国家机构体系的国家机关，但是其拥有的权力使其能够对全国或者一个地区的国家公共事务的管理发挥重大影响甚至决定性作用的机关或单位，应当以国家机关论。③ 2003 年 11 月 13 日最高人民法院印发的《全国法院审理经济犯罪案件工作座谈会纪要》专门就如何认定国家机关工作人员进行了解释：刑法中所称的国家机关工作人员，是指在国家机关中从事公务的人员，包括在各级国家权力机

① 参见单民、刘方主编：《刑事司法疑难问题解答（刑法适用部分）》，中国检察出版社 2002 年版，第 59 页。

② 参见张穹主编：《贪污贿赂渎职“侵权”犯罪案件立案标准精释》，中国检察出版社 2000 年版，第 33—34 页。

③ 参见高铭暄主编：《刑法专论》（下编），高等教育出版社 2002 年版，第 769 页。

关、行政机关、司法机关和军事机关中从事公务的人员。根据有关立法解释①的规定，在依照法律、法规规定行使国家行政管理职权的组织中从事公务的人员，或者在受国家机关委托代表国家机关行使职权的组织中从事公务的人员，或者虽未列入国家机关人员编制但在国家机关中从事公务的人员，视为国家机关工作人员。在乡（镇）以上中国共产党机关、中国人民政治协商会议机关中从事公务的人员，司法实践中也应当视为国家机关工作人员。笔者同意最高人民法院对国家机关工作人员范围的界定，但是各级工会、共青团、妇联不属于国家机关，而是人民团体，在这些单位中从事公务的人员不属于国家机关工作人员，但可归入国家工作人员的范畴。

【案例1－26】被告人侯某某在担任中共山西省委常委兼太原市委书记期间，接受太原市公安局副局长邵某某（另案处理）希望提任太原市公安局局长的请托，于2000年9月至11月期间，分三次在其办公室共收受邵某某给予的10万美元和价值港币58320元的百达翡丽牌手表一块，共计折合人民币889715元。2001年4月，侯某某在太原市公安局局长人选的民主推荐会之后，召集市委有关领导研究决定将邵某某确定为太原市公安局局长人选的考察对象。尔后，侯某某分别主持召开中共太原市委书记办公会、市委常委会，决定将邵某某作为太原市公安局局长人选上报中共山西省委组织部。北京市第二中级人民法院经审理认为：被告人侯某某身为国家工作人员，利用职务上的便利，非法收受他人款物计人民币88万余元，为他人谋取利益，其行为已经构成受贿罪，依法应予惩处。鉴于侯某某能坦白全部犯罪事实，认罪悔罪，并退出全部赃款、赃物，可对其酌情予从轻处罚。判决侯某某犯受贿罪，判处有期徒刑十一年。宣判后，侯某某在法定期限内未上诉，检察机关也没有提出抗诉，一审判决发生法律效力。

【案例1－27】2003年至2004年，被告人施某某在担任上海市公安消防总队松江防火监督处参谋期间，利用负责本区九亭镇等地消防监督检查及参与消防验收等职务便利，非法收受周某某、吴某某、刘某某等人所送的人民币共计7.4万元。上海市松江区人民法院经审理认为：被告人施某某在担任上海市公安消防总队松江防火监督处参谋期间，利用职务便利，先后多次非法收受他人贿赂共计人民币7.4万元，其行为已构成受贿罪。施某某具有自首情节，可依法减轻处罚。施某某认罪态度较好并已退出所收受的钱款，可酌情从轻处罚。根据被告人犯罪的事实、性质、情节和对社会的危害程度，判决施某某犯受贿

① 指2002年12月28日全国人大常委会《关于〈中华人民共和国刑法〉第九章渎职罪主体适用问题的解释》。

罪，判处有期徒刑 2 年，缓刑 2 年。

【案例 1－28】 2004 年，被告人余某利用担任秀山县兰桥镇党委书记的职务之便，帮助秀山县财政局农税科科长黎某以“王某某”的名义取得了修建兰桥镇官舟村至正树村的公路（官正公路）工程的承包权。2005 年春节前的一天，黎某为了感谢余某，在其家中送给余某 5 万元感谢费。2006 年 5 月，余某在重庆市委党校学习期间，黎某因修公路赚了钱，为感谢余某，将 5 万元钱存入余某的农业银行账户。余某将收受的 10 万元钱用于个人开支。审理期间，余某退缴赃款 5 万元。秀山县人民法院一审认为：被告人余某的行为已构成受贿罪。余某具有自首情节，且积极退赃，予以减轻处罚。余某犯受贿罪，判处有期徒刑 3 年。余某不服，提出上诉。重庆市第四中级人民法院二审裁定驳回上诉，维持原判。本案中，被告人余某属于镇党委书记，根据 2003 年最高人民法院《全国法院审理经济犯罪案件工作座谈会纪要》的规定，应当视为国家机关工作人员，法院以受贿罪对其定罪量刑是正确的。

【案例 1－29】 上海市轨道交通三号线工程虹口区指挥部、上海市轨道交通明珠线工程虹口区指挥部、上海市轨道交通杨浦线工程虹口区指挥部及上海市北外滩地区动迁工作指挥部均是上海市虹口区人民政府为上述重大市政工程建设而成立的非常设性机构，主要是负责协调、管理相关工程中的具体事项，并受国有建设单位的委托签订部分合同。被告人钱某某以工人身份，受上海市虹口区人民政府聘用，先后担任上海市轨道交通三号线工程虹口区指挥部、上海市轨道交通明珠线工程虹口区指挥部、上海市轨道交通杨浦线工程虹口区指挥部工作人员及上海市北外滩地区动迁工作指挥部项目管理部副部长，主要负责房屋建筑拆除、垃圾清运等工程项目的处理、管理等工作。2000 年 11 月至 2004 年 1 月，上海市虹口区市容建设公司总经理王某某为了获得各工程中的垃圾清运等业务，先后 3 次送给钱某某共计人民币 33 万元。钱某某利用职务上的便利，通过协调操作，帮助上海市虹口区市容建设公司的总经理承揽了一些工程中的垃圾清运业务。案发后，钱某某已退出全部赃款。上海市虹口区人民检察院以钱某某犯受贿罪向法院提起公诉。钱某某及辩护人对指控事实均无异议。但钱某某辩称，自己不是国家工作人员。其辩护人提出，钱某某所在的上海市轨道交通三号线等工程虹口区指挥部及上海市北外滩地区动迁工作指挥部是虹口区政府设立的非常设性机构，不具有国家工作人员的身份；指挥部是受总承包建设单位委托签订相关工程项目合同的，钱某某受指挥部委托签订这些合同，且钱某某在这些合同项目中没有决定权等权力，从事的是一种民商事行为，收取好处费是朋友之间的馈赠，而非公务，不构成受贿罪。上海市虹口区人民法院经审理认为：被告人钱某某身为国家工作人员，利用职务上的便利，非法收受他人财物，为他人谋取利益，其行为已构成受贿罪。钱某某在指挥部领导找其谈话时，能主动如实地供述自己受贿事实，属自首，依法可减轻处罚。于2004年12月20日判决钱某某犯受贿罪，判处有期徒刑6年，并处没收财产人民币3万元。宣判后，钱某某没有上诉，检察机关亦未抗诉，判决发生法律效力。本案中，被告人钱某某虽然没有国家工作人员身份，但其却在上海市虹口区人民政府成立的非常设性机构中负责房屋建筑拆除、垃圾清运等工程项目的处理、管理等工作，属于“虽未列入国家机关人员编制但在国家机关中从事公务的人员”，根据2002年全国人大常委会《关于〈中华人民共和国刑法〉第九章渎职罪主体适用问题的解释》和2003年最高人民法院《全国法院审理经济犯罪案件工作座谈会纪要》的规定，应当视为国家机关工作人员，法院以受贿罪对其定罪量刑是正确的。

（二）国有公司、企业、事业单位、人民团体中从事公务的人员

所谓国有公司，是指依照公司法成立，财产全部属于国家所有的公司，包括国有独资公司、两个以上的国有投资主体投资组成的有限责任公司、股份有限公司。关于国家控股或者参股的公司能否以国有公司论，刑法学界有不同意见，笔者认为不应当视为国有公司。因为国家控股或者参股的公司中除了国有财产外，可能还包含着集体财产、私人财产或者外资，如果因为国家控股或者参股就可以视为国有公司，按照这种观点的逻辑，如果公司中除了国有股份外还包含集体财产或者外资，那么应当也可以认定为集体公司或者外国公司。特别是对于国有企业改制为股份制公司后上市的，个人都可以购买该公司股票成为股东，那么这些上市公司也都可以视为私人公司了，但这样的结论显然是荒谬的，也是错误的。

【案例1－30】广州珠江钢铁有限责任公司（以下简称珠钢公司）是中外合资企业，分别由广州钢铁企业集团有限公司、广州经济技术开发区国有资产投资公司、广州国际信托投资公司、广州发展集团有限公司、香港金钧有限公司、香港中隆投资有限公司、香港越秀企业集团有限公司共同投资并于1993年5月依法注册成立，上述投资方均为国有企业。2005年6月28日，香港中隆投资有限公司的母公司广州汽车集团有限公司由全资国有公司变更为国有控股的广州汽车集团股份有限公司。2001年3月，被告人伍某担任珠钢公司物资部辅料采购管理员，负责物资部来往业务中低值易耗品及辅助材料的采购工作。2002年至2005年7月间，伍某利用担任上述职务的便利，先后多次收受供货商上海电站阀门厂广州供应站经理王某某贿送的钱款人民币16.7万元、河北衡水胶管有限公司业务员何某某贿送的钱款人民币5万元、广州市永利佳

液压物资有限公司经理简某某贿送的钱款人民币4.525万元、广州沪江照明有限公司工程技术部经理曾某某贿送的钱款人民币3.5万元，共计人民币29.725万元。2005年7月27日，伍某向广州市萝岗区人民检察院投案自首。广州市萝岗区人民法院一审认为：被告人伍某利用职务便利，非法收受他人贿款，其行为已构成受贿罪。鉴于伍某有自首情节，退清全部赃款，依法可以减轻处罚。判决伍某犯受贿罪，判处有期徒刑3年6个月。伍某上诉提出：珠钢公司系中外合资企业，不是国有公司；其与珠钢公司签订了劳动合同，属普通工人，不符合受贿罪的主体资格；其系投案自首，请求二审法院对其适用缓刑。广州市中级人民法院二审认为：珠钢公司是由广州钢铁企业集团有限公司等7家公司投资成立的，投资股东均为国有企业或国有企业在香港设立的全资国有公司。虽然珠钢公司的资本来源在形式上表现中方和外方合资，但外方的资本来源于国有，因此珠钢公司的资本性质应为国有，珠钢公司属于国有企业。伍某作为珠钢公司物资部辅料采购管理员，对产品的采购计划、供应商的选择均有建议权，其所实施的采购活动应认定为对国有资产的经营管理，属于从事公务。因此，伍某属于在国有公司中从事公务的人员。2005年6月28日，珠钢公司的投资股东之一香港中隆投资有限公司的母公司广州汽车集团有限公司由全资国有变更为国有控股企业，由此导致珠钢公司的资本性质发生变化，但伍某的受贿行为大部分发生在2005年6月28日以前，其于2005年7月收受供货商简某某给予的钱款3万多元与前述的受贿行为是一种连续性的犯罪行为，且该笔钱款亦是简某某基于伍某此前在负责国有公司辅料采购管理工作过程中利用职权为简某某的顺利供货谋取利益后，为感谢伍某而送予的，伍某的该次受贿行为与其此前所具有的国家工作人员身份是有直接的因果关系的，因此伍某的行为仍构成受贿罪。根据本案的犯罪事实、情节和社会危害后果，对伍某不宜适用缓刑。裁定驳回上诉，维持原判。

【案例1-31】 2001年、2002年春节前，被告人李某某在担任中国石化胜利油田大明（集团）股份有限公司财务总监兼审计监察部部长期间，利用职务之便，先后三次非法收受原胜利油田大明集团副总裁兼东营大明石油勘探科技开发有限公司（原名为东营大明油气开发有限责任公司，后被注销）总经理余某某和原东营大明石油勘探科技开发有限公司副总经理吴某某二人所送现金人民币8万元，并为该公司在大明集团年度目标考核中获取利益。利津县人民检察院指控李某某犯受贿罪。利津县人民法院一审认为：被告人李某某作为股份有限公司工作人员，利用职务之便非法收受他人财物8万元，并为他人谋取利益，数额较大，其行为已构成公司、企业人员受贿罪。被告人所在单位系国家参股的股份有限公司，被告人实施犯罪时并非国有公司中从事公务的国家工作人员，亦不是国有公司委派到该公司从事公务的工作人员，不符合受贿罪的主体资格，被告人收受贿赂的行为应认定为公司、企业人员受贿罪。案发前，被告人主动供述其受贿事实，系自首，可依法对其从轻处罚。被告人归案后认罪态度较好，积极退交全部赃款，有悔罪表现，可酌情对其从轻处罚，并可对其适用缓刑。判决被告人李某某犯公司、企业人员受贿罪，判处有期徒刑3年，缓刑5年。李某某不服，提出上诉。东营市中级人民法院二审裁定驳回上诉，维持原判。

所谓国有企业，是指企业财产全部属于国家所有，从事生产、经营或者服务活动的非公司化经济组织。

【案例1-32】中原石油勘探局规定局内待处理的废旧物资，由各单位填写物资调剂委托书并报局生产物资调剂中心，经财务资产处审批同意后，组织生产物资调剂中心、废旧物资所属单位和监察处等单位相关人员现场对废旧物资鉴定评估，然后由生产物资调剂中心办理相关销售手续。2005年11月29日，被告人王某某被任命为中原石油勘探局财务资产处资产核算科科长，负责资产调拨、委托资产评估、审核资产评估报告、审核资产折旧的提取情况、负责固定资产收益额计算及收缴、负责资产审核鉴定调剂等工作。2007年5月至2009年1月期间，王某某利用自己的职务便利，在审核中原石油勘探局所属各单位废旧物资报废处置过程中，为购买人胡某某、李甲、李乙、李丙提供帮助，先后收受胡某某现金3.1万元、李甲现金4000元、李乙现金1.5万元、李丙现金1.1万元。案发后，王某某将全部赃款退至濮阳市华龙区人民检察院。濮阳市华龙区人民法院一审认为：被告人王某某身为国有企业的工作人员，利用职务上的便利，非法收受他人财物，为他人谋取利益，其行为侵犯了国有企业的正常管理活动和国家工作人员职务行为的廉洁性，已构成受贿罪。以受贿罪判处王某某有期徒刑5年。王某某不服，提出上诉。濮阳市中级人民法院二审裁定驳回上诉，维持原判。

【案例1-33】原中钢集团上海公司系国有企业（非公司法人），于2008年3月改制为中钢集团上海有限公司。2006年前后，被告人王某利用担任原中钢集团上海公司业务五部经理，全权负责钢材、板材等贸易业务的职务便利，通过所在单位分别与百星公司、冠虹公司等单位订立钢材采购、赎回合同，使上述两家公司从原中钢集团上海公司获取大量资金用于钢材期货，赚取巨额利润。2007年1月，王某收受了冠虹公司法定代表人朱某为感谢其帮助及继续保持业务往来而给予的人民币50万元。同年一二月间，王某又先后两次收受了百星公司法定代表人赵某某为感谢其帮助而给予的人民币各100万元。上海市第二中级人民法院经审理认为：被告人王某在担任国有企业中钢集团上海公司业务五部经理期间，利用职务便利，收受他人钱款人民币计250万元，为他人谋取利益，其行为已构成受贿罪，依法应予惩罚。鉴于王某认罪态度较好等情节，可对其酌情从轻处罚。判决王某犯受贿罪，判处有期徒刑14年，剥夺政治权利4年，并处没收财产人民币20万元。

所谓国有事业单位，是指受国家机关领导，所需经费由国家划拨的非生产经营性部门或单位，如国家投资兴办的教育、科研、文化、卫生、体育、新闻、广播、出版等单位。

【案例1-34】 2000年至2009年，被告人陈某某利用其担任武汉大学副校长、常务副校长的职务便利，为武汉弘博集团与武汉大学联合修建弘博学生公寓、参与筹建武汉大学东湖分校等提供帮助，收受该集团董事长巴某某贿赂的人民币115万元、美元1万元；为中天集团在武汉大学承接工程提供帮助，收受该集团武汉分公司经理陈某贿赂的人民币5万元和美元6000元；为武汉大学后勤保障部、武汉大学出版社、武汉大学继续教育学院在申请工作经费、解决拖欠款项等方面提供帮助，多次收受上述单位负责人贿赂的人民币共计11.9万元；帮助涂某某朋友之女录取为武汉大学研究生，收受涂某某贿赂的人民币3万元。2000年至2003年，被告人龙某某在担任武汉大学副校长期间，利用职务便利为弘博集团与武汉大学联合修建弘博学生公寓及施工过程中谋取利益，收受巴某某贿赂的人民币41万元；为中天集团在武汉大学承接工程提供帮助，收受陈某贿赂的人民币20万元。荆州市中级人民法院经审理认为：被告人陈某某、龙某某身为国家工作人员，分别利用担任武汉大学副校长、常务副校长的职务便利，为他人谋取利益，收受他人巨额贿赂，其行为均已构成受贿罪。以受贿罪分别判处陈某某有期徒刑12年，并处没收个人财产人民币15万元；判处龙某某有期徒刑10年，并处没收个人财产人民币5万元。

【案例1-35】 重庆市南川区妇幼保健院是财政全额拨款的事业单位。被告人兰某某于2002年1月被原南川市人事局任命为重庆市南川区妇幼保健院院长。2003年，重庆源和科技发展有限公司经销商陈某通过业务关系认识兰某某后，多次向兰某某推荐其所经销的飞利浦彩超设备。2006年9月，陈某再次到南川找到兰某某，要求其能采购飞利浦彩超设备，并承诺如果妇幼保健院采购其设备后送20万元感谢兰某某。后经兰某某帮忙，2007年2月15日，陈某通过招标程序与妇幼保健院签订了飞利浦彩超设备订货合同。此后，为兑现承诺，使兰某某能及时签字支付货款，陈某分别在同年3月下旬、4月上旬、5月下旬三次向兰某某行贿18万元。2009年3月21日，兰某某到重庆市南川区人民检察院投案自首，如实供述了自己的罪行，并退清了全部赃款。重庆市南川区人民法院经审理认为：被告人兰某某身为国家工作人员，利用职务之便，非法收受他人贿赂数额巨大的行为，已构成受贿罪。公诉机关指控的事实和罪名成立，应在10年以上量刑。但由于兰某某在犯罪后主动投案，并如实供述自己的罪行，系自首，可以减轻处罚。兰某某在检察机关退清了全部赃款，认罪态度好，有悔罪表现，可对其酌定从轻处罚。根据被告人的犯罪事实、性质、情节和对社会的危害程度，判决兰某某犯受贿罪，判处有期徒刑6年6个月。

【案例1－36】2000年上半年至2010年6月，被告人吴某某在担任杭州市第四人民医院院长和杭州师范大学附属医院（杭州市第二人民医院）院长期间，利用职务上的便利，在工程项目招投标、医疗设备、药品采购、人事招录及款项结算等事项上，为他人谋取利益，并先后多次收受他人财物共计人民币1600余万元。湖州市中级人民法院一审以受贿罪判处吴某某死刑，缓期2年执行，剥夺政治权利终身，并对他已退出和被检察机关追缴的赃款以及用赃款购买的相关房产予以没收。被告人吴某某不服，提出上诉。浙江省高级人民法院二审裁定驳回上诉，维持原判，并核准以受贿罪判处吴某某死刑，缓期2年执行，剥夺政治权利终身，并处没收个人全部财产的一审判决。

【案例1－37】《经济日报农村版》报社是国有事业单位，《经济日报农村版》报社广西记者站是该报社的派出机构。2005年9月至10月间，被告人李某、唐某某在分别担任《经济日报农村版》报社广西记者站副站长、工作人员期间，利用职务之便，在采访全区“对农民直接补贴与储备粮订单挂钩试点工作”（以下简称粮食直补工作）过程中，利用各粮食系统因粮食直补工作中存在一些问题害怕上报、曝光的心理，共同索取来宾市的象州县、兴宾区粮食局各1万元、贵港市覃塘区粮食局6万元、桂平市粮食局6万元和河池市环江县粮食局8万元，以上共计现金22万元，得款后两人均分，各分得11万元。贵港市港南区人民法院一审认为：被告人李某和唐某某是受聘于国有事业单位《经济日报农村版》报社的记者和工作人员，其对广西粮食系统直补工作的采访、报道、进行舆论监督属于履行公务行为，依法应以国家工作人员论。李某、唐某某在采访过程中，利用相关单位工作中存在问题害怕上报、曝光的心理，向相关单位索取钱款，得款后二人平分，其行为均构成受贿罪。在共同犯罪中，李某、唐某某共同采访、共同索取钱款并平均分赃，均起主要作用，应按其参与的全部犯罪处罚。李某、唐某某在司法机关未采取强制措施和讯问前，如实供述收到各粮食局人民币22万元的事实，成立自首，依法可以减轻处罚。判决李某犯受贿罪，判处有期徒刑3年，并处没收个人财产人民币5万元；唐某某犯受贿罪，判处有期徒刑3年，并处没收个人财产人民币5万元。李某、唐某某不服，提出上诉。贵港市中级人民法院二审认为：原判认定事实清楚，证据确实、充分，定罪准确，审判程序合法。但原判认定李某、唐某某有自首情节，与法律规定不符，不予确认。依照刑事诉讼法第 190 条第 1 款及最高人民法院《关于执行〈中华人民共和国刑事诉讼法〉若干问题的解释》第 257 第 1 款第（5）项的规定，对原审判决应予维持。裁定驳回上诉，维持原判。本案中，虽然二审法院认为李某、唐某某不成立自首，但依照上诉不加刑的原则，裁定驳回上诉，维持原判。

所谓人民团体，是指按照其各自特点组成的从事特定的社会活动的人民群众组织，如各民主党派、各级工会、共青团、妇联、青联、残联、学联、台联、工商联、侨联、科协、文联、记协、对外友好团体等。有的学者认为人民团体包括工会、共青团、妇联、科协、归国华侨联合会、台湾同胞联谊会、青年联合会和工商业联合会，共 8 类。[①] 笔者认为，将人民团体限定为 8 类不知依据是什么，实践中不应作如此限制，否则就会放纵某些犯罪。

（三）国家机关、国有公司、企业、事业单位委派到非国有公司、企业、事业单位、社会团体从事公务的人员

2003 年 11 月 13 日最高人民法院印发的《全国法院审理经济犯罪案件工作座谈会纪要》专门就如何认定国家机关、国有公司、企业、事业单位委派到非国有公司、企业、事业单位、社会团体从事公务的人员的认定进行了解释："所谓委派，即委任、派遣，其形式多种多样，如任命、指派、提名、批准等。不论被委派的人身份如何，只要是接受国家机关、国有公司、企业、事业单位委派，代表国家机关、国有公司、企业、事业单位在非国有公司、企业、事业单位、社会团体中从事组织、领导、监督、管理等工作，都可以认定为国家机关、国有公司、企业、事业单位委派到非国有公司、企业、事业单位、社会团体从事公务的人员。如国家机关、国有公司、企业、事业单位委派在国有控股或者参股的股份有限公司从事组织、领导、监督、管理等工作的人员，应当以国家工作人员论。国有公司、企业改制为股份有限公司后，原国有公司、企业的工作人员和股份有限公司新任命的人员中，除代表国有投资主体行使监督、管理职权的人外，不以国家工作人员论。"

需要指出的是，2005 年 8 月 1 日最高人民法院公布的《关于如何认定国有控股、参股股份有限公司中的国有公司、企业人员的解释》指出："国有公司、企业委派到国有控股、参股公司从事公务的人员，以国有公司、企业人员

---

① 参见肖中华著：《贪污贿赂罪疑难解析》，上海人民出版社 2006 年版，第 14 页。

论。”笔者认为，这个司法解释是为准确认定刑法分则第三章第三节中的国有公司、企业人员而作出的，对于贪污贿赂犯罪的主体来讲，仍然应当依照刑法第93条的规定，对于国有公司、企业委派到国有控股、参股公司从事公务的人员，应当属于“国有公司、企业委派到非国有公司从事公务的人员”，而不应认定为属于“国有公司、企业中从事公务的人员”。

所谓“社会团体”，按照1998年10月25国务院发布的《社会团体登记管理条例》第2条的规定，是指中国公民自愿组成，为实现会员共同意愿，按照其章程开展活动的非营利性社会组织。因此，社会团体的范围大于人民团体，人民团体仅是社会团体的一部分。从刑法规定的前后逻辑来看，人民团体应该属于国有单位的范畴。目前，我国有全国性社会团体近2000个。其中使用行政编制或事业编制，由国家财政拨款的社会团体约200个。在这近200个团体中，全总、共青团、全国妇联的政治地位特殊，社会影响广泛。还有16个社会团体的政治地位虽然不及上述三个社会团体，但也比较特殊。它们分别是：中国文联、中国科协、全国侨联、中国作协、中国法学会、对外友协、贸促会、中国残联、宋庆龄基金会、中国记协、全国台联、黄埔军校同学会、外交学会、中国红十字总会、中国职工思想政治工作研究会、欧美同学会。以上19个社会团体的主要任务、机构编制和领导职数由中央机构编制管理部门直接确定，它们虽然是非政府性的组织，但在很大程度上行使着部分政府职能。截至2008年年底，登记注册的社会组织总量接近40万个，其中社会团体22万个，民办非企业单位17.8万个，基金会1390个。①

关于非国有公司、企业、事业单位、社会团体的范围，刑法学界也有不同观点。一种观点认为，非国有公司、企业、事业单位、社会团体应具备一个基本特征，即这些单位的财产应含有国有资产的成分。只有非国有单位中含有国有资产的成分，国有单位才需派人到这些单位代表自己履行职责。② 另一种观点认为，此类国家工作人员的认定，应当以行为人的行为是否从事公务为标准，而不问行为人所在单位是否具有国有资产的成分。一般而言，委派到具有国有资产成分的单位中从事公务是比较常见的，但在个别情况下，也不排除委派到没有国有资产的非国有单位。③ 两种观点的分歧之处在于此类非国有公

① 参见百度百科对“社会团体”词条的解释。

② 参见杨兴国著：《贪污贿赂罪法律和司法解释应用问题解疑》，中国检察出版社2002年版，第41—42页。

③ 参见孟庆华、高秀东著：《贪污罪的定罪与量刑》，人民法院出版社2001年版，第172页。

司、企业、事业单位、社会团体是否必须包含部分国有资产。笔者赞同后一种观点。实践中，为了加强对国有资产的经营、管理，国家机关、国有公司、企业、事业单位往往会委派工作人员到包含有国有资产成分的非国有公司、企业、事业单位、社会团体工作，如委派到中外合资经营企业、中外合作经营企业、股份制企业中工作，但是也不能绝对排除国家机关、国有公司、企业、事业单位委派到不包含国有资产的公司、企业、事业单位、社会团体工作。如在过去计划经济体制下，一些集体所有制企业都必须有主管单位，而且主管单位很多都是国家机关、国有公司、企业、事业单位，为了行使管理职能，主管单位往往直接委派一部分干部到集体所有制企业担任职务。随着政企分开、产权明晰和法人制度的逐步建立，这种情况已经越来越少，但作为个别现象仍然存在。由于受委派的干部是作为国家机关、国有公司、企业、事业单位的工作人员，在集体所有制企业中担任管理职务，具有从事公务的性质，因此也应以国家工作人员论。① 又如，一些私有性质的公司、企业为加强内部员工思想政治建设，请求有关党委委派公司、企业党组织负责人，这些受有关党委委派到私有性质的公司、企业从事党务工作的人员，也属于受委派的范围，应当以国家工作人员论。

【案例1-38】2005年2月至2008年1月，被告人王某某受国有企业湖南泰格林纸集团有限公司委派，担任岳阳纸业股份有限公司副总经理，负责公司的经营工作并分管供应部、木材供应部、燃料供应部等。期间，王某某利用职务上的便利，为他人谋取利益，先后收受湖南新世纪煤炭配送有限公司刘某和湖南佳辉经贸发展有限公司周某某所送人民币共计4010028.16元。2009年4月29日，中共湖南省纪委对王某某进行调查，在调查期间，王某某交待了收受刘某贿赂的事实，但纪委机关已掌握该事实的有关证据。侦查期间，侦查部门依法暂扣了王某某人民币3988178.43元、港币7600元、欧元3000元、美元15200元。长沙县人民法院一审认为：被告人王某某身为国有公司委派到非国有公司从事公务的人员，利用职务上的便利，非法收受他人财物，为他人谋取利益，其行为已构成受贿罪。王某某积极退赃，可酌情从轻处罚。判决王某某犯受贿罪，判处有期徒刑15年，并处没收个人财产20万元。王某某上诉及其辩护人辩护提出：王某某是岳阳纸业股份有限公司董事会聘任的副总经理，不属于受国有企业委派到非国有企业从事公务的人员，不具有国家工作人员身份。长沙市中级人民法院二审认为：王某某担任岳纸股份公司副总经理职务的

① 参见顾保华：《如何正确认定“受委派从事公务”》，载《中国法院网》2003年2月10日。

前后，均受泰格林纸集团公司委派担任下属子公司的领导职务，且有书面委派文件。王某某担任岳纸股份公司副总经理，虽经过该公司董事会聘任程序，但岳纸股份公司股东泰格林纸集团公司党委扩大会议曾推荐王某某担任上述职务，根据《全国法院审理经济犯罪案件工作座谈会纪要》的有关规定，国有公司向非国有公司委派从事公务人员的方式有多种多样，包括任免、指派、提名、批准等，泰格林纸集团公司作为岳纸股份公司的国有股东，在本公司党委扩大会议上推荐人选到参股公司担任高管人员，具有委派提名的性质。岳纸股份公司作为股份上市公司，经董事会决议聘任公司高管，系依照有关法律规定履行任职程序，不影响委派关系的成立。王某某任岳纸股份公司副总经理期间，有明确的主管分工，从事组织、领导、管理等工作，应以国家工作人员论。裁定驳回上诉，维持原判。

【案例1-39】被告人胡某某于2000年12月18日、2002年12月30日、2004年6月13日，被安阳市农村金融体制改革领导小组办公室（以下简称安农金体改办）先后以安农金改办（2000）76号、安农金改办（2002）124号、安农金改办（2004）52号文件提名、批准，并由林州市农村信用联社理事会聘任为主任和理事长。安阳市殷都区人民检察院指控胡某某犯受贿罪。殷都区人民法院一审认为：被告人胡某某任林州市信用联社主任、理事长，是由安阳市农金体改办（临时机构）提名，人民银行任职资格审查合格，林州市农村信用联社理事会聘任取得，批准机关是安阳市农金体改办。胡某某的任职程序说明，胡某某没有受到国家机关、国有公司、企业、事业单位的委派，其身份不符合《全国法院审理经济犯罪案件工作座谈会纪要》关于国家机关、国有公司、企业、事业单位委派到非国有公司、企业、事业单位、社会团体从事公务人员认定的规定，故胡某某不是国家工作人员，不具备受贿罪犯罪主体资格。判决胡某某犯公司、企业人员受贿罪，判处有期徒刑2年。殷都区人民检察院提出抗诉，其中一条抗诉理由是“定性不准、适用法律不当。胡某某属于受国家机关委派从事公务的人员，应以受贿罪对其定罪量刑。”胡某某也提出上诉。安阳市中级人民法院二审认为：经查，胡某某任林州市信用联社主任、理事长一职务，通过对公诉机关提供的安阳市农金体改办安农金改办（2000）76号、安农金改办（2002）124号、安农金改办（2004）52号文件，关于胡某某等同志任职的通知以及中国人民银行安阳市中心支行安银发（2000）310号关于对胡某某等同志任职资格审查的批复和河南省农金体改办于2004年6月9日下发工作程序等证据审查看，胡某某任林州市信用联社主任及理事长一职，是根据安阳市农金体改办（临时机构）的提名，人民银行任职资格审查合格后，由林州市信用联社理事会聘任取得，批准机关是安阳市农金体改办，而农金体改办是信用联社改制过程中成立的过渡性临时管理机构，不具备国家机关的身份。从该任职程序上可以看出，胡某某并没有受到国家机关、国有公司、企业、事业单位的委派，其身份不符合受贿罪的犯罪主体，而林州市信用联社又属于集体企业，故应以公司、企业人员受贿罪追究胡某某的刑事责任，抗诉机关的该抗诉意见不能成立。判决胡某某犯公司、企业人员受贿罪，判处其有期徒刑5年。判决生效后，胡某某提出申诉。河南省高级人民法院经提审，判决撤销安阳市中级人民法院的二审判决，维持殷都区人民法院的一审判决。

关于被委派的人员在被委派前是否必须具有国家工作人员身份，才能以国家工作人员论，刑法学界也有不同认识。一种观点认为，被委派的行为人在被委派前必须具有国家工作人员的身份，否则不能视为国家工作人员。另一种观点认为，只要存在委派关系，不论被委派者之前是否具有国家工作人员的身份，均应按国家工作人员对待。笔者赞同后一种观点，因为国家工作人员的本质特征就是“从事公务”，只要行为人接受国家机关、国有公司、企业、事业单位的委派，到非国有公司、企业、事业单位、社会团体从事公务，就符合了刑法规定的此类人员的条件，就应当以国家工作人员论。归纳起来，在司法实践中经常遇到的委派对象在委派之前的身份有下列几种情况：一是委派对象原来就是在委派单位中从事公务的人员；二是委派对象原来虽然是委派单位的成员，但不是从事公务的人员；三是委派对象是委派单位的离、退休返聘的人员；四是委派对象原来不是委派单位成员，但是委派单位为委派专门从社会上招聘的人员；五是委派对象既在委派单位从事公务活动，又被委派单位委派至非国有单位从事公务的人员。①

受委派人员被委派到非国有单位之后，如果又按照该非国有单位的干部任用程序经过了选举或任命，能否仍然以国家工作人员论。对此，刑法学界有不同认识。一种观点认为，按照《公司法》等法律和有关协会的章程等规章制度，被国有单位委派到非国有单位从事公务的人员，如果又按照该非国有单位的干部任用程序经过了选举或任命，就是代表该非国有单位意志的人员，不能再以国家工作人员论。另一种观点认为，只要受委派人员的身份未经委派单位撤销，仍然是代表委派单位在非国有单位从事公务，无论其是否按照该非国有单位的干部任用程序经过了选举或任命，仍然应当以国家工作人员论。有学者对后一种观点进一步分析指出：委派本身就包括“提名”这种方式。根据

① 参见韩耀武、张伟忠：《刑法中因“委派”而生的“准国家工作人员”的理解与司法认定》，载《人民法院报》2002年9月9日。

《公司法》的规定，股份有限公司设经理，要由公司董事会聘任或解聘，如果国有公司、企业委派其工作人员到国有资本参股、控股的股份有限公司担任经理，事实上不可能直接采取任命的方式，而只能向该股份有限公司董事会提名，要求董事会聘任该工作人员担任经理。如果认为只要非国有公司、企业董事会聘任或者职工代表大会选举产生的管理人员就不能再以国家工作人员论，实际上就否定了刑法设立国家工作人员这一类主体的实质要求。应该说，认定委派人员关键是要考察其是否具有代表国家机关、国有公司、企业、事业单位从事公务的本质特征。如果行为人经过非国有公司、企业董事会聘任或者职工代表大会选举担任原有职务或新的职务，而实质上仍然代表国家机关、国有公司、企业、事业单位从事组织、领导、监督、管理等工作，仍然应当认定为国家工作人员。① 笔者同意后一种观点。2004 年 11 月 3 日最高人民检察院法律政策研究室《关于国家机关、国有公司、企业委派到非国有公司、企业从事公务但尚未依照规定程序获取该单位职务的人员是否适用刑法第九十三条第二款问题的答复》指出：对于国家机关、国有公司、企业委派到非国有公司、企业从事公务但尚未依照规定程序获取该单位职务的人员，涉嫌职务犯罪的，可以依照刑法第九十三条第二款关于“国家机关、国有公司、企业、事业单位委派到非国有公司、企业、事业单位、社会团体从事公务的人员”，“以国家工作人员论”的规定追究刑事责任。2010 年 11 月 26 日最高人民法院、最高人民检察院《关于办理国家出资企业中职务犯罪案件具体应用法律若干问题的意见》第 6 条第 1 款就国家出资企业中国家工作人员的认定指出：“经国家机关、国有公司、企业、事业单位提名、推荐、任命、批准等，在国有控股、参股公司及其分支机构中从事公务的人员，应当认定为国家工作人员。具体的任命机构和程序，不影响国家工作人员的认定。”

非国有单位将所接受的委派对象再次委派到下属单位，被再次委派的人能否仍然以国家工作人员论。对此，刑法学界也有不同认识。第一种观点认为，非国有单位将所接受的委派人员安排到下属单位从事一定管理职责的，一律按国有单位委派对象认定。第二种观点认为，非国有单位将所接受的委派对象安排到下属单位从事一定管理职责的，不能一概作为原国有单位委派对象认定，而应根据具体情况区别对待。如果其工作人员是受原国有单位或者国有相对控股的子公司推荐而从事公务的，不影响国有单位委派对象的认定；如果是受其他合资方的非国有公司、企业委派而在下一级公司、企业从事一定的管理职责

① 参见肖中华著：《贪污贿赂罪疑难解析》，上海人民出版社 2006 年版，第 16—17 页。

的，则不能再视为国有单位委派。[①] 第三种观点认为，受委派从事公务活动的国家工作人员身份是以受国有单位委派为前提，行为人到非国有单位后，又受该非国有单位委派到下属的非国有单位工作，是两个不同的委派关系，不能混为一谈，无论下属公司的国有成分是否占控股地位，都不能将受委派的人员认定为国家工作人员。例如，某甲系受国有单位委派到国有资产控股的证券公司任董事，该证券公司又委派某甲出任房地产公司总经理（房地产公司由证券公司控股），某甲在房地产公司的身份不应属于国家工作人员的身份。不过，行为人受国有单位委派到非国有单位后，又受该非国有单位委派到不具有独立法人资格的分支机构工作，仍然属于受国有单位委派从事公务的人员。例如，某甲系受国有单位委派到国有资产控股的证券公司任董事后，该证券公司又委派某甲出任公司某营业部的总经理，由于营业部是不具有法人资格的证券公司分支机构，某甲仍然是在证券公司从事公务，应认定为国家工作人员。[②] 笔者赞同第三种观点。实践中，认定行为人是否属于受委派从事公务的人员，无论其经过几次委派，关键是对每次委派都要把握好三点：一是委派单位应属于国家机关、国有公司、企业、事业单位；二是被委派单位应属于非国有公司、企业、事业单位、社会团体；三是委派单位与被委派单位应属于两个相对独立的单位，否则就属于单位内部调整，不属于委派。

根据刑法第 163 条第 3 款的规定，国有公司、企业或者其他国有单位委派到非国有公司、企业以及其他单位从事公务的人员，利用职务上的便利，索取他人财物或者非法收受他人财物，为他人谋取利益，数额较大的，或者在经济往来中，利用职务上的便利，违反国家规定，收受各种名义的回扣、手续费，归个人所有的，依照受贿罪定罪处罚。根据刑法第 184 条第 2 款的规定，国有金融机构委派到非国有金融机构从事公务的人员在金融业务活动中索取他人财物或者非法收受他人财物，为他人谋取利益的，或者违反国家规定，收受各种名义的回扣、手续费，归个人所有的，依照受贿罪定罪处罚。刑法规定的这两款受贿罪的主体，就属于受贿罪中“委派”类的犯罪主体。

（四）其他依照法律从事公务的人员

这类人员应当具有两个特征：一是在特定条件下行使国家管理职能；二是

---

① 参见韩耀武、张伟忠：《刑法中因“委派”而生的“准国家工作人员”的理解与司法认定》，载《人民法院报》2002 年 9 月 9 日。

② 参见孙国祥著：《贪污贿赂犯罪疑难问题学理与判解》，中国检察出版社 2003 年版，第 77—78 页。

依照法律规定从事公务。具体包括：（1）依法履行职责的各级人民代表大会代表；（2）依法履行审判职责的人民陪审员；（3）协助乡镇人民政府、街道办事处从事行政管理工作的村民委员会、居民委员会等农村和城市基层组织人员；（4）其他由法律授权从事公务的人员。所谓从事公务，按照2003年11月13日最高人民法院印发的《全国法院审理经济犯罪案件工作座谈会纪要》的解释，“是指代表国家机关、国有公司、企业、事业单位、人民团体等履行组织、领导、监督、管理等职责。公务主要表现为与职权相联系的公共事务以及监督、管理国有财产的职务活动。如国家机关工作人员依法履行职责，国有公司的董事、经理、监事、会计、出纳人员等管理、监督国有财产等活动，属于从事公务。那些不具备职权内容的劳务活动、技术服务工作，如售货员、售票员等所从事的工作，一般不认为是公务。”①

根据2000年4月29日全国人大常委会关于《中华人民共和国刑法》第93条第2款的解释，村民委员会等村基层组织人员协助人民政府从事下列行政管理工作，属于刑法第93条第2款规定的“其他依照法律从事公务的人员”：（1）救灾、抢险、防汛、优抚、扶贫、移民、救济款物的管理；（2）社会捐助公益事业款物的管理；（3）国有土地的经营和管理；（4）土地征用补偿费用的管理；（5）代征、代缴税款；（6）有关计划生育、户籍、征兵工作；（7）协助人民政府从事的其他行政管理工作。村民委员会等村基层组织人员从事上述公务，利用职务上的便利，非法占有公共财物、挪用公款、索取他人财物或者非法收受他人财物，构成犯罪的，适用刑法第382条和第383条贪污罪、第384条挪用公款罪、第385条和第386条受贿罪的规定。

2003年4月2日最高人民检察院法律政策研究室《关于集体性质的乡镇卫生院院长利用职务之便收受他人财物的行为如何适用法律问题的答复》指出：经过乡镇政府或者主管行政机关任命的乡镇卫生院院长，在依法从事本区域卫生工作的管理与业务技术指导，承担医疗预防保健服务工作等公务活动时，属于刑法第93条第2款规定的其他依照法律从事公务的人员。对其利用职务上的便利，索取他人财物的，或者非法收受他人财物，为他人谋取利益

① 按照百度百科词条的解释，公务，是指关于公家或集体的事务。狭义是指国家机关的事务性工作；广义是指党政机关、群众团体、企事业单位等的事务性工作。劳务，是指以活劳动形式为他人提供某种特殊使用价值的劳动。这种劳动不是以实物形式，而是以活劳动形式提供某种服务。因此，公务是与私务（私人事务）相对应的概念，并不是与劳务相对应的、非此即彼的概念。从本来意义上讲，公务也是一种劳务，所有国家工作人员都是在从事劳务，都是以活劳动形式为人民提供某种服务的劳动者。

的，应当依照刑法第385条、第386条的规定，以受贿罪追究刑事责任。

【案例1－40】 被告人陈某某于2002年4月至2003年10月期间，利用担任响水县开发区灌江居委会计划生育专干职务的便利，明知他人有不让育龄妇女参加妇检的请托，9次收受他人给予的财物，共计人民币5.2万元。案发后，陈某某的家人向检察机关退出人民币5.31万元。响水县人民法院经审理认为：被告人陈某某在居民委员会中协助政府从事计划生育管理工作，属于“其他依照法律从事公务的人员”，应当以国家工作人员论；其利用职务之便，非法收受他人财物，为他人谋取利益的行为已构成受贿罪。陈某某认罪态度较好，已退清全部赃款，可以酌情从轻处罚。判决陈某某犯受贿罪，判处有期徒刑5年，并处没收财产人民币2000元。

【案例1－41】 2004年5月，被告人魏某某利用其担任临沂市高新区马厂湖镇后桃园村村委主任的职务便利，伙同主持该村全面工作的原村党支部委员殷某某，在协助人民政府从事土地管理工作中，接受山东天友棉麻集团有限公司刘某某请托，在刘某某未交纳土地补偿金的情况下，为其提供虚假土地征用补偿费收据等手续，并在相关手续上签字、盖章，为刘某某将其租赁的后桃园村集体土地办理国有土地使用权手续提供帮助，从中收受刘某某贿赂，其中魏某某收受贿赂32万元，殷某某收受贿赂20万元（实得11万元）。2011年5月，两人被立案侦查。8月，两人均被提起公诉。山东省临沂市罗庄区人民法院经审理，一审以受贿罪判处被告人魏某某有期徒刑11年6个月，并处没收财产人民币10万元；以受贿罪判处被告人殷某某有期徒刑10年，并处没收财产人民币8万元。

【案例1－42】 2008年六七月份，商丘市张某某等人拟在宝丰县周庄镇上河村建一砖厂，周庄镇政府把该砖厂作为招商引资项目之一，安排时任宝丰县周庄镇上河村支部书记的被告人陈某某为该项目建设进行协调。陈某某利用职务之便，以需要向村民协调砖厂占地为由，提出要5万元协调费，张某某等人商量后给了陈某某5万元协调费。2009年1月11日平顶山市人民检察院职务犯罪预防处对此案进行初查时，陈某某将涉案的5万元赃款缴到了市检察院。另查明，陈某某在关押期间，揭发他人犯罪线索，经查证属实，有立功表现。宝丰县人民法院一审认为：被告人陈某某任上河村党支部书记，虽未列入国家机关人员编制，但在周庄镇人民政府招商引资过程中，由周庄镇人民政府安排其负责招商引资项目的协调工作。陈某某协助人民政府从事其他行政管理工作，属于刑法第93条第2款规定的“其他依照法律从事公务的人员”，其利用职务之便，索取他人财物的行为已构成受贿罪。判决陈某某犯受贿罪，判处有期徒刑3年。陈某某上诉称存在自首情节，原判量刑太重。平顶山市中级人民法院二审认为：作为上河村支部书记的陈某某，虽系受国家机关委托，但该委托事项不属于协助人民政府从事行政管理的职能，不能认定为其他受委托从事公务的国家工作人员。陈某某为他人经营活动提供协调有关事项，索取他人财物的行为已构成非国家工作人员受贿罪。关于陈某某上诉所提及辩护人辩称“上诉人存在自首情节”的辩护意见，经查，该项证据只有平顶山市人民检察院职务犯罪预防处证明，没有提供相应的询问笔录予以印证，缺乏证据支持，本院不予采纳。原判认定事实清楚，证据确实充分，审判程序合法，但定罪不准，予以纠正。判决撤销一审判决，改判陈某某犯非国家工作人员受贿罪，判处有期徒刑1年6个月。

【案例1-43】被告人尹某原为蚌埠一会计事务所聘用人员，2002年被安徽省蚌埠市中级人民法院指定为安徽省淮河机械有限公司清算组成员，后期因清算组组长回原单位工作，清算组一直由尹某在承担工作。2003年至2010年，尹某利用担任安徽省淮河机械有限公司清算组成员之便，先后多次收受安徽省淮河机械有限公司总经理刘某（另案处理）等人的购物卡、摩托车、现金等贿赂，共计价值人民币23250元。2009年4月，刘某、唐某（另案处理）等人得知清算组账上有余钱的情况下，即要求尹某以清算组的名义打报告给法院，要神工机械公司为淮河机械有限公司的垫资款，以实现购买神工机械公司股份的目的。而事实上，该垫资款不存在。尹某对刘某等人提出的垫资事项及会计凭证在没有按照清算组工作人员职责进行认真审核的前提下，即打报告给相关部门帮助刘某等人要来了事实上不存在的420万元垫资款，使国家利益遭受重大损失。另外2009年4月，尹某对淮河机械有限公司相关人员上报的企业清欠费用不加审核，也没有履行必备的公示（除欠职工医药费公示外）及相关部门的审核程序，即制作企业清欠费用表，在谢某（另案处理）的安排下，将425万余元以“职工清欠费用”的名义转入淮河机械有限公司安置办账户。425万余元中除职工医药费、一次性补偿款等费用152.7万元真实外，另外272.6万均不该转入安置办。其行为严重损害了国家及其他债权人的利益。安徽省蚌埠市蚌山区人民法院经审理认为：被告人尹某受法院指派，为国有企业破产清算组成员，依法代表国家行使管理职权，在淮河机械有限公司破产清算中，利用职务之便，收受他人财物数额较大，为他人谋取利益，其行为构成受贿罪。其作为清算组成员，违反有关规定，不认真履行职责，玩忽职守，致使公共财产遭受重大损失，其行为构成玩忽职守罪。依法应数罪并罚。鉴于尹某案发后积极退赃，认罪态度较好，法院以受贿罪判处有期徒刑1年6

个月，以玩忽职守罪判处有期徒刑2年，决定合并执行有期徒刑3年。① 本案中，被告人尹某系人民法院指定的破产清算组成员，虽然指定可以是委派形式的一种，但刑法规定委派的受体是“非国有公司、企业、事业单位、社会团体”，而清算组不属于非国有公司、企业、事业单位、社会团体的任何一种，因此，本案中指定的主体人民法院虽然属于国家机关，但并不能将人民法院指定的清算组成员认定为属于受国家机关委派从事公务的人员。鉴于清算组是根据《企业破产法》、《公司法》等有关法律成立的，人民法院指定清算组成员也是按照法律规定进行的，清算组的职责法律也有规定，笔者认为可以将本案中的被告人认定为属于“其他依照法律从事公务的人员”。

对于受国家机关、国有公司、企业、事业单位、人民团体委托管理、经营国有财产的人员，能否成为受贿罪的主体，刑法学界有不同意见。笔者认为，由刑法第382条第2款的规定可以看出，受国家机关、国有公司、企业、事业单位、人民团体委托管理、经营国有财产的人员，其本身并不是国家工作人员，刑法明确规定这类人员可以成为贪污罪的主体，但没有规定可以成为受贿罪的主体，已经表明了立法者的态度。因此，按照罪刑法定原则，受国家机关、国有公司、企业、事业单位、人民团体委托管理、经营国有财产的人员，无论其原来的身份是否国家工作人员，当他在管理、经营国有财产时，是基于国有单位的委托，而不是他原来的什么身份。即使其利用职务上的便利，索取他人财物的，或者非法收受他人财物，为他人谋取利益的，也不能认定为受贿罪，但可以构成非国家工作人员受贿罪。

对于离退休的国家工作人员能否成为受贿罪的主体，刑法学界也有不同认识。1989年最高人民法院、最高人民检察院《关于执行〈关于惩治贪污罪贿赂罪的补充规定〉若干问题的解答》专门指出：“已离、退休的国家工作人员，利用本人原有职权或地位形成的便利条件，通过在职的国家工作人员职务上的行为，为请托人谋取利益，而本人从中向请托人索取或者非法收受财物的，以受贿论处。”笔者认为，从1979年刑法到1997年刑法，受贿罪均是国家工作人员利用职务上的便利实施的索取他人财物或者非法收受他人财物为他人谋取利益的行为。离退休的国家工作人员已经不属于现职的国家工作人员，无职务便利可以利用，即使其利用本人原有职权或者地位形成的便利条件，通过其他在职的国家工作人员职务上的行为，为请托人谋取利益，而本人从中收受请托人财物的，也不符合受贿罪的构成要件，不能认定为受贿罪。鉴于实践

① 参见李曾玮、黑华文：《安徽一会计玩忽职守受贿2万被判三年》，载《正义网》2011年9月2日。

中存在离退休的国家工作人员收受他人财物的现象，2000年最高人民法院《关于国家工作人员利用职务上的便利为他人谋取利益离退休后收受财物行为如何处理问题的批复》指出：“国家工作人员利用职务上的便利为请托人谋取利益，并与请托人事先约定，在其离退休后收受请托人财物，构成犯罪的，以受贿罪定罪处罚。”2007年最高人民法院、最高人民检察院《关于办理受贿刑事案件适用法律若干问题的意见》第10条进一步指出：“国家工作人员利用职务上的便利为请托人谋取利益之前或者之后，约定在其离职后收受请托人财物，并在离职后收受的，以受贿论处。国家工作人员利用职务上的便利为请托人谋取利益，离职前后连续收受请托人财物的，离职前后收受部分均应计入受贿数额。”笔者赞同现行司法解释的观点，虽然这种情况下离职的国家工作人员收受请托人财物时已经不具有国家工作人员的身份，但其之所以构成受贿罪，是因为其利用了离职前本人的职务便利为请托人谋取了利益，也就是说为他人谋取利益时其仍然是国家工作人员，这与1989年司法解释所指的情形并不相同。

【案例1-44】2000年12月，深圳市一公司因欠贷被南山区法院执行拍卖该公司一块地50%的使用权，杨某是该案执行阶段主办法官。同年12月，杨某未经抽签指定深圳某拍卖行拍卖该地，并授意其指定的评估公司压低估价。此后的拍地过程一波三折。原定于同年12月18日的第一次拍卖，因被执行人有异议被市中院中止。在另两次拍卖中，杨某极力为他人牟利。2001年9月的第二次拍卖中，杨某同意拍卖行采用荷兰式拍卖（亦称“减价拍卖”）并拍出地块，后因被执行人有异议而放弃；2002年4月的第三次拍卖前，该拍卖行股东陈某鼓动深圳某公司董事长郑某合作以该公司名义竞拍，再由陈某负责找关系以低价购进并卖出。为竞得该地，陈某多次找法官杨某请求帮忙，并承诺重谢。后因陈某出价低，该地被另一公司竞得，南山区法院后来撤销拍卖，将地块交由深圳市土地交易中心重拍。2002年9月，陈某再次找到杨某帮忙，杨某将该地有关情况泄露给陈某。2002年9月5日，陈某与深圳某公司合作，以2050万元竞得该地。后因土地共有权人要求撤销拍卖，陈某找杨某帮忙，杨某为此四处奔走。2004年2月，杨某从法院辞职，陈某同年7月送给杨某一公司20%的股份，2006年5月再送给其某典当行35%的股份。此后，黄某注资到该典当行，成为大股东，并拒绝给杨某股份。陈某为补偿杨某，从自己在典当行49%的股份中拿出10%作为干股送给他。2007年4月17日，陈某、杨某二人因涉嫌行贿、受贿被检察机关传唤，后因评估受贿价值先将两人释放。为逃避制裁，杨某于4月和7月分别退出陈某送的股份。7月24日，陈某让杨某去办理变更股份手续时，杨某要陈某先给50万元好处费，陈某当场答应，并安排公司账户开出50万元转账支票给杨某。经评估，杨某收受的股份价值总计296万余元。深圳市中级人民法院经审理认为：陈某为兑现“好处费”给予杨某股份，后杨某退出股份，陈某又送给杨某50万元。陈某以50万元替代了股份，因而不应重复计算，最后认定杨某的受贿数额为人民币50万元。以受贿罪判处杨某有期徒刑11年，并处没收个人财产10万元。① 笔者认为，本案中陈某多次找被告人杨某请求帮忙并承诺重谢，被告人杨某接受陈某的请托并利用法官的职务便利为陈某谋取利益。虽然杨某收受陈某财物时已经从法院辞职，不再具有国家工作人员的身份，但依据上述司法解释，被告人杨某的行为依然构成受贿罪。

【案例1-45】 1994年4月至2004年9月，被告人朱某某利用担任兰州市人民政府市长、甘肃省委政协副主席的职务便利，为他人谋取利益，非法收受他人给予的人民币146万元、港币10万元、美元1万元和价值人民币6.662万元的“劳力士”牌手表两块，折合人民币共计171.634万元。重庆市第一中级人民法院经审理认为：被告人朱某某身为国家工作人员，利用职务上的便利，为他人谋取利益，非法收受他人财物，其行为已构成受贿罪。鉴于朱某某能够坦白交待大部分犯罪事实，认罪、悔罪，并退清全部赃款、赃物，可以依法酌情从轻处罚。对于辩护人提出的朱某某为金海湾公司所谋“利益”缘自其工作职责，而非利用职务上的便利，收受该公司负责人所送财物的行为发生在谋利之后，且2000年1月其已离任兰州市市长，无离职后再收财物的事先约定，所收财物类似于馈赠，该负责人给朱某某之子朱甲的人民币50万元，是其与朱甲的民事行为，因而该笔指控不应认定为受贿的辩护意见。经查，为金海湾公司减免和抵扣土地使用权出让金等虽然是为了履行上届政府的承诺，但朱某某作为兰州市市长，在履行了工作职责后，明知对方送钱是为了感谢自己，仍然予以收受，其行为侵犯了国家工作人员职务的廉洁性，且在其收受时，也已具备了“权钱交易”的基本特征；朱某某收受的该部分财物虽然有多笔在谋利行为之后，但该负责人所送财物并非是基于与朱某某的私人交往或朋友感情，而是基于对朱某某为其谋取了实际利益的感谢，因而并非馈赠。朱某某虽然于2000年1月不再担任兰州市市长，但其继续担任甘肃省政协副主席，仍然是国家工作人员，且在其离任兰州市市长前已经多次收受该负责人的财物，其受贿行为已经开始实施，双方对于行贿、受贿的事由也均是心照不宣，已经达成“权钱交易”的默契。因而，其行为仍然符合受贿罪的特征；朱甲虽然向该负责人购买了商铺，但按双方议定的价格朱甲已经获得了优惠。

---

① 参见：《辞职法官受贿被判11年》，载《南方都市报》2008年3月22日。

对于收受该笔“首付款”朱某某既在事前有与该负责人的商量行为，事后对于获得的实际款额也是明知，且也知晓该负责人送钱的目的。该款并非合法的来自于该负责人与朱甲有关商铺买卖的民事行为，而是针对朱某某职务行为的行贿款。故以上辩护意见不能成立，不予采纳。判决朱某某犯受贿罪，判处有期徒刑12年。一审宣判后，朱某某没有上诉，检察机关也没有抗诉，一审判决发生法律效力。

需要指出的是，2009年2月28日，全国人大常委会通过了《中华人民共和国刑法修正案（七）》，在刑法分则贪污贿赂罪一章增加规定了利用影响力受贿罪，该罪的主体就包括了离职的国家工作人员。第388条之一第2款规定：离职的国家工作人员或者其近亲属以及其他与其关系密切的人，利用该离职的国家工作人员原职权或者地位形成的便利条件，通过其他国家工作人员职务上的行为，为请托人谋取不正当利益，索取请托人财物或者收受请托人财物，数额较大或者有其他较重情节的，依照利用影响力受贿罪定罪处罚。笔者认为，《刑法修正案（七）》明确规定离职的国家工作人员可以构成利用影响力受贿罪，这也表明了该罪与现职的国家工作人员受贿罪的不同，因为离职的国家工作人员利用的是其原职权或者地位形成的便利条件，也就是说利用的并不是职务之便而是一种影响力，并且还要通过其他国家工作人员职务上的行为，才能够为请托人谋取不正当利益。

五、受贿罪的主观方面

受贿罪的主观方面表现为故意，并且是直接故意，即行为人明知其利用职务上的便利，索取他人财物的行为或者非法收受他人财物并为他人谋取利益的行为会侵犯国家工作人员职务行为的廉洁性，仍然故意为之。

有的学者认为，虽然一般情况下，受贿罪的主观方面是出于直接故意，但在某些情况下，受贿罪的罪过形式也可以是间接故意，即行为人在追求另一种目的的情况下，由于自己的放任行为，而导致他人利益的实现，并以一种听之任之的态度收受他人财物而构成受贿罪。① 笔者认为，受贿罪的故意只能是直接故意。对于索取型受贿罪而言，行为人是希望获取他人财物并主动索要，因此其主观上的直接故意较为明显。对于非法收受型受贿罪而言，虽然行为人非法收受他人财物是被动的，但他毕竟收受了，而其一旦非法收受他人财物并为

---

① 参见肖介清著：《受贿罪的定罪与量刑》，人民法院出版社2000年版，第48页；杨兴国著：《贪污贿赂罪法律与司法解释应用问题解疑》，中国检察出版社2002年版，第205页。

他人谋取利益，就侵犯了国家工作人员职务行为的廉洁性，这种行为的社会危害性是必然存在的，因此便不再存在放任危害结果发生的可能性，也就是说没有了间接故意存在的可能性，而只能是直接故意。因为根据刑法理论，如果明知行为必然发生危害结果而决意为之，就超出了间接故意认识因素的范围，应属于直接故意。① 当然，非法收受型受贿罪与索取型受贿罪相比，虽然行为人在主观上都是直接故意，但在非法收受的情况下行为人的主观恶性较小，也正因为如此，刑法第385条规定非法收受他人财物并为他人谋取利益的才构成受贿罪，刑法第386条也规定“索贿的从重处罚”。

【案例1－46】2011年7月25日，南方航空股份有限公司（以下简称南航）运力网络部原总经理陈某某被控受贿320万元在广州中院开庭审理，庭审中，其对于一笔150万元的受贿指控有认定上的异议。被告人陈某某辩称：去年6月2日，也就是南航派他去美国学习的前一天，与其有业务关系的广州市白云航空服务有限公司总经理胡某某表示要送他一箱茅台酒，因为当时他在母亲家吃饭，所以就让对方送到了他母亲家，并称“收到酒时，自己并不知道里面有钱”，因为急着上路，便将这箱酒放在了母亲家。随后，因为母亲打电话劝他要少喝酒，便通知胡某某将酒拿走。胡某某于6月11日将酒从陈某某母亲家中拿走。陈某某的辩护律师认为，陈某某在收到茅台酒的时候包装是完整的，此后也未打开。一张百元人民币的重量约1.15克，150万元的重量与一箱茅台酒的重量是持平的，因此很难判断箱子里是钱还是酒。另外，陈某某在收到酒后的第二天就通知胡某某搬走，虽然对方没有当即取走，但并不能认定这150万元属于陈某某的受贿款。2011年9月17日，该案一审宣判，对于存在异议的150万元受贿款，法院认为没有充分证据证明陈某某事先知道酒箱中有该笔钱款，因此不予认定。但对其另一笔170万元的受贿犯罪事实证据确凿。鉴于陈某某受贿的170万元案发后已全额退款，而装有150万元的茅台酒箱也在案发前退还给了当事人，同时陈某某到案后认罪态度较好，可以酌情轻判。判决陈某某犯受贿罪，判处有期徒刑10年6个月，并处没收财产10万元。②

【案例1－47】2008年6月，被告人何某某在担任郑州市公安局金水分局未来路派出所指导员期间，利用办理郑某等人吸毒、嫖娼案件的职务之便，接

① 参见高铭暄、马克昌主编：《刑法学》（第五版），北京大学出版社、高等教育出版社2011年版，第109页。

② 参见刘倩：《南航高层退回150万不算受贿 另因受贿170万获刑10年》，载《金羊网》2011年9月18日。

受陈某某的请托，三次共收受陈某某人民币8万元，释放了郑某，并为郑某逃避处罚提供帮助，致使郑某逃脱至今。郑州市金水区人民法院一审判决何某某犯受贿罪，判处有期徒刑7年，赃款人民币8万元依法上缴国库。何某某上诉及其辩护人辩称，原判认定事实不清，证据不足，其所收取的8万元系担保金和罚款，故其不构成受贿罪。郑州市中级人民法院二审认为：经查，何某某利用担任郑州市公安局金水分局未来路派出所指导员的职务便利，在办理郑某吸毒及嫖娼的治安案件中，非法收受陈某某给予的金钱，后私自将郑某释放的事实，有被告人供述及证人证言予以证实。根据有关规定担保金和罚款应由执行机关统一收取和管理，且应出具相关法律文书，何某某在未出具任何法律手续的情况下将8万元据为己有，此款应认定为受贿款，其行为应认定为受贿罪。故何某某的上诉理由不能成立，本院不予支持。裁定驳回上诉，维持原判。

【案例1－48】 被告人赵某某在担任武威市武南镇镇长期间，该镇小东河村党支部书记周某某和村委会主任孙某某于1995年3月下旬的一天到赵某某办公室，将该村在兰新铁路复线征地招工中收取的人民币1万元以“辛苦费”的名义送给赵某某，赵某某推托不收，孙某某将钱放入赵某某办公桌抽屉后离去。后赵某某将其中的6973元垫支了武南镇部分招待费及其他公用支出，仍觉不妥，又于1996年4月1日通过侯某某将1万元以小东河村土地开发费的名义交给武南镇土地商品房屋开发公司。武威地区中级人民法院一审认为：被告人赵某某利用职务之便收受小东河村人民币1万元，后虽将其中的大部分垫付于公用支出，最终又通过他人将款交公，但其在较长时间内既未向司法机关报告，亦未向有关组织报告，其行为构成受贿罪。鉴于本案的具体情况，其犯罪情节显属轻微。于1998年5月16日判决赵某某犯受贿罪，免予刑事处分，受贿款1万元予以没收。宣判后，赵某某没有上诉。判决发生法律效力后，赵某某提出申诉称：其主观上没有受贿的故意，后来将款全部交公，并没有自己占有；原判既认定其将款交公，又以未向司法机关告发和未向有关组织报告为由，认定为犯罪，没有法律依据。甘肃省高级人民法院再审认为：根据刑法第385条的规定，非法收受他人财物的，应具备“为他人谋取利益”这个条件，才能构成受贿罪。行贿人出于感谢而主动送款，赵某某没有索取贿赂，且收受之后，既没有为行贿人谋取利益，也没有许诺或默许为行贿人谋取利益，其行为虽属非法收受财物，但尚不构成受贿罪，且款已交公，无须再行追缴。原审判决适用法律和判处不当，应予改判。于2000年3月28日判决撤销一审判决，宣告赵某某无罪。

【案例1－49】 2007年春节前至2008年3月，被告人李某某在担任河南第二火电建设公司物资部部长期间，利用其负责批准该公司物资采购计划，并从

2008年1月22日起负责框架招标工作的职务便利，先后收受他人现金共计6.5万元、购物券0.3万元，为他人谋取利益，具体事实如下：（一）2007年春节前，李某某在其办公室收受扬中市华电电力设备有限公司业务员郭某某现金1万元；2007年上半年，李某某在其办公室收受郭某某现金2万元；2008年春节前后，李某某在其办公室收受郭某某现金3万元。（二）2007年中秋节前后，李某某在其办公室收受郑州金亚贸易有限公司陈某某购物券1000元；2008年春节前，李某某在其办公室收受陈某某购物券2000元；2008年3月份，李某某在其办公室收受陈某某现金5000元。2008年5月5日，李某某被郑州市中原区人民检察院反贪污贿赂局的工作人员带回，其主动供述了以上受贿事实，并带领侦查人员从其单位仓库的铁皮柜中提取12万元现金。

郑州市中原区人民法院一审以受贿罪判处李某某有期徒刑5年。李某某上诉称郭某某给其送钱是朋友间往来，与公司招投标没有关系；且其也多次拒绝，要求郭某某将钱拿走；其有自首情节并积极退赃，原判量刑重，请求从轻处罚。辩护人辩护称，李某某对于郭某某最后一次送的3万元主观上没有受贿意图，且多次让郭某某把钱拿走，故李某某的受贿数额应以3.8万元认定，且其有自首情节，并积极退赃，请求二审法院对李某某适用缓刑。郑州市中级人民法院二审认为：李某某在担任火电二公司物资部部长期间，扬中市华电电力设备有限公司业务员郭某某为了让李某某在招标时给予照顾并让其公司中标而给李某某送钱，且李某某收钱后，在评标过程中给郭某某所在的公司打高分，使该公司顺利中标。故该上诉理由不能成立。关于李某某提出其多次拒绝，并要求郭某某将钱拿走及辩护人提出李某某对于郭某某最后一次送的3万元主观上没有受贿意图，且多次让郭某某把钱拿走，故李某某的受贿数额应以3.8万元认定的诉辩理由，经查，2008年春节前，扬中市华电电力设备有限公司业务员郭某某为了让时任火电二公司物资部部长并负责招标的李某某在招标时给予照顾给李某某送3万元现金，李某某当即表示拒绝，并告诉郭某某二公司历来是价低者中标，但郭某某仍把钱放下就走了。2008年春节后，李某某多次与郭某某联系让把钱拿走，由于郭某某在南京的业务忙，二人约定“五一”节后郭某某来郑州拿钱。“五一”节过后，郭某某还没来及去郑州，李某某即被采取了强制措施。据此，李某某主观上对2008年春节前郭某某送的3万元没有非法占有的故意，客观上，李某某多次与郭某某联系退款，故该3万元应当从犯罪数额中剔除，上诉人及辩护人该诉辩理由成立。李某某身为在国有公司中从事公务的人员，利用职务之便，多次收受他人财物共计3.8万元，为他人谋取利益，其行为已构成受贿罪。李某某工作中多次拒贿，本案的几起受贿犯罪均系被动受贿，收受的现金一直存放在其办公室仓库一铁皮柜内，没有使用，其将收受的购物券使用过之后即用现金补上又保存在铁皮柜内，其行为相对其他受贿案件的主观恶性较小、情节较轻。综上所述，并鉴于李某某有自首情节，且积极退赃，归案后认罪态度好，有明显的悔罪表现，且系初犯，对其适用缓刑不致再危害社会。原判定罪准确，审判程序合法，但认定李某某收受郭某某现金6万元的犯罪数额不当，导致量刑不当，依法改判李某某犯受贿罪，判处有期徒刑3年，缓刑5年。

实践中，对于行为人主动地索取他人财物的行为，其主观故意较为明显，很容易认定。但对于行为人被动地非法收受他人财物，为他人谋取利益的行为，在认定行为人的主观故意时要区分不同情况：如果行为人是先收受他人财物，然后为他人谋取利益，则其受贿的主观故意较为容易认定；如果行为人已经为他人谋取了利益，但之前约定或按照“潜规则”在谋取利益后收受他人财物的，其受贿的主观故意也较为容易认定；如果行为人已经为他人谋取了利益，之前也没有想过收受他人的财物，但他人出于感谢主动送财物给行为人，在这种情况下行为人予以收受的，能否认定行为人具有受贿罪的主观故意呢？笔者认为，对于最后一种情形，如果行为人明知他人之所以给其送财物，是因为其之前为他人谋取了利益，则就是一种“权钱交易”的行为，应当认定行为人具有受贿罪的主观故意。当然，这种情况下行为人的主观恶性较小，量刑时可以从轻处罚。

【案例1－50】被告人陈某自1986年至1996年间担任中国电子物资公司安徽公司（以下简称安徽公司）总经理。1992年初，安徽公司下达公司各部门承包经营方案。同年4月，能源化工处处长兼庐海公司经理李某某向陈某递交书面报告，提出新的承包经营方案，建议超额利润实行三七分成。陈某在没有通知公司其他领导的情况下，与公司党委书记、副总经理徐某（另案处理）、财务处长吴某及李某某4人研究李某某提出的建议，决定对李某某承包经营的能源化工处、庐海公司实行新的奖励办法，由陈某亲笔草拟，并会同徐某签发《关于能源化工处、庐海实业有限公司试行新的奖励办法的通知》，规定超额利润70%作为公司利润上缴，30%作为业务经费和奖金分成，并由承包人支配。发文范围仅限财务处、能源化工处、徐某及陈某个人。1993年年初，陈某在公司办公会上提出在全公司实行新的承包方案，主持制订《业务处室六项费用承包核算办法实施细则》。依据《关于能源化工处、庐海实业有限公司试行新的奖励办法的通知》、《业务处室六项费用承包核算办法实施细则》的规定，李某某于1992年提取超额利润提成21万余元，1993年提取超额利润提成160万余元。在李某某承包经营期间，陈某以公司总经理身份及公司名义于1992年11月、1993年5月先后两次向安徽省计划委员会申请拨要进口原油配额6.5万吨，交给李某某以解决其进口加工销售业务所需，并多次协调李某某与公司财务部门之间就资金流通、使用等方面的矛盾。李某某为感谢陈某为其制定的优惠政策及承包经营业务中给予的关照，于1993年春节前，送陈某人民币3万元，1994年春节前后又两次送给陈某人民币30万元、港币15万元。陈某收受李某某的钱款后，其妻李某利用此款在广东珠海市吉大园林花园购买房屋1套（价值人民币51万余元）。

合肥市人民检察院指控陈某犯受贿罪。陈某及其辩护人辩称，陈某的行为不构成犯罪，理由是：主持制定《关于能源化工处、庐海实业有限公司试行新的奖励办法的通知》、《关于试行业务人员六项费用承包经营核算办法报告》、申请原油配额、协调李某某与财务部门之间的关系等行为，均是陈履行职务的正当行为；陈未利用职务之便为李某某谋取利益；没有受贿故意；李某某所送的33万元人民币、15万元港币，其中20万元是陈某之子在庐海公司的工作所得，其余钱款系李某某馈赠。合肥市中级人民法院一审认为：被告人陈某系由中国电子物资总公司任命的安徽公司总经理，是领导和管理国有企业相关事务的工作人员，其主持制定《关于能源化工处、庐海实业有限公司试行新的奖励办法的通知》，出发点是为了公司利益，是在邓小平南巡讲话的大气候下，对公司分配机制进行改革的一项尝试和试点，建立的是“公司得大头，个人得小头”的激励机制，不是为他人谋取利益。此文件的出台，尽管没有经过该公司所有领导参加的经理办公会的讨论，且控制发文范围，在制定程序上不完备，但安徽公司实行总经理负责制，陈某曾于1992年5月就此文件向原中国电子物资总公司总经理赵某某汇报，赵表示可以试试，同意承包三七分成，故不能完全否定《关于能源化工处、庐海实业有限公司试行新的奖励办法的通知》的合法有效性。陈某主持制定《关于试行业务人员六项费用承包经营核算办法的报告》，帮助李某某承包的能源化工处向省计委申请并获得进口原油配额，是其正当的职务行为，不是为李某某谋取利益。现有证据无法证实陈某主观上具有权钱交易的受贿故意。陈某的行为在客观上给李某某带来一定的个人利益，李某某在事后给付陈某钱财表示感谢而陈某予以收受，这是一种事后收受财物行为。故认定陈某的行为构成受贿罪的证据不足，起诉书指控的罪名不能成立。于1998年10月8日判决陈某无罪。合肥市人民检察院提出抗诉。安徽省高级人民法院于1999年12月10日二审裁定撤销原判，发回重审。合肥市中级人民法院经重审认为：陈某身为国家工作人员，利用职务便利，根据下属部门承包经营人李某某建议，制定新的承包经营政策，协调、帮助李某某承包经营，在李某某获取巨额利润后，非法收受李某某所送33万元人民币、15万元港币，其行为侵害了国家工作人员公务活动的廉洁性，已构成受贿罪，依法应予惩处。公诉机关指控犯罪成立。于2000年1月10日判决陈某犯受贿罪，判处有期徒刑10年。宣判后，陈某没有上诉，检察机关也未抗诉。

本案是一起典型的事后受贿案例。处理此类案件时有一种观点值得注意，即认为收受贿赂和为他人谋取利益是受贿犯罪两个不可分割的整体，行为人在实施上述行为时的主观故意应当是一致的，即行为人既要在收受财物时明知所收受的财物的性质而予以收受，也要在为他人谋取利益时明知已收取了财物或将因此收受他人的财物。此类案件中，行为人明知所收受的财物的性质并希望收受是明确的，但对明知对方将送财物及希望为对方谋取利益以收受财物却并无充分证据证实，因此，此类案件构成犯罪的主观要件并不完全具备。笔者认为，这种认识是不妥的。受贿罪中的行为可以由手段行为和目的行为两部分组成，前者是指利用职务上的便利，为他人谋取利益，而后者则是指收受他人贿赂，二者联系紧密。由于收受财物时双方均明知是基于受贿方此前利用职务便利为行贿方谋取利益的行为，因此，两个阶段的行为与后来表现出来的故意构成了一个有机的整体。本案中，虽然无充分证据证实陈某在实施职务行为时具有收受财物的故意，但在后来收受财物时，也没有进行任何推诿，其受贿的故意是明显的，即其明知收受的财物是因为此前为行贿人谋取了利益，故应当认定陈某具有受贿犯罪的直接故意。处理此类案件，还有一个重要的适用刑法原则：如果对于事后收受财物，且在行使权力为行贿方谋取利益时双方无暗示、约定以后给予好处，就属于受贿证据不足，不能认定犯罪，那么，刑法规定的受贿罪将会被稍有智慧的行为人予以规避，受贿将大行其道、光明磊落地进行。这显然不是立法的本意。本案的处理就是这样，如果陈某的行为可不受追究，作为一个案例，社会广为知晓后，哪一个潜在的受贿人还会“事前”、“事中”受贿？原本廉洁的国家工作人员怎么不可以“事后”得到好处、报答，从而规避刑罚处罚呢？这样，受贿罪将不复存在。因此，对所谓的“事后受贿”，也应当依法定罪处罚。本案被告人陈某受贿行为的情节一般，没有造成严重危害后果，可以酌情从轻处罚，合肥市中级人民法院重新审理作出的认定陈某犯受贿罪判处10年有期徒刑的判决是正确的。①

需要注意的是，实践中国家工作人员收受他人财物，有时候会将收受的财物退还或者上交。对于这类案件，要结合多方面证据深入分析行为人将收受的财物退还或者上交的真实原因，综合判断行为人主观上是否具有受贿的故意。

① 参见最高人民法院刑事审判第一、二、三、四、五庭主办：《中国刑事审判指导案例》(5)，法律出版社2009年版，第164页。

2007年最高人民法院、最高人民检察院《关于办理受贿刑事案件适用法律若干问题的意见》第9条专门就国家工作人员收受财物后退还或者上交的问题进行了解释：国家工作人员收受请托人财物后及时退还或者上交的，不是受贿。国家工作人员受贿后，因自身或者与其受贿有关联的人、事被查处，为掩饰犯罪而退还或者上交的，不影响认定受贿罪。

【案例1-51】被告人张某某于2002年至2004年年底，先后利用担任原中国建设银行行长、建行股份有限公司董事长的职务便利，接受香港衡创科技有限公司董事邹某某的请托，为帮助邹某某获取利益，违反本行外事活动的工作原则和程序，多次会见与原中国建设银行、建行股份有限公司有业务关系的国际商业机器服务有限公司及安迅公司的高级管理人员；并向所属部门推荐香港日立公司作为建行股份有限公司灾备系统磁盘设备供应商。为此，张某某于2003年12月至2004年7月间，直接或通过张甲收受邹某某给予的手表1对（价值人民币1.9万元）、按摩椅1台（价值人民币1.36万元）和位于上海市徐汇区吴兴路25弄6号的房屋1套（价值人民币264.4万元），折合人民币共计267.66万元。案发前，张某某为掩盖犯罪事实，于2005年3月间，通过张甲向邹某某支付港币150万元。证人张甲、张乙的证言证明：2003年12月，邹某某通过张甲将1对手表转交给张某某。2004年五六月间，邹某某为感谢张某某对其业务方面的支持，将位于上海市徐汇区吴兴路中汇花园的1套住房送给了张甲，经张某某同意，张甲与邹某某办理了房屋过户手续，同年秋季，邹某某将过户后的房屋产权证交给了张甲，并由张乙保管。2005年3月，为使张某某免受一涉外诉讼案件牵连，张某某与张乙经商议，让张甲将“购房款”支付给邹某某。此外，张某某还收受了其他人的款物，全案价值人民币共计419.3万元。案发后，赃款、赃物已全部退缴。北京市第一中级人民法院经审理认为：被告人张某某身为国家工作人员，利用职务上的便利，为他人谋取利益，非法收受他人财物，其行为严重侵害了国家工作人员职务的廉洁性，败坏了国家工作人员的声誉，已构成受贿罪，受贿数额特别巨大，依法应予惩处。鉴于张某某因其他违纪问题被审查后，主动交代了有关部门尚未掌握的受贿事实，应视为自首，且赃款、赃物已全部退缴，故对张某某所犯受贿罪依法可从轻处罚。判决张某某犯受贿罪，判处有期徒刑15年。一审判决后，张某某没有上诉。本案审理时，被告人的辩护人提出，张某某收受邹某某给予住房的事实，应认定为犯罪中止。笔者认为，该住房已经办理过户手续，显然不属于犯罪中止，法院也认为属于犯罪既遂。虽然张某某让张甲将“购房款”港币150万元支付给邹某某，但这是为使张某某免受一起涉外诉讼案件牵连，为了掩饰张某某的受贿犯罪而支付的“购房款”，根据上述司法解释，不影响对张某某受贿罪的认定。

实践中，有的国家工作人员在收受他人财物后，并没有占为己有，但也没有退还或者上交，而是捐赠给了其他单位或个人，或者用于单位公务支出。一旦案发，行为人就会辩解："我收受钱财没打算自己占有，实际自己也真的没有占有，都捐出去或用于公务支出了，所以不构成受贿罪。"对于这类案件，能否认定行为人具有受贿的主观故意呢？我们从民事法律关系上来鉴别一下行为人的辩解是否有道理：从财产所有权和处分权的关系上来分析，行为人受贿后，其所接受贿赂财产的所有权归谁所有呢？如果按行为人自己说没打算自己占有，则这笔财产行为人本人就没有所有权，而应当归行贿人所有（当准备退回去时），或者归国家所有（当准备上交时）。既然不是自己的财产，行为人当然就无权私自处分，不能说捐就给捐了，说公务支出就给支出了。笔者认为，将部分受贿款用于公务和慈善事业，并不能改变该款的贿赂性质。溯本求源，受贿是该款的来源和出处，而后面对该款的使用并不能改变该款来路不正的身份。赃款的使用和赃物的处理，自然也不能改变犯罪的性质。举个浅显易懂的例子，小偷把偷来的钱捐给慈善机构，就能否定其偷盗行为吗？显然不能，以受贿款行善也罪责难逃。当然，这并非说将受贿所得用来捐赠在法律上没有任何意义。这一举动虽然不能改变受贿的犯罪性质，不能影响犯罪行为的定性，但赃款赃物的使用还是具有社会意义的，可以作为法院量刑时酌情从轻处罚的情节。①

【案例1-52】被告人侯某某原系剑阁县教育局局长。2003年春节期间，广元某中学争取资金修楼，校长召集学校相关负责人开会决定，送给侯某某4000元钱，希望侯某某为此提供便利。2004年春节前，该校再次开会决定，又送给侯某某4000元表示感谢。另外，2004年春节前，承建剑阁县教育局办公楼的广元某公司经理罗某某为示感谢，送给侯某某2万元。法庭审理中，侯某某的辩护人提出，侯某某将所收礼金捐给了剑阁县教育基金会及购买教育软件，没有非法收受他人财物的行为。法院查实，2002年至2004年年初，侯某某的确先后9次向剑阁县教育基金会捐款2.33万元。2004年2月，侯某某购买一套教育软件交给县教育局办公室，也没报销发票。广元中院一审认为：被告人侯某某身为国家工作人员，利用职务上的便利，非法收受他人财物，为他人谋取利益，其行为构成受贿罪。鉴于侯某某在未采取强制措施前向有关部门供述了收受广元某中学8000元的事实，可视为自首，且有将受贿款项捐赠和购买办公软件的行为，案发后积极退赃，具有悔罪表现，对其适用缓刑确实不

① 参见《法制日报》2006年1月4日。

致再危害社会，遂一审以受贿罪判处侯某某有期徒刑2年，缓刑2年。侯某某对一审判决不服，上诉到四川省高级人民法院。省高院终审认为：赃款的处理不影响对行为性质的认定，但量刑时可酌情考虑，维持一审的缓刑判决。①

【案例1-53】1994年至2004年期间，被告人文某某利用担任新田县第二中学校长和新田县教育局局长的职务之便，在工程承包、人事安排、学生保险等方面为他人谋取不正当利益，共非法收受他人财物人民币10.93万元。新田县人民检察院指控文某某犯受贿罪。文某某对起诉书指控的受贿数额未持异议，但其辩称有3.4万元用于公务开支和扶贫帮困、社会赞助，这部分钱应从受贿总额中扣除。新田县人民法院一审认为：被告人文某某擅自用自己私人掌握的钱财扶贫帮困、社会赞助等行为，没有经过组织程序，属个人行为，且被告人的受贿行为已实施完毕，其赃款去向并不影响受贿罪的构成，故这些款额不能抵扣其受贿数额，但可作量刑情节予以考虑。于2005年8月17日判决文某某犯受贿罪，判处有期徒刑5年，并处没收财产人民币6万元。文某某不服，提起上诉。永州市中级人民法院二审认为：文某某已构成受贿罪。但原公诉机关指控文某某的10.93万元受贿款中有3.4万元用于公务、捐赠和上交局财会室，且确有证据证明，可从其受贿金额中予以扣除，不以受贿论处。于2005年12月1日改判文某某犯受贿罪，判处有期徒刑3年，缓刑4年。永州市中院的二审判决一出，舆论哗然。湖南省高级人民法院经研究后决定撤销永州市中院对文某某受贿案所作的二审判决，指定永州中级法院对此案进行再审。永州市中级人民法院再审认为：检察机关原指控的10.93万元受贿款中有3.1万元用于公务开支和捐赠属实，因该款处于文某某个人控制后，其用于偿还单位债务和捐赠系个人行为，该款项的来源和性质并未公开，局财务室无收支记录，违反财务制度，不能冲减其受贿金额，但可作为从轻情节予以考虑。判决文某某犯受贿罪，判处有期徒刑3年。②

【案例1-54】1998年春节至2005年国庆节，被告人汪某某在担任郑州市自来水总公司二次供水工程处及用户报装工程处经理期间，利用负责供水工程的分配及工程款、材料款结算等项工作的职务便利，分别收受姚某某等10人所送现金共计17.1万元，并分别为他们谋取利益。案发后，汪某某家属退出现金21.5万元。郑州市中原区人民法院一审判决汪某某犯受贿罪，判处有期徒刑10年。汪某某上诉及其辩护人辩护称，汪某某将收受他人的现金17.1万

---

① 参见黄庆锋：《四川高院认定贪官捐出受贿款的可酌情考虑量刑》，载《人民网》2006年12月15日。

② 参见《法制日报》2006年7月31日、2006年12月26日。

元中的10.8万元用于为职工发放福利，2.5万元用于带领职工外出旅游花费，且款项来源已给其所在单位的领导讲明，并经过领导同意，故上述两笔共计13.3万元不应计算在受贿数额之内；汪某某归案后积极退赃。故请求从轻处罚。郑州市中级人民法院二审认为：郑州市自来水总公司及该公司用户报装工程处相关负责人、以"奖金"领受款项及参与旅游的人员均不能证明汪某某发放的10.8万元及旅游花费的2.5万元的款项性质、来源，即均不能证明系出自汪某某受贿款项，且汪某某在侦查阶段多次供述其受贿所得或用于个人支出或用于家庭，并无证据证明其用于发放"奖金"和带领本单位职工旅游的款项出自其受贿所得；原审法院综合考虑汪某某犯罪性质及归案后积极退赃等情节，已在法定刑幅度内对其从轻处罚，量刑并无不当。故其上诉理由及辩护人辩护意见均不能成立。裁定驳回上诉，维持原判。

笔者认为，实践中，对于行为人辩解将部分或全部受贿款用于公务支出的案件，应当认真分析，区别不同情形处理。如果行为人受贿后就告知了单位，单位领导也同意将受贿款用于公务支出，则行为人并没有将受贿款非法占为己有的主观故意，相当于将受贿款上交了单位后，单位对受贿款做了不当处理；如果行为人受贿后单位其他人并不知晓，只是在案发后辩解其公务支出的某些款项系受贿款，对此不能轻信行为人的一面之词，因为行为人的公务支出可以拿到单位报销，完全没有必要用受贿款来支付，这只不过是行为人妄图逃避法律制裁的借口，应当按照受贿罪追究行为人的责任。需要指出的是，受贿罪与贪污罪、挪用公款罪虽然都属于职务犯罪，但性质并不完全相同：如果贪污罪或挪用公款罪的行为人将贪污或挪用的公款用于公务支出，由于这些钱本来就应当用于公务，则可在贪污或挪用数额中予以减除；但受贿罪属于"权钱交易"性质的犯罪，受贿款依法应当被追缴上交国库，如果行为人将受贿款私自用于公务支出，也就是说用于公务支出之前或当时单位其他人并不知晓行为人为公务支付的款系受贿款，则不能将行为人所称的为公务支出的这部分款从受贿款中减除。

【案例1-55】2006年以来，被告人高某某在任某市某集团某公司副总经理期间，在单位采购物资招标过程中为于某某、杨某某、丁某某谋取不正当利益，收受于某某现金9000元，杨某某现金1万元，丁某某现金5000元。高某某在受贿后向有关领导请示，经领导同意后用其受贿款购买了一台戴尔笔记本电脑，价值7200元。案发后赃款已追退。汤阴县人民法院一审判决高某某犯受贿罪，判处有期徒刑1年6个月，缓刑2年。高某某上诉称：原判量刑畸重，应免于刑事处罚。安阳市中级人民法院二审认为：2008年年底，高某某在向单位领导请示得到同意后，于2009年年初用其受贿款购买戴尔笔记本电脑一台（价值7200元），用于办公。高某某受贿数额为1.68万元，论罪应判处1年以上7年以下有期徒刑，且不属情节轻微，原判根据本案具体情节，对其判处有期徒刑1年6个月，缓刑2年，并无不当。裁定驳回上诉，维持原判。本案中，被告人高某某用收受的部分贿赂款购买了一台笔记本电脑用于办公，由于其购买电脑之前请示了单位领导同意，所以难以认定高某某具有将这部分贿赂款非法据为己有的故意，法院在受贿数额中将这部分数额减去是正确的，但这部分款仍然属于赃款，依法应当予以追缴。

【案例1-56】1997年5月至1999年6月间，被告人谷某某任天津市自行车二厂物业开发处处长，负责该厂的土地开发、出让及房屋租赁工作。1997年11月间，谷某某负责将该厂坐落于河北区京津公路118号的土地有偿转让给天津市晓楼房地产开发公司。1998年1月至9月间，谷某某分三次向该公司经理李某某索要贿金共计人民币5万元。此间晓楼房地产经理李某某提出5万元没票无法下账，谷某某即找到张某某开出人民币5万元票据，向张交付税款人民币800元，谷某某实得人民币4.92万元，据为己有。后被查获归案。案发后，所得赃款全部追缴。天津市河北区人民法院一审认为：被告人谷某某身为国有企业工作人员，利用职务之便索取他人财物，数额较大，应予以惩处。判决谷某某犯受贿罪，判处有期徒刑4年6个月；所追缴的赃款人民币4.92万元予以没收。谷某某不服，提出上诉。天津市第一中级人民法院二审认为：谷某某用5万元贿金中的24445元为天津市自行车二厂的三产红普房地产开发公司办理营业执照，其余25555元人民币非法占为己有。原审人民法院判决认定谷某某利用职务之便，向晓楼房地产开发公司经理李某某索要5万元贿金的基本事实清楚，基本证据确实、充分，定罪准确，审判程序合法。谷某某为索取5万元贿金开具发票而交付税款人民币800元，应计入索贿所得数额。另外，谷某某在办理红普房地产开发公司执照中，支出人民币24445元不应计入索贿所得数额。综上，原判对上述数额的计算欠妥，同时追缴赃款的数额亦应变更。根据二审已查明的事实和证据，结合谷某某实际非法占有的贿金数额25555元及犯罪后全部退赃及认罪、悔罪态度尚好等情节，应对谷某某重新裁量刑罚。判决撤销一审判决，改判谷某某犯受贿罪，判处有期徒刑3年，缓刑3年；所追缴的赃款人民币25555元予以没收。

六、几种特殊形式的受贿罪的认定

（一）经济往来中受贿罪的认定

刑法第385条第2款规定：国家工作人员在经济往来中，违反国家规定，收受各种名义的回扣、手续费，归个人所有的，以受贿论处。第 163 条第 3 款规定：国有公司、企业或者其他国有单位中从事公务的人员和国有公司、企业或者其他国有单位委派到非国有公司、企业以及其他单位从事公务的人员在经济往来中，利用职务上的便利，违反国家规定，收受各种名义的回扣、手续费，归个人所有的，依照受贿罪定罪处罚。第 184 条第 2 款规定：国有金融机构工作人员和国有金融机构委派到非国有金融机构从事公务的人员在金融业务活动中违反国家规定，收受各种名义的回扣、手续费，归个人所有的，依照受贿罪定罪处罚。

笔者将上述三个条款规定的受贿罪统称为经济往来中的受贿罪。1979 年刑法没有类似规定，1985 年最高人民法院、最高人民检察院《关于当前办理经济犯罪案件中具体应用法律的若干问题的解答（试行）》第 2 条指出：对于国家工作人员在经济活动中，为他人谋取利益，以酬谢费、手续费、提成、回扣等各种名义收受财物的行为，是否构成受贿罪，要作具体分析，区分不同情况处理。1988 年全国人大常委会《关于惩治贪污罪贿赂罪的补充规定》第 4 条规定了类似内容，1997 年刑法第 385 条第 2 款予以吸收。

关于“经济往来”的含义，刑法学界有不同理解。有的学者认为，经济往来就是经济活动，既包括国家经济管理活动，也包括国家工作人员参与的直接的经济交往活动。① 也有的学者认为，所谓经济往来，是指国家工作人员从事经济微观管理的活动和国家工作人员直接参与商品购销等市场行为的活动。前者如财政、税收、金融、保险、物价、工商等经济管理部门的经济管理活动，属于纵向的经济关系；后者如签订、履行经济合同的活动，直接参与生产、经营、购销的活动等等，表现为横向的、平等的经济关系。② 还有的学者认为，经济往来，是指行为人代表本单位与外单位或者个人进行的有关经济合同的签订及履行，或者其他形式的经济活动，以及对外经济活动。③ 笔者赞同最后一种观点，既然是经济往来，就应当有来有往，是指双向的经济活动如商品交换活动等；纵向的国家经济管理活动是一种经济行政行为，具有单向性的特征。如果行为人在纵向的国家经济管理活动中收受各种名义的回扣、手续费

① 参见王作富主编：《刑法分则实务研究》（下），中国方正出版社 2010 年版，第 1754 页；肖扬主编：《贿赂犯罪研究》，法律出版社 1994 年版，第 225 页。

② 参见陈正云、文盛堂主编：《贪污贿赂犯罪认定与侦查实务》，中国检察出版社 2002 年版，第 71 页；赵秉志主编：《贪污贿赂及相关犯罪认定处理》，中国方正出版社 1999 年版，第 289 页。

③ 参见赵秉志主编：《中国刑法实用》，河南人民出版社 2001 年版，第 1454 页。

归个人所有的，构成的应当是普通受贿罪，而不是经济往来中的受贿罪。

所谓“违反国家规定”，根据刑法第 96 条的解释，是指违反全国人民代表大会及其常务委员会制定的法律和决定，国务院制定的行政法规、规定的行政措施、发布的决定和命令。如 1986 年国务院办公厅《关于严禁在社会经济活动中牟取非法利益的通知》，对社会经济活动中以“回扣”、“佣金”、“红包”、“提成费”、“好处费”等名目非法收受“酬金”等违反财经纪律的行为提出了处理意见。又如 1993 年《反不正当竞争法》第 8 条规定：经营者不得采用财物或者其他手段进行贿赂以销售或者购买商品。在账外暗中给予对方单位或者个人回扣的，以行贿论处；对方单位或者个人在账外暗中收受回扣的，以受贿论处。经营者销售或者购买商品，可以以明示方式给对方折扣，可以给中间人佣金。经营者给对方折扣、给中间人佣金的，必须如实入账。接受折扣、佣金的经营者必须如实入账。

【案例 1－57】北京工商大学系国有事业单位。被告人李某某系该大学图书馆采访部助理馆员，被告人白某系该大学图书馆采访部馆员。2004 至 2005 年间，李某某、白某在为本单位采购图书过程中，非法收受北京人天书店有限公司业务员姜某某给予的回扣款共计人民币 3.93 万元，李某某、白某各分得人民币 1.72 万元，其余 4900 元由李某某给付该大学图书馆采访部主任常某某。2005 年 11 月 16 日，李某某、白某被查获归案，赃款已上缴。北京市房山区人民法院经审理认为：被告人李某某、白某作为国有事业单位中从事公务的人员，在经济往来中，违反国家规定收受北京人天书店有限公司业务员姜某某给予的回扣归个人所有，其行为已构成受贿罪，依法应予惩处。鉴于李某某、白某积极退还赃款，酌予从轻处罚。又鉴于李某某、白某自愿认罪并同意适用认罪程序审理本案，认罪态度较好，有一定悔罪表现，亦酌情予以从轻处罚。白某在共同犯罪中不是次要或辅助作用，故其辩护人关于被告人白某系从犯的辩护意见本院不予采纳。根据李某某、白某犯罪的事实、犯罪的性质、情节以及对于社会的危害程度，判决李某某犯受贿罪，判处有期徒刑 3 年，缓刑 3 年。白某犯受贿罪，判处有期徒刑 2 年，缓刑 2 年。

【案例 1－58】2010 年 1 月至 2011 年 1 月，被告人秦某某在担任上海市浦东新区航头镇市容环境卫生事务所党支部书记、负责人期间，利用其负责为本单位采购垃圾桶、发包拆除垃圾房的职务便利，先后收受上海洁永环保设备有限公司法人代表施某某、台州市丰利莱塑胶有限公司业务员陈某某、上海南泥建筑装饰有限公司项目负责人房某某所送的钱款共计人民币 6.5 万元，并占为己有。2011 年 3 月 12 日，被告人秦某某接到中共上海市浦东新区航头镇纪委电话通知后，主动至纪委并如实交代了上述犯罪事实。上海市浦东新区人民法院经审理认为：被告人秦某某身为国家工作人员，在经济往来中，违反国家规定，先后多次收取好处费共计人民币6.5万元，其行为已构成受贿罪。被告人秦某某能主动投案并如实供述自己的罪行，系自首，依法减轻处罚。被告人秦某某确有悔罪表现，可以宣告缓刑。辩护人的相关辩护意见予以采纳。判决被告人秦某某犯受贿罪，判处有期徒刑2年，缓刑3年。

关于“回扣”的含义，刑法学界的认识和表述并不一致。1996年国家工商行政管理局《关于禁止商业贿赂行为的暂行规定》第5条对回扣作出了有权解释：“本规定所称回扣，是指经营者销售商品时在账外暗中以现金、实物或者其他方式退给对方单位或者个人的一定比例的商品价款。本规定所称账外暗中，是指未在依法设立的反映其生产经营活动或者行政事业经费收支的财务账上按照财务会计制度规定明确如实记载，包括不记入财务账、转入其他财务账或者做假账等。”按照百度百科的解释，“回扣是指卖方从买方支付的商品款项中按一定比例返还给买方的价款。按照是否采取账外暗中的方式，回扣可以简单分为两种，即“账内明示”的回扣和账外暗中的回扣。”百度百科所称的“账内明示”的回扣，按照《反不正当竞争法》第8条和《关于禁止商业贿赂行为的暂行规定》第6条的规定，实际上指的是“折扣”。需要指出的是，回扣是卖方退给买方单位或者个人的，它决定了回扣的方向是卖方退给买方，不包括买方给卖方。实践中，如果买方为购得某种紧俏商品，以给付实物、金钱为诱饵，在账外暗中给予卖方一部分款项，这也是经济往来中的一种贿赂行为，但其性质却不是回扣。

回扣不同于折扣。所谓折扣，即商品购销中的让利，是指经营者在销售商品时，以明示并如实入账的方式给予对方的价格优惠，包括买方支付价款时对价款总额按一定比例即时予以扣除和支付价款总额后卖方再按一定比例予以退还两种形式。所谓明示和入账，是指根据合同约定的金额和支付方式，在依法设立的反映其生产经营活动或者行政事业经费收支的财务账上按照财务会计制度规定明确如实记载。《关于禁止商业贿赂行为的暂行规定》第6条第1款规定：“经营者销售商品，可以以明示方式给予对方折扣。经营者给予对方折扣的，必须如实入账；经营者或者其他单位接受折扣的，必须如实入账。”据此，折扣是法律法规所允许的商品购销中的一种让利行为。

回扣也不同于佣金。所谓佣金，是指买卖双方或者一方因居间人或者经纪人为交易双方代买代卖商品、提供服务、撮合交易、牵线搭桥而向居间人或者经纪人支付的一种劳务报酬。回扣与佣金的主要区别在于：（1）回扣只能由卖方支付；佣金既可以由卖方支付，也可以由买方支付，还可以由买卖双方共同支付。（2）回扣的收受方是买方或者买方的经办人；佣金的收受方是独立于买方和卖方之外的第三人，也就是通常所说的居间人或者经纪人。（3）佣金是居间人或者经纪人为交易双方介绍或者代买代卖商品而获得的劳务报酬，佣金的客观效果是沟通产销，促进流通，对双方当事人和经济发展都是有益的；回扣则具有两面性，一方面回扣加速了商品流转，这是其积极的一面，但另一方面回扣又违反了公平竞争原则，阻碍了商品的正常流转，破坏公平、公正的市场经济秩序。《关于禁止商业贿赂行为的暂行规定》第7条第1款规定："经营者销售或者购买商品，可以以明示方式给中间人佣金。经营者给中间人佣金的，必须如实入账；中间人接受佣金的，必须如实入账。"据此，佣金是法律法规所允许的商品购销中的一种行为。

【案例1－59】 1997年11月至2003年12月间，被告人黄某某在担任广东工商报社总编、社长，被告人宋某在担任广东工商报社编辑部主任、副社长期间，利用负责报社编辑出版、印刷业务的职务便利，收受承印广东工商报印刷业务的广州市广雅印务有限公司副经理及广东省财贸干部学院印刷厂副厂长冯某某（另案处理）贿送的"回扣"款达73次，共计人民币2347970元，其中黄某某分得人民币共1565400元，宋某分得人民币共782570元。广州市中级人民法院经审理认为：被告人黄某某、宋某身为国家工作人员，利用职务便利，在报纸印刷过程中共同非法收受承印方冯某某给予的财物，数额特别巨大，两被告人的行为均已构成受贿罪。鉴于黄某某、宋某在未被司法机关采取强制措施前如实交待自己的主要犯罪事实，是自首，依法可以从轻或减轻处罚。本案黄某某是广东省工商报社社长，是报社的主要负责人，而宋某是和冯某某进行协商签订合同，并私下协商收取回扣的主要责任人，且贿款都是经其手收受，此二人在本案中地位、作用相当，不宜区分主从犯。判决黄某某犯受贿罪，判处有期徒刑13年6个月；宋某犯受贿罪，判处有期徒刑7年。

【案例1－60】 被告人李某某于2004年3月至2006年10月任海南民族师范学校副校长，并主管教学工作。李某某任副校长后，经尹某某介绍认识了海口市的书商冯某。2005年春季学期末的某一天，李某某约请冯某到海口市某宾馆商谈该校订购教材的事宜，并谈妥订购图书款的10%作为回扣款交给李某某。2006年1月12日，海南民族师范学校将订购教材款309934元汇到冯某指定的账户上。2006年1月中旬的某一天，冯某打电话叫李某某到海口市海甸岛某饭店吃饭，饭后冯某交1.5万元给李某某作为订购教材的回扣款。2006年3月13日，海南民族师范学校将订购教材款102349.20元汇到冯某指定的账户上。2006年3月下旬的某一天，李某某约请冯某到海口市桃园酒店会面，会面后冯某交5000元给李某某作为订购教材的回扣款。2006年9月30日，海南民族师范学校将订购教材款221136.70元汇到冯某指定的账户上。2006年

10月初的某一天，李某某约请冯某到海口某酒店喝茶，在喝茶时冯某将1万元交给李某某作为订购教材的回扣款。李某某收受订书的回扣款后，曾交1500元给黄某作为加班的补助费。案发后，李某某的家属已退回人民币6万元。琼中黎族苗族自治县人民法院一审认为：被告人李某某无视国家法律，利用职务上的便利，非法收受他人财物，为他人谋取利益，数额较大，其行为已构成受贿罪。但公诉机关指控李某某受贿6万元的证据不充分，应认定李某某受贿3万元。辩护人认为李某某只受贿3万元及本案应从轻判处的辩护意见，据理充分，应予采纳。鉴于李某某主动退赃且认罪态度较好，可酌情从轻判处，以受贿罪判处李某某有期徒刑2年6个月。李某某上诉及其辩护人辩护提出，原审判决没有充分考虑上诉人犯罪情节较轻，退赃悔罪表现好以及家庭经济困难，父母年迈多病，孩子尚小需要照顾，且平时工作表现优秀，又是初犯等各种从轻情节来判决，属量刑过重。应依法改判对其适用缓刑。二审检察机关建议二审法院考虑采纳上诉人的请求，并当庭提出有关证据和理由。海南中级人民法院二审认为：李某某退赃悔罪表现好，并综合考虑其犯罪前后表现、家庭情况以及检察机关的建议与有关部门的意见，认为采信上诉人及其辩护人的缓刑请求符合法律规定。因此，其上诉理由应予采纳。原审判决认定事实清楚，定性准确，量刑亦无不当，审判程序合法。但结合李某某犯罪事实、情节、悔罪表现、家庭以及本案具体情况，在执行制度上，给予上诉人适用缓刑更为适当。改判李某某犯受贿罪，判处有期徒刑2年6个月，缓刑3年。

所谓“手续费”，是指因办理一定的事务或付出一定的劳动而收取的费用。手续费就其本身而言，是一种劳务报酬，并无非法性。国家工作人员从事公务，国家已经支付其应得的劳动报酬，其无权再因其他理由而收受额外的手续费。如果国家工作人员未付出劳动而收取手续费，或者以少量劳动换取高额手续费，就是以其职务行为与所谓的手续费相互交易，是假手续费之名行收受贿赂之实，以受贿论处的手续费指的就是这种手续费。这种手续费可以有多种名义，如好处费、辛苦费、介绍费、活动费、信息费、酬谢费、奖励等，但是究其实质都是贿赂。

【案例1-61】2002年12月至2006年2月，被告人王某某利用其担任中国教育图书进出口公司中文图书联采部采购科科长，负责与北京地区部分出版社联系、订货、对账的职务便利，多次收受与本单位有业务联系的中国机械工业出版社等9家出版社以劳务费名义给予的好处费、回扣，金额共计人民币110472.77元。2006年4月12日，王某某被传唤到案。涉案的部分赃款人民币99700元已追缴并扣押在案。北京市海淀区人民法院一审认为：被告人王某某身为国家工作人员，利用职务便利，在经济往来中违反国家规定，收受各种名义的回扣归其个人所有，其行为已构成受贿罪，应予惩处。但在指控王某某的受贿总数额中有人民币35314.44元因事实不清，证据不足而不予认定。鉴于大部分涉案赃款已扣押在案，且王某某在到案后如实供述了侦查机关尚未掌握的同种罪行，具有坦白情节，故对其酌予从轻处罚。判决王某某犯受贿罪，判处有期徒刑10年6个月。王某某不服，提出上诉。北京市第一中级人民法院二审裁定驳回上诉，维持原判。

【案例1－62】1999年至2001年年底，被告人刘某某在任黄埔新港海关行政科车队队长职务期间，利用职务之便，在为其单位车辆购买保险的过程中，先后多次收受保险公司业务员徐某某等人的回扣手续费共计人民币48146.11元。广州市黄埔区人民法院一审认为：被告人刘某某身为国家工作人员，在为其单位车辆购买保险的经济往来中，违反国家规定，收受回扣、手续费归个人所有，其行为已触犯刑法第385条第2款之规定，构成受贿罪，依法应予惩处。鉴于刘某某认罪态度较好，退清了全部赃款，有悔罪表现，对其适用缓刑确实不致再危害社会，决定对刘某某适用缓刑。判决刘某某犯受贿罪，判处有期徒刑3年，缓刑4年。刘某某不服，以其在1999年至2001年收受徐某某等人的手续费48146.11元是其替单位领取的车辆无事故安全奖，其并没有据为己有为由提出上诉。广州市中级人民法院二审认为：证人保险代理人徐某某等人的证言均称保险公司按一定比例返还给保险代理人手续费后，他们再从手续费中按一定比例支付手续费给刘某某，因此徐某某等人给刘某某的款项并不是上诉人所称的保险公司给予投保单位的车辆无事故安全奖，而是保险代理人给予上诉人的手续费，上诉人在供述中亦承认了其收受了徐某某等人给予的手续费，因此原审判决认定上诉人刘某某犯受贿罪正确。裁定驳回上诉，维持原判。

需要注意的是，国家工作人员在经济往来中，违反国家规定，收受各种名义的回扣、手续费，归个人所有的，才能依照受贿罪定罪处罚。如果国家工作人员收受回扣、手续费后上交单位，单位按照一定比例给予其提成或奖励的，虽然这些回扣、手续费最终全部或部分归了个人所有，但不能认定为受贿罪。如果国家工作人员在经济往来中，将本来应该归单位所有的回扣（折扣）、手续费不上交单位，而利用职务之便私自截留归个人所有的，构成的应当是贪污罪，而不是受贿罪。

（二）斡旋受贿罪的认定

刑法第388条规定：国家工作人员利用本人职权或者地位形成的便利条件，通过其他国家工作人员职务上的行为，为请托人谋取不正当利益，索取请托人财物或者收受请托人财物的，以受贿论处。

对于该条规定，刑法学界称之为斡旋受贿罪。按照有关司法解释，斡旋受贿罪并不是一个独立的罪名，只是受贿罪的一种行为方式。1979 年刑法和 1988 年全国人大常委会《关于惩治贪污罪贿赂罪的补充规定》均没有类似规定，1989 年最高人民法院、最高人民检察院《关于执行〈关于惩治贪污罪贿赂罪的补充规定〉若干问题的解答》指出：受贿罪中“利用职务上的便利”，是指利用职权或者与职务有关的便利条件。“职权”是指本人职务范围内的权力。“与职务有关”，是指虽然不是直接利用职权，但利用了本人的职权或地位形成的便利条件。国家工作人员不是直接利用本人职权，而是利用本人职权或地位形成的便利条件，通过其他国家工作人员职务上的行为，为请托人谋取利益，而本人从中向请托人索取或者非法收受财物的，应以受贿论处。对于单纯利用亲友关系，为请托人办事，从中收受财物的，不应以受贿论处。1997 年刑法对司法解释的这一内容进行了改造，将为请托人谋取的利益限于“不正当利益”，作为第 388 条。

【案例 1－63】 1992 年 7 月，金昌农垦运输公司经理严某某请时任公路管理处处长的被告人芮某某批些便宜汽油。芮某某利用其原在石油公司担任过经理并和现任石油公司经理、业务科长熟悉的便利条件，为金昌农垦公司要了数量各 5 吨的计划内半高价汽油批条两张，农垦公司将 10 吨汽油倒卖获利 5740 元。同年 8 月，金昌农垦公司以汽油差价款的名义送给芮某某现金 5000 元。案发后，赃款全部追回。金昌市中级人民法院一审认为：被告人芮某某身为国家工作人员，利用原职务影响，为他人谋取利益，非法收受他人财物，其行为已构成 1979 年刑法第 185 条规定的受贿罪，应依法惩处。于 1994 年 6 月 17 日判决芮某某犯受贿罪，判处有期徒刑 1 年，缓刑 1 年。芮某某不服，上诉称：没有利用现任职权，公路管理处的处长职务与批油没有直接的职权关系。作为一个县级干部接受这笔汽油差价款是错误的，但不构成受贿罪。一审判决以“利用原职务”为由判受贿罪是错误的，请求撤销原判。甘肃省高级人民法院二审认为：芮某某虽然不是直接利用本人现任职权为他人批油谋利，但他却利用了本人现任公路管理处处长的便利条件，以本单位公路管理处用油为名，又利用其原任石油公司经理的关系和影响，通过在职石油公司经理、业务科长职务上的行为，为请托人批油谋利，而本人从中非法收受财物，已构成受贿罪。最高人民法院、最高人民检察院《关于执行〈关于惩治贪污罪贿赂罪的补充规定〉若干问题的解答》规定：“国家工作人员不是直接利用本人职权，而是利用本人职权、地位形成的便利条件，通过其他国家工作人员职务上的行为，为请托人谋取利益，而本人从中非法收受财物的，应以受贿论处。”

同时两院《解答》对已离职的国家工作人员还规定："利用原职权或地位形成的便利条件，通过在职的国家工作人员职务上的行为，为请托人谋取利益，而本人从中非法收受财物的，以受贿论处。"依据上述规定，芮某某既利用了本人职权形成的便利条件，以本单位用油为名到石油公司批油；又利用了原在石油公司任经理的职权地位形成的便利条件，为请托人谋取利益，本人从中非法收受现金5000元，其行为显然已构成受贿罪。芮某某所提没有利用现职，不是受贿的上诉理由不能成立，不予采纳。于1994年7月28日裁定驳回上诉，维持原判。

【案例1－64】张某某（另案处理）1999年开办华阴市超越中学，后由于生源少，学校出现严重收不抵支情况。为了缓解学校经费问题，2005年张某某接受河南学生家长要求，收取河南籍学生家长费用，为河南学生办理陕西籍户口及学籍档案，在陕西参加高考。2005年9月，张某某通过其妻弟魏某某（另案处理）联系到华县高塘派出所干警被告人谢某某，商议在高塘派出所每办理1名学生的户口给谢某某1000元。张某某将183名学生资料、照片及18万元给魏某某，由魏某某给谢某某。魏某某又对谢某某提出，每办1名学生的户口变为给谢某某700元，谢某某同意并提出最后给魏某某1万元好处费。魏某某先后将183余名学生名单交给谢某某，分四次给谢某某现金14万元。谢某某先拿出3、4人的资料找到在高塘派出所户籍室工作的协勤人员王某（另案处理），提出让王某在户籍室微机上打户口本和户籍证明，王某同意并打好户口本和户籍证明，谢某某给了王某200元和一条烟。随后，谢某某分两次提供170余人的姓名和基本情况给王某，王某打印好户口本和户籍证明，给了谢某某，谢某某再给王某5000元好处费。谢某某又办好身份证后，花费2万元，将183人的户口本、身份证陆续通过魏某某或直接给张某某，又给魏某某5000元好处费。2007年年底，谢某某知道了张某某是按每人1000元付的钱，就对魏某某说钱给得太少，魏某某分三次再给谢某某5300元。综上，谢某某从魏某某处得现金14.53万元，付给王某5200元，给魏某某5000元，办理身份证、户口本支出2万元，谢某某实得赃款11.51万元，赃款已挥霍。华阴市人民法院经审理认为：被告人谢某某身为高塘派出所的干警，利用本人身份地位形成的便利条件，通过本所户籍员王某的职务上的行为，为请托人谋取不正当利益，而本人从中收受请托人财物，其行为构成受贿罪。判决谢某某犯受贿罪，判处有期徒刑10年，并处没收非法所得11.51万元。

【案例1－65】2002年3月至9月间，被告人王某某利用担任中国证券监督管理委员会（以下简称证监会）发行监管部发审委工作处助理调研员的便利条件，通过东北证券有限责任公司工作人员林某介绍，接受福建凤竹纺织科技股份有限公司（以下简称凤竹公司）的请托，通过证监会发行监管部其他工作人员职务上的行为，为凤竹公司在申请首次发行股票的过程中谋取不正当利益，为此王某某收受请托人通过林某给予的贿赂款人民币72.6万元。北京市第一中级人民法院一审认为：被告人王某某身为国家工作人员，利用本人职权或地位形成的便利条件，通过其他国家工作人员职务上的行为，为请托人谋取不正当利益，收受请托人通过他人给予的贿赂款人民币72.6万元，其行为已构成受贿罪，且受贿数额巨大，依法应予惩处。判决王某某犯受贿罪，判处有期徒刑13年，并处没收个人财产人民币12万元。王某某不服，提出上诉称：没有利用职权或地位形成的便利条件，通过其他国家工作人员职务上的行为，为请托人谋取不正当利益。北京市高级人民法院二审认为：王某某身为国家证券监督管理机构的工作人员，对凤竹公司申请上市发行股票的正当程序已经知悉，但其接受发行股票申请单位的请托后，不遵循正当申报程序，而是利用本人的职权及地位形成的便利条件，采用“吃请送礼”的手段，介绍参与审核和核准股票发行申请的人员与申请单位私下接触，为请托人谋取不正当利益，其从中收受请托人巨额钱财的行为已构成受贿罪，故王某某的上诉理由及其辩护人的辩护意见，缺乏事实和法律依据，不予采纳。裁定驳回上诉，维持原判。

关于“利用本人职权或者地位形成的便利条件”的含义，刑法学界有不同认识。有的学者认为，在司法实践中，认定是否成立斡旋受贿，关键是查明行为人的职权与被其利用的国家工作人员有无职务上的制约关系。这种制约关系，主要表现为以下两种：第一，纵向的制约关系，即上级国家工作人员的职务对归属其领导的下级国家工作人员的制约关系。这里既包括一个单位内部的上级领导部门的领导人员，对其下属部门的有关国家工作人员的领导关系，也包括上级领导机关的国家工作人员，对在该机关领导下的各单位中的某些国家工作人员的领导关系。例如，市卫生局的领导人员，对各区、县卫生局领导人员的领导关系；市工商银行的领导人员，对各区、县工商银行分理处领导人员的领导关系，等等。第二，横向制约关系，这是指不具有领导关系的各单位之间，一方工作人员对另一方工作人员在职务上的制约关系。例如，某区税务局的局长对所辖区内企业负责人员的制约关系。① 有的学者认为，“利用本人职权或者地位形成的便利条件”，是指因本人的职权或者地位形成的能够制约、

① 参见肖扬主编：《贿赂犯罪研究》，法律出版社1994年版，第189—190页；孙谦主编：《国家工作人员职务犯罪研究》，法律出版社1998年版，第103—104页；何秉松主编：《刑法教科书》（下卷），中国法制出版社2000年版，第1135页。

影响其他国家工作人员的关系，包括纵向的上下级关系和横向的平级工作关系。[①] 也有的学者认为，斡旋受贿与普通受贿的区别之一就在于，前者在本人职务与他人职务之间不存在制约关系，后者则存在制约关系。[②] 还有的学者认为，“利用本人职权或者地位形成的便利条件”与“利用职务上的便利”不一样，行为人不能直接利用职务之便为请托人谋利益，其职务行为与请托人所请托事务之间没有直接的职务上的制约关系，请托人所谋求的利益是其力所不能及，而且与被利用的其他国家工作人员之间也没有直接的职务上的制约关系，他不能命令被利用的国家工作人员去作为或不作为，为请托人谋利益。被利用的国家工作人员是否接受行为人转托，为请托人谋利益，有一定的自由。但说到底，“职权”和“地位”形成的便利条件，还是指能对其他国家工作人员形成或施加影响的权力和地位，利用人与被利用人职权之间仍有一定的制约关系，只不过是一种间接的制约关系。[③]

鉴于刑法学界争议不一，影响到了司法实践中对此类行为的处理。2003年最高人民法院《全国法院审理经济犯罪案件工作座谈会纪要》第3条第3项指出：刑法第388条规定的“利用本人职权或者地位形成的便利条件”，是指行为人与被其利用的国家工作人员之间在职务上虽然没有隶属、制约关系，但是行为人利用了本人职权或者地位产生的影响和一定的工作联系，如单位内不同部门的国家工作人员之间、上下级单位没有职务上隶属、制约关系的国家工作人员之间、有工作联系的不同单位的国家工作人员之间等。如果行为人单纯利用自己与其他国家工作人员的亲友关系，通过其他国家工作人员职务上的行为，为请托人谋取不正当利益，索取或者收受请托人财物的，不能认定为斡旋受贿。

【案例1－66】2005年至2008年，被告人黄某某利用担任最高人民法院副院长的职务便利，接受请托，为他人谋取利益，或者利用职权、地位形成的便利条件，通过其他国家工作人员的职务行为，为他人谋取不正当利益，非法收受广东法制盛邦律师事务所陈某某、广州佳德利房地产开发有限公司董事长肖某某、四川冠宇投资有限公司董事长林某某、北京某高校教师赵某某、广东正大方略律师事务所律师陈某等人给予的人民币360万元和港币30万元，折合

① 参见张穹主编：《贪污贿赂渎职“侵权”犯罪案件立案标准精释》，中国检察出版社2000年版，第67页。

② 参见陈兴良主编：《刑法疏议》，中国人民公安大学出版社1997年版，第635页。

③ 参见孙国祥著：《贪污贿赂犯罪疑难问题学理与判解》，中国检察出版社2003年版，第339页。

人民币共计390.066万元。具体情况如下：(1) 2005年1月至2006年下半年，黄某某利用担任最高人民法院副院长职务上的便利，接受广东法制盛邦律师事务所律师陈某某的请托，希望黄某某帮助促成其代理的一起执行案件双方当事人执行和解。黄某某利用职务便利，向最高人民法院执行工作办公室的案件承办人打招呼，并作出书面批示，使该案件达成了执行和解。为此，黄某某于2008年5月收受陈某某给予的人民币300万元。(2) 2006年5月至7月，黄某某利用担任最高人民法院副院长职务上的便利，接受广州佳德利房地产开发有限公司董事长肖某某的请托，为该公司与广州建南房地产开发有限公司债务纠纷案的处理，请求广州市中级人民法院有关领导提供帮助。黄某某即向广州市中级人民法院相关领导打招呼，为肖某某提供了帮助。为此，黄某某于2006年5月至2007年初先后三次收受肖某某给予的港币30万元，折合人民币300660元。(3) 2006年9月，黄某某利用担任最高人民法院副院长职权、地位形成的便利条件，接受四川冠宇投资有限公司董事长林某某的请托，为其兄林某涉嫌行贿被广东省佛山市人民检察院立案侦查事宜，希望黄某某通过该院有关领导提供帮助，使林某由监视居住变更为取保候审。通过黄某某向佛山市人民检察院负责人打招呼，林某被取保候审。为此，黄某某于2008年春节前收受林某某给予的人民币30万元。(4) 2006年年底，黄某某利用担任最高人民法院副院长职务上的便利，接受北京某高校教师赵某某为最高人民法院民一庭审理的一起土地转让合同纠纷案件向其提出的请托，希望黄某某对一方当事人的利益给予关照。黄某某对该案提出明确意见，合议庭据此改变了原处理意见。为此，黄某某于2007年下半年收受赵某某给予的人民币10万元。(5) 2007年五六月，黄某某利用担任最高人民法院副院长职务上的便利，接受广州正大方略律师事务所律师陈某的请托，为广东省廉江市信用投资发展公司与广州南亚房地产发展有限公司执行案提供了帮助。为此，黄某某收受陈某给予的人民币20万元。此外，黄某某还利用担任湛江市中级人民法院党组书记、院长的职务便利，伙同他人贪污人民币308万元，黄某某分得人民币120万元。

廊坊市中级人民法院一审认为：被告人黄某某身为国家工作人员，利用职务便利为他人谋取利益，利用职权、地位形成的便利条件，通过其他国家工作人员的职务行为，为他人谋取不正当利益，非法收受他人财物，其行为构成受贿罪；黄某某利用职务便利，伙同他人骗取本单位公款的行为还构成贪污罪。黄某某受贿数额巨大，虽具有在被调查期间主动坦白办案部门尚未掌握的部分受贿犯罪事实，认罪态度较好，且案发后大部分赃款已追缴的酌定从轻处罚情节，但其身为最高人民法院大法官，所犯受贿罪社会影响恶劣，应依法从严惩处。黄某某伙同他人共同贪污数额巨大，情节严重，且系主犯，亦应依法惩处。对黄某某所犯受贿罪、贪污罪，依法应数罪并罚。于2010年1月19日判决：黄某某犯受贿罪，判处无期徒刑，剥夺政治权利终身，并处没收个人全部财产；犯贪污罪，判处有期徒刑15年，并处没收个人财产人民币50万元；决定执行无期徒刑，剥夺政治权利终身，并处没收个人全部财产。黄某某不服，提出上诉。河北省高级人民法院于2010年3月9日二审裁定驳回上诉，维持原判。

【案例1-67】1997年至1999年，被告人刘某某利用担任中国土地报社社长兼国家土地管理局宣传中心主任的职务便利，接受新海投资集团有限公司总经理吴某的请托，为该公司承揽上海地产项目，并获得国家土地管理局对该项目示范小区的命名提供帮助。为此，刘某某收受吴某给予的住房一套，经鉴定价值人民币59万余元，后刘某某支付房款人民币12.8万余元。2003年至2004年5月间，刘某某利用担任中国国土资源报社总编辑的职务便利，为北京时代东华文化传播有限公司投资拍摄影视剧提供帮助。为此，刘某某收受该公司董事长周某给予的人民币10万元。2007年间，刘某某利用担任中国国土资源报社巡视员的便利条件，通过时任浙江省国土资源厅厅长王某职务上的行为，为浙江省东阳市横店圆明新园项目违反国家规定进行建设用地审批提供帮助。为此，刘某某收受浙江省东阳市横店共创共有共富共享委员会主席徐某给予的人民币180万元。北京市第一中级人民法院经审理认为：被告人刘某某利用职务上的便利，为他人谋取利益；并利用本人职权形成的便利条件，通过其他国家工作人员职务上的行为，为他人谋取不正当利益，非法收受他人财物，数额特别巨大，其行为已构成受贿罪，依法应予惩处。鉴于刘某某在接受调查时，如实供述了办案机关尚不掌握的同种犯罪事实，具有坦白情节，认罪态度较好，且部分赃物已被追缴，可对其从轻处罚。判决被告人刘某某犯受贿罪，判处有期徒刑13年。

关于“不正当利益”的含义，刑法学界也有不同认识，归纳起来大致有三种观点。第一种观点认为，所谓“不正当利益”，相当于非法利益，是指请托人依照法律、法规或者规章、条例等规定不应当得到的利益。请托人依法应当或者可以得到，或者暂时尚不能得到的利益，如名额有限、数量有限而无法得到的，不属于不正当利益。第二种观点认为，对于“不正当利益”应从广义上理解，不仅是指非法利益，而且包括采取不正当手段如行贿所取得的利益。也就是说，不管利益本身是否正当，只要是以不正当手段取得的利益，均属于不正当利益。第三种观点认为，“不正当利益”除了包括非法利益外，还应当包括通过不正当手段所取得的不确定利益。所谓不确定利益，是指利益本身是合法的，但利益的归属尚未确定的利益。笔者赞同第三种观点，第一种观点将不正当利益等同于非法利益，大大缩小了不正当利益的范围，不利于对贿赂犯罪的打击；第二种观点将所有采取不正当手段而获得的利益均纳入不正当利益的范围，由于行贿本身就属于不正当手段，则所有贿赂犯罪中谋取的利益将全部属于不正当利益，刑法规定“不正当利益”来控制对贿赂犯罪打击面的作用将无法体现。

鉴于如何理解“不正当利益”涉及罪与非罪的问题，为指导司法实践，1999年3月4日最高人民法院、最高人民检察院《关于在办理受贿犯罪大要案的同时要严肃查处严重行贿犯罪分子的通知》第2条指出：行贿犯罪中的“谋取不正当利益”，是指谋取违反法律、法规、国家政策和国务院各部门规章规定的利益，以及要求国家工作人员或者有关单位提供违反法律、法规、国家政策和国务院各部门规章规定的帮助或者方便条件。1999年9月16日最高人民检察院《关于人民检察院直接受理立案侦查案件立案标准的规定（试行）》附则部分第5项指出：本规定中有关贿赂罪案中的“谋取不正当利益”，是指谋取违反法律、法规、国家政策和国务院各部门规章规定的利益，以及谋取违反法律、法规、国家政策和国务院各部门规章规定的帮助或者方便条件。2008年11月20日最高人民法院、最高人民检察院《关于办理商业贿赂刑事案件适用法律若干问题的意见》第9条指出：在行贿犯罪中，“谋取不正当利益”，是指行贿人谋取违反法律、法规、规章或者政策规定的利益，或者要求对方违反法律、法规、规章、政策、行业规范的规定提供帮助或者方便条件。在招标投标、政府采购等商业活动中，违背公平原则，给予相关人员财物以谋取竞争优势的，属于“谋取不正当利益”。可以看出，司法解释关于“不正当利益”的解释相当于上述第三种观点的主张，特别是2008年最高人民法院、最高人民检察院《关于办理商业贿赂刑事案件适用法律若干问题的意见》第9条明确将通过行贿手段谋取的不确定利益纳入到了不正当利益的范围。

【案例1-68】2005年年初，被告人陈某某在担任中国工商银行广州市十三路支行（以下简称十三路支行）信贷员期间，伙同同案人林某（已判决）在处置广东省药材公司和广东省医药公司不良贷款抵押物的过程中，利用其职权形成的便利条件，通过周某、朱某某、林某某负责处置上述不良贷款抵押物的职务行为，将上述抵押物按照请托人的要求拍卖给事先约定的广东润盛房地产开发有限公司、广东广弘医药有限公司。之后，陈某某于2006年1月至2007年9月间向请托人江某某等人多次索取贿款人民币253万元，陈某某自己实际占有人民币96.2万元。案发后，陈某某退回赃款51万元。检察机关指控陈某某触犯了刑法第388条的规定，构成受贿罪。陈某某及其辩护人辩称，公诉机关没有证据证实润盛房产公司等企业获得的抵押物有不正当性，因此，不能确定本案是谋取不正当利益，故不能以陈某某为请托人谋取不正当利益指控其犯受贿罪。广州市中级人民法院经审理认为：被告人陈某某身为国有公司中从事公务的人员，利用本人职权形成的便利条件，伙同他人通过其他国家工作人员职务上的行为，为请托人谋取不正当利益，索取请托人财物，其行为已构成受贿罪。陈某某等人在处置广东省药材公司、广东省医药公司不良贷款抵押物的拍卖偿还债务的过程中，利用其职权形成的便利条件及同案人的职务行为，使抵押物的拍卖活动非公正地被限定于请托人所确定的范围，而不被广泛的公众悉知，致使十三路支行因抵押物拍卖所获受偿款的利益不能最大化，因此，陈某某为请托人所谋系不正当利益。陈某某犯罪后自动投案，如实供述自己的罪行，是自首，依法可以从轻或者减轻处罚。陈某某协助司法机关抓捕其他罪犯，有立功表现，依法可以从轻或者减轻处罚。鉴于陈某某有自首情节和立功的表现，以及综合考虑陈某某退缴部分赃物，有悔罪表现等情节，本院对其减轻处罚，陈某某及其辩护人以此为由请求减轻处罚的意见有理，本院予以采纳。判决陈某某犯受贿罪，判处有期徒刑7年，并处罚金20万元。

【案例1－69】被告人汪某在担任浙江省高速公路指挥部建设处副处长期间，为陈某某承包的高速公路同三线宁波潘火立交桥绿化工程的结算问题向宁波高等级公路建设指挥部打招呼，使陈某某及时拿到了工程款。1998年12月底，陈某某夫妇来到汪家，送给其妻江某某10万元人民币。1999年春节前，占某某向汪某借钱，汪某遂将该款借给了占某某。1999年8月5日，占某某还给江某某4.5万元现金和5.5万元存折。杭州市上城区人民法院一审以受贿罪判处汪某有期徒刑10年6个月。汪某不服，提出上诉。杭州市中级人民法院二审以受贿罪改判汪某有期徒刑10年。汪某之弟汪某某不服，提出申诉。浙江省高级人民法院再审认为：汪某身为国家工作人员，收受陈某某夫妇所送的10万元人民币，为其谋取利益的事实清楚，证据确实、充分，但是，要认定其构成受贿罪，还应符合刑法第385条规定的“利用职务上的便利”或第388条规定的“利用本人职权或者地位形成的便利条件，通过其他国家工作人员职务上的行为，为请托人谋取不正当利益”的构成要件。本案中，同三线宁波潘火立交桥绿化工程系宁波高级公路建设指挥部建议的宁、台、温高速公路中宁波段的一项工程，而宁波段高速公路实行以宁波市为业主的项目业主责任制，由宁波市自行负责筹资、建设、经营、还贷，宁波高等级公路建设指挥部是一个独立的事业单位，其人、财、物均归宁波市政府管理，因此，省高速公路指挥部建设管理处与宁波高等级公路建设指挥部不存在直接的领导关系，只是行业管理及业务上的指导关系。汪某身为浙江省高速公路指挥部建设管理处副处长，对同三线宁波潘火立交桥绿化工程的人、财、物没有决定、处理、经手、主管权，其向宁波高等级公路建设指挥部打招呼，使陈某某及时拿到工程款，并非直接利用本人职权，故不符合刑法第 385 条规定的构成要件。汪某的行为符合利用本人职权和地位形成的便利条件，通过其他国家工作人员职务上的行为，为请托人谋利的条件，但汪某虽为陈某某在工程款结算上打了招呼，但该款项系陈某某应得的工程款，不属于“不正当利益”，因此，汪某的行为也不符合刑法第 388 条规定的构成要件。申诉人对此问题的申诉理由成立，应予采纳，原判适用法律确有错误，应予纠正。判决撤销一、二审判决，改判汪某无罪。

需要注意的是，在斡旋受贿罪中，无论行为人是索取请托人财物还是收受请托人财物，均需要为请托人谋取不正当利益，才能以受贿论处。为请托人谋取不正当利益包括承诺、实施和实现三个阶段的行为，只要具有其中一个阶段的行为，就具备了为请托人谋取不正当利益的要件。为请托人谋取不正当利益，还需要行为人主观上认识到其为请托人谋取的利益是不正当的，如果有证据证实行为人主观上想为请托人谋取的是正当利益，而其他国家工作人员实际上为请托人谋取的却是不正当利益，则行为人缺乏为请托人谋取不正当利益的主观故意，不能认定行为人构成斡旋受贿罪，否则就属于客观归罪。如果行为人利用本人职权或者地位形成的便利条件，通过其他国家工作人员职务上的行为，为请托人谋取不正当利益，并且与其他国家工作人员共谋索取请托人财物或者收受请托人财物的，则行为人与其他国家工作人员既构成普通受贿罪的共同犯罪，同时也构成斡旋受贿罪的共同犯罪，鉴于刑法将这两种受贿行为均规定为受贿罪，笔者认为可直接依照刑法第 385 条的规定以受贿罪对行为人定罪处罚。

【案例 1－70】 被告人李某某系永康市公安局后勤装备科干部，应该局交警大队的要求，多次为交警大队大楼建设中有关工程技术问题提供技术性咨询或指导，其中一次征得该局政委林某某的同意。大楼工程建设承包方永康市紫微建筑工程有限公司法定代表人徐某某为取得交警大楼附属工程（包括食堂、检测站、配电房）承建权，于 1999 年 10 月送给李某某人民币 2 万元，托请李某某通过交警大队领导争取附属工程承建权，李某某收受该款后，未向交警大队领导传达请托事项。案发后李某某已退出人民币 2 万元。永康市人民法院一审认为：被告人李某某身为国家工作人员，利用其地位形成的便利条件，通过其他国家工作人员职务上的行为，为请托人谋取不正当利益，收受请托人现金 2 万元，其行为已构成受贿罪。以受贿罪判处李某某有期徒刑 1 年，缓刑 1 年 6 个月，追缴违法所得 2 万元上交国库。李某某上诉称：其与交警大队没有任何制约，没有利用职权或地位形成的便利条件，也没有为工程之事向交警大队领导求过情，故不构成受贿罪。辩护人的意见为：李某某收取2万元钱主要原因是李某某为徐某某公司作过技术指导和帮助。紫微公司承建交警大楼辅助工程并非属不正当利益，李某某也没有去说情，李某某与交警大队无权力上的联系。李某某行为不构成犯罪。

金华市中级人民法院二审认为：（1）对于李某某收钱的原因，经查，李某某在侦查、审查起诉和一审审判阶段，多次供述徐某某送钱请托其到交警大队为其争取承建交警大楼附属工程，其表示承诺。李某某的供述与徐某某2000年9月10日、9月24日承认请托李某某说情而送钱的二次供述相吻合，徐某某也供述李某某对其请托表示承诺。至此，二人的供述客观、印证，可以确定李某某受徐某某请托并承诺而收钱。（2）对于李某某是否利用本人职权或地位形成的便利条件，经查，虽然李某某所在的永康市公安局后勤装备科与交警大队无隶属关系，永康市公安局原局长高某某证言中“后勤装备科对全局负责”也并非明确有隶属关系，但可以说明二者有影响或工作上的联系，李某某在二审庭审中也说明了这一点。这与永康市公安局出具的情况说明证明交警大队是一级财务核算单位等不矛盾。职权或地位形成的便利条件并非狭义地仅指某项具体工作如本案中基建工作有无职责，应包括行为人所在部门与其他国家工作人员有无制约、隶属关系，或虽没有制约、隶属关系但有影响或工作上的联系。因而，李某某对于永康市公安局交警大队来说具有本人职权或地位形成的便利条件。（3）对于徐某某请托的事项是否属不正当利益，经查，尽管紫微公司有承建资质，给其承建有合理因素，但徐某某请托李某某欲通过说情等不恰当途径直接取得工程承建权，亦属不正当利益。综上，李某某受贿、承诺后，也考虑到紫微公司承建永康市公安局交警大队附属工程有合理的因素，可能性大，最后没有向交警大队有关国家工作人员转达请托事项并不影响受贿罪的成立。辩护人提供有关证人证言证明李某某对请托人公司有过技术指导与本案无直接关系。裁定驳回上诉，维持原判。

（三）刑法第163条第3款和第184条第2款中索取型受贿罪的认定

根据刑法第163条第3款的规定，国有公司、企业或者其他国有单位中从事公务的人员和国有公司、企业或者其他国有单位委派到非国有公司、企业以及其他单位从事公务的人员利用职务上的便利，索取他人财物或者非法收受他人财物，为他人谋取利益，数额较大的，依照受贿罪定罪处罚。根据刑法第184条第2款的规定，国有金融机构工作人员和国有金融机构委派到非国有金融机构从事公务的人员在金融业务活动中索取他人财物或者非法收受他人财物，为他人谋取利益的，依照受贿罪定罪处罚。

如前所述，对于索取型的普通受贿罪而言，“为他人谋取利益”并不是犯罪客观方面的构成要件，原因在于刑法第385条规定的是“索取他人财物的”，1999年最高人民检察院《关于人民检察院直接受理立案侦查案件立案标准的规定（试行）》也就此指出：索取他人财物的，不论是否“为他人谋取利益”，均可构成受贿罪。但刑法第163条第3款和第184条第2款规定的“索取他人财物”后面并没有“的”，与刑法第385条的规定不同。笔者认为，从三个条文表述的前后用语来看，可以理解为就刑法第163条第3款和第184条第2款中索取型受贿罪而言，行为人也应当为他人谋取利益，才能构成受贿罪。有的学者据此认为，根据特别法优于普通法的原则，对于国有公司、企业或者其他国有单位中从事公务的人员和国有公司、企业或者其他国有单位委派到非国有公司、企业以及其他单位从事公务的人员，以及国有金融机构工作人员和国有金融机构委派到非国有金融机构从事公务的人员，实施受贿行为的，应该以第163条、第184条规定的罪状定罪，即在犯罪构成要件方面，以这两条第1款规定的内容为标准，而不适用第385条规定的构成要件。笔者理解，按照该学者的观点，对于这些人员利用职务上的便利索取他人财物，但并没有为他人谋取利益的行为，则不能作为受贿罪定罪处罚，但这样做显然是不合适的。笔者认为，虽然实践中行为人索取他人财物但根本不为他人谋取利益的情况很少（因为只要具有承诺、实施和实现一个阶段的行为即可），刑法第163条第3款、第184条第2款与第385条对索取型受贿罪的表述也不尽相同，但国有公司、企业或者其他国有单位中从事公务的人员和国有公司、企业或者其他国有单位委派到非国有公司、企业以及其他单位从事公务的人员，以及国有金融机构工作人员和国有金融机构委派到非国有金融机构从事公务的人员，其本身就是国家工作人员，对于他们利用职务上的便利索取他人财物，但并没有为他人谋取利益的行为，可以直接依照刑法第385条、第386条的规定，以受贿罪定罪处罚。

【案例1－71】 被告人温某某于1999年2月至2004年2月期间，利用担任中国农业银行北京市分行信息电脑中心主任、总经理、科技处处长及北京市金信思创科技有限公司法定代表人、负责人，负责主管本单位电子化设备及软件采购、审核的职务便利，先后多次向业务关系单位索取钱款，其中向北京北大青鸟商用信息系统有限公司索取人民币255.5万余元；向北京德派克信息技术有限公司索取人民币279.8万余元；向北京新晨科技股份有限公司索取人民币300.5万元；向北京康达联科信息技术有限公司索取人民币237.78万余元。

索取款项共计人民币1073.58万元。此外，2003年6月至2004年6月，温某某在担任中国农业银行北京分行科技处处长以及金信思创科技有限公司负责人期间，利用负责主管金信思创科技有限公司及中国农业银行北京分行电子化设备及软件采购、审核的职务便利，在为单位采购自动柜员机的过程中，采用欺骗的手段，将本单位公款共计人民币432万余元非法占有。案发后，赃款、赃物已全部追缴。北京市第一中级人民法院一审认为：被告人温某某身为国家工作人员，利用职务上的便利，索取他人财物，其行为构成受贿罪；身为国家工作人员，利用职务上的便利，采用欺骗的手段，非法占有公共财物，其行为亦构成贪污罪。温某某所犯受贿罪、贪污罪的数额特别巨大，情节特别严重。其所犯受贿罪的罪行严重侵害了国家工作人员职务的廉洁性，且具有索贿情节，依法应予从重处罚；所犯贪污罪的罪行亦极其严重，本应判处死刑，鉴于所贪污的公款已被追缴，对其所犯贪污罪可不立即执行。依照刑法第385条第1款、第386条等条款，于2005年12月20日判决：被告人温某某犯受贿罪，判处死刑，剥夺政治权利终身，并处没收个人全部财产；犯贪污罪，判处死刑，缓期2年执行，剥夺政治权利终身，并处没收个人全部财产；决定执行死刑，剥夺政治权利终身，并处没收个人全部财产。温某某不服，提出上诉。北京市高级人民法院于2006年7月6日二审裁定驳回上诉，维持原判。最高人民法院于2007年8月7日核准了二审裁定。2007年9月11日，温某某被执行死刑。

（四）以交易形式受贿的认定

实践中，有的国家工作人员收受他人财物后，有时候会支付一定价款，以掩盖自己的犯罪事实。那么，如何来认定以交易形式收受贿赂的犯罪呢？1985年最高人民法院、最高人民检察院《关于当前办理经济犯罪案件中具体应用法律的若干问题的解答（试行）》就此指出：国家工作人员利用职务上的便利，为他人谋取利益，收受物品，只付少量现金，这往往是行贿、受贿双方为掩盖犯罪行为的一种手段，情节严重，数量较大的，应认定为受贿罪。受贿金额以行贿人购买物品实际支付的金额扣除受贿人已付的现金额来计算。行贿人的物品未付款或无法计算行贿人支付金额的，应以受贿人收受物品当时当地的市场零售价格扣除受贿人已付现金额来计算。

随着党和政府打击贿赂犯罪的逐步深入，受贿形式也越来越隐蔽，实践中不仅有国家工作人员低价购买请托人物品的受贿行为，也出现了国家工作人员向请托人高价出售自己物品的受贿行为。为依法惩治此类受贿犯罪，2007年最高人民法院、最高人民检察院《关于办理受贿刑事案件适用法律若干问题的意见》第1条专门对以交易形式收受贿赂的问题进行了解释：国家工作人员利用职务上的便利为请托人谋取利益，以下列交易形式收受请托人财物的，以受贿论处：(1) 以明显低于市场的价格向请托人购买房屋、汽车等物品的；(2) 以明显高于市场的价格向请托人出售房屋、汽车等物品的；(3) 以其他交易形式非法收受请托人财物的。受贿数额按照交易时当地市场价格与实际支付价格的差额计算。这里所指的市场价格，包括商品经营者事先设定的不针对特定人的最低优惠价格。根据商品经营者事先设定的各种优惠交易条件，以优惠价格购买商品的，不属于受贿。

需要指出的是，“市场价格”不同于“成本价格”或者“象征性价格”。对于房屋、汽车等商品而言，成本价格和市场价格相差非常悬殊，依照“成本价格”的标准，很大一部分的受贿罪将不能得到依法追究。相比之下，市场价格更具合理性，也更具包容性，市场价格波动较大的，可以通过专业机构对一个特定时点物品价格进行评估，得出一个相对确定、合理的价格。鉴于房屋、汽车等大宗贵重物品，稍微降低几个百分点，数额即可能达到数万元甚至数十万元，如简单规定以低于市场的价格购买或者高于市场的价格出售房屋、汽车等物品，达到受贿犯罪的定罪数额起点的，都以受贿犯罪处理，打击面可能失之过宽，故司法解释规定了“明显”低于或者高于市场价格的限制性条件，司法实践中要注意把握好以交易形式受贿的罪与非罪的标准。

【案例1－72】2003年年初，为使原山海公司董事长堵某某在服刑期间得到照顾，山海公司新任领导杨某某、朱某某通过他人介绍，认识时任青浦监狱副监狱长的翁某某，杨某某、朱某某请托翁某某对服刑的堵某某予以照顾。之后翁某某授意时任青浦监狱刑务处副主任的被告人毛某某，以帮教为名安排杨某某、朱某某会见堵某某，毛某某由此认识杨某某、朱某某两人。此后的2003年至2005年12月间，毛某某在先后担任青浦监狱刑务处副主任、刑罚执行科科长、刑务处主任期间，多次按照翁某某的授意，接受杨某某、朱某某的请托，利用其分管监狱刑务工作的职务便利，为堵某某于青浦监狱服刑期间，在安排服刑岗位、会见、离监探亲、减刑等方面谋取利益。2003年9月，毛某某通过翁某某的介绍，通过杨某某、朱某某，以人民币392960元的价格购买本市行知路381弄某号住房一套（当时市场价格为594400元），受贿差价金额共计201440元。2009年4月1日，毛某某向上海市司法局纪委交代了自己利用职务便利，购买便宜商品房的事实。案发后，毛某某的家属已全额退赔赃款人民币201440元。上海市第二中级人民法院经审理认为：被告人毛某某接受他人请托，利用职务便利，为服刑犯谋取利益，以明显低于市场的价格从请托人处购得一套商品房，获取差价201440元，其行为构成受贿罪，依法应予惩处。毛某某有自首情节，依法可减轻处罚。毛某某全额退赔了赃款，依法可对其酌情从轻处罚。根据毛某某的犯罪情节和悔罪表现，适用缓刑确实不致再危害社会，可对毛某某宣告缓刑。故对辩护人关于毛某某有自首情节，请求对毛某某判处缓刑的辩护意见予以采纳。判决毛某某犯受贿罪，判处有期徒刑3年，缓刑3年。

【案例1－73】 2001年下半年，南京市玄武区孝陵卫街道办事处副主任黄某向江苏某房地产公司总经理杨某索要100万元，以回报他为该公司征地拆迁工作所作的关照。为掩饰自己的受贿行为，黄某决定将其舅舅的两幅习作画以100万元的价格卖给杨某，并以妻子的名义同杨某签订了一份买卖合同，约定杨某以100万元购买两幅画。数日后，黄某将画送给杨某，杨某支付了100万元。后经江苏省物价局鉴定，这两幅画的价值是3000元。2006年12月，法院以受贿罪判处黄某有期徒刑10年6个月。黄某不服提起上诉，请求重新鉴定两幅画的价格。2007年9月27日，国家发改委价格认定中心复核后认定两幅画的价值是3000元。10月19日，江苏省高院裁定驳回上诉，维持原判。①

【案例1－74】 1999年至2006年间，被告人刘某某利用担任中关村科技园区领导小组成员、办公室主任，北京市人民政府副市长，中关村科技园区管委会主任等职务上的便利，为他人谋取资产置换、土地开发、职务晋升、银行贷款等方面的利益，单独或者伙同其情妇王某某（另案处理），索取或者非法收受北京中融物产有限责任公司等10个单位和个人人民币405万元、美元2.3万元、加元2万元、欧元2000元、价值人民币40.90万元的别克轿车1辆、价值人民币151.71万元的房产2套、价值人民币27万元的首饰3件、文物佛像1尊（购买价为人民币11万元），并以明显低于市场价格购买住房一套（差价为人民币27.81万元），折合人民币共计696.59万元。衡水市中级人民法院一审认为：被告人刘某某身为国家工作人员，利用职务便利，为他人谋取利益，单独或伙同他人索取、收受钱物折合人民币696.59万元，其行为已构成受贿罪。刘某某受贿数额特别巨大，情节特别严重，论罪应当判处死刑。鉴于其案发后能主动坦白有关部门尚不掌握的部分犯罪事实，绝大部分赃款、赃物已追缴，对其判处死刑，可不立即执行，以受贿罪判处刘某某死刑，缓期2年执行，剥夺政治权利终身，并处没收个人全部财产。刘某某不服，提出上诉。河北省高级人民法院二审裁定驳回上诉，维持原判。

---

① 参见曾献文：《小画大卖：民事合同掩饰不了受贿犯罪》，载《检察日报》2008年5月7日。

（五）以收受干股形式受贿的认定

2003年最高人民法院《全国法院审理经济犯罪案件工作座谈会纪要》第3条第7项指出：在办理涉及股票的受贿案件时，应当注意：（1）国家工作人员利用职务上的便利，索取或非法收受股票，没有支付股本金，为他人谋取利益，构成受贿罪的，其受贿数额按照收受股票时的实际价格计算。（2）行为人支付股本金而购买较有可能升值的股票，由于不是无偿收受请托人财物，不以受贿罪论处。（3）股票已上市且已升值，行为人仅支付股本金，其“购买”股票时的实际价格与股本金的差价部分应认定为受贿。2007年最高人民法院、最高人民检察院《关于办理受贿刑事案件适用法律若干问题的意见》第2条又专门对以收受干股形式受贿的问题进行了解释：干股是指未出资而获得的股份。国家工作人员利用职务上的便利为请托人谋取利益，收受请托人提供的干股的，以受贿论处。进行了股权转让登记，或者相关证据证明股份发生了实际转让的，受贿数额按转让行为时股份价值计算，所分红利按受贿孳息处理。股份未实际转让，以股份分红名义获取利益的，实际获利数额应当认定为受贿数额。需要指出的是，收受干股并不以股权转让登记为成立要件，即使没有股权转让登记，但有相关证据证明股份发生了实际转让的，就可以认定为收受干股。

【案例1-75】2002年至2007年，被告人韩某某在担任宜昌开发区招投标办主任、规建科科长、建设局副局长、局长兼东山建设总公司法定代表人期间，利用职务之便，为他人谋取利益，收受贿赂共计2853348.74元。宜昌市伍家岗区人民法院一审认为：被告人韩某某身为国家工作人员，利用职务上的便利，多次非法收受他人财物，为他人谋取利益，共计人民币2853348.74元，其行为严重侵害了国家机关和国家工作人员的廉洁性，已构成受贿罪。根据最高人民法院、最高人民检察院《关于办理受贿刑事案件适用法律若干问题的意见》的规定，干股是指未出资而获得的股份。国家工作人员利用职务上的便利为请托人谋取利益，收受请托人提供的干股的，以受贿论处。韩某某以按实际所占股份比例2.95%注册，但在分配利润时，却按49%的股份比例进行分配，其行为符合上述法律规定，应认定为受贿。韩某某以分红的名义收受卞某某贿赂款2434668.74元，其中40万元尚未实际交付给韩某某，故对该笔犯罪中的40万元应属犯罪未遂。韩某某归案后认罪态度较好，积极退还赃款，具有酌定从轻处罚情节。判决韩某某犯受贿罪，判处有期徒刑12年，并处没收财产30万元。韩某某以原判认定事实有误，具有自首情节等为由提出上诉。宜昌市中级人民法院认为：二审中，宜昌市纪委出具的证明材料证实，在办案机关只掌握其受贿4万元的情况下，韩某某在“两规”期间，主动交代了其收受他人钱财285万余元。韩某某已退赃人民币150万元及海南省购买房产手续一套（未办理产权证，共支付购房款398017元）。根据最高人民法院、最高人民检察院《关于办理职务犯罪案件认定自首、立功等量刑情节若干问题的意见》的有关规定，其行为不符合自首的构成要件，不能认定为自首。办案机关仅掌握小部分犯罪事实，犯罪分子交代了大部分未被掌握的同种犯罪事实的，一般应当从轻处罚。据此，判决撤销原判，改判韩某某犯受贿罪，判处有期徒刑11年，并处没收财产30万元。

【案例1-76】2007年4月，经营烟花爆竹的个体户方某某得知天门市可设立三家烟花爆竹批发企业的消息后，便邀约熊某某拟成立一家公司经营烟花爆竹，并向天门市安全生产监督管理局提出申请。为得到监管部门的关照，两人邀约时任天门市安全生产监督管理局副局长的喻某某入股，成立天圣公司，喻某某同意入股并提出邀约时任天门市安全生产监督管理局危险化学品监督管理科科长的王某某入股，方某某、熊某某表示同意。2007年7月1日，方某某、熊某某、喻某某、王某某4人经过讨论，签订了股东协议书。协议约定：公司总投资150万元，分成三股，每股50万元；方某某和熊某某分别出资50万元，各占一股；喻某某、王某某以“陈中华”的名义出资50万元，共占一股；各股东的出资额应于2007年7月30日前一次性缴足，逾期不缴或者未缴齐的，除应足额缴纳外，还应向按期已缴足的股东支付银行利息并赔偿由此造成的经济损失；股东以出资额为依据，按出资比例分配盈余和承担亏损。但喻某某、王某某每人仅出资10万元（共20万元），且没有参与经营。因喻某某、王某某未能全额出资，4人商议按未出资的部分向公司交纳利息，但该方案未实际履行。2007年7月初，天圣公司在未取得烟花爆竹经营许可证的情况下开始经营，直到同年8月21日取得烟花爆竹经营许可证。同年8月29日，天圣公司经天门市工商行政管理局注册成立，公司法定代表人为方某某，注册资本10万元，公司类型为有限责任公司（自然人独资）。2008年3月，因熊某某要求退出公司，喻某某、王某某也要求退出公司，经方某某、熊某某、喻某某、王某某商议后，于3月26日签订了股东退股协议。协议约定：方某某将熊某某、“陈中华”（喻某某和王某某）的投资资金全部退还，向熊某某、“陈中华”各支付15万元作为公司建立的增值部分补偿，利润按原合同约定分配。同年3月31日，4人商议具体分配方案时，熊某某认为原分配方案不公，提出将利润分成利息和红利两部分，先按实际出资额分配利息，余下的利润作为红利按三股平均分配，4人均表示同意。公司利润共计329198.3元，以每10万元分1.1万元利息，4人共分得利息13.2万元，其中，喻某某、王某某二人应分得利息2.2万元。除去其他开支后，余下的利润162698.3元分成三股进行分配，喻某某、王某某二人应分得红利54232元。熊某某结清了相关款项，并于2008年3月31日出具了4张领条，分别领取股金50万元、红利54232元、股金利息5.5万元、增值补偿金15万元。熊某某退股后，方某某因资金周转困难，没有钱将喻某某、王某某的股金、增值补偿金及利息、红利退还，便劝说喻某某、王某某继续入股，并许诺到年底分配更多利润，二人均表示同意。2008年5月，方某某将喻某某、王某某应得的76232元利息、红利中的6.9万元交给喻某某，并约定尚欠的7232元红利在结总账时付清。喻某某留下3.4万元，给了王某某3.5万元。熊某某退股后，方某某未将喻某某、王某某的股金20万元退还，而是继续用于公司经营。2009年1月，方某某将经营所获利润中的8万元交给喻某某后，喻某某留下5万元，分给王某某3万元。以上事实证明，喻某某、王某某仅出资20万元，而以50万元参与利润分配，其中没有实际出资的30万元属于干股股金（占总股份额1/5），扣除应得利息2.2万元及实际入股应得红利21692.8元后，两被告人以收受干股的形式获得红利25307.2元。其中，喻某某分得12153.6元，王某某分得13153.6元。2009年3月，天门市纪委对喻某某、王某某立案调查期间，喻某某、王某某退出了全部违法所得。天门市人民法院一审认为：被告人喻某某、王某某身为国家工作人员，利用职务上的便利，在受其监管的企业入股，分别收受没有资金依托的干股红利12153.6元、13153.6元，其行为构成受贿罪。关于公诉机关指控喻某某、王某某在熊某某退股后与方某某继续合伙经营天圣公司时，收受方某某的8万元中有4.8万元干股红利的事实，经查，在熊某某退股后，方某某继续经营天圣公司期间，用多少股金从事经营活动，获利多少不明确，无法确定方某某给予喻某某、王某某的8万元是否为利润平分之结果，由此无法明确喻某某、王某某所分得财物是否为干股红利，因此，公诉机关指控的上述事实证据不足。喻某某、王某某利用对天圣公司有监管权的职务便利而入股天圣公司，并为其谋取利益，收受没有资金依托的干股红利，其行为符合最高人民法院、最高人民检察院《关于办理受贿刑事案件适用法律若干问题的意见》第2条的规定，应以受贿论处。判决：喻某某犯受贿罪，免予刑事处罚；王某某犯受贿罪，免予刑事处罚。两被告人不服，提出上诉。湖北省汉江中级人民法院二审裁定驳回上诉，维持原判。

【案例1-77】1996年至2006年期间，被告人吴某某在担任南昌市郊区塘山乡党委委员兼长巷村书记、主任，南昌民营科技园实业发展总公司总经理、南昌民营科技园管委会主任、南昌京东旅游经济开发区管委会主任等职务期间，先后14次索取收受他人财物共计1645万元，并为行贿人在工程中标、工程款结算等方面利用职务上的便利提供“方便”。其中，2005年，江西鑫盛置业有限公司熊某某与京东管委会签订了投资艾溪湖山庄项目的意向性协议后，时任副区长的吴某某便假借亲戚名义要求入股，占30%股份，尔后向熊某某索要预测利润1000万元。南昌市中级人民法院经审理认为：被告人吴某某身为国家工作人员，利用职务上的便利，索取收受贿赂合计1645万元，已构成受贿罪。其中1000万元系索贿，依法应当严惩。鉴于其归案后能如实供述罪行，且已退缴全部赃款，可酌情从轻处罚。判决被告人吴某某犯受贿罪，判处无期徒刑，剥夺政治权利终身，并处没收个人全部财产，赃款全部上缴国库。

【案例1－78】 2003年年底至2004年上半年，四川冠达通信工程有限公司刘某找到被告人沈甲，希望通过其父沈乙（中国移动通信集团重庆有限公司原董事长，受贿3616万元，已判处死缓）为该公司承揽重庆移动公司万州片区基站维护工程提供帮助。沈甲将刘某的请托事项转达给沈乙后，沈乙通过向下属打招呼的方式，帮助刘某承揽到该工程。2007年至2010年，沈甲以占股分红的名义，先后3次分得刘某所送的人民币1309万余元。事后，刘某将沈甲分红的事告知沈乙，沈乙表示认可。重庆市第五中级人民法院判决被告人沈甲犯受贿罪，判处有期徒刑10年。①

（六）以开办公司等合作投资名义受贿的认定

2007年最高人民法院、最高人民检察院《关于办理受贿刑事案件适用法律若干问题的意见》第3条专门对以开办公司等合作投资名义收受贿赂的问题进行了解释：国家工作人员利用职务上的便利为请托人谋取利益，由请托人出资，“合作”开办公司或者进行其他“合作”投资的，以受贿论处。受贿数额为请托人给国家工作人员的出资额。国家工作人员利用职务上的便利为请托人谋取利益，以合作开办公司或者其他合作投资的名义获取“利润”，没有实际出资和参与管理、经营的，以受贿论处。按照上述司法解释，如果国家工作人员具有实际出资和参与管理、经营的情节，那么不管其获取的“利润”是否合理，都不能认定为受贿罪。笔者认为，这样做显然是不合理的。司法实践中，即使国家工作人员具有实际出资和参与管理、经营的情节，但其获取的“利润”如果明显高于其应获得的利润的，明显超出的那部分“利润”应当认定为受贿数额。

【案例1－79】 2003年12月12日，被告人张某某在担任章贡区沙石镇党

---

① 参见沈义：《重庆移动原董事长之子受贿1309万元获刑十年》，载《正义网》2011年11月22日。

委书记期间，赣州市人民政府召集有关部门的人员在赣州市政中心召开关于赣州50万伏变电站开工奠基仪式筹备工作的会议，张某某与章贡区人民政府的有关领导一同参加了该会议，会上确定由张某某负责该项目的征地和奠基仪式的场地平整工作。当天下午，张某某召集沙石镇的相关人员就此事开碰头会，会上张某某提出并决定将该场地平整工作交由章贡区槐山沙石场场长曾某某承建，此后，由时任沙石镇镇长的钟某某代表沙石镇人民政府与曾某某签订了土地平整合同。在工程开工前后，张某某以“合伙”的名义向曾某某提出其要分得四成的工程利润，曾某某表示同意。后在整个场地平整工程过程中，张某某既未投入任何的资金、实物，也未参与该工程的管理。2004年1月至2005年1月，曾某某陆续收到工程款，先后3次将人民币13.5万元送给了张某某。2007年10月下旬，张某某约曾某某到赣州市政中心，将曾某某所送的人民币13.5万元退还了曾某某。

赣州市章贡区人民法院一审认为：被告人张某某身为国家工作人员，利用职务上的便利，非法收受他人财物共计人民币13.5万元，为他人谋取利益，其行为构成受贿罪。由于张某某不是主动向检察机关投案，且检察机关在对被告人张某某立案侦查之前，就已经掌握了其收受他人钱财的事实，其行为不符合自首的条件。因此，对辩护人提出张某某具有自首情节的辩护意见不予采纳。张某某犯罪后认罪态度较好，在法庭上自愿认罪，且在案发前已经主动退还了全部赃款，对其可以酌情从轻处罚。以受贿罪判处张某某有期徒刑10年，并处没收财产人民币8万元。张某某上诉提出，其是在未收到检察机关的传唤通知、未被采取强制措施和受到讯问的前提下，主动、直接向检察机关交待自己的犯罪事实，应当认定具有自首情节；其在案发前已全部退清赃款，归案后能自愿认罪，原审对其量刑畸重。赣州市中级人民法院二审认为：最高人民法院《关于处理自首和立功具体应用法律若干问题的解释》第1条规定：犯罪以后自动投案，如实供述自己的罪行的，是自首；自动投案，是指犯罪事实或者犯罪嫌疑人未被司法机关发觉，或者虽被发觉，但犯罪嫌疑人尚未受到讯问、未被采取强制措施时，主动、直接向公安机关、人民检察院或者人民法院投案。本案中，检察机关虽然在2007年11月6日初步掌握了张某某受贿的犯罪线索，但检察机关在次日是根据《中华人民共和国刑事诉讼法》第97条的规定以询问证人的理由书面通知张某某前往接受询问的，此时检察机关并未立案，也未对张某某采取强制措施，张某某在此情形下前往检察机关接受询问并不丧失投案的主动性。在接受询问的过程中，张某某如实交待了其受贿的全部犯罪事实。因此，张某某在尚未受到讯问、未被采取强制措施时主动向检察机关交待犯罪事实的行为符合我国司法解释关于自首的规定，属于自首。鉴于张某某具有自首情节，并且在案发前即已全部退清赃款，归案后能够自愿认罪，可依法对其减轻处罚。改判张某某犯受贿罪，判处有期徒刑6年，并处没收财产人民币8万元。本案中，被告人张某某以“合伙”名义向曾某某提出其要分得四成的工程利润，实际上属于变相收受贿赂。同时，一审法院认为张某某不成立自首，二审法院依据相同的事实认为张某某成立自首，理由是虽然检察机关已经初步掌握了张某某受贿的犯罪线索，但张某某是以证人的身份到检察机关接受询问的。试想一下，如果检察机关对张某某立案后以《传唤通知书》的形式让张某某到检察机关接受讯问，则张某某便不能成立自首。

【案例1-80】 1995年11月6日和1999年9月，被告人于某某利用在担任乌鲁木齐市计划委员会主任之时曾对新疆德隆国际实业总公司（以下简称德隆公司）补办宏源大厦工程项目立项审批手续及固定资产调节税税率减让等方面给予过便利和照顾，先后共交给唐某某100万元人民币，作为其在德隆公司的投资款，要求每年给予高额回报。自1997年1月至2003年4月期间，于某某领取所谓回报款共计170万元。此外，1995年4月18日至2002年2月4日期间，于某某还利用职务之便，以借款、治病、出国考察、领取董事费、购买飞机票的名义，分7次收受他人贿赂款合计71.45万元、美元1000元。乌鲁木齐市中级人民法院一审认为：被告人于某某以其妻鞠某的名义实际先后两次交给德隆公司唐某某共100万元人民币，并约定了较固定的收益比率，后以投资回报的形式从德隆公司领取170万元人民币，虽有不当，但不构成犯罪。公诉机关指控于某某领取德隆公司投资回报款170万元人民币属实，但指控于某某的该行为构成受贿罪，证据不足，本院不予支持。公诉机关指控于某某身为国家机关工作人员，利用职务之便为他人谋取相关利益，先后多次收受他人钱款或以借款为名向他人索取钱款共计人民币71.45万元、美元1000元，其行为已构成受贿罪，事实清楚，证据确实充分，本院予以支持。鉴于于某某归案后如实坦白所犯罪行，且退赔了全部非法赃款，依法可酌情从轻处罚。于某某及其辩护人关于起诉书指控的170万元不构成犯罪及要求从轻处罚的辩解及辩护意见，本院予以采纳。于2004年5月17日判决于某某犯受贿罪，判处有期徒刑13年，剥夺政治权利2年。

一审宣判后，公诉机关提起抗诉，认为于某某以向德隆公司“投资”100万元为手段，索取高额回报170万元的行为构成受贿罪，但一审法院认为不构成犯罪不当。新疆维吾尔自治区高级人民法院二审认为：正当的投资是平等主体间的民事行为。在本案中，于某某因其具有市计委主任的职权，和德隆公司之间形成的不是平等主体间的关系，而是管理者与被管理者的关系。正常的投资行为是双方合意、意思表示一致的结果，而本案中的相关证据证明，这100

万元的投资、回报的具体内容是于某某个人主动提出的，德隆公司只是被迫服从，德隆公司给100万元投资的“回报”的用意也是为了感谢于某某的帮助而支付的酬谢款。正当的投资应当有合理的投资期限、投资项目，接受投资方也有接受投资的合法资格，而本案所谓投资从形式上和实际履行上均无确定的期限，直到案发为止，于某某仍然在收取所谓的回报款；双方没有约定投资项目，100万元投资款根本没有用于德隆公司的任何项目上；回报款也不是从德隆公司投资利润中支付，而是从唐某某的个人掌握款中支付；德隆公司本身并未从事代客理财即接受所谓投资的行为，是德隆公司下属的有法人资格的子公司金新信托公司等法人在非法从事代客理财业务。于某某明知这一点，却硬要将100万元“投资”到德隆公司，完全是因为其曾向德隆公司提供过很多“帮助”，德隆公司不敢拒绝其“投资”并支付报酬的要求。所以，170万元应该认定是名为投资回报款实为受贿款。索取高额回报170万元的行为构成受贿罪的抗诉意见成立，本院予以支持。关于于某某的行为是否构成自首的问题。从本案案发情况看，纪检部门只是掌握于某某在银行有大量存款，经政策教育，于某某主动交待了全部受贿犯罪事实，其行为应认定为自首。于某某身为国家工作人员，利用职务之便，先后收受或索要他人贿赂款共计人民币241.45万元、美元1000元，其行为已构成受贿罪。于2005年5月17日改判于某某犯受贿罪，判处无期徒刑，剥夺政治权利终身。

（七）以委托请托人投资证券、期货或者其他委托理财的名义受贿的认定

2007年最高人民法院、最高人民检察院《关于办理受贿刑事案件适用法律若干问题的意见》第4条专门对以委托请托人投资证券、期货或者其他委托理财的名义收受贿赂的问题进行了解释：国家工作人员利用职务上的便利为请托人谋取利益，以委托请托人投资证券、期货或者其他委托理财的名义，未实际出资而获取“收益”，或者虽然实际出资，但获取“收益”明显高于出资应得收益的，以受贿论处。受贿数额，前一情形，以“收益”额计算；后一情形，以“收益”额与出资应得收益额的差额计算，并且要受到“明显”高于出资应得收益的限制。

【案例1-81】2011年10月，温州市海城建筑工程有限公司三产代建项目部负责人吴某为取得该三产安置房项目的代建资格，谋求时任郭溪镇党委书记的池某某在协调各村招标条件的设置并在中标后项目建设过程中能给予其照顾，及在处理塘下村村民对其三产项目部的信访问题时能给予关照，通过温州市西向排洪工程瓯海段原指挥部副指挥金某某（另案处理）与池某某联系，

假借买卖三产安置指标的名义，以出资70万元十余天后返还90万元的形式，变相送给池某某20万元。此外，池某某还利用职务便利，为他人谋利，收受他人价值1.4万元的财物。温州市瓯海区人民法院经审理认为：被告人池某某身为国家工作人员，利用职务上的便利，非法收受他人钱财，为他人谋取利益，其行为已构成受贿罪。鉴于池某某案发后已退出全部赃款，结合本案的事实、情节，对其酌情从轻处罚，以受贿罪一审判处被告人池某某有期徒刑10年。① 本案中，被告人池某某收受吴某20万元，表面上看是委托吴某买卖三产安置指标出资而获得的收益，但70万元十余天的“收益”即达到20万元，明显高于其出资应得的收益，实际上属于变相受贿。

（八）以赌博形式受贿的认定

实践中，国家工作人员利用赌博活动收受钱物的情况有两种：一是收受他人提供的赌资；二是通过与他人赌博的形式收受他人钱物。针对实践中国家工作人员以赌博形式变相收受贿赂的问题，2005年最高人民法院、最高人民检察院《关于办理赌博刑事案件具体应用法律若干问题的解释》第7条指出：通过赌博或者为国家工作人员赌博提供资金的形式实施行贿、受贿行为，构成犯罪的，依照刑法关于贿赂犯罪的规定定罪处罚。2007年最高人民法院、最高人民检察院《关于办理受贿刑事案件适用法律若干问题的意见》第5条专门对以赌博形式收受贿赂的认定问题进行了解释：国家工作人员利用职务上的便利为请托人谋取利益，通过赌博方式收受请托人财物的，构成受贿。实践中应注意区分贿赂与赌博活动、娱乐活动的界限。具体认定时，主要应当结合以下因素进行判断：（1）赌博的背景、场合、时间、次数；（2）赌资来源；（3）其他赌博参与者有无事先通谋；（4）输赢钱物的具体情况和金额大小。

（九）与特定关系人有关的受贿的认定

2007年最高人民法院、最高人民检察院《关于办理受贿刑事案件适用法律若干问题的意见》第6条专门对特定关系人“挂名”领取薪酬的问题进行了解释：国家工作人员利用职务上的便利为请托人谋取利益，要求或者接受请托人以给特定关系人安排工作为名，使特定关系人不实际工作却获取所谓薪酬的，以受贿论处。第7条专门对由特定关系人收受贿赂的问题进行了解释：国家工作人员利用职务上的便利为请托人谋取利益，授意请托人以本意见所列形

---

① 参见范跃红：《温州一书记以“投资”为名受贿一审获刑十年》，载《正义网》2012年1月6日。

式，将有关财物给予特定关系人的，以受贿论处。特定关系人与国家工作人员通谋，共同实施前款行为的，对特定关系人以受贿罪的共犯论处。特定关系人以外的其他人与国家工作人员通谋，由国家工作人员利用职务上的便利为请托人谋取利益，收受请托人财物后双方共同占有的，以受贿罪的共犯论处。第11条指出：本意见所称“特定关系人”，是指与国家工作人员有近亲属、情妇（夫）以及其他共同利益关系的人。实践中，认定是否属于“特定关系人”，关键在于该第三人是否与国家工作人员有共同利益关系。对于共同利益关系的理解，应注意把握两点：一是共同利益关系主要是指经济利益关系，纯粹的同学、同事、朋友关系不属于共同利益关系；二是共同利益关系不限于共同财产关系。

【案例1－82】1988年至2006年，被告人陈某某利用担任上海市黄浦区人民政府区长，中共上海市委副书记，上海市人民政府副市长、市长，中共上海市委书记的职务便利，为香港财捷投资有限公司和香港锦盈发展有限公司、申花俱乐部、上海互感器厂、上海新黄浦公司等企业谋取利益，收受或索取有关企业或企业负责人的钱款折合人民币共计2391492.68元。(1) 1988年至1999年，陈某某利用担任上海市黄浦区人民政府区长，中共上海市委副书记，上海市人民政府副市长、市长的职务便利，接受香港财捷投资有限公司、香港锦盈发展有限公司董事长杨某某的请托，为香港财捷投资有限公司在合作经营上海闽江大酒店和获得闽江大酒店拆迁补偿款人民币2100万元，以及在香港锦盈发展有限公司延长合资经营北京昆仑饭店期限等事宜上提供了帮助。为此，陈某某于1996年12月至2002年5月，先后五次收受杨某某给予的港币23万元、人民币10万元。(2) 1994年11月至1999年12月，陈某某利用担任中共上海市委副书记、上海市人民政府副市长的职务便利，接受上海申花足球俱乐部董事长郁某某的请托，为上海申花足球俱乐部获得黄浦区人民政府财政支持人民币4238万元提供了帮助。为此，陈某某接受郁某某关于其子陈甲挂名担任上海申花足球俱乐部副总经理并领取“薪酬”的安排。自1996年10月至1999年12月，陈甲在未实际工作的情况下，先后从上海申花足球俱乐部获取“薪酬”共计人民币136560元。1998年6月，应陈某某要求，郁某某安排申花俱乐部财务人员为陈甲办理了一张内存有人民币10万元的长城信用卡，后陈甲将此事告知陈某某，并将此卡用于个人消费。(3) 陈某某利用担任中共上海市委副书记，上海市人民政府副市长、市长，中共上海市委书记的职务便利，于1996年12月，通过其妻黄某某接受上海互感器厂厂长、上海MWB互感器有限公司总经理邱某某的请托，为上海互感器厂免交人民币252890元住宅建设配套费和310平方米公建配套房提供了帮助。为此，陈某某接受邱某某关于黄某某的人事档案放在上海MWB互感器有限公司而不实际工作并领取“薪酬”的安排。自1995年9月至2006年9月，黄某某先后从上海MWB互感器有限公司领取“薪酬”共计人民币446419.36元。2006年5月，黄某某还接受邱某某提供的赴北欧旅游费用人民币6万元，并告知陈某某，陈某某表示同意。(4) 1998年年初，陈某某利用担任中共上海市委副书记、上海市人民政府副市长、中共上海市委书记的职务便利，为上海新黄浦公司解决其开发的“外滩京城”楼盘闲置问题及提高该楼盘知名度提供了帮助。1998年3月，陈某某向上海新黄浦公司董事长吴某某提出，由上海新黄浦公司提供一套条件较好的住房，与其父陈乙承租多年的住房进行调换。后陈某某选定上海新黄浦公司拟购买的上海市卢湾区顺昌路10号经纬公寓18层B座商品房，且明知该房屋价格高于其父原住房价格。1998年6月，吴某某安排上海新黄浦公司下属公司出资人民币1459710元购买了该商品房，为陈乙办理了产权登记，将陈乙原住房调换给上海新黄浦公司下属公司承租。陈乙原住房产权评估价格为人民币50.05万元，扣除陈乙对新房按房改名义已交付的费用，折算陈乙原住房按房改政策应当交付的费用，其调换房屋获取差价为人民币946825.32元。2003年下半年，吴某某因为中国华闻投资控股有限公司收购新黄浦公司能够给其带来利益，为促成收购，通过陈甲向陈某某提出请托，陈某某为之提供了帮助。2005年上半年，中国华闻投资控股有限公司完成了上述收购。2006年春节期间，经吴某某安排被中国华闻投资控股有限公司收购的上海新黄浦公司出资供黄某某和陈甲等陈某某家人到阿拉伯联合酋长国旅游，黄某某将此事告知了陈某某，陈某某表示同意。上海新黄浦公司为陈某某家人支付旅游费用共计人民币356131.50元。此外，陈某某还有滥用职权行为。天津市第二中级人民法院一审判决陈某某犯受贿罪，判处有期徒刑14年，没收个人财产人民币30万元；犯滥用职权罪，判处有期徒刑7年。决定执行有期徒刑18年，没收个人财产人民币30万元。一审宣判后，陈某某在法定期限内未上诉，检察机关也没有提出抗诉，一审判决发生法律效力。

【案例1-83】2003年4月，被告人张某某利用系朱某某（曾经担任过洛阳市副市长、市委副书记，南阳市长、政协主席，另案处理）情妇的身份，要求购买一处新房产与其共同生活。朱某某向曾找过其办事的洛阳市地久房地产开发公司董事长穆某索取洛阳市滨河新村11号楼一套商品房，并将2000年至2003年中秋节、春节期间收受穆某的8万元退给穆某作为购房款。穆某将8万元交到该公司的财务上。2003年5月12日，张某某以其母亲王某的名义办理了此套房子的房产手续。据洛阳专业评估机构评估，该房购买时价值24万余元。2003年11月，张某某为了和朱某某在北京共同生活需购置房产，朱某某要求曾找其办过事的河南大通置业有限公司董事长徐某垫资为其在北京购置一套房产。2004 年年初，徐某分三次支付北京“珠江帝景”12 号楼一套商品房购房款 80 万余元。2004 年 3 月，按照朱某某的安排，张某某付清余款近 6 万元，并以自己的名义办理了购房手续。2005 年 3 月至 9 月期间，朱某某安排张某某分两次归还徐某 50 万元。2007 年六七月份，张某某向朱某某提出想在“东方今典”购买房子。朱某某安排河南东方置业有限公司张某为张某某办理购房事宜。张某为感谢朱某某对其公司开发建设的“东方今典”小区项目的帮助，安排司机袁某送给张某某 30 万元，张某某将该款据为己有，并于事后将该情况告诉了朱某某。2004 年 8 月至 2005 年 7 月，张某某向朱某某提出想推销电器，朱某某分别授意洛阳市党政机关办公楼、公务员小区和高层次人才居住区项目的工作人员，在上述三个项目的民用电器、电缆招标采购中优先让上海华东电器集团有限公司中标，合同金额合计 1000 万余元。上海华东电器集团有限公司驻洛阳负责人分三次向张某某送款共计 22 万元，张某某事后将该情况告诉了朱某某。辉县市人民法院一审认为：被告人张某某作为国家工作人员的特定关系人，与国家工作人员通谋，利用国家工作人员的职务便利，索取或收受他人钱财 99 万余元，其行为已构成受贿罪。在共同犯罪过程中，张某某积极地实施犯罪，起主要作用，系主犯，应按其参与的全部犯罪处罚。判决张某某犯受贿罪，判处有期徒刑 11 年。张某某不服，提出上诉。新乡市中级人民法院二审裁定驳回上诉，维持原判。

【案例 1-84】 2004 年至 2011 年期间，被告人朱某某利用担任舟山市水利围垦局副局长兼舟山市钓浪、钓梁围垦工程建设指挥部副指挥的职务便利，在工程招投标、承接、施工、款项支付等过程中，为他人谋取利益，单独或伙同其情人被告人于某，索取、非法收受他人财物，共计人民币 3371822.5 元，其中朱某某单独受贿 2193322.5 元，与于某共同受贿 117.85 万元，赃款用于个人投资、买房、买车等。浙江省舟山市人民检察院指控被告人朱某某、于某犯受贿罪，建议对朱某某在有期徒刑 14 年至 15 年间量刑，对于某在有期徒刑 5 年至 8 年间量刑。舟山市中级人民法院经审理认为：被告人朱某某身为国家工作人员，利用职务便利，为他人谋取利益，单独或伙同被告人于某非法收受、索取他人财物，数额特别巨大，二被告人的行为均已构成受贿罪。在部分共同犯罪中，朱某某起主要作用，是主犯；于某起次要作用，是从犯，应当依法减轻处罚。朱某某能如实供述司法机关尚未掌握的同种较重罪行，于某能如实供述自己的罪行，二被告人认罪态度好，已退清了全部赃款，有一定悔罪表现，均可酌情从轻处罚。但朱某某有索贿情节，故其辩护人提出的量刑意见不予采纳，检察机关对二被告人提出的量刑意见予以采纳。据此，根据二被告人的犯罪事实、犯罪性质、地位作用、认罪悔罪情况，判决：被告人朱某某犯受贿罪，判处有期徒刑14年，并处没收财产人民币50万元。被告人于某犯受贿罪，判处有期徒刑5年，并处没收财产人民币5万元。

七、受贿罪与非罪的界限

（一）受贿罪与取得合法报酬的界限

在法律法规和政策允许的范围内，行为人利用自己的知识、技术和劳动，为其他单位或个人承揽业务、提供咨询或者进行其他服务，从中获得劳动报酬的，是合法收入，不属于受贿。如经本单位领导批准，为外单位提供业务服务，按规定得到合理奖励的；为本单位推销产品、承揽业务作出成绩，按规定取得合理报酬的；经国家有关主管部门批准成立专门机构，从事提供信息、介绍业务、咨询服务等工作，按规定提取合理手续费的；取得这些合理的劳动报酬，均不属于受贿。但在司法实践中，有些贿赂是以辛苦费、酬谢费、劳务费等名义出现的，划清受贿罪与取得合法报酬的界限，关键是要看行为人是否利用职务上的便利为他人谋取利益。利用职务上的便利，是构成受贿罪的不可缺少的要件。国家工作人员没有利用职务上的便利，而为他人推销产品、购买物资、联系业务、以“酬谢费”等名义索取、收受财物的，不应认定受贿罪。对于其中违反党政机关工作人员严禁经商的规定，或违反有关工作制度和纪律的，由所在单位处理。有其他违法犯罪行为的，按其他法律规定处理。

【案例1－85】湖北省荆沙市人民检察院起诉书指控：1992年6月至1994年7月间，被告人刘某某担任石首市中药材公司副经理期间，利用其职务上的便利，多次向其下属药品科业务员赵某某索要现金人民币11.9万余元。被告人刘某某辩称，11.9万余元是我与赵某某之间合伙做业务而分得的业务收入。荆沙市中级人民法院一审查明：1992年6月至1994年3月，刘某某帮助本公司业务员赵某某开展承包业务，先后从赵某某手中拿走现金11.9万余元。案发后，荆沙市人民检察院追回6.025万元。荆沙市中级人民法院一审认为：刘某某从赵某某手中拿走现金的行为没有利用职务上的便利，缺乏构成受贿罪的要件，故刘某某的行为不构成受贿罪。于1996年3月12日判决刘某某无罪。一审宣判后，荆沙市人民检察院提出抗诉。湖北省高级人民法院二审认为：刘某某主观上没有索贿的故意，客观上没有利用职务上的便利。刘某某从下属业务员赵某某手中拿走11.9万余元，并非抗诉书所称是利用职务的便利，其向赵某某索要的款项，部分已用于业务活动，部分系其本人劳动所得。因此，刘某某的行为不构成犯罪，一审判决宣告其无罪并无不当。荆沙市人民检察院的抗诉理由不能成立，不予支持。于1998年8月4日裁定驳回抗诉，维持原判。

【案例1－86】浙江省慈溪市园林管理处系国有事业单位。2000年12月，被告人方某被聘任为慈溪市园林管理处副主任，分管绿化建设及绿化养护等工作，对绿化建设、养护等工程的方案、招投标、竣工验收等方面具有一定的决定权。2000年12月到2002年11月间，慈溪市海逸园林有限公司多次与慈溪市园林管理处签订了绿化养护工程合同，承接了慈溪市园林管理处发包的绿化养护增绿工程。为了方便工程竣工验收，以及在"养护工程邀请招标时予以考虑"，慈溪市海逸园林有限公司经理施某某与方某达成口头协议，约定方某利用休息日及业余时间为施某某所在公司承建的慈溪市西大门景观绿地建设工程提供技术支持和进行质量监督管理，慈溪市海逸园林有限公司付给方某12万元报酬。此后，方某并未实际参与慈溪市海逸园林有限公司的任何工作。2002年12月5日，慈溪市海逸园林有限公司经理施某某送给方某面额为人民币12万元的现金支票一张。嗣后，方某通过委托他人将该支票兑现并将之藏匿于家中。案发后，此款已被侦查机关收缴。慈溪市人民检察院指控方某犯受贿罪。方某对其收受施某某12万元人民币的事实无异议，但辩称该款是其付出劳务应得的报酬。辩护人提出，方某利用自己的工作和技术能力为慈溪市海逸园林有限公司服务，不存在受贿的故意，并且其基于同施某某达成的口头聘用合同，利用休息日及业余时间为施某某所在公司工作，故施某某依承诺给付的12万元属于方某的劳动报酬；即使认定方某有受贿嫌疑，也必须认定本案牵涉的12万元当中包含着劳动报酬的成分，但现在没有法律依据能够区分此类比例的情况下，不能认定被告人有罪。慈溪市人民法院一审认为：被告人方某身为国家工作人员，利用职务之便，非法收受他人贿赂，为他人谋取利益，其行为已构成受贿罪。本案没有证据能够证实方某参加了慈溪市西大门景观绿地建设工程的施工指挥和指导，故方某与施某某之间即使曾形成口头聘用合同，也因未实质履行而自不产生权利、义务关系，有关劳务报酬的辩解不能成立。慈溪市园林管理处具有参与本案所涉及的绿化建设工程验收、养护工程考核、后续绿化养护工程招投标的组织管理等权力，方某系该单位分管绿化建设、养护工程的副主任，因此，其职权与前述工程具有关联性。方某正是利用其职务便利，承诺为行贿人谋取利益，至于其是否着手为他人谋取利益，有否为他人谋取了利益，并不影响受贿罪的构成，贿赂双方就行送与收受的意图或认识，彼此是否明示，也不改变行为的贿赂性质。方某与施某某之间借支取劳务报酬之名，行贿赂之实，足以认定。方某及其辩护人的相关辩护意见无事实和法律依据，均不予采纳。判决方某犯受贿罪，判处有期徒刑10年。方某不服，提出上诉。宁波市中级人民法院二审裁定驳回上诉，维持原判。

【案例1－87】1999年至2003年春节前，被告人史某某在担任常州市地方海事局副局长、船舶检验科科长期间，利用职务之便，先后收受李某某等17人的贿赂合计人民币150864元。常州市戚墅堰区人民法院一审认为：被告人史某某身为国家工作人员，利用职务之便，非法收受他人财物，为他人谋取利益，其行为已构成受贿罪。关于被告人及其辩护人提出起诉指控史某某收受吴某某等人送的钱和为其报销的发票，因史某某曾利用节假日给予上述人员所在的企业提供了并非自己工作职责范围内的技术咨询服务的因素在内，故不应认定为受贿的辩护意见，经查到庭证人何某某等在检察环节所作的证言均证实其送钱目的主要是为感谢史某某对其厂生产的船用产品以及船舶检验发证上的支持，虽然上述人员到庭后证实其送钱还有感谢史某某提供技术服务的因素在内，但该因素不足以影响史某某受贿犯罪的构成，只能在量刑时予以适当考虑，故该辩护意见不予采纳。判决史某某犯受贿罪，判处有期徒刑10年，附加剥夺政治权利1年，并处没收财产6万元；赃款150864元予以追缴，上缴国库。史某某不服，提出上诉。常州市中级人民法院二审认为：江苏省船舶检验局颁布的《关于在全省范围内统一船舶检验工作职责与程序的通知》以及江苏省船舶检验局出具的《关于调查常州地方海事局船检工作职责中有关内容的复函》，证实了船检部门作为国家对船舶实施技术监督检验的机构，在执行船舶检验工作中不承担为企业提供技术服务、开展技术咨询的职责。一审认定史某某收受何某某等人送给史某某的贿赂78502元，而上述证人的证言均证实送钱给史某某包含有感谢史某某利用节假日对其厂提供技术上的帮助和指导等因素。在现有证据不能确定史某某完全是利用职务上的便利收受贿赂，且又不能分清哪部分是收受的技术服务等方面费用的情况下，认定史某某利用职务之便，为他人谋利，在收受贿赂的主、客观上不具有排他性，故对史某某收受的该部分钱财，不应认定为受贿。判决撤销一审判决，改判史某某犯受贿罪，判处有期徒刑6年，没收财产人民币6万元；对史某某的违法所得人民币72362元予以没收，上缴国库。本案中，导致一、二审判决不一致的主要原因是对史某某基于为他人提供技术服务和利用职务之便双重因素而收受的贿赂78502元，是否应认定为受贿。此问题在一审审理过程中意见分歧也较大。现有证据证实78502元既有史某某通过个人劳动应得的技术服务费，又有史某某利用职务之便为他人谋取利益后非法收受的款项，二者的具体数额无法区分。也就是说，根据现有证据无法得出准确无疑的、排他的受贿结论，二审法院本着疑罪从无的原则，以该78502元认定受贿证据不足为由予以改判是正确的。

【案例1－88】1995年至1999年1月，被告人吴某某在担任南通邮电局副局长、南通邮政局副局长期间，利用分管基建的职务之便，在南通邮电局邮政枢纽工程、南通邮政综合大楼等工程建设中，同意使用南通市永利新型建筑材料有限公司（以下简称永利公司）提供的建材、卫生洁具等材料以及为该公司协调借款 60 万元，为永利公司谋取利益。1999 年 3 月，永利公司在淮阴市成立了淮阴南方批发市场有限公司（以下简称南方市场）。在该市场成立过程中，吴某某应原永利公司经理、时任南方市场董事长的倪某某之约，在工余时间参与对南方市场的考察、论证、选址、购买土地价格的谈判，并为南方市场在争取工商、税收优惠政策等方面做了工作。1999 年夏季的一天，吴某某在办公室收受倪某某送给的南方市场人民币 10 万元的出资证明。1995 年 4 月至 1997 年 5 月，吴某某利用职务之便，为通州市第四建筑安装工程有限公司、南通大通电梯有限公司、南通市第六建筑安装工程公司如皋市戴庄建筑站南通工程队承接南通邮政综合大楼等工程谋取利益，四次收受上述施工单位季某某等人所送贿赂款共计人民币 2.3 万元。南通市中级人民法院一审认为：被告人吴某某身为国家工作人员，利用职务之便，为他人谋取利益，非法收受他人钱财合计人民币 12.3 万元，其行为构成受贿罪。判决吴某某犯受贿罪，判处有期徒刑 10 年，剥夺政治权利 1 年，并处没收财产 1 万元。吴某某上诉理由及辩护人的辩护意见是：吴某某收受南方市场出资证明 10 万元，没有利用职务上的便利，其性质属于利用业余时间为南方市场工作的报酬。江苏省高级人民法院二审认为：吴某某在侦查阶段供述其收受南方市场 10 万元股金，有其利用职务便利因素，也有其个人利用业余时间为南方市场所做的工作而应得的劳务报酬；证人倪某某、黄某某证言证实，送 10 万元给吴某某，是基于三方面的原因，一是吴某某多年来对永利公司的关心，二是通过吴某某借款 60 万元，三是吴某某为南方市场做了许多工作；吴某某所写的笔记本上的内容证实吴某某为南方市场的成立及运作做过一些工作，印证了其供述和证人证言。吴某某收受 10 万元的股金并非完全利用职务便利，其中有其个人劳务报酬的因素，吴某某及其辩护人提出的此点理由部分成立，可以采纳。鉴于吴某某收受他人 10 万元股金含有个人劳务报酬因素的特殊情况，对吴某某可以在法定刑以下判处刑罚，原审判决量刑不当，应予纠正。判决撤销一审判决，改判吴某某犯受贿罪，判处有期徒刑 5 年，并处没收财产人民币 1 万元。最高人民法院核准了二审判决。本案中，倪某某送给吴某某 10 万元干股的原因是多方面的，有感谢其利用职务之便为永利公司谋利的因素，也有感谢其利用工余时间以个人身份为南方市场付出劳务的因素。在这种情况下，如将该 10 万元出资证明全部归责于吴某某受贿，有违罪责刑相适应原则，对吴某某亦欠公允。鉴于吴某某收受的 10 万元出资证明中有支付劳务的因素等特殊情况，二审法院适用刑法第 63 条第 2 款的规定对其在法定刑以下判处刑罚是适宜的。这个案例与上个案例类似，但两个二审法院却作出了不同的判决，从有利于被告人的原则出发，笔者赞同上个案例中二审法院的判决。

（二）受贿罪与接受馈赠、礼品的界限

我国是文明古国，礼仪之邦。亲朋好友之间礼尚往来，通常会伴有财物或礼品馈赠，这是联络感情的正当行为。受贿罪中的非法收受他人财物与接受馈赠、礼品有时候在表面上颇为相似，司法实践中人情往来也常常成为行为人否认受贿的借口。划清二者之间的界限，对于区分罪与非罪具有重要意义。2008年最高人民法院、最高人民检察院《关于办理商业贿赂刑事案件适用法律若干问题的意见》第10条专门就此指出：办理商业贿赂犯罪案件，要注意区分贿赂与馈赠的界限。主要应当结合以下因素全面分析、综合判断：（1）发生财物往来的背景，如双方是否存在亲友关系及历史上交往的情形和程度；（2）往来财物的价值；（3）财物往来的缘由、时机和方式，提供财物方对于接受方有无职务上的请托；（4）接受方是否利用职务上的便利为提供方谋取利益。该司法解释虽然是针对商业贿赂案件而作出的，但在办理其他贿赂犯罪案件时，也可以结合上述4个方面的因素，综合把握受贿罪与接受馈赠、礼品的界限。

【案例1-89】 1999年1月28日，大庆市龙田建设开发有限公司（原大庆市城市建设开发集团公司，2001年2月20日改制为民营企业）与大庆开发区铁马实业有限公司共同出资注册成立大庆万宝物资储运有限公司（以下简称万宝储运公司），同年12月22日，经董事会研究决定聘任被告人王某某为万宝储运公司总经理。2000年，王某某代表本公司与牡丹江水泥有限（集团）公司联营筹建散装水泥中转库时，结识了该集团销售处处长彭某某及该集团大庆销售分公司副经理马某某，素有交往。2001年1月6日，王某某的儿子结婚，马某某得知后即通知了彭某某，又在单位支出现金2万元分装两个信封，同本单位员工6人赶到婚礼现场并将其中一信封交给彭某某。后二人分别以个人贺礼名义将装钱的信封塞给王某某。此款被王某某用于家庭消费。案发后，检察机关扣押王某某人民币2万元。大庆市龙凤区人民检察院指控王某某犯受贿罪。王某某辩解称，其非国家工作人员，两次收受贺礼2万元属个人礼尚往来，自己正常履行职责并未给对方谋利。大庆市龙凤区人民法院经审理认为：被告人王某某借儿子结婚之机收受马某某、彭某某等人2万元贺礼属正常交往中的礼尚往来，公诉机关指控王某某犯受贿罪，但当庭宣读、出示的证据，均不能证实王某某主观上有受贿的故意，其指控的犯罪事实和指控罪名不能成立。被告人及其辩护人无罪的辩解和辩护意见应予采纳。判决王某某无罪。本

案中，被告人王某某收受马某某等人2万元人民币时，双方之间系朋友关系，马某某等人亦无具体请托事项，王某某亦无受贿故意，此前王某某在马某某住院时亦曾携数千元探望，现有证据不能排除马某某等人送给王某某2万元系朋友间的礼尚往来，对此行为不能认定为受贿，法院的判决是正确的。

【案例1-90】被告人沈某某自1986年8月始担任东阳市供销合作社联合社副主任，利用职务之便，1996年春节收受其下属企业经理张某某人民币1万元，分别在1996年和1999年上半年，收受其下属企业工程的承包人应某某贿送的人民币2万元和电话初装费2008元。东阳市人民法院一审认为：被告人沈某某利用职务之便，非法收受他人财物计人民币32008元，为他人谋取利益，其行为已构成受贿罪。以受贿罪判处沈某某有期徒刑2年。沈某某上诉称：其收受张某某财物属礼尚往来，不属受贿，其认罪服法，可适用缓刑。金华市中级人民法院二审认为：张某某陈述其与沈某某一直以来关系很好，不感谢在工作上的关心和支持其也要向沈某某拜年送礼，沈某某对其没有什么政策上的特别关照，沈某某的回礼估计有1万多元等。出庭检察员认为张某某在检察机关已有多次陈述，应以以前的陈述为准。本院认为，“关系很好，不感谢关心和支持也要拜年送礼，没有特别关照”，与关系很好的行贿人为了感谢工作上的关心和支持同样要行贿，受贿人没有特别关照，但利用职务之便为行贿人谋取一般利益，仍属受贿并不矛盾。至于回礼价值有多少，在侦查阶段沈某某只有3000余元的供述与张某某没有贵重回礼的陈述相印证，何况二人还供述、陈述一致张某某另送给沈价值6000余元的空调一台和价值数千元的名烟、茶叶等，无论怎样，沈某某的回礼无法在1万元中扣除。鉴于沈某某的认罪悔罪表现，对其不宜适用缓刑。裁定驳回上诉，维持原判。

【案例1-91】被告人孙某某于1999年6月至2006年2月，在北京大学第一医院（以下简称北大一院）担任药剂科主任，负责该院药品采购工作。2003年国庆节期间，与北大一院有业务关系的北京天星普信生物医药有限公司（以下简称天星普信公司）总经理樊某为了让孙某某在药品采购业务上给予帮助，增加采购该公司药品的数量，约请孙某某到九华山庄洗浴。晚上，在送孙某某回家下车时，樊某把一个信封放到孙某某的袋子里，说：“过节了不知买点什么好，这些钱您自已买点东西吧。”孙某某收下，回家后发现信封中有2万元。2006年春节前夕，樊某基于同样目的，在送孙某某回家的路上给孙某某一个纸袋，说：“这些钱是一点小意思，您自己买点东西吧”，孙某某收下，回家清点里面也是人民币2万元。上述4万元为樊某个人钱款。另查明，2003年10月为北京市第一次药品招标采购开始时间，2004年2月为各医院选定中标品种时间。2006年2月为北京市第三次药品招标采购各医院选定中标品种时间。在2004年和2006年的选药过程中北大一院并未增加从天星普信公司采购药品的数量。北京市崇文区人民法院经审理认为：被告人孙某某身为国家工作人员，本应奉公守法，但其却利用职务便利，非法收受他人财物，为他人谋取利益，其行为侵犯了国家工作人员职务的廉洁性，已构成受贿罪，应依法予以惩处。鉴于孙某某能够如实供述司法机关尚未掌握的同种罪行中较重的罪行，且在案发前后积极退赃，有认罪悔罪表现，亦系初犯等情节，及其所在单位证明其工作表现一贯良好，经常受到上级表彰，恳请法院依法从轻处罚，如能判处缓刑，将协助司法机关做好其教育工作的意见，对其依法酌予从轻处罚，并宣告缓刑。判决孙某某犯受贿罪，判处其有期徒刑3年，缓刑5年。孙某某未提出上诉。本案在审理时有两种意见：一种意见认为，被告人孙某某收受天星普信公司经理樊某钱款的时间分别在国庆节和春节期间，且樊某两次在给孙某某钱时均未提出任何请托事项，孙某某也没有利用职权为该公司谋取实际利益，因此孙某某行为的性质宜认定为节日期间正常的朋友间的馈赠，不构成受贿罪。另一种意见认为，被告人孙某某身为国家工作人员，利用其担任北大第一医院药剂科主任负责选购药品的职务便利，明知对方有请托事项，收受他人给予的财物，已经符合受贿罪的构成要件，应认定为受贿罪。综合本案情况，笔者认为法院的判决是正确的。

需要指出的是，现实生活中，下级单位逢年过节期间出于各种不同的目的，以给上级单位工作人员发放所谓的“奖金”、“福利”、“慰问金”等名义送钱送物的情况较为普遍。那么，收受钱物的一方是否构成受贿罪，要结合行为人是否具有为他人谋取利益这一要件来加以具体认定。如果行为人仅仅出于人情往来，不具有为他人谋取利益的意图及行为，属于不正之风，应按一般的违纪行为处理；如果行为人借逢年过节这些传统节日之机，明知他人有具体请托事项，或者根据他人提出的具体请托事项，承诺为他人谋取利益而收受他人财物的，则应认定为受贿行为，数额较大的构成受贿罪。

【案例1-92】2002年中秋节至2009年春节，被告人李某某担任封丘县县长、中共封丘县委书记期间，利用职务上的便利，为他人谋取利益，先后1575次非法收受142人贿赂共计人民币1276万元（以下未列明币种的均为人民币）、欧元8000元、美元8000元。李某某于2003年至2008年12月共上缴廉政账户资金63.98万元。洛阳市中级人民法院一审认为：被告人李某某的行为构成受贿罪，但有自首情节，退缴其绝大部分赃款，可酌情从轻处罚。判决李某某犯受贿罪，判处无期徒刑，剥夺政治权利终身，并处没收个人全部财产。李某某上诉及其辩护人辩称：收受的钱多数是礼金，送钱人利用逢年过节期间，无具体的请托事项，主观上为得到工作的支持、关照，多次送5000元以下小额现金，收钱后未利用职务上的便利为他人谋利益，不具备受贿罪权钱交易的特征，此项共计313.1万元，应从受贿数额中减去。另在办丧事时收受的5000元以下的小额礼金共计105.3万元，属礼尚往来，不应计入受贿数额。原判已认定有自首、退赃情节，应减轻处罚，判处有期徒刑。河南省高级人民法院二审认为：刑法规定的受贿罪中的利用职务上的便利为他人谋取利益包括承诺、实施和实现三个方面的行为，明知他人有具体请托事项而收受其财物的，应认定为承诺为他人谋取利益，有无实际的谋取利益行为或者所谋取的利益是否实现，不影响受贿罪的成立。李某某在逢年过节、家中丧事、在家休养、外出学习时收受下属款物从数千元至数万元，行贿人所送款物并非基于亲情、友情的私人馈赠行为，而是为谋取利益实施的违法犯罪行为，双方心照不宣，李某某的行为符合受贿罪的构成要件。裁定驳回上诉，维持原判。

【案例1-93】甘肃省白银市白银有色金属公司（以下简称白银公司）是国有公司，被告人万某某系白银公司副总经理。1998年三四月间，白银公司决定修建安居工程，具体由白银公司下属的建安公司承担，由万某某主管。万某某的妹夫周某某要求万某某帮其承揽部分工程，万某某答应找建安公司经理车某说情。1998年5月，因万某某要出国考察，周某某以出国花费大为由，送给万某某人民币1万元。万某某回国后给车某打招呼，让车某关照周某某。周某某因此承揽了白银公司7600平方米的安居建筑工程。同年8月，周某某再次找万某某，要求承建白银公司的党校建筑工程。万某某指使周某某直接找白银公司下属的房产公司经理杨某和科长李某。周某某由此又承揽了白银公司党校8400平方米的建筑工程。1999年春节前，周某某送给万某某人民币1万元。此外，万某某于1994年至1999年间先后9次收受白银公司公安处、劳资处、生活服务公司综合公司、清洁队及6名职工春节期间送的“奖金”、“红包”等共计3.88万元。万某某辩称，被指控受贿犯罪中收受周某某所送的2万元是亲属之间的正常经济往来，不构成受贿罪。其辩护人提出：起诉书指控万某某收受有关单位和个人共计5.88万元人民币构成受贿罪，不能成立。兰州市中级人民法院经审理认为：被告人万某某利用职务上的便利收受他人财物人民币2万元，并为他人谋取利益，其行为已构成受贿罪。以受贿罪判处万某某有期徒刑2年，与挪用公款罪和巨额财产来源不明罪并罚后，决定执行有期徒刑3年，缓刑3年。宣判后，万某某服判不上诉，检察机关不抗诉。本案中，被告人万某某和周某某虽然有亲属关系，但其收受周某某2万元前后，还有为周某某谋取利益的行为，法院认定这2万元属于受贿是正确的。此外，万某某在春节期间还有收受下属单位和职工3.88万元的行为，但由于没有为这些单位和个人谋取利益，法院没有认定这3.88万元属于受贿也是正确的。

（三）受贿罪与正常借款的界限

司法实践中，有的国家工作人员利用职务上的便利，索取他人财物或者非法收受他人财物后，为逃避法律追究，往往辩称是向他人的借款，有时候还会向他人打借条或签订借款协议，但其实质却是受贿。2003 年最高人民法院《全国法院审理经济犯罪案件工作座谈会纪要》第 3 条第 6 项专门针对以借款为名索取或者非法收受他人财物行为的认定进行了解释：国家工作人员利用职务上的便利，以借为名向他人索取财物，或者非法收受财物为他人谋取利益的，应当认定为受贿。具体认定时，不能仅仅看是否有书面借款手续，应当根据以下因素综合判断：（1）有无正当、合理的借款事由；（2）款项的去向；（3）双方平时关系如何、有无经济往来；（4）出借方是否要求国家工作人员利用职务上的便利为其谋取利益；（5）借款后是否有归还的意思表示及行为；（6）是否有归还的能力；（7）未归还的原因，等等。

【案例 1－94】2007 年 8 月，浙江顺福印业有限公司负责人黄某想要在钱库镇扩建厂房，这涉及土地使用等问题，需要通过钱库镇政府发报告函给苍南县有关部门审批。为能顺利"拿地"，黄某经中间人找到时任钱库镇镇长的黄某某，送上 5 万元，黄某某收受后用于日常消费。不久，在黄某某的帮忙下，黄某如愿以偿将公司厂房扩建。2011 年 4 月，当年的中间人因涉贿被查，黄某某担心事情败露，就联系黄某退钱。为了让别人看着这 5 万元像是借款，黄某某还算给黄某 8000 元利息，企图将这笔贿赂款伪造成借款，以掩盖其收受贿赂的事实。另查，黄某某还在 2008 年 7 月收受包工头叶某某（另案处理）3 万元，并在钱库镇某村老房子拆建工程中予以关照。2011 年 8 月 3 日，浙江省苍南县检察院向法院提起公诉，指控被告人黄某某在 2007 年 8 月至 2008 年 7 月担任钱库镇镇长期间，利用职务上的便利，为他人谋利益，先后两次收受他人财物，共计 8 万元。①

【案例 1－95】被告人张某某在担任平凉市广场城市信用社经理期间，平凉地区未来科技有限责任公司曾多次要求在其信用社贷款。经平凉地区城市信用社中心社研究决定，该公司于 1998 年 11 月至 2001 年 1 月先后 5 次在平凉市广场城市信用社贷款 241 万元。该公司经理王某某分别三次在其小汽车内、张某某办公室给张某某人民币 4 万元。当时，张某某说：这钱算我借你的。王某某同意，并说等你富了再还给我。2001 年 3 月 6 日张某某在其信用社贷款 6

---

① 参见范跃红、宁藏拙：《连本带息退赃就能"漂白"受贿吗》，载《检察日报》2011 年 8 月 14 日。

万元，3月10日归还王某某人民币4万元及利息5000元。后因王某某挪用公款案发，平凉地区未来科技有限责任公司倒闭，致使228.6万元贷款无法收回。平凉地区中级人民法院一审认为：被告人张某某利用职务上的便利，收受他人现金，为他人贷款提供便利条件，其行为已构成受贿罪。据平凉地区城市信用社中心社证明，张某某在给未来科技有限责任公司贷款中手续完善，程序合规，并经中心社研究决定，造成贷款不能收回的原因是多方面的。另据其所在单位证明，张某某平时工作积极，成绩突出。受贿的款项已在案发前全部退回，犯罪情节轻微。判决张某某犯受贿罪，免予刑事处罚。张某某上诉提出，其向王某某曾提起过单位集资建房自己资金不足的问题，后王某某先后三次带来现金4万元，上诉人当时就曾明确向王某某表示属借款，主观上并无利用职务之便非法收受他人财物的故意，客观上连本带息归还了全部借款，原审判决认定其构成受贿罪不当。甘肃省高级人民法院二审认为：上诉人张某某在担任平凉市广场城市信用社经理期间，给平凉地区未来科技有限责任公司办理发放贷款241万元属实。但该贷款是经平凉地区城市信用社中心社研究决定的，并非张某某个人行为。关于王某某给张某某人民币4万元的问题，因张、王二人供、证均为借款，且在司法机关未掌握前已主动归还本息，故张某某在主、客观上均不具备利用职务之便非法收受他人财物的故意和行为。原审判决认定其构成受贿罪不当。判决撤销一审判决，宣告张某某无罪。

【案例1－96】 被告人过某某任郑州至少林寺高速公路建设工程指挥部征迁处处长期间，在负责新密市牛店镇月台村王某某煤矿关闭、赔偿协议签订及赔偿款拨付的过程中，利用其职务便利条件，于2004年4月24日和2005年2月2日两次向王某某以借的名义索要现金15万元，后于2008年6月29日又退给王某某3万元。案发后，赃款已退缴。新密市人民法院一审以受贿罪判处过某某有期徒刑10年。过某某及其辩护人辩称，原判认定证据不足，过某某与王某某之间的经济往来是民间借贷，不构成受贿罪。郑州市中级人民法院二审认为：过某某在负责新密市牛店镇月台村王某某煤矿关闭、赔偿协议签订及赔偿款拨付的过程中，以借款名义索要王某某现金15万元，后又退还3万元的事实，有其在侦查机关的供述，证人王某某等人的证言及其他相关书证等予以证实，足以认定；过某某及其辩护人提出过某某与王某某之间系民间借贷关系，经查，过某某与王某某供证均证实两人在此之前并无交情，仅在协调关闭煤矿、商谈赔偿事宜时认识，故尽管过某某说过“算我借钱”之类的言语，但双方既未履行借款手续，又未约定还款期限，且从第二次收受钱款的2005年2月到2008年6月长达三年之余的时间双方均未提及还钱之事，原审认定过某某以借的名义索贿并无不妥，故过某某及其辩护人提出的上诉、辩护理由均不能成立。裁定驳回上诉，维持原判。

【案例1-97】 1999年，被告人刘某某在担任郑州市百货文化用品公司正达商厦经理期间，为租赁正达商厦的九州实业公司债权债务顺利转让到河南光大灯饰有限公司出具同意债权债务转让的证明。事后，刘某某于2000年9月向九州实业公司总经理熊某某索要人民币10万元用于为其个人开设的台球厅购买台球设备。现赃款已追回。郑州市金水区人民法院一审认为：被告人刘某某身为国家工作人员，利用职务上的便利，索取他人财物，为他人谋取利益，其行为已构成受贿罪，且系索贿，应从重处罚。以受贿罪判处其有期徒刑10年6个月，涉案赃款人民币10万元依法予以没收上缴国库。刘某某上诉及其辩护人辩护称，刘某某向熊某某索要10万元人民币，系借款行为，其行为不构成受贿罪。郑州市中级人民法院二审认为：上诉人刘某某担任正达商厦经理期间，于2000年9月向租赁正达商厦的九州实业公司总经理熊某某索要10万元人民币，至案发前无证据证实其有归还意思表示或者行为；而其作为国家工作人员，向熊某某索贿10万元，为熊某某谋取利益的事实有其在侦查阶段的供述，证人熊某某、张某某、魏某某证言及银行汇票存根等相关书证在卷证明，足以认定其行为已构成受贿罪。故该上诉理由及辩护意见均不予支持。裁定驳回上诉，维持原判。

【案例1-98】 2005年11月16日，被告人赖某某向包某某借款1万元，并出具借条一张。2007年1月，赖某某当选为三门县六敖镇副镇长，分管工业。2007年10月，六敖镇船舶基地进厂道路工程进行招投标，包某某为了能中标，找分管此项工作的赖某某帮忙将施工单位的资质定为交通工程资质。在赖某某帮忙下，最终该工程招标时确定施工单位的资质为省内公路工程总承包三级以上，包某某挂靠的浙江立达工程建设有限公司得以顺利中标。赖某某认为自己帮了包某某忙，遂对之前的1万元借款不予以归还，同时又于2008年11月，向包某某再次借款2万元钱，同样打算不予以归还。包某某为了感谢赖某某的帮忙，将上述3万元借款作为感谢费送给赖某某。2006年，黄某某等人在六敖大沙湾工业园区成立了三门县诚泰陶瓷建筑有限公司（以下简称诚泰公司），为了能够及时投产，找分管工业的赖某某帮忙联系电力公司安装电线线路。后经赖某某出面协调落实，电力部门及时为其公司安装好线路。2007年清明前后，赖某某向黄某某借了2万元人民币。后黄某某为了感谢赖某某，将这2万元借款在公司股份合并清账时予以报销了，并告知赖某某不用归还该款，赖某某予以允诺。2007年10月，尹某某等人承包了三门成洲船业有限公司（以下简称成洲公司）基建填宕渣工程，为了能将大冲村“里山嘴头”山列为宕渣临时取土点，尹某某找赖某某帮忙，并承诺给赖某某干股。

事后赖某某将大冲村“里山嘴头”山作为临时取土点上报审批，尹某某也以赖某某儿子赖某的名义分了20%的干股给赖某某。2008年春节前赖某某从尹某某处拿到股份分红5万元。该宕渣工程结束后，赖某某获知每股有十来万元分红，遂于2009年春节前以借款的名义，从尹某某处拿走3万元。尹某某也将此3万元作为股份分红给了赖某某。

三门县人民法院一审认为：被告人赖某某身为国家工作人员，利用职务上的便利，非法收受他人财物11万元，为他人谋取利益，其行为构成受贿罪。对于公诉机关指控的黄某某为了感谢赖某某在其公司电力线路安装及其他事务的帮忙，将2万元借款作为感谢费送给赖某某，因赖某某在电力线路安装上，其职权与电力公司之间没有隶属、制约关系，不属于利用职务之便。黄某某的企业电力线路安装属于正当利益，也不属于利用本人职权或者地位形成的便利条件，通过其他国家工作人员职务上的行为谋取不正当利益，故该2万元事实存在，但不能认定为受贿。判决赖某某犯受贿罪，判处有期徒刑10年。三门县人民检察院抗诉认为，原判认定赖某某收受黄某某的2万元不属于利用职务便利错误。赖某某上诉称，除原判认定的第三起干股分红5万元属实外，其他都是借款。台州市中级人民法院二审认为：经查：（1）黄某某为了感谢赖某某在其公司电力线路安装及其他事务的帮忙，将2万元借款作为感谢费送给赖某某，有上诉人供述和行贿人证言相互印证，还有行贿人的股份人员佐证，在股份变更时将2万元债权作了消灭处理。上诉人认为2万元是借贷关系显然不能成立。二审期间，抗诉机关还提供了证人证言和相关书证，证人黄某某的证言证实，其要求镇领导落实解决电力线路安装的是位于工业园区内分支线路，其办厂入园时镇里承诺过落实解决水、电问题；黄某某与三门县六敖工业经济发展有限公司签订的协议书没有约定水电事项，但三门县六敖工业经济发展有限公司与入园的其他企业签订的入园意向书中有约定负责办理给水、供电、通信等，结合电力线路的具体位置，可以认定属于工业园区基础设施建设；证人王某某的证言证实，赖某某联系电力线路安装时是以六敖工业园区的工作是他分管的为理由，要求尽快落实诚泰公司线路问题。上述证据足以证实赖某某为诚泰公司联系落实线路并不是基于与黄某某个人关系原因，而是履行分管工作职务。抗诉机关的抗诉理由成立。（2）关于赖某某辩解及辩护人认为除了5万元是干股分红之外，其余都是借款。经查，原判认定的第一起犯罪事实中，2005年的1万元当初确是借款，赖某某多次供述为出借人包某某谋取利益后，不想归还该借款，包某某也证实明知这一意图，实际上形成了行贿、受贿关系。2007年六七月份，赖某某帮包某某把承包六敖北塘船舶基地进厂道路工程资质定为交通工程资质后，2008年赖某某又向包某某以借款为名要2万元，包某某为了感谢赖某某在工程资质中帮了忙及今后在工程承包方面得到关照，送给赖某某2万元，赖某某的借款行为与其谋利行为是相联系的，实际上也没有归还该款项，可以认定赖某某利用职务上的便利收受贿赂。（3）关于赖某某从尹某某处以借款名义拿去的3万元是否认定为受贿。经查，赖某某供述在成洲船厂填宕渣工程中拼干股，每股有10来万元的分成，只分到5万元，应得到份内的钱；尹某某证言证明干股分红已给了赖某某5万元，每股应有10万元，以后赖某某表面上向其借3万元，实际上是讨要股份款，这3万元也是干股。可以证实赖某某认为3万元是他应当得到的，不准备归还，尹某某明知不会归还，仍然送了3万元。原判认定部分事实不清，量刑不当，依法改判。判决撤销原判，改判赖某某犯受贿罪，判处有期徒刑10年6个月。

（四）受贿罪与一般受贿行为的界限

根据1997年刑法和1999年最高人民检察院《关于人民检察院直接受理立案侦查案件立案标准的规定（试行）》，正确区分受贿罪与一般受贿行为的界限，要把握受贿数额和受贿情节两个标准：个人受贿数额5千元以上的，构成受贿罪。个人受贿数额在5千元以上不满1万元，犯罪后有悔改表现、积极退赃的，可以减轻处罚或者免予刑事处罚，由其所在单位或者上级主管机关给予行政处分。个人受贿不满5千元（应达4千元以上①），但具有因受贿行为而使国家或者社会利益遭受重大损失，或者故意刁难、要挟有关单位、个人并造成恶劣影响，或者强行索取财物等较重情节的，构成受贿罪；情节较轻的，由其所在单位或者上级主管机关酌情给予行政处分。

【案例1－99】被告人任某某于1999年3至4月间，利用其担任天津市武清区梅厂镇村镇建设办公室主任同时负责协调航煤工程施工方和被占地方土地补偿及代收土地补偿款的职务便利，在为本镇梅三村办理土地补偿款过程中，该村书记张甲表示给其好处费的情况下，私自以好处费名义从天津市大港油田康渤建筑安装工程处给付梅厂镇梅三村的3万元人民币土地补偿款中扣留1万元。后又收受梅三村书记张甲、会计张乙（均另案处理）给予其的好处费人民币3000元，均用于家庭及个人开销。案发后，赃款全部追缴。天津市武清区人民法院一审判决任某某犯受贿罪，判处有期徒刑1年6个月，缓刑2年；赃款人民币1.3万元予以追缴。任某某不服，上诉称自己不构成受贿罪。其辩

---

① 1999年最高人民检察院《关于人民检察院直接受理立案侦查案件立案标准的规定（试行）》附则部分第2项指出：本规定中有关犯罪数额“不满”，是指接近该数额且已达到该数额的百分之八十以上。

护人认为，依现有证据，只能认定任某某受贿人民币3000元，依照法律规定，其行为不构成受贿罪。天津市第一中级人民法院二审认为：原审判决认定任某某利用职务之便，私自扣留天津市大港油田康渤建筑安装工程处给付梅厂镇梅三村的土地补偿费人民币1万元证据不足。任某某利用职务之便，收受他人给予的好处费人民币3000元，情节显著轻微危害不大，其行为不构成犯罪。判决撤销一审判决，改判任某某无罪。

【案例1－100】 2001年5月，冯某某承包了天府矿务局三汇选煤厂的矸石销售业务，承包期至2002年12月31日止。2001年6月，三汇选煤厂与三汇一矿合并为三汇一矿，被不起诉人高某某任矿长。2001年年底至2002年年初，高某某考虑将矸石销售业务收回矿内多经公司。2002年3月左右，高某某找到冯某某表示要将矸石销售业务收回，冯某某要求高某某帮忙找点活路做。高某某答应将矸石运输业务拿给冯某某做。一段时间后，冯某某见矸石运输业务尚未落实到手，便于2002年4月中旬的一个周末将高某某约至某宾馆茶楼，在茶楼冯某某送给高某某一个信封，内装人民币5000元。2002年5月1日双方终止销售矸石承包合同的同时，经高某某给三汇一矿多经公司经理打招呼，冯某某承包了矸石运输业务。破案后，高某某退出赃款5000元。重庆市北碚区人民检察院经审查认为：被不起诉人高某某身为国家工作人员，利用职务之便，收受他人财物，数额较大，为他人谋利，其行为触犯刑法第385条第1款之规定，但情节轻微，积极退赃，认罪态度好。根据刑事诉讼法①第142条第2款之规定，决定对高某某不起诉。

【案例1－101】 1997年，被不起诉人王某某被任命为某直辖市科技产业开发区协调小组成员。此后，王某某结识了承包园区土石方工程的承包商张某某。2001年3月和10月，王某某又先后被任命为该开发区指挥部协调小组领导及管理委员会办公室副主任，均分管财务工作。2001年春节、2002年春节、2002年“五一节”期间，王某某利用其在给承包商划拨工程款环节中负责审批、签字的职务之便，先后三次收受张某某的贿赂款共计3万元人民币。2002年5月15日晚，王某某投案自首，并将所得赃款3万元交给园区管委会。某直辖市人民检察院第一分院经审查认为：被不起诉人王某某实施了刑法第385条规定的行为，但鉴于其犯罪情节轻微，有自首情节，认罪悔罪好，根据刑法第67条的规定，不需要判处刑罚。依据刑事诉讼法第142条第2款的规定，决定对王某某不起诉。

---

① 本书中均指1996年刑事诉讼法。——编者注

八、受贿罪与其他犯罪的界限

（一）受贿罪与敲诈勒索罪的界限

根据刑法第 274 条的规定，敲诈勒索罪，是指以非法占有为目的，以威胁或者要挟的方法，强索公私财物，数额较大的行为。我国 1979 年刑法并没有关于“索贿”的规定。如果国家工作人员以满足某人的某种合法要求为诱饵，通过威胁要挟手段向他敲诈勒索财物，也即俗称的“敲竹杠”，则被敲诈勒索者乃是受害的一方，既不能把他当做行贿人，也不能把他被迫给予的财物当做贿赂，这时就不发生没收的问题，而应当把财物追还给被害人。对于实施敲诈勒索行为的该国家工作人员，也不是依照收受贿赂罪追究刑事责任，而应当依照敲诈勒索罪追究刑事责任。① 1982 年全国人大常委会《关于严惩严重破坏经济的罪犯的决定》第 1 条第 2 项增加了国家工作人员索取贿赂构成受贿罪的规定。1988 年全国人大常委会《关于惩治贪污罪贿赂罪的补充规定》第 4 条和 1997 年刑法第 385 条也先后规定索取他人财物的构成受贿罪。

受贿罪与敲诈勒索罪的主体不同，受贿罪的主体是国家工作人员，敲诈勒索罪的主体是一般主体；侵犯的客体也不同，受贿罪侵犯的客体是国家工作人员职务行为的廉洁性，敲诈勒索罪侵犯的客体是公私财物的所有权。通常情况下，受贿罪与敲诈勒索罪不难区分，易于发生混淆的是索取型受贿罪与敲诈勒索罪的界限。区分二者的关键在于行为人索取他人财物时是否利用了职务上的便利：敲诈勒索罪表现为行为人单纯使用威胁或者要挟的手段，迫使被害人交付财物，被害人交付财物后往往不会实施进一步的加害行为；受贿罪表现为行为人利用职务上的便利，主动向请托人索要财物，请托人交付财物后往往会为请托人谋取某种利益。司法实践中，如果国家工作人员采用威胁或者要挟的方式，向请托人勒索财物，以此作为其利用职务便利为请托人谋取利益的条件，则应当依照受贿罪对其定罪处罚。

【案例 1 - 102】 2001 年至 2003 年期间，中华工商时报浙江记者站原站长孟某某利用职务便利，在履行记者职责过程中，以发表批评报道曝光相要挟的手段，以收取顾问费、广告费或者委托调解费用等名义，向多家单位索贿共计人民币 73 万元，实际索得人民币 63 万元。2006 年 11 月 23 日，杭州市上城区人民法院一审以敲诈勒索罪判处其有期徒刑 7 年。杭州市上城区人民检察院抗

① 参见高铭暄编著：《中华人民共和国刑法的孕育和诞生》，法律出版社 1981 年版，第 251 页。

诉认为：原审以敲诈勒索罪进行判决适用法律不准确，孟某某利用记者调查采访、揭露黑幕的公共权力，索取被害单位钱财占为己有，其行为性质属于勒索型的索贿，应以受贿罪予以认定。同时，鉴于孟某某有能力退赃却至今未退赃，结合其索贿等恶劣情节，建议二审法院从重判罚。杭州市中级人民法院二审认为：孟某某身为国有事业单位中从事公务的人员，应以国家工作人员论，其利用职务上的便利，索取他人财物，其行为已构成受贿罪，且系索贿，依法应予以从重处罚。新闻媒体履行的是国家赋予的对社会的舆论监督权，媒体舆论监督权是一种公共权力，孟某某作为新闻媒体的记者，在履行职责的过程中向被批评报道的有关单位索取财物，符合受贿罪的犯罪构成要件。抗诉机关的抗诉意见正确，法院予以采纳，于2007年4月19日判决撤销一审判决，以受贿罪判处孟某某有期徒刑12年。①

【案例1－103】被告人陆某，原系某县公安局治安股副股长。1999年5月8日（公休日），陆某在家中接到所辖镇某饭店老板李某打来的电话，称有人在其饭店嫖娼，立即和一名派出所副所长前往。两人到达后，当即拍摄了县税务局干部刘某与小姐嫖娼的照片，作了讯问笔录。刘某跪地求情，并给两人各2000元钱。陆某未收钱，也未带刘某回公安局处理，但将自己的手机号码写给刘某，说要回去商量。之后，刘某的朋友多次给陆某打电话，并说只要不公开处理，愿出点钱。当刘某的朋友再次打电话询问时，陆某说："经商量可以不公开处理，但要拿出17万元至20万元私了。"后经讨价还价，陆某同意以7.5万元私了。刘某交给陆某5万元，余下的2.5万元则给陆某打了欠条。对此案定性有两种意见。一种意见认为，陆某虽然是公安机关工作人员，但其抓获嫖娼者的行为发生在公休日，且系其亲戚举报，因此，不具有在工作时间依法执行公务性质，其敲诈钱财，没有利用职务上的便利，应定敲诈勒索罪。另一种意见认为，陆某身为主管治安工作的负责人，受理举报，查处案件，均属其职责范围。陆某在执行职务过程中，利用职权敲诈钱财，系索贿性质，应以受贿罪论处。笔者同意第二种意见：根据刑法规定，利用职务之便和索取、收受他人财物，是构成受贿罪的两个主要特征，也是索取型受贿罪与敲诈勒索罪的本质区别。本案中，首先，陆某利用了职务上的便利。陆某身为公安局治安股副股长，查处嫖娼行为不仅是其职责范围内的权力，而且陆某也履行了这一职务。从受理举报、随员前往、现场照相、制作笔录到暗示索取、讨价还价、收受钱财、放纵违法分子，无一不与陆某的身份、职责有着密切关系。人民警

---

① 参见余东明等：《敲诈勒索改受贿 刑期增加五年》，载《法制日报》2007年4月20日。

察处理治安案件，没有工作日、公休日之分。虽是陆某亲戚举报，但没有陆某与其共谋勒索的证据。其次，陆某索取他人财物并为他人谋取了利益。当刘某知道陆某是公安人员向其求情时，陆某流露了商量后再给结果的意思，同时又写下了自己的手机号码，这时陆某索贿的主观企图得以暴露。当刘某委托朋友向陆某求情时，陆某又多次以“举报人不同意”为借口刁难，直至听到刘某朋友“愿出点钱”时，才抛出了交17万元到20万元方可不公开处理的通牒。至此，陆某完成了其所期待的“权钱交易”，收受了贿赂，放弃了职守。因此，陆某利用职务便利实施敲诈勒索，应以受贿罪从重处罚。①

【案例1－104】被告人宿某某（原系洛阳铁路公安处洛阳车站派出所民警）乘休班期间，在洛阳火车站准备乘坐西安至广州的274次旅客列车回洛阳东站时，发现有3个人私自往该次列车的行李厢上送东西，即上前询问。其中一人陈某是河南省宜阳县公安局刑警（另案处理），掏出身份证、工作证给宿某某看，自称与被告人吕某某（车站派出所民警）相识，这次是帮朋友送点货。宿某某随即登上该行李车，向行李员张某（另案处理）出示了自己的工作证，在列车运行中查验了4个皮箱，发现其中装有文物。列车在洛阳车站停车后，宿某某将这4箱文物携带下车，并告知行李员：“我是洛阳车站民警宿某某，是谁的货，叫谁来找我。”尔后，宿某某打电话通知在洛阳车站值班的吕某某到洛阳东站与他面谈，吕某某即赶到洛阳东站。宿某某向吕某某讲了查扣文物一事，并说他怀疑这批文物是吕某某的朋友陈某送上车的，要吕某某与陈某联系，准备勒索陈某一笔钱财。吕某某因自己正在值班，让宿某某将文物运回自己家中隐藏。吕某某与陈某联系后，陈某代表货主在洛阳市某酒店请宿某某、吕某某二人吃饭。席间谈及宿某某扣文物的包装、件数，陈某得知宿某某扣的不是他送上车的货，并告知宿某某、吕某某二人。几天后，该批文物的货主委托人关某（另案处理）找到宿某某索要文物，宿某某提出货主必须先交付人民币20万元才能取货。经过讨价还价，最后达成协议：货主给宿某某6万元，宿某某让关某将4箱文物提走。后来，吕某某听说宿某某得款4万元，即采取要挟的方法两次向宿某某索要了1万元。本案中，两被告人虽然都是公安人员，都实施了用勒索手段索取他人财物的行为，但行为的性质却大不相同：被告人宿某某利用职务之便，使用勒索手段索取他人6万元，危害了国家工作人员职务行为的廉洁性，是索贿行为，因而构成受贿罪。被告人吕某某虽然也是公安人员，但他在向宿某某勒索财物时，没有利用职务之便，而是以宿某某索贿的隐私为把柄进行要挟，对宿形成事实上的威胁，迫使他交出1万

① 参见周流磅等：《受贿罪还是敲诈勒索罪》，载《检察日报》2000年5月25日。

元，侵犯的客体主要是公私财产的所有权，而不是国家工作人员职务行为的廉洁性，其行为属于敲诈勒索，应以敲诈勒索罪论处。[①]

（二）受贿罪与非国家工作人员受贿罪的界限

根据刑法第163条第1款的规定，非国家工作人员受贿罪，是指公司、企业或者其他单位的工作人员利用职务上的便利，索取他人财物或者非法收受他人财物，为他人谋取利益，数额较大的行为。二者在主观方面都是直接故意，在客观方面均有利用职务上的便利索取或者非法收受他人财物的行为，主要区别是：(1) 犯罪主体不同，这是区别二者的关键。受贿罪的主体是国家工作人员；非国家工作人员受贿罪的主体是非国家工作人员，既包括非国有公司、企业或者其他非国有单位中的工作人员，也包括国有公司、企业以及其他国有单位中的非国家工作人员。(2) 客观方面的表现有所不同。在受贿罪中，行为人非法收受他人财物的，还需要为他人谋取利益才能构成犯罪，但在索取他人财物的情况下，不论是否为他人谋取利益，均可构成犯罪；在非国家工作人员受贿罪中，行为人无论是索取他人财物还是非法收受他人财物，均以为他人谋取利益为成立犯罪的必备要件。(3) 犯罪客体不同。二者均侵犯了职务行为的廉洁性，受贿罪侵犯的客体是国家工作人员职务行为的廉洁性；而非国家工作人员受贿罪侵犯的客体是非国家工作人员职务行为的廉洁性。

【案例1-105】 1995年至2000年春节前，被告人朱某某在担任浙江省供销合作社联合社副主任、党组书记、主任期间，利用职务便利，分别收受杭州万丰服装有限公司经理施某所送的美元1万元，收受浙江今日房地产公司总经理徐某所送的现金人民币14万元，收受原浙江省兴合集团实业公司总经理陈某某所送的现金人民币4.5万元，收受浙江省茶叶公司总经理施某某所送的现金人民币2万元和收受浙江省农资集团有限公司总经理郑某所送的现金人民币3万元。综上，朱某某利用职务便利，共收受贿赂12次，计人民币23.5万元和美元1万元，共计人民币319384元。朱某某收受上述人员的贿赂，分别为他们谋取利益。案发后，检察机关共计追缴扣押现金人民币10万元、外币存单1张（美元11800余元）、活期存折1本（内有人民币73100余元）及持股会员证4本（价值人民币75万元）。杭州市人民检察院指控朱某某犯受贿罪。朱某某对起诉书指控其收受贿赂数额和次数供认不讳，其辩护人辩称：浙江省供销合作社联合社是集体所有制企业，该社副主任、主任由联合社权力机构选举产生，并非由国家机关、国有公司、企业、事业单位委派，朱某某也并非其

① 参见《四川刑事律师网》2010年9月26日。

他依照法律从事公务的人员，其主体身份不属国家工作人员，故其行为不能构成受贿罪而只能构成企业人员受贿罪。杭州市中级人民法院经审理认为：浙江省供销合作社联合社系全省供销合作社的管理机构，对全省供销合作社负有指导、协调、监督和服务的职责，承担政府委托的任务，行使政府授予的职权，承担相应的行业管理职能。朱某某担任该社党组书记系中共浙江省委决定，其担任该社主任历经省委提名、大会选举、省委通知、省政府公布等一系列程序，其担任该社副主任也历经类似程序，故其任职情况符合委派情形，属于受国家机关委派到非国有企业（集体所有制企业）从事公务的人员，应以国家工作人员论。其辩解和辩护人的相关辩护意见不能成立，本院不予采信。朱某某身为国家工作人员，利用担任浙江省供销合作社联合社副主任、主任、党组书记的职务便利，非法收受他人财物，并为他人谋利益的行为已构成受贿罪，且受贿数额巨大。公诉机关指控罪名成立。朱某某有坦白情节，故依法予以从轻处罚，辩护人以此为由请求对朱某某从轻处罚的意见予以采纳。根据朱某某的犯罪事实、犯罪性质、情节和对于社会的危害程度，判决朱某某犯受贿罪，判处有期徒刑 13 年，并处没收其个人财产人民币 10 万元；现扣押在浙江省人民检察院、未随案移送本院的赃款人民币 319384 元予以追缴，上交国库。

【案例 1－106】广东省广电集团有限公司广州供电分公司黄埔配电营业部（以下简称黄埔配电部）系国有全资企业，广州经济技术开发区水口水库管理所（以下简称水口水库）是黄埔配电部的用电客户，被告人夏某某从 1997 年至 2003 年 10 月间担任黄埔配电部营业分部电费班抄核收工，负责水口水库电表的抄表、回收、追收电费等工作。1998 年年初，夏某某发现并包庇水口水库主任钱某某（已被判刑）以倒拨电表方式的窃电行为，继而收受钱某某所送的“好处费”；2002 年 3 月至 10 月，钱某某、夏某某勾结黄埔配电部装表接电班装表工郑某某（已被判刑）采取相同方式为水口水库窃电，夏某某从中收受钱某某所送的“好处费”并分赃给郑某某。夏某某个人分得钱某某所给“好处费”共约 675000 元。广州市黄埔区人民检察院指控夏某某犯受贿罪。广州市黄埔区人民法院一审判决夏某某犯受贿罪，判处有期徒刑 10 年，并处没收财产人民币 10 万元。夏某某上诉称：其身份是农民，是临时工，工作性质是劳务而非公务，其行为不构成受贿罪。广州市中级人民法院二审认为：黄埔配电营业部提供的书证证实，夏某某是黄埔配电营业部的合同制工，是电费班抄核收工，日常从事抄表业务，主要负责部分单位、居民用户的电表抄表、电费回收、追收等工作。夏某某的工作性质虽然和国有资产有关，但并不属于对国有资产的监督、经营、管理范围，其没有权力决定客户的用电量、电费数，其只要将电表显示的度数抄回单位即可，属于不具备职权内容的劳务活动。一审认定夏某某负有监管国有资产的职责没有充分依据，不宜认定其从事的工作是公务行为。夏某某利用其在黄埔配电营业部从事电费抄核收工作的便利条件，非法收受他人财物，数额巨大，其行为应当构成公司、企业人员受贿罪。原审判决认定夏某某收受他人财物并为他人谋取利益的事实清楚，证据确实充分，审判程序合法，但认定夏某某系从事公务有误，应予纠正。夏某某的家属在二审期间主动来本院退出部分赃款，可酌情从轻处罚。判决撤销一审判决，改判夏某某犯公司、企业人员受贿罪，判处有期徒刑7年。笔者认为，本案中被告人夏某某的行为应当属于从事公务，其行为构成受贿罪而不是公司、企业人员受贿罪。

2008年最高人民法院、最高人民检察院《关于办理商业贿赂刑事案件适用法律若干问题的意见》专门就医疗机构、学校及其他教育机构、依法组建的评标委员会、竞争性谈判采购中谈判小组、询价采购中询价小组的组成人员在何种情况下构成受贿罪，在何种情况下构成非国家工作人员受贿罪进行了解释。第4条指出：医疗机构中的国家工作人员，在药品、医疗器械、医用卫生材料等医药产品采购活动中，利用职务上的便利，索取销售方财物，或者非法收受销售方财物，为销售方谋取利益，构成犯罪的，依照刑法第385条的规定，以受贿罪定罪处罚。医疗机构中的非国家工作人员，有前款行为，数额较大的，依照刑法第163条的规定，以非国家工作人员受贿罪定罪处罚。医疗机构中的医务人员，利用开处方的职务便利，以各种名义非法收受药品、医疗器械、医用卫生材料等医药产品销售方财物，为医药产品销售方谋取利益，数额较大的，依照刑法第163条的规定，以非国家工作人员受贿罪定罪处罚。

【案例1-107】被告人田某在任首都医科大学附属北京儿童医院医务处副处长及医院驱铅门诊负责人期间，利用职务便利，分别于2003年10月、2004年3月非法收受澳诺（河北）制药有限公司北京办事处（以下简称澳诺公司）给其的人民币共计2万元；2004年6月又接受澳诺公司为其支付赴日本旅游费人民币8000余元及收取澳诺公司给其的美元500元（折合人民币4107.25元），为澳诺公司谋取了利益。北京市西城区人民法院经审理认为：被告人田某身为国家工作人员，利用职务上的便利，非法收受公司钱财并为公司谋取利益的行为，侵犯了国家工作人员职务行为的廉洁性，已构成受贿罪，依法应予惩处。鉴于田某庭审后主动书面认罪，具有一定的悔罪表现，故可酌情从轻处罚并适用缓刑。判决田某犯受贿罪，判处有期徒刑3年，缓刑3年。

【案例1-108】2004年至2005年间，被告人张某担任北京市石景山医院器械科负责人及科长，负责本院医疗仪器、设备、器械的采购、供应、保管和管理工作。在此期间，张某利用职务便利，多次收受供货单位给予的好处费共计人民币45200元。赃款已全部追缴。2005年12月12日，检察机关在不掌握张某受贿事实的情况下，找张某了解器械供应情况时，张某主动交代了5起受贿事实，受贿金额1万余元。在检察机关立案前，张某交代了2起受贿事实，受贿金额1.9万余元。张某在被采取强制措施之后，又交代了3起受贿事实，受贿金额1万余元。北京市石景山区人民法院经审理认为：被告人张某身为国有事业单位从事公务的人员，利用职务之便，非法收受他人财物，为他人谋取利益，其行为已构成受贿罪，应予以处罚。念张某系自首，主动退缴赃款，确有悔罪表现，故对其从轻处罚并宣告缓刑。判决张某犯受贿罪，判处有期徒刑2年，缓刑2年。

需要指出的是，医疗机构中的医务人员，利用开处方的职务便利，以各种名义非法收受药品、医疗器械、医用卫生材料等医药产品销售方财物，为医药产品销售方谋取利益，数额较大的行为，按照上述司法解释，不论其是否属于国家工作人员，均以非国家工作人员受贿罪定罪处罚。笔者不赞同这一解释，因为如果该医疗机构属于国有单位，医生就应当属于国家工作人员，其利用开处方的职务便利受贿，构成的就应当是受贿罪而不是非国家工作人员受贿罪。① 司法实践中也有依照受贿罪定罪处罚的案例。

【案例1-109】2004年9月至2005年4月间，被告人A伙同被告人B在向顺平县医院销售药品过程中，按医生临床用其所推销药品数量多少，提取一定比例回扣，向顺平县医院医生被告人乙、丙、丁、戊、己等人先后行贿68818元。2003年9月至2005年4月间，被告人C在向顺平县医院销售药品过程中，按医生临床用其所推销药品数量多少，提取一定比例回扣，向顺平县医院医生被告人甲提取回扣，并通过甲向医院医生被告人乙、丙、丁、戊、己等人先后行贿43048元。2004年9月至2005年4月间，被告人D在向顺平县医院销售药品过程中，按医生临床用其所推销药品数量多少，提取一定比例回扣，向顺平县医院医生被告人乙、丙、丁、戊、己等人先后行贿23381.5元。

2003年9月至2005年4月间，被告人甲利用开处方的职务之便，收受被告人C药品回扣款9978元。2003年9月至2005年4月间，被告人乙利用开处方的职务之便，收受被告人A、B、C、D及其他药商的药品回扣款9964.5元。2003年9月至2005年5月间，被告人丙利用开处方的职务之便，收受被告人A、B、C、D及其他药商的药品回扣款9336元。2003年9月至2005年2月间，被告人丁利用开处方的职务之便，收受被告人A、B、C、D及其他药商

① 参见李文峰：《国有医院医生开处方收回扣构成受贿罪》，载《检察日报》2004年12月15日。

的药品回扣款9016元。2003年9月至2005年4月间，被告人戊利用开处方的职务之便，收受被告人A、B、C、D及其他药商的药品回扣款8072元。2003年9月至2005年4月间，被告人己利用开处方的职务之便，收受被告人A、B、C、D及其他药商的药品回扣款7029.5元。案发后，被告人甲、乙、丙、丁、戊、己将所得赃款已退交顺平县人民检察院。

顺平县人民法院经审理认为：顺平县医院系公益性国有事业单位，其医生属国有事业单位从事公务的国家工作人员，被告人A伙同B、C、D在向顺平县医院销售药品的经济往来中，为使临床医生开取或多开取各自销售药品而违反国家规定，多次给予临床医生不等数额的回扣，其行为均已构成行贿罪。被告人甲、乙、丙、丁、戊、己作为顺平县医院临床医生，在执业过程中，为替药品销售商促销药品，利用手中开处方之权，开列药品从中收受回扣归个人所有，其行为均已构成受贿罪。鉴于被告人A、B、C、D犯罪情节轻微且在庭审过程中认罪态度较好，均有悔罪表现，依法可免予刑事处罚。被告人甲、乙、丙、丁、戊、己受贿数额均不满1万元，犯罪后有悔改表现，积极退赃，依法可免予刑事处罚，由其所在单位或上级主管机关给予行政处分。于2006年1月17日判决：被告人A、B、C、D犯行贿罪，均免予刑事处罚。被告人甲、乙、丙、丁、戊、己犯受贿罪，均免予刑事处罚。

2008年最高人民法院、最高人民检察院《关于办理商业贿赂刑事案件适用法律若干问题的意见》第5条指出：学校及其他教育机构中的国家工作人员，在教材、教具、校服或者其他物品的采购等活动中，利用职务上的便利，索取销售方财物，或者非法收受销售方财物，为销售方谋取利益，构成犯罪的，依照刑法第385条的规定，以受贿罪定罪处罚。学校及其他教育机构中的非国家工作人员，有前款行为，数额较大的，依照刑法第163条的规定，以非国家工作人员受贿罪定罪处罚。学校及其他教育机构中的教师，利用教学活动的职务便利，以各种名义非法收受教材、教具、校服或者其他物品销售方财物，为教材、教具、校服或者其他物品销售方谋取利益，数额较大的，依照刑法第163条的规定，以非国家工作人员受贿罪定罪处罚。

【案例1-110】 2004年9月至2006年3月间，被告人聂某某在担任北京市苹果园中学教学处学生阅览室管理员期间，利用其负责采购教材的职务之便，先后2次收受业务单位新华书店北辛安书店职员徐某、张某某给予的好处费共计人民币1.4万元（已收缴）。后聂某某被检察机关查获。北京市石景山区人民法院经审理认为：被告人聂某某身为国家工作人员，利用职务之便，非法收受他人贿赂，其行为已构成受贿罪，应予惩处。聂某某自愿认罪，根据最高人民法院、最高人民检察院、司法部《关于适用普通程序审理“被告人认罪案件”的若干意见》第 9 条之规定，可依法对其酌情从轻处罚。根据聂某某犯罪的情节、悔罪表示及社会危害程度，决定依法对其适用缓刑。判决聂某某犯受贿罪，判处有期徒刑 1 年，缓刑 1 年。

【案例 1－111】 2004 年 9 月至 2005 年 10 月间，被告人于某某担任北京工业职业技术学院图书馆教材管理员，负责学院教材的征订、采购、发放和管理工作。在此期间，于某某利用职务便利，向供货单位北京市兴华教育书店经理赵某索要东芝牌 M30 型笔记本电脑 1 台（价值人民币 1.75 万元）以及人民币 2 万元；收受北京明建汇文书店经理曹某某给予的购书回扣款人民币 1.75 万元；接受北京外研书店市场开发部经理杨某的邀请全家赴九寨沟旅游，旅游款共计人民币 9240 元。2006 年 4 月 3 日，于某某在接受检察机关询问时，主动交代了检察机关尚不掌握的上述受贿事实。现起获东芝牌笔记本电脑 1 台及赃款人民币 46740 元。于某某在检察机关还揭发他人受贿 5000 余元的事实。北京市石景山区人民法院一审认为：被告人于某某身为国有事业单位从事公务的人员，利用职务之便，索取他人财物，并非法收受他人财物为他人谋取利益，其行为已构成受贿罪。其中索贿行为应从重处罚，念于某某系自首，能揭发他人违纪事实，主动退出赃款、赃物，依法减轻处罚。判决于某某犯受贿罪，判处有期徒刑 4 年。于某某不服，提出上诉。北京市第一中级人民法院二审裁定驳回上诉，维持原判。

【案例 1－112】 被告人刘某利用其参与首都师范大学政府采购的职务便利，于 2002 年至 2004 年，在为本单位采购实验室所用聚焦显微镜、分析仪及美国太阳（SUN）微系统计算机公司电脑等设备的过程中，先后收受徕卡仪器有限公司北京代表处业务员张甲给予的好处费 4605 美元，北京华胜天成科技股份有限公司信息产品事业部销售人员张乙给予的好处费 5000 美元。综上，刘某收受他人贿赂共计 9605 美元（折合人民币 79384.03 元），用于个人消费。2006 年 6 月 19 日，刘某被依法传唤到案，后向检察机关退缴全部赃款。北京市海淀区人民法院经审理认为：被告人刘某利用职务便利，非法收受他人钱财，为他人谋取利益，其行为已构成受贿罪，应予惩处。刘某及其辩护人辩称 1000 美元属自首，本院认为，刘某并未向单位交代全部犯罪事实，且系被动归案，不属于自首，本院对刘某及其辩护人的上述辩护意见不予采纳。鉴于刘某能向本单位交代部分犯罪事实，且在被传唤归案后能如实向检察机关供述全部犯罪事实，具有坦白情节，认罪态度较好，且已退赔全部赃款，本院对其酌情予以从轻处罚。判决刘某犯受贿罪，判处有期徒刑 6 年。

2008 年最高人民法院、最高人民检察院《关于办理商业贿赂刑事案件适用法律若干问题的意见》第 6 条指出：依法组建的评标委员会、竞争性谈判采购中谈判小组、询价采购中询价小组的组成人员，在招标、政府采购等事项的评标或者采购活动中，索取他人财物或者非法收受他人财物，为他人谋取利益，数额较大的，依照刑法第163条的规定，以非国家工作人员受贿罪定罪处罚。依法组建的评标委员会、竞争性谈判采购中谈判小组、询价采购中询价小组中国家机关或者其他国有单位的代表有前款行为的，依照刑法第385条的规定，以受贿罪定罪处罚。

【案例1-113】2006年6月，被告人白某某利用其在北京市环境保护监测中心任副站长、主管应急监测的职务便利，在其负责并担任评委的北京市环境保护局环境应急设备政府采购招投标过程中，接受北京诚志华嘉科技有限公司的请托，帮助其中标。事后，2006年7月，白某某非法收受北京诚志华嘉科技有限公司法定代表人张某给予的现金人民币10万元。同月，白某某利用职务便利，在其负责并担任评委的北京市环境保护局环境应急设备政府采购招投标过程中，接受北京市绿茵园环保技术开发有限公司的请托，帮助其中标。事后，2006年9月，白某某非法收受北京绿茵园环保技术开发有限公司销售经理姜某给予的现金人民币11万元。综上，白某某受贿2起，金额共计人民币21万元。上述赃款已全部追缴并扣押在案。北京市海淀区人民法院一审认为：被告人白某某身为国有事业单位中从事公务的人员，利用职务便利为他人谋取利益，收受好处费21万元，其行为已构成受贿罪。白某某主动向北京市纪委交代了其犯罪事实，系自首，且其家属在案发后已上缴全部赃款，依法对白某某减轻处罚。判决白某某犯受贿罪，判处有期徒刑8年。白某某以量刑过重为由提出上诉。北京市第一中级人民法院二审裁定驳回上诉，维持原判。

【案例1-114】2003年年初，江西省劳动教养局下属单位省第一劳教所扩建工程招投标。其间，挂靠南昌市第二建筑工程公司的项目经理李某某为了顺利中标承接该工程，找到时任劳教局副局长并兼任该局基建领导小组副组长的被告人曾某某，请求其予以关照。后李某某挂靠的南昌市第二建筑工程公司入围并中标。曾某某于2003年4月的一天晚上，在其家中收受李某某送给的人民币5万元。2003年，江西省劳动教养局下属单位省女子劳教所工程开始招投标，挂靠江西省中恒建设集团公司的项目经理熊某某为了顺利中标承接该工程，找到时任劳教局副局长并参加招标专家组评分工作的被告人曾某某，请求其在招投标过程中予以关照。后熊某某挂靠的江西省中恒建设集团公司入围并中标。曾某某于2003年8月及中秋节的前一天在其办公室分别收受熊某某送给的人民币3000元和人民币2000元。曾某某收受贿赂款共计人民币5.5万元。案发后，赃款已全部追缴。南昌市东湖区人民法院一审认为：被告人曾某某身为国家工作人员，利用职务上的便利，非法收受他人贿赂5.5万元，为他人谋取利益，其行为已构成受贿罪。鉴于曾某某案发后退回了全部赃款，有较好的悔罪表现，依法可酌情予以从轻处罚。判决曾某某犯受贿罪，判处有期徒刑5年。曾某某不服，提出上诉。南昌市中级人民法院二审裁定驳回上诉，维持原判。

【案例1－115】 被告人曾某某于2004年2月起担任厦门市集美文教区管理委员会建设处干事。2007年5月至11月间，曾某某利用其作为业主单位代表参与、监督、协调集美文教区英村安置房项目施工招投标工作的职务便利，与评标专家、招标代理机构代表等有关人员串通，为请托人最终中标取得工程建设项目提供帮助，先后多次收受请托人送给的钱款共计人民币175万元。2008年3月7日，曾某某在接到纪律检查部门的电话通知后，自动到案接受调查，并主动交代组织尚未掌握的上述受贿犯罪事实。期间，曾某某检举他人受贿犯罪行为，经查证属实。案发后，曾某某通过其家属退缴赃款43.9万元。厦门市中级人民法院经审理认为：被告人曾某某身为国家工作人员，利用职务上的便利，为他人谋取利益，非法收受他人贿赂款共计人民币175万元，其行为已构成受贿罪。曾某某在接到有关部门的电话通知后，自动到案接受调查，并如实供述有关部门尚未掌握的罪行，系自首，依法可以从轻处罚。曾某某归案后检举他人犯罪行为，经查证属实，具有立功表现，依法亦可以从轻处罚。曾某某案发后已退出部分受贿犯罪所得，且能当庭自愿认罪，可酌情从轻处罚。判决曾某某犯受贿罪，判处有期徒刑11年，并处没收个人财产人民币60万元。

（三）受贿罪与贪污罪的界限

受贿罪与贪污罪均是刑法第八章规定的犯罪，通常情况下容易区分，较难区分的是经济往来中的受贿罪与贪污罪的界限。由于刑法第385条第2款规定："国家工作人员在经济往来中，违反国家规定，收受各种名义的回扣、手续费，归个人所有的，以受贿论处"，有的学者据此认为，国家工作人员在经济往来中，违反国家规定，收受各种名义的回扣、手续费，归个人所有的行为，应当一律按照受贿罪定罪处罚。笔者认为，对此不能一概而论，这种情况下行为人有可能构成贪污罪。区分行为人构成受贿罪还是贪污罪的关键，是要看这些回扣、手续费是由经济往来中的哪一方支付的：如果这些回扣、手续费是由对方在价款之外直接支付给行为人的，则行为人收受的是对方的财物，应当以受贿罪定罪处罚，如行为人代表单位出售商品的情况下；如果这些回扣、手续费是由行为人所在单位支付给对方价款的一部分，则行为人收受的实际上是本单位的财物，应当以贪污罪定罪处罚，如行为人代表单位购买商品的情况下。需要注意的是，如果这些回扣、手续费虽然是由对方支付的，但却是对方支付给行为人所在单位价款的一部分，如果行为人收受，则受到财产损失的实际上是行为人所在单位，行为人收受的实际上是应该属于本单位所有的财物，应当以贪污罪定罪处罚。

【案例1－116】被告人吴某于1995年至1998年担任中化海南公司业务员、出口二部副经理。其间，吴某负责向山东恒台新华精细化工有限公司（以下简称新华公司）购买丙二酸二甲脂化工原料的业务。在业务洽谈过程中，吴某提出此笔业务是别人介绍的，需要中介费，新华公司集体讨论后表示同意。吴某即以高于实际交易价的价格与新华公司签订合同，双方约定中化公司付款后，新华公司将合同价与约定价的差额部分款项汇至吴某指定账户。中化海南公司依合同价付款后，新华公司将差额部分款项分12笔共计人民币489205元转入吴某指定的郭某某（吴某丈夫）金穗卡账户。海南省海口市人民检察院指控吴某犯贪污罪。海口市中级人民法院经审理认为：被告人吴某身为国家工作人员，在经济往来中，违反国家规定，收受回扣归个人所有，其行为已构成受贿罪。公诉机关指控吴某的行为构成贪污罪，定性不准，应予纠正。判决吴某犯受贿罪，判处有期徒刑10年，剥夺政治权利3年，并处没收个人财产人民币5千元。笔者认为，本案中，被告人吴某收取的回扣实质上是合同价与实际交易价的差额，因此，从表面上看回扣虽然是由新华公司支付的，但如果吴某不向新华公司索要回扣，则按照实际交易价吴某所在单位中化海南公司就不需要向新华公司多支付这笔钱。因此，本案实质上是吴某采取向所在单位隐瞒实际交易价的手段，串通新华公司骗取了所在单位的财物，因此其行为构成的应当是贪污罪，而不是受贿罪，法院改变检察院指控罪名是错误的。

【案例1－117】2008年六七月份期间，因奎北铁路建设路段通过新疆兵团农七师131团17连，需要临时占用该连的耕地。为此，奎北铁路项目部给付该连共计34020元的临时占用耕地补偿款。时任17连连长的被告人李某将该款占为己有，用于个人日常开支使用。庭审过程中，被告人李某对公诉书指控的犯罪事实供认不讳，当庭自愿认罪。法院依据其犯罪情节并结合其主动配合检察机关追缴赃款等悔罪表现，一审判决被告人李某犯受贿罪，判处有期徒刑3年，缓刑4年；受贿案款34020元，予以没收。[①] 笔者认为，本案中，奎北铁路项目部将共计34020元的临时占用耕地补偿款给付17连后，该款便属

① 参见靳康康：《新疆兵团一连长受贿3.4万获刑》，载《正义网》2011年11月21日。

于17连的公款，时任17连连长的李某将该款占为己有，构成的应当是贪污罪而不是受贿罪。

【案例1－118】1997年8月，重庆市巫山县骡坪粮油食品管理站（以下简称骡坪粮站）站长伍某与湖北省沙市蓬源综合经销部的经理胡某合作，双方约定，向胡某购买的小麦以单价0.63元/斤成交，但胡某要以0.70元/斤的价格与骡坪粮站结账，结账后胡某再将0.07元/斤的价差款作为“回扣”送给伍某。骡坪粮站收到该批小麦后，胡某即到巫山县要求与伍某结算货款。伍某同意，并与骡坪粮站副站长曾某用现金按0.70元/斤的价格与胡某结清了货款，并由胡某当场出具收据。待曾某走后，胡某遂将二人事先约定的“回扣”4万元交给了伍某，伍某将所得全部用于其家庭开支。对伍某的行为构成犯罪无异议，但在定性方面有以下两种分歧意见：第一种意见认为，伍某利用职务之便，为他人谋取利益，然后收受他人送的“回扣”，是受贿行为，应定受贿罪。第二种意见认为，伍某收受“回扣”的行为，实质上是变相侵吞了本单位的公款，因此应定贪污罪而不应定受贿罪。① 笔者同意第二种意见。本案中，从表面来看，伍某利用职务之便，为胡某谋取利益，收受“回扣”4万元，是受贿行为。但透过现象看本质，伍某是在事先得到胡某答应给其“回扣”的情况下才同意与胡某做小麦生意的，而胡某又是在其与骡坪粮站结账之后依约送给伍某“回扣”的。这笔“回扣”并非胡某的财产，实际上是骡坪粮站超出小麦实际价格多付给胡某的那部分货款，这部分货款本来是可以不支付给胡某的，即本来是应当属于骡坪粮站的财产。因此，伍某收受“回扣”的行为，实质上是变相侵吞了本单位的财产，因此其行为构成的是贪污罪而不是受贿罪。从犯罪手段来看，伍某在与胡某结账时，故意安排与副站长曾某一道，并由胡某出具现金收据。伍某的目的是想掩盖其侵吞公款的事实，这也从另一侧面印证了伍某企图侵吞公款的故意。综上所述，伍某的行为完全符合贪污罪的构成特征，应以贪污罪对其定罪处罚。

（四）受贿罪与诈骗罪的界限

根据刑法第266条的规定，诈骗罪，是指以非法占有为目的，用虚构事实或者隐瞒真相的方法，骗取公私财物，数额较大的行为。受贿罪与诈骗罪的主要区别有：（1）侵犯的客体不同。受贿罪侵犯的客体是国家工作人员职务行为的廉洁性；诈骗罪侵犯的客体是公私财物的所有权。（2）客观方面表现不

① 参见：《收取差价作为回扣的行为是贪污罪，还是受贿罪》，载《法律教育网》2007年1月15日。

同。受贿罪的客观方面表现为利用职务上的便利索取他人财物或者非法收受他人财物为他人谋取利益，具有“权钱交易”的特征；诈骗罪的客观方面表现为用虚构事实或者隐瞒真相的方法，骗取公私财物，不具有“权钱交易”的特征。(3) 犯罪主体不同。受贿罪的主体是国家工作人员；而诈骗罪的主体是一般主体。所以二者通常情况下容易区分，但实践中，有的国家工作人员打着利用职务上的便利为他人谋取利益的幌子，索取或者收受他人财物，实际上并不打算为他人谋取利益，则属于骗取对方财物的行为。对于这种情形，有的学者主张定诈骗罪。笔者认为，这种情况下，该国家工作人员在骗取他人财物的时候利用了自己的职务便利，也承诺要为他人谋取利益，这样就侵犯了国家工作人员职务行为的廉洁性，完全符合了受贿罪的构成要件，应当以受贿罪追究行为人的刑事责任。

【案例 1－119】 1999 年，北京龙祥湖农业发展有限公司法定代表人李某某（另案处理）经人介绍，认识了时任北京市财政局农财处干部的被告人柴某某。柴某某谎称可在李某某向市财政局申请无偿下拨“支农专项资金”时提供帮助，骗取李某某的信任，分别于 2000 年 5 月、12 月和 2001 年 1 月，先后向李某某索取人民币共计 25 万元。2005 年 4 月 7 日，柴某某被抓获归案。北京市海淀区人民检察院指控柴某某犯受贿罪。北京市海淀区人民法院一审认为：被告人柴某某以非法占有为目的，利用国家机关工作人员的身份，以为李某某谋取利益为诱饵，骗取李某某数额特别巨大的钱款，其行为已构成诈骗罪，应予惩处。判决柴某某犯诈骗罪，判处有期徒刑 12 年，剥夺政治权利 2 年，罚金人民币 2 万元。柴某某上诉称：原判认定的事实与实际情况不符，认定其犯诈骗罪的事实不清、证据不足，其行为性质属于民事借贷而不是刑事犯罪。北京市第一中级人民法院二审认为：柴某某最初利用李某某不明真相、急于通过其得到“支农专项资金”的迫切心情，向李某某许诺能够从中帮忙，并在李某某申请、等待有关职能部门审批的过程中向李某某提出个人借款的要求。李某某先后多次支付给柴某某个人共计人民币 25 万元。在此期间，柴某某有意隐瞒了该专项资金实际上并非由其主管负责，且其工作已调动的真实情况。其间，柴某某有实际能力归还部分款项，而其却始终分文未还直至案发，纵观柴某某的客观行为，足以反映其主观故意的内容。故柴某某的上述辩解及其辩护人的上述辩护意见，均缺乏事实及法律依据，且被一审判决确认的证据所否定，本院不予采纳。裁定驳回上诉，维持原判。本案中，被告人柴某某为了骗取他人财物，不仅有意隐瞒了该专项资金实际上并非由其主管负责，而且隐瞒了其工作已调动的真实情况，因此其行为符合诈骗罪而不是受贿罪的构成要件，一审法院改变检察机关指控的罪名是正确的。试想，如果被告人柴某某自己就主管该专项资金，即使其并不想真的利用职务便利为李某某申请无偿下拨“支农专项资金”时提供帮助，但其却谎称会给李某某提供帮助的，柴某某构成的就应当是受贿罪而不是诈骗罪。

九、受贿罪的定罪量刑情节

（一）如何计算受贿数额

根据刑法第386条和第383条第2款的规定，对多次受贿未经处理的，按照累计受贿数额处罚。关于如何理解“多次受贿未经处理”、“如何累计受贿数额”和“如何计算个人受贿数额”，可以参照贪污罪的定罪量刑情节部分“如何累计贪污数额”和“如何计算个人贪污数额”的论述。

【案例1-120】2006年上半年至2009年4月，被告人李某某在担任枝江市行政服务中心管委会办公室主任、综合招投标中心主任期间，利用职务上的便利，非法收受他人财物，为他人谋取利益，作案11起，计收受他人贿赂款15.9万元。具体犯罪事实如下：（1）2007年至2009年，李某某三次收受枝江市综合招投标中心原副主任伍某某以提职晋级为由送的现金共计8万元。（2）2007年至2009年，李某某三次收受湖北兴焱工程咨询有限公司法人代表李某以感谢其对公司业务的关照为由送的现金共计5000元。（3）2008年至2009年，李某某两次收受枝江市第二建筑公司项目经理徐某以感谢其在招标中的关照为由送的现金共计2.2万元。（4）2006年至2009年，李某某两次收受宜昌新奥建筑有限责任公司项目经理熊某某为感谢其在招标中的关照送的现金共计5万元。（5）2009年元旦前的一天晚上，承建枝江市职教中心综合楼工程的刘某某在枝江城区“八一”宾馆宴请李某某，饭后，李某某收受刘某某为感谢其在招标中的关照送的现金2000元。案发后，李某某退赃款7.2万元。枝江市人民法院一审认为：被告人李某某身为国家工作人员，利用职务上的便利，非法收受他人钱财，为他人谋取利益，其行为已构成受贿罪，应受刑罚处罚。其收受的孙某送的2000元、李某送的1000元，数额不大，且其没有利用职务上的便利为请托人谋取利益，可不以受贿论处。李某某关于收受孙某送的2000元、李某送的1000元不属于受贿的辩护意见，有法律依据，予以采纳。李某某是调查组已掌握其部分犯罪线索之后找其谈话，其不具有主动投案的情节。但其交代的除收受伍某某以外的其他人财物的行为，属于如实交代同种其他犯罪事实，且李某某系初犯，归案后认罪态度较好，有悔罪表现，并能积极退赃，因此，对其可酌情从轻处罚。判决李某某犯受贿罪，判处有期徒刑10年。李某某不服，提出上诉。宜昌市中级人民法院二审裁定驳回上诉，维持原判。

【案例 1－121】（一）2006 年年底至 2008 年 11 月，被告人王某某在内乡县民政局殡葬管理所任职期间，分管内乡县东片殡葬稽查工作，应被告人赵某某请求，利用“死人土葬不火化，从中收费”的方法赚钱，王某某默许。尔后，赵某某联系被告人秦某某在王某某分管的马山口镇区域内，帮助死者家属偷埋，收受死者家属贿赂，每户收受2000—3900 元不等，从而逃避殡葬管理。其中，赵某某参与 17 户，共计 4.98 万元，分得 1.94 万元；王某某参与 17 户，共计 4.47 万元，分得 8500 元；秦某某参与 14 户，共计 3.7 万元，分得 1.07 万元。（二）2008 年后半年，被告人王某某应被告人曹某某请求，利用“死人土葬不火化，从中收费”的方法赚钱，王某某默许。尔后，曹某某联系秦某某在王某某分管区域内，帮助死者家属偷埋，收受死者家属贿赂，每户收受 2000—3500 元不等，从而逃避殡葬管理。其中，王某某收受 7 户，共计 1.77 万元，分得 6800 元；曹某某收受 7 户，共计 1.77 万元，分得 5300 元；秦某某收受 7 户，共计 1.77 万元，分得 7200 元。（三）2007 年至 2008 年，被告人王某某收受张某某（已判刑）贿赂 2000 元，对该张某某帮助死者家属偷埋之事不予查处，逃避殡葬管理。（四）2007 年年底，被告人王某某以借款名义索要灌张镇个体殡葬服务户马某某 3000 元，并利用职务之便为马某某违反规定往外县拉尸体给予关照，逃避殡葬管理。综上所述，王某某伙同他人或单独收受贿赂共计 6.74 万元；秦某某参与收受贿赂 5.47 万元；赵某某参与收受贿赂 4.47 万元；曹某某参与收受贿赂 1.77 万元。其中，王某某分得赃款 2.03 万元，赵某某分得赃款 1.94 万元，秦某某分得赃款 1.79 万元，曹某某分得赃款 5300 元。另查明，2009 年 3 月 31 日，王某某、赵某某到内乡县人民检察院投案自首。案发后，王某某已追退赃款 1.97 万元，赵某某已追退赃款 2.56 万元，秦某某已追退赃款 2.76 万元，曹某某已追退赃款 9500 元。内乡县人民法院一审认为：被告人王某某利用职务之便，伙同赵某某、曹某某、秦某某帮助死者家属隐瞒偷埋情况，收受钱财，逃避殡葬管理，其行为均构成受贿罪，且系共同犯罪。在共同犯罪中，王某某、赵某某、曹某某起主要作用，系本案主犯；秦某某起次要作用，是从犯；王某某、赵某某案发后主动投案，如实供述自己参与的犯罪事实，系自首，依法可以从轻或者减轻处罚。四被告人案发后均能主动退赃，具有悔罪表现，可以酌情从轻处罚。判决四被告人犯受贿罪，判处王某某有期徒刑 5 年；判处赵某某有期徒刑 3 年，缓刑 5 年；判处秦某某有期徒刑 3 年，缓刑 5 年；判处曹某某有期徒刑 2 年，缓刑 3 年。王某某上诉称不是共同犯罪，自己不是主犯，对受贿数额为 6.74 万元有异议。南阳市中级人民法院二审裁定驳回上诉，维持原判。

【案例 1－122】上海市南汇区房屋土地管理局六灶所系上海市南汇区房屋土地管理局派出机构，属自收自支事业法人。被告人倪某某于 2003 年 9 月至 2007 年 10 月担任上海市南汇区房屋土地管理局六灶所所长，负责全所的日常管理工作。2004 年至 2007 年 10 月，倪某某利用上述职务便利，为他人谋取利益，多次收受他人贿赂，共计价值人民币 11.4 万余元。倪某某收受贿赂后，以送礼形式归还张某某人民币 2500 元、储某某人民币 5000 元、黄某某价值人民币 1000 元的礼品、钱某某人民币 3000 元。倪某某在接受上海市南汇区房屋土地管理局纪委调查时主动交代了上述犯罪事实。案发后，倪某某在家属帮助下退缴人民币 11 万元。羁押期间，倪某某有检举、揭发他人犯罪的行为，并查证属实。上海市南汇区人民法院一审认为：被告人倪某某身为国家工作人员，利用职务便利，非法收受他人贿赂，合计价值人民币 114393.80 元，嗣后归还合计价值人民币 1.15 万元，受贿所得为人民币 102893.80 元，为他人谋取利益，其行为已构成受贿罪。倪某某具有自首情节和立功表现，依法予以减轻处罚。倪某某能自愿认罪，并在家属帮助下退缴全部犯罪所得，可酌情从轻处罚。鉴于倪某某的犯罪情节和认罪悔罪表现，可对其适用缓刑。判决倪某某犯受贿罪，判处有期徒刑 3 年，缓刑 3 年。

上海市南汇区人民检察院抗诉提出：（1）一审判决将倪某某与部分行贿人之间的人情往来认定为归还贿赂与事实不符。主要理由是：其一，倪某某在部分行贿人亲人过世、儿女升学、婚庆时赠送礼金及出国归来赠与行贿人礼品，并未明示退还贿赂的意思，其所送礼金、礼品价值与收受对方贿赂价值亦相去甚远，应属双方之间的人情往来；其二，倪某某利用职务便利收受贿赂，为他人谋取利益，此时受贿犯罪已经成立，其在人情往来中给予行贿人财物，并不能反映其有拒收贿赂的意图，不属于收受贿赂后退还的情形，不应影响受贿犯罪的性质及数额认定。（2）一审判决将倪某某协助侦查行为认定为立功情节不当。倪某某受看守所民警指派接近犯罪嫌疑人，教育、迫使犯罪嫌疑人向其透露了抢夺犯罪的情况，为进一步讯问犯罪嫌疑人创造了条件，其行为确对公安机关侦破案件起到一定作用。但倪某某是在看守所民警安排下获知犯罪嫌疑人抢夺的犯罪事实，与公安机关已掌握的犯罪事实属同种犯罪事实，且在犯罪时间、地点和作案手段等方面均具有相似性，其行为既缺乏检举、揭发他人犯罪行为的主动性，也没有为侦破案件提供重要线索。（3）一审判决结果未能体现罪责刑相适应原则，量刑畸轻。倪某某在担任上海市南汇区房屋土地管理局六灶所所长期间，利用职务便利，先后 13 次收受 8 名行贿人的财物，共计价值人民币 114393.80 元。其中 6 名行贿人均系因存在违法用地，为逃避、减轻处罚或缴纳费用而向倪某某提出请托，给予其财物，1 名行贿人因请托倪某某出具不实的企业经营场所房屋产权证明而向倪行贿。倪某某收受贿赂后，不正确履行土地监察、临时用地管理等职责，放任违法用地存在、扩大，严重破坏了国家对房屋土地正常的管理秩序，造成了严重的社会危害后果。一审判决对倪某某予以减轻处罚，判处3年有期徒刑并适用缓刑，量刑畸轻。

上海市第一中级人民法院二审查明：（1）上海浦汇建筑装饰工程有限公司项目经理张某某因承接了上海市南汇区房屋土地管理局六灶所办公楼装修工程，为表示感谢分别于2004年年底、2006年春节和2007年春节，送给倪某某人民币3000元、2000元和2000元。2005年张某某母亲去世时，倪某某送其人民币1000元；2005年张某某儿子考上大学时，倪某某送其人民币1500元。（2）上海邮佳驾驶员培训有限公司董事长储某某为感谢倪某某对其单位违法占地没有收取临时土地使用费，分别于2005年年初、2006年年初和2007年年初，送给倪某某人民币1万元、1万元和1万元。2007年储某某女儿考上大学时，倪某某送其人民币5000元。（3）上海和平工矿灯具厂总经理黄某某为感谢倪某某对其单位扩建厂房的协调照顾，于2006年下半年在倪某某赴澳大利亚旅游前送给其美元1000元。倪某某回国后送给黄某某价值人民币1000元的礼品。（4）上海麒刚塑料五金有限公司董事长钱某某为感谢倪某某对其单位违法用地扩建厂房没有收取临时土地使用费及拆除违法建筑，分别于2006年和2007年送给倪某某人民币1万元和1万元。2006年钱某某儿子结婚时，倪某某送其人民币3000元。（5）倪某某被羁押于上海市南汇区看守所期间，犯罪嫌疑人王某某因涉嫌抢夺被羁押，但拒不交代自己的罪行。看守所民警王某把王某某转入看守所狱侦监房，并安排该监房在押人员倪某某和杨某做其工作，迫使其交代罪行。2008年6月30日，倪某某向王某反映，其从王某某口中得知王某某曾实施4起抢夺犯罪。经公安机关查证，除公安机关已掌握的1起抢夺犯罪外，另有1起公安机关尚未掌握的被查证属实。后经上海市南汇区人民法院审判，公安机关尚未掌握的该起犯罪被认定构成抢劫罪。二审法院认为：关于倪某某给予部分行贿人财物是否应从其受贿犯罪数额中予以扣除的问题，应当对倪某某受贿犯罪的主观故意作全面判断。首先，倪某某是在行贿人给予其财物后较短的时间内即给予行贿人财物，在其收受行贿人财物及给予行贿人财物之间具有对应性；其次，倪某某所送行贿人礼金、礼品的价值超过了当地人情往来的常情；再次，倪某某是在案发前其受贿事实尚不为人知晓的情况下主动将财物给予行贿人的。综合上述情况，对于倪某某给予行贿人的部分财物，因其主观上的受贿故意难以认定，一审判决将该部分财物的价值从其受贿犯罪数额中予以扣除，并无不当。关于倪某某是否具有立功情节的问题。倪某某虽是受看守所民警指派去做犯罪嫌疑人的工作，但其确实向看守所民警反映了公安机关尚未掌握的犯罪嫌疑人的犯罪行为，应属于揭发他人犯罪行为，经查证属实，可认定为具有立功表现。一审判决认定倪某某犯受贿罪的事实清楚，证据确实、充分，定性准确，量刑适当，且审判程序合法，依法应予维持。裁定驳回抗诉，维持原判。

【案例1－123】被告人杜某某在担任重庆市沙坪坝区房屋管理局局长期间，利用职务之便，于1998年收受重庆市沙坪坝区向乐村89号联建房建筑商张某某贿赂人民币1.2万元，于2001年收受重庆市顺华房地产开发有限责任公司项目经理聂某某贿赂人民币5万元；2001年至2003年期间，利用职务之便为重庆世家房地产发展有限公司总经理李某某引荐工程，先后二次收受李某某贿赂共计人民币3万元。杜某某已退清全部赃款，一审期间检举他人受贿犯罪已查证属实。重庆市永川区人民法院一审认为：被告人杜某某身为国家工作人员，利用其职务上的便利，多次为开发商谋取利益，收受贿赂人民币9.2万元，其行为已构成受贿罪。原公诉机关指控杜某某收受行贿人张某某人民币2万元、聂某某人民币10万元、李某某人民币5万元的事实，经审查，行贿人证词与受贿人部分供述在行贿、受贿金额方面存在出入，按照存疑有利于被告人的原则出发，对本案被告人杜某某受贿金额作出上述认定。杜某某检举他人犯罪，经查证属实，具有立功情节，依法可从轻处罚。判决杜某某犯受贿罪，判处有期徒刑6年。杜某某不服，提出上诉。重庆市第五中级人民法院二审认为：原判认定事实清楚，适用法律及量刑并无不当，审判程序合法。但鉴于杜某某被采取强制措施后能主动交代司法机关尚未掌握的部分犯罪事实，并能退清全部赃款，具有一定认罪悔罪表现，综合考虑其具有的法定从轻、减轻处罚情节及酌定从轻处罚情节，依法可对其减轻处罚。改判杜某某犯受贿罪，判处有期徒刑3年。实践中，贿赂案件的受贿人和行贿人对于受贿数额的说法有时候并不一致，原因既可能是避重就轻，也可能是时间久远记不清楚，还有可能是受贿次数太多分不清楚。如果实在无法查清，通常情况下要按照“有利于被告人”的原则，作出就低不就高的数额认定，这样做也符合现代刑事司法精神。

（二）索贿情节

根据刑法第386条的规定，索贿的从重处罚。

【案例1－124】1996年4月至2001年4月，被告人李某某利用其先后担任乐山市交通局局长、市长助理、副市长和兼任成乐高速公路建设指挥部副指挥长、成乐高速公路有限责任公司总经理、成峨高速公路建设指挥部指挥长、乐山星源交通开发总公司董事长、乐山大渡河大桥建设指挥部指挥长的职务之便，分别索取和收受他人贿赂，共计人民币816万元、凌志IS200型轿车（销赃后获赃款57万元）、马自达929轿车（销赃后获赃款15万元）各一辆、劳力士手表一只（价值人民币5.46万元）。成都市中级人民法院一审认为：被告人李某某身为国家机关工作人员，利用职务之便，接受他人的请托事项，为其谋取利益，并先后分别索要和收受贿赂共计人民币893万余元，其行为已构成受贿罪，且受贿数额特别巨大。除劳力士手表一只、凌志IS200型轿车和雷某某所送5万元外，其余均系索要取得，具备法定的从重处罚情节。此外，李某某身为国家工作人员，其财产收入和支出明显超过合法收入，本案中有242万元人民币、9.1万美元，李某某不能说明其合法来源，构成巨额财产来源不明罪。判决：被告人李某某犯受贿罪，判处死刑，剥夺政治权利终身，并处没收个人全部财产；犯巨额财产来源不明罪，判处有期徒刑4年，对财产的差额部分予以收缴；决定执行死刑，剥夺政治权利终身，并处没收个人全部财产。李某某不服，提出上诉。四川省高级人民法院二审裁定驳回上诉，维持原判。最高人民法院核准了二审裁定。

【案例1-125】1994年9月至2001年3月期间，被告人王某某利用担任安徽省阜阳地委副书记、阜阳地区行政公署专员、阜阳地委书记、阜阳市委书记、安徽省副省长等职务上的便利，为有关单位、个人谋取利益，非法收受杨某某等人送的人民币236万元、澳币1万元（折合人民币6.1万元）；索取倪某等人的人民币275万元，以上折合人民币共计517.1万元。案发后，侦查机关依法扣押、冻结了王某某及其妻韩某某（另案处理）拥有的人民币、外币、存单、债权凭证及金银首饰、玉器、高级手表等物品折合人民币共计941.48万元，同时查明王某某夫妇已支出的各种消费和其他开支折合人民币共计144.31万元，以上折合人民币共计1085.79万元。其中，王某某非法索取、收受他人钱财价值人民币517.1万元，王某某夫妇合法收入和来源明确的所得88.11万元，尚有价值人民币480.58万元的财产，王某某不能说明其合法来源。济南市中级人民法院一审认为：被告人王某某身为国家工作人员，利用职务上的便利，索取、非法收受他人贿赂，为他人谋取利益，其行为已构成受贿罪；王某某的财产明显超过合法收入，差额巨大，不能说明合法来源，其行为已构成巨额财产来源不明罪。王某某受贿数额特别巨大，其中索取贿赂数额亦特别巨大，索取贿赂后将绝大部分用于阻止有关部门对其犯罪的查处，犯罪情节特别严重，且在确凿的证据面前，百般狡辩，拒不认罪，态度极为恶劣，应依法严惩。王某某在本院审理期间，揭发唐某、燕某、姚某受贿犯罪和汪某走私犯罪，经检察机关查证，唐某在王某某揭发之前已经被举报，燕某的行为不构成犯罪，且已经受到党纪、政纪处分，姚某和汪某在王某某揭发前，已被立案查处，王某某的行为不构成立功。判决：被告人王某某犯受贿罪，判处死刑，剥夺政治权利终身，并处没收个人全部财产；犯巨额财产来源不明罪，判处有期徒刑4年；决定执行死刑，剥夺政治权利终身，并处没收个人全部财产。王某某不服，提出上诉。山东省高级人民法院二审裁定驳回上诉，维持原判。经最高人民法院核准，济南市中级人民法院对王某某依法执行死刑。

【案例1－126】 2007年年底至2008年，被告人潘某某作为广西英山监狱基建计划科科长兼英山监狱桂林市筹备处副主任，利用负责筹备处基建工作并向领导请示确定伍某为工程承包人的便利条件，为获取利益指使其妻被告人吕某某（广西英山监狱民警）控制英山监狱拨付伍某工程款的银行卡。吕某某明知伍某在承包英山监狱零星工程的施工业务上有求于其夫潘某某，利用潘某某的权力且其在筹备处工作的便利条件，控制英山监狱拨付承包人工程款的银行卡后，以持卡取款的方式索要伍某14.5万元。潘某某、吕某某在伍某违背其意愿更改收款账户将工程款22万余元取走后，两被告人共同要求伍某写下22万元的借条，并纠集熊某某、莫某某（另案处理）胁迫伍某立下还款承诺书，并以伍某家人安全相威胁，伍某无奈向公安机关报案。事情败露后两被告人与熊某某订立攻守同盟，编造“借条”、“收条”、“委托书”等“书证”隐瞒案件事实真相，两被告人统一口径，以向伍某出借资金、帮助缴纳税款等理由为自己索取贿赂的犯罪事实狡辩，拒不认罪。根据潘某某、吕某某的犯罪事实、情节、手段、后果及认罪态度，桂林市七星区人民法院一审以潘某某、吕某某犯受贿罪各判处有期徒刑13年，剥夺政治权利2年，并处没收财产20万元。两被告人均不服，提出上诉。桂林市中级人民法院二审裁定驳回上诉，维持原判。

（三）受贿罪的既遂与未遂

从刑法理论上讲，受贿罪是直接故意犯罪，行为人在实施犯罪的过程中，有时候会因为意志以外的原因而未得逞，因此，受贿罪也存在犯罪未遂。但关于受贿罪既遂与未遂的标准，刑法学界并没有一致的认识，归纳起来，大致有以下几种观点。第一种观点是“承诺说”，认为行为人的承诺是区分受贿罪既遂与未遂的标准，只要行为人承诺为他人谋取利益，无论其是否已经实际得到贿赂，均应视为受贿罪的既遂。第二种观点是“谋利说”，认为行为人是否为他人谋取了利益是区分受贿罪既遂与未遂的标准，只要行为人为他人谋取了利益，无论其是否已经实际得到贿赂，均应视为受贿罪的既遂。第三种观点是“得到贿赂说”，认为应当以行为人是否实际得到贿赂作为区分受贿罪既遂与未遂的标准，只要行为人已经实际得到贿赂，无论其是否已经为他人谋取利益，均应视为受贿罪既遂。只有因行为人意志以外的原因而未能得到贿赂，才是受贿罪的未遂。第四种观点是“得到贿赂和谋利说”，认为受贿罪是权钱交易的犯罪，应当以行为人是否已经实际得到贿赂和是否已经为他人谋取利益作为区分受贿罪既遂与未遂的标准。

笔者认为，第一种观点和第二种观点不考虑行为人是否实际得到贿赂，仅仅将行为人承诺为他人谋取利益或者已经为他人谋取利益作为区分受贿罪既遂与未遂的标准，将会导致过分扩大或者缩小受贿罪的成立范围；第三种观点将行为人是否得到贿赂作为区分受贿罪既遂与未遂的标准，没有考虑在行为人非法收受他人财物的情况下，还应当具有为他人谋取利益的条件才能成立犯罪的立法规定，扩大了受贿罪的成立范围；第四种观点将行为人是否已经实际得到贿赂和是否已经为他人谋取利益作为区分受贿罪既遂与未遂的标准，没有考虑索贿情况下并不需要为他人谋取利益即可成立犯罪的立法规定，过分限制了受贿罪的成立范围。笔者认为，按照我国刑法理论的通说，犯罪既遂与未遂的标准是“犯罪构成要件齐备说”，在界定受贿罪既遂与未遂的标准时，也应当按照刑法的规定，依据“犯罪构成要件齐备说”来把握。具体可以分为以下三种情况：

1. 索取型受贿的情况。1999 年最高人民检察院《关于人民检察院直接受理立案侦查案件立案标准的规定（试行）》关于受贿罪的解释指出：索取他人财物的，不论是否“为他人谋取利益”，均可构成受贿罪。据此，这种情况下受贿罪既遂与未遂的标准，应当是行为人是否已经索取到他人财物，索取到他人财物的为受贿罪既遂，提出索要但没有实际取得他人财物的为受贿罪的未遂。

【案例 1－127】 被告人林某某在任石狮市华侨医院筹建委员会办公室副主任期间，利用其职务上的便利，于 1996 年 6 月间，提供有关工程承建信息，帮助吴某某取得石狮市华侨医院医技楼的承建权。后林某某多次以“华侨医院捐资者的亲戚要 5 万元介绍费”为由，向吴某某索要人民币 5 万元。由于吴某某资金紧缺，后经商定，林某某帮助吴某某向他人借得人民币 5 万元供吴某某作为流动资金。吴某某于 1996 年 12 月 28 日按林某某的意思写下 2 张共 10 万元的借条交给林某某，并于 1997 年 2 月按约定支付给林某某 10 万元本金的部分利息。1997 年 4 月由于案发，林某某未能实际取得其索要的人民币 5 万元。林某某在任石狮市华侨医院筹建委员会成员及办公室副主任期间，利用其职务上的便利，于 1994 年及 1995 年春节期间，先后两次收受石狮市华侨医院门诊楼工程承建者林某贿送的人民币共计 7000 元。案发后，林某某向检察机关退清全部赃款。归案后，林某某积极检举他人受贿犯罪，并经查证属实。石狮市人民法院经审理认为：被告人林某某身为国家机关工作人员，利用职务上的便利，索取及收受他人财物共计人民币5.7万元，其行为已构成受贿罪。林某某在索取他人5万元的过程中，由于意志以外原因未能实际取得，属犯罪未遂。归案后，林某某能检举他人受贿犯罪并经查证属实，属立功表现，其辩护人建议对其适用缓刑的辩护意见予以采纳。判决林某某犯受贿罪，判处有期徒刑3年，缓刑4年。

2. 非法收受型受贿的情况。1999年最高人民检察院《关于人民检察院直接受理立案侦查案件立案标准的规定（试行）》关于受贿罪的解释指出：非法收受他人财物的，必须同时具备“为他人谋取利益”的条件，才能构成受贿罪。据此，这种情况下受贿罪既遂与未遂的标准，应当是行为人是否非法收受他人财物，并为他人谋取利益。需要注意的是，这里的为他人谋取利益，并不要求行为人已经实际为他人谋取到了利益，按照2003年最高人民法院《全国法院审理经济犯罪案件工作座谈会纪要》第3条第2项的解释，“为他人谋取利益”包括承诺、实施和实现三个阶段的行为，只要具有其中一个阶段的行为，如国家工作人员收受他人财物时，根据他人提出的具体请托事项，承诺为他人谋取利益的，就具备了为他人谋取利益的要件。明知他人有具体请托事项而收受其财物的，视为承诺为他人谋取利益。

【案例1-128】刘某系某县住房与城乡建设管理局局长，2006年下半年，县政府决定由县城投公司负责组织实施道路改造项目。在该工程招标前的一天，某建筑有限责任公司董事长张某某找到刘某，请求其帮忙承揽该工程，并承诺中标后给刘某30万元好处费，刘某答应给予帮忙。不久在刘某帮助下，张某某顺利中标承揽到该工程。张某某为感谢刘某帮忙，称给其承诺的30万元好处费如刘某不急用先给刘某打一张借条，按月息2分给计息，如果刘某用钱随时可以取，刘某表示同意，随后，张某某打了一张内容为“今借到刘某人民币30万元，月息2分，借款人张某某”的借条交给了刘某。本案中，刘某收受了请托人张某某出具的“借款30万元，月息2分”的借条，享有了要求行贿人支付本金及利息的权利，但是这种财产性权利仅仅是一种债权请求权，行为人必须向行贿人提出要求该权利才能实现。刘某还未向行贿人索要过这30万元及利息，就因案发而被迫中止了这一行为，根据受贿罪的犯罪构成要件，刘某的行为应该属于受贿罪的未遂。①

【案例1-129】1994年10月、12月、1995年1月，被告人李某某利用自

① 参见王堃、楚雅丽：《“打借条”算不算受贿?》，载《正义网》2011年10月17日。

己担任中国工商银行桐柏县支行新营业楼基建领导小组副组长（主管工程资金，一杆笔审批）的职务便利，在桐柏县建筑公司和该公司第五施工队提出申请拨付新营业楼基建工程款等要求之机，三次收受建筑公司和第五施工队的工作人员张某某、王某某、程某某转交该公司和第五施工队现金及四组合柜、“席梦思”床各一套（价值2000元）共计1.6万元。在行贿人的追要下，1995年6月17日、18日，李某某两次将1995年1月收受的行贿款1万元退还行贿单位。案发后，余赃款4000元及“席梦思”床、四组合家具各一套，由李某某家人全部退出。桐柏县人民法院一审认为：被告人李某某无视国法，破坏国家的廉政制度，违背国家工作人员应遵守的廉政义务，利用职务之便，收受他人财物据为已有，其行为构成受贿罪。但李某某于1995年1月收受现金1万元，1995年6月18日又在行贿者索要下，于立案前退回，犯罪没有最终得逞，应属受贿未遂。李某某能坦白认罪，全部退赔赃款、赃物，原工作表现较好，李某某受贿实得现金及实物合款6000元，受贿未遂1万元，应适用减轻处罚并适用缓刑。判决李某某犯受贿罪，判处有期徒刑3年，缓刑4年。李某某服判不上诉，桐柏县人民检察院抗诉提出：（1）1995年1月李某某利用给桐柏县建筑公司拨付工程款之机，通过该公司经理张某某、副经理王某某收受该公司贿赂款1万元，归本人及其子使用，其行为完全符合受贿罪的主、客观要件，属受贿罪既遂。因此，李某某受贿1.6万元，均应认定为犯罪既遂。（2）李某某受贿1.6万元，属受贿数额巨大，犯罪情节严重，不符合缓刑条件。南阳市中级人民法院二审裁定驳回抗诉，维持原判。笔者赞同检察机关的意见，本案中被告人李某某于1995年1月受贿1万元，此时这起受贿犯罪就已经既遂。李某某在行贿人追要下于同年6月将1万元退还行贿单位，但并不能改变这起受贿犯罪在1月已经既遂的事实。同理，如果行为人贪污或挪用单位的公款，几个月后被单位发现追回贪污或挪用的公款，并不能因此就认为行为人贪污或挪用公款的行为属于未遂。

【案例1-130】被告人钱某某于1993年春节至2000年春节期间，利用担任南通醋酸化工厂行政科科长、分管印刷业务的职务之便，为通州市的印刷个体户陆某某、南通市纸品厂的陈某某谋取利益，先后17次收受该二人假借“拜年费”、“贺礼”、小孩“压岁钱”、“电话赞助费”等名目所送的贿赂共计人民币11980元。2000年10月，陆某某诈骗南通醋酸化工厂印刷费的罪行败露，该厂财务科有关人员因犯受贿罪相继落网。2001年3月及6月，钱某某分两次将其受贿中的5800元缴至南通市“510廉政账户”。案发后钱某某退出人民币6000元。南通市港闸区人民法院一审认为：被告人钱某某身为国家工作人员，利用职务上的便利非法收受他人财物，为他人谋取利益，其行为已构成受贿罪。钱某某利用职务之便，为他人谋取利益并收受贿赂，其犯罪形态已经既遂，至于赃款去路及其在案发前将部分钱款缴至廉政账户，并不影响受贿罪的成立。归案前，钱某某将部分赃款上缴廉政账户，有一定的悔罪表现，可酌情从轻处罚。判决钱某某犯受贿罪，判处有期徒刑 1 年，缓刑 1 年 6 个月。钱某某上诉称：缴至“510 廉政账户”的 5800 元应属违法所得，不应认定为受贿；所收的钱款之中有 2500.50 元，钱某某已用于单位的零星开支，应从受贿数额中剔除；2000 元电话初装费是向陆某某所借，应属债权债务的民事法律关系。南通市中级人民法院二审认为：（1）钱某某缴至“510 廉政账户”的 5800 元，系上诉人在几年前利用职务之便，为他人谋取利益而收受的钱款，且系在行贿人陆某某及本单位其他人员分别因涉嫌诈骗、受贿案发后，才将该款上缴该账户，该款的性质应为受贿款，且已触犯刑律，应当追究其刑事责任。（2）钱某某所收贿赂中是否有 2500.50 元为本单位作了支出，应由其所在单位根据财务制度审查是否应当报支，不是本案应当审理的范围，因为该款与其收受贿赂无刑法上的因果关系，且行政支出与贿赂犯罪之间性质不同、处理有别、适用法律迥异，两者不可混淆。（3）1994 年钱某某在接受陆某某所送的 2000 元电话初装费时虽口口声声是“借”，但并未出具借条，直至案发长达 7 年之外，非但未还此款，反而多次收受陆某某以“拜年费”、“贺礼”等名目的贿赂，足以证明此款系钱某某以“借”为名实为受贿。据此，裁定驳回上诉，维持原判。

3. 斡旋受贿的情况。按照刑法第 388 条的规定，在斡旋受贿的情况下，无论行为人是索取请托人财物还是收受请托人财物，均需要通过其他国家工作人员职务上的行为，为请托人谋取不正当利益，才构成受贿罪。据此，这种情况下受贿罪既遂与未遂的标准，应当是行为人索取或者收受请托人财物，并通过其他国家工作人员为请托人谋取不正当利益。需要注意的是，为请托人谋取不正当利益包括承诺、实施和实现三个阶段的行为。只要具有其中一个阶段的行为，就具备了为请托人谋取不正当利益的要件。

【案例 1－131】2008 年 8 月，被告人仲某某在任正阳县公安局真阳镇派出所副所长期间，陡沟镇街上的理发个体户张某某因涉嫌盗窃被正阳县公安局刑警队逮捕，张某某的妻子徐某某找到在县城卖家电的高某某（高某某的哥与仲某某是战友），让其找人活动此事，高某某就找到仲某某让其帮忙，仲某某答应活动此事，张某某亲属分两次共送给仲某某 3.5 万元。案发后，赃款全部退出。正阳县人民法院一审以受贿罪判处仲某某有期徒刑 3 年，缓刑 4 年。仲某某不服，提出上诉。驻马店市中级人民法院二审认为：（1）关于仲某某及其辩护人提出“仲某某没有利用职权或地位形成的便利条件”的辩护意见。

经查，仲某某虽然不是张某某涉嫌犯盗窃罪案的办案人员，但其身为正阳县公安局真阳镇派出所副所长，与办理该案的民警同属一局，具备为请托人谋取不正当利益的条件，也正因此，请托人徐某某才请求仲某某为其办事，故此辩护理由不能成立。（2）关于仲某某及其辩护人提出“仲某某没有通过其他国家工作人员职务上的行为，为请托人谋取不正当利益”的辩护意见。经查，仲某某承诺为请托人谋取不正当利益并收受现金人民币3.5万元。根据有关规定，承诺为他人谋取利益的，就具备了为他人谋取利益的要件，明知他人有具体请托事项而收受其财物的，视为承诺为他人谋取利益，仲某某明知请托人的请托事项，而收受其财物，视为承诺，其行为已构成为他人谋取利益。故此辩护理由不能成立。（3）关于仲某某及其辩护人提出“本案不存在不正当利益”的辩护意见。经查，请托人徐某某的丈夫张某某因涉嫌犯盗窃罪被逮捕，徐某某为使张某某免受刑事处罚而找到仲某某，其请托的事项是通过合法手段所不能取得的利益，属于不正当利益。故此辩护理由不能成立。原判认定事实清楚，定罪准确，量刑适当，审判程序合法。仲某某的上诉理由均不能成立。裁定驳回上诉，维持原判。

实践中，如果行为人索取或者非法收受他人普通财物的，容易认定既遂与未遂。但如果行为人索取或者非法收受他人提供的房屋、汽车等需要进行所有权登记的物品，如何来认定既遂与未遂的标准，刑法学界认识并不一致。2007年最高人民法院、最高人民检察院《关于办理受贿刑事案件适用法律若干问题的意见》第8条专门就收受贿赂物品未办理权属变更的问题进行了解释：国家工作人员利用职务上的便利为请托人谋取利益，收受请托人房屋、汽车等物品，未变更权属登记或者借用他人名义办理权属变更登记的，不影响受贿的认定。认定以房屋、汽车等物品为对象的受贿，应注意与借用的区分。具体认定时，除双方交代或者书面协议之外，主要应当结合以下因素进行判断：（1）有无借用的合理事由；（2）是否实际使用；（3）借用时间的长短；（4）有无归还的条件；（5）有无归还的意思表示及行为。

笔者认为，对此不能一概而论。如果行为人收受请托人房屋、汽车等物品后，借用他人名义办理权属变更登记的，则变更的后果就是请托人失去了对这些物品的所有权，而行为人间接地获得了这些物品的所有权，则说明行为人主观上具有非法占有请托人这些物品的故意，认定为受贿没有问题。如果行为人收受请托人房屋、汽车等物品后，没有变更权属登记，只是无偿占有使用这些物品，则行为人主观上既有可能是获得这些物品的所有权，也有可能是仅仅获取这些物品的无偿使用权而不是所有权，这种情况下不宜将这些物品一律认定为贿赂。实践中，虽然有上述司法解释，但在没有办理权属变更登记的情况下，还是应当结合主客观方面的证据来综合判断行为人是否具有非法占有请托人房屋、汽车等物品的主观故意；即使能够认定行为人具有将这些物品非法占为己有的主观故意，但由于这些物品还没有办理权属变更登记，也就是说行为人还没有实际取得这些物品的所有权，则可能属于受贿罪的未遂。当然，即使行为人主观上并不想获取这些物品的所有权，仅仅是想获得这些物品的无偿使用权，但这些物品的使用权也是有价值的，是一种可以用金钱计算的财产性利益，如果行为人对这些物品的使用价值按照市场价格计算达到了5千元以上的，也应当以受贿罪追究行为人的刑事责任。

【案例1－132】2003年起，被告人姜某某利用担任宁波电业局局长及其下属企业投资参股的宁波浙电房地产开发有限公司（以下简称浙电房产公司）董事长的职务便利，通过审批浙电房产公司商品房住宅优惠额度等方式，使其朋友马某某以优惠价购买到该公司开发的商品房，还通过向电业局下属企业控股的宁波明耀环保热电有限公司（以下简称明耀公司）相关人员打招呼等手段，使马某某以浙江省余姚市兴耀燃料有限公司名义承接到向明耀公司供应煤炭的业务。2003年年底，马某某提议为姜某某购买商品房，姜某某允诺。2004年10月，马某某以姜某某儿子姜甲名义购买了浙江省杭州锦绣天地房地产开发有限公司开发的杭州国际商务中心某号商品房，并开始支付房款，至2005年12月，付清房款207.8184万元。姜某某还有其他受贿行为，共计人民币4468184元、美元1万元。宁波市中级人民法院一审以受贿罪判处姜某某有期徒刑15年，并处没收其个人财产人民币40万元。宁波市人民检察院抗诉提出：姜某某没有任何法定从轻处罚的情节，且在一审庭审时否认收受房款，认罪态度差，应从重处罚，原审判处有期徒刑量刑畸轻。姜某某上诉提出：其与马某某共同经营房产、煤炭、塑料生意赚了300余万元，与马某某约定过利润平分，用利润购房；购房合同早在2004年订立，明耀公司与马某某进行煤炭业务从2005年2月才开始；锦绣天地的商品房未交付，尚未办理房产证，签订购房合同等手续均是马某某操作，其能否真正取得房屋亦不明确，且认定该购房款系马某某支付的证据也不充分，此节不构成受贿罪等，要求二审改判。

浙江省高级人民法院二审认为：关于收受马某某房屋一节。马某某、庄某某夫妇和劳某某证言均没有提及姜某某与马某某合作做生意，姜某某在侦查阶段也没有此类供述，故合作做生意仅仅是姜某某的辩解，并无证据证实。有关本节犯罪的形态问题，根据查明的事实，马某某所送的商品房是期房，当时无法取得房屋的所有权证，准备办妥所有手续后再将全部权利凭证一并交给姜某某。姜某某允诺后，将儿子的身份证件交给马某某。购房手续全部由马某某夫妇操办。虽然购房是以姜某某儿子名义，但支付房款的付款凭证和购房合同等书证均在马某某处，尚未为姜某某所获得和控制，由于本案的案发，致使姜某某的受贿行为未能最终完成，故应属受贿犯罪未遂。姜某某受贿数额特别巨大，认罪态度差，应从严惩处。但鉴于姜某某收受价值人民币207万余元的房屋一节属未遂，全部赃款、赃物均被追缴、退缴或扣押在案等具体情节，可对其从轻处罚。综合姜某某的受贿罪行和量刑情节，对其判处有期徒刑15年并无明显不当，宁波市人民检察院抗诉和出庭的检察员提出原判量刑畸轻，姜某某与其二审辩护人对事实提出的异议以及要求改判的理由均不足，不予采纳。原判定罪和适用法律正确，量刑适当，审判程序合法。裁定驳回抗诉、上诉，维持原判。

根据刑法第23条的规定：对于未遂犯，可以比照既遂犯从轻或者减轻处罚。需要指出的是，受贿罪既然是直接故意犯罪，除了犯罪未遂之外，同样存在犯罪中止和犯罪预备的犯罪形态，但实践中这两种犯罪形态很难发现，即使被发现，如果没有造成严重危害后果，通常也会免予刑事处罚。

【案例1－133】 被告人王某某担任徐州市泉山区中枢街、风化街、文亭街西段道路建设领导小组成员兼办公室主任期间，在帮助徐州兴隆房地产开发有限公司（原徐州市泉山房地产开发公司第五工程处）承接风化街、文亭街西段道路建设工程过程中，于1997年年初向徐州市兴隆房地产开发有限公司经理张某某提出用其女婿戴某某位于本市湖滨新村6期小楼3号楼102、103室住宅房换该公司在风化街的1套门面房。后因该公司需用此门面房向银行办理抵押贷款，置换未果。张某某于1998年8月用35.08万元人民币为王某某购买了1套位于本市风化街53号住宅楼1号1幢底层7—10轴线门面房，同时，张某某提出让王某某担负该门面房的一半房款，王某某不同意，坚持用其女婿戴某某的住宅房置换该门面房，张某某被迫同意将两处房产作等价置换，并于1998年9月18日与王某某的女婿戴某某签订了商品房购销合同，同时交付了该门面房的钥匙。该房屋产权证未及办理遂案发。经徐州市泉山区价格事务所鉴定，该套门面房价值人民币36.5万元，其女婿戴某某的湖滨新村6期小楼3号楼102、103室住宅房共价值人民币10.5万元。徐州市泉山区人民检察院指控王某某构成受贿罪且系未遂。徐州市泉山区人民法院经审理认为：被告人王某某身为国家工作人员，利用职务上的便利索取他人财物，其行为已构成受贿罪。公诉机关指控王某某犯受贿罪事实清楚，证据确实、充分，本院予以采纳。依照刑法第385条第1款、第386条、第383条第1项、第23条之规定，判决被告人王某某犯受贿罪，判处有期徒刑5年。本案中，被告人王某某受贿数额为两套房屋的差价26万元，依法应当适用“十年以上有期徒刑或者无期徒刑”的量刑幅度，法院鉴于其属于犯罪未遂，减轻判处其有期徒刑5年。

【案例1－134】2002年至2007年，被告人崔某利用担任舟山市城市建设综合开发总公司总经理、舟山市城乡建设委员会副主任、舟山市城市建设综合开发管理办公室主任、舟山市普陀区人民政府副区长等职务便利，在业务承接、工程验收等过程中，为他人谋取利益，于2004年至2010年先后以干股分红、借款、低价购房、由他人代为支付房租费、税费等形式收受贿赂，共计人民币1722103元，其中实际收受722103元，约定收受100万元。浙江省舟山市中级人民法院经审理认为：被告人崔某身为国家工作人员，利用职务上的便利，为他人谋取利益，非法收受他人财物，数额特别巨大，其行为已构成受贿罪。公诉机关指控罪名成立。被告人崔某约定收受的100万元贿赂款事实，因约定条件未出现和案发原因造成尚未按约定实际收受，系犯罪未遂，可比照既遂犯从轻处罚。案发后，其亲属代为退清全部所得赃款，可酌情从轻处罚。判决被告人崔某犯受贿罪，判处有期徒刑12年，并处没收财产人民币30万元。

（四）受贿罪共同犯罪的认定

1988年全国人大常委会《关于惩治贪污罪贿赂罪的补充规定》第4条第2款规定：“与国家工作人员、集体经济组织工作人员或者其他从事公务的人员勾结，伙同受贿的，以共犯论处。”1997年刑法没有保留关于受贿罪共犯的规定。实践中，围绕受贿罪共同犯罪的成立范围以及如何追究各共犯的刑事责任等问题，刑法学界一直存在争议。鉴于此，最高人民法院、最高人民检察院先后公布了几个司法解释，以指导对受贿罪共同犯罪案件的办理。

2003年最高人民法院《全国法院审理经济犯罪案件工作座谈会纪要》第3条第5项就共同受贿犯罪的认定问题进行了解释：“根据刑法关于共同犯罪的规定，非国家工作人员与国家工作人员勾结，伙同受贿的，应当以受贿罪的共犯追究刑事责任。非国家工作人员是否构成受贿罪共犯，取决于双方有无共同受贿的故意和行为。国家工作人员的近亲属向国家工作人员代为转达请托事项，收受请托人财物并告知该国家工作人员，或者国家工作人员明知其近亲属收受了他人财物，仍按照近亲属的要求利用职权为他人谋取利益的，对该国家工作人员应认定为受贿罪，其近亲属以受贿罪共犯论处。近亲属以外的其他人与国家工作人员通谋，由国家工作人员利用职务上的便利为请托人谋取利益，收受请托人财物后双方共同占有的，构成受贿罪共犯。国家工作人员利用职务上的便利为他人谋取利益，并指定他人将财物送给其他人，构成犯罪的，应以受贿罪定罪处罚。”

2007年最高人民法院、最高人民检察院《关于办理受贿刑事案件适用法律若干问题的意见》第 7 条就受贿罪的共犯问题指出："国家工作人员利用职务上的便利为请托人谋取利益，授意请托人以本意见所列形式，将有关财物给予特定关系人的，以受贿论处。特定关系人与国家工作人员通谋，共同实施前款行为的，对特定关系人以受贿罪的共犯论处。特定关系人以外的其他人与国家工作人员通谋，由国家工作人员利用职务上的便利为请托人谋取利益，收受请托人财物后双方共同占有的，以受贿罪的共犯论处。"第 11 条指出：所称"特定关系人"，是指与国家工作人员有近亲属、情妇（夫）以及其他共同利益关系的人。需要指出的是，"通谋"是特定关系人和非特定关系第三人成立受贿共犯均需具备的主观要件。该司法解释之所以规定较一般共同犯罪更为严格的主观条件，主要是考虑到受贿行为具有为他人谋利和非法收受他人财物的复合性，强调通谋，意义在于突出为他人谋利方面的意思联络。"共同占有"是非特定关系第三人成立受贿罪共犯的要件，如此规定主要是出于主客观相一致原则与刑事打击面的考虑，鉴于特定关系人与国家工作人员已有共同利益关系，故不再要求"共同占有"的要件。

【案例 1－135】广东省盐业总公司（广东省广盐集团有限公司）是全民所有制企业，广东省盐务局于 2007 年 5 月成立，与广东省盐业总公司是"两块牌子，一套人马"。2003 年 11 月至 2008 年 12 月 30 日，被告人沈某某担任广东省盐业总公司总经理、党委书记、广东省广盐集团有限公司董事长兼广东省盐务局局长，主持党政全面工作，分管人事、财务、总经理办公室、信息工作。2006 年下半年，沈某某的情妇白某某从沈某某处得知广东省盐业总公司有纸箱招标项目后，要求沈某某帮助何某某的广州市锐奇纸品有限公司（以下简称锐奇公司）中标，何某某同意每供应 1 个纸箱给 0.1 元回扣。同年 7 月 20 日，广东省盐业总公司正式组成招标（评标）小组对食盐纸箱包装项目进行招标。沈某某利用其主管广东省盐业总公司全面工作的职务便利，要求招标小组关照锐奇公司，通过降低标准使锐奇公司取得竞标资格后，又增加其推荐的专家评审环节确保了锐奇公司顺利成为三家纸箱供应企业之一。2006 年 9 月至 2008 年间，锐奇公司按合同约定向广东省盐业总公司下属的广东广盐和信发展有限公司供应纸箱，期间，沈某某帮助何某某增加了锐奇公司的供货量及续签供货合同。何某某则在收到货款后按约定的比率支付回扣给白某某，白某某告知沈某某收取回扣的情况。经查，2006 年 8 月至 2008 年 12 月，锐奇公司向广东广盐和信发展有限公司供应纸箱共计 7530885 个，何某某以现金形式分 24 次支付给白某某回扣款共计 65.9 万元。2008 年 12 月 4 日，沈某某在接受广东省纪委调查时主动交代了前述事实。广州市中级人民法院经审理认为：被告人沈某某身为国家工作人员，利用职务上的便利，伙同特定关系人非法收受他人现金65.9万元，为他人谋取利益，其行为构成受贿罪。沈某某在尚未受到讯问、未被采取强制措施时主动交代了自己的犯罪事实，是自首，依法可以减轻处罚。判决沈某某犯受贿罪，判处有期徒刑4年，并处没收财产6万元。

【案例1-136】被告人刘某某于1993年6月至2000年12月任中共贵州省委书记，1998年1月至2003年1月任贵州省人大常委会主任。1995年3月至2002年2月，刘某某利用职务上的便利，为他人谋取利益，单独或伙同其儿媳易某（另案处理）先后22次非法收受刘甲等人的人民币661万元、美元1.99万元，共计折合人民币6774780.50元。其中一笔是：1997年，刘某某的儿媳易某提出利用刘某某的权力为全家挣钱，刘某某同意。1999年1月前后，贵阳市国有资产管理局（以下简称贵阳市国资局）拟转让所持有的贵州中天（集团）股份有限公司（以下简称中天公司）部分国家股。为了收购中天公司国家股，时任世纪兴业投资有限公司（以下简称世纪公司）法定代表人的刘甲请易某帮助协调与相关部门的关系，并允诺给予易某人民币500万元。易某将此事告诉了刘某某，称如收购成功，会有很好的收益，并让刘某某必要时出面协调。1999年7月，在易某、刘甲的安排下，刘某某参加了刘甲的宴请，并让在场的时任贵阳市市长的孙某某对世纪公司收购中天公司国家股给予支持。后刘某某还介绍易某与时任贵州省副省长的顾某某联系，使财政部国有资本金基础管理司对世纪公司咨询国有股权转让政策问题的复函很快转发至贵阳市国资局。2000年1月6日，贵阳市国资局与世纪公司签订了《股份转让协议》，向世纪公司转让中天公司国家股3300万股。为此，1999年4月至2000年上半年，刘甲先后4次共给予易某人民币500万元。易某和其夫将此事告诉了刘某某，并说是全家的钱。案发后，上述款项已全部追缴。北京市第二中级人民法院一审认为：被告人刘某某身为国家工作人员，利用职务上的便利，为他人谋取利益，单独或伙同其儿媳易某非法收受他人钱款，其行为已构成受贿罪，受贿数额特别巨大。鉴于刘某某认罪态度较好，具有坦白情节，且赃款已追缴，故以受贿罪判处刘某某无期徒刑，剥夺政治权利终身，并处没收个人全部财产。刘某某的上诉理由及其辩护人的辩护意见为：一审判决认定刘某某与易某共谋受贿500万元与事实不符，证据不充分，刘某某的行为不构成受贿罪。北京市高级人民法院二审认为：刘某某明知并同意易某利用其职权谋取利益。在易某帮助世纪公司收购中天公司部分国家股股权的过程中，刘某某在事前得知事成后易某会从中获取好处的情况下，利用任省委书记、负责省委全面工作的职务便利，向有关领导打招呼，为世纪公司的收购活动提供帮助，并对易某因此而获取了人民币500万元好处费予以默认。刘某某与易某既有利用刘某某的职权赚取好处的事前约定，亦有利用刘某某职务便利为他人谋取利益，非法收受他人钱款的客观行为，刘某某的行为已构成受贿罪。一审法院认定上述事实的证据确实、充分。刘某某及其辩护人的该项上诉理由及辩护意见缺乏事实和法律依据，本院不予采纳。裁定驳回上诉，维持原判。

2008年最高人民法院、最高人民检察院《关于办理商业贿赂刑事案件适用法律若干问题的意见》第11条就如何追究受贿罪共犯的刑事责任进行了解释：非国家工作人员与国家工作人员通谋，共同收受他人财物，构成共同犯罪的，根据双方利用职务便利的具体情形分别定罪追究刑事责任：（1）利用国家工作人员的职务便利为他人谋取利益的，以受贿罪追究刑事责任。（2）利用非国家工作人员的职务便利为他人谋取利益的，以非国家工作人员受贿罪追究刑事责任。（3）分别利用各自的职务便利为他人谋取利益的，按照主犯的犯罪性质追究刑事责任，不能分清主从犯的，可以受贿罪追究刑事责任。笔者认为，根据现行刑法的有关规定，受贿罪的共同犯罪大致可以分为以下几种情形：

1. 国家工作人员与无身份的人员勾结，利用国家工作人员职务上的便利，伙同受贿的，均依照受贿罪定罪处罚。

【案例1－137】2003年至2008年期间，被告人周某某利用其担任大余地矿局局长的职务便利，为他人谋取利益，非法收受他人财物价值共计人民币1199750元。其中，周某某伙同其妻子被告人黄某共同非法收受他人财物价值人民币204750元。赣州市中级人民法院经审理认为：被告人周某某身为国家工作人员，利用职务上的便利为他人谋取利益，非法收受他人财物价值共计人民币1199750元，其行为构成受贿罪。在周某某收受他人所送价值人民币204750元的轿车过程中，黄某明知该车系他人贿赂所送，仍予伪造虚假的车辆转让手续将车辆过户到自己名下，构成受贿罪的共犯。在共同犯罪中，周某某起主要作用，是主犯。鉴于其在被采取强制措施后如实供述司法机关尚未掌握的较重的同种罪行，依法对其从轻处罚，辩护人提出周某某具有一般应当从轻处罚的情节的辩护意见成立，本院予以采纳。黄某在共同犯罪中起次要作用，系从犯，根据其罪行，对其依法减轻处罚。黄某具有自首情节，根据其罪行，对其依法减轻处罚。鉴于周某某、黄某在案发后均能积极退赃，认罪态度较好，均可酌情对其从轻处罚。鉴于黄某的犯罪情节和悔罪表现，可对其依法适用缓刑。判决：被告人周某某犯受贿罪，判处有期徒刑12年6个月，并处没收个人财产人民币20万元；被告人黄某犯受贿罪，判处有期徒刑3年，缓刑4年，并处没收个人财产人民币2万元。

【案例1－138】2006年11月至2008年2月，被告人易某某与其兄易甲

（另案处理）利用易甲先后担任道县县委副书记、县长及县委书记的职务之便，在道县湘源大道工程的招标、协调拆迁施工矛盾、增加工程量、工程款的拨付及结算等方面，给予湘源大道工程承建商熊某某帮助，为其谋取利益，三次收受熊某某钱物折合人民币共计289.3万元。具体犯罪事实如下：2006年11月的一天，被告人易某某为了使大哥易甲在干部调整换届时得到提拔，在征得易甲同意后，以“找关系急需要借钱”为由向熊某某索要12万元钱用于“跑关系”。2008年1月，被告人易某某在事先与湘源大道工程承建商熊某某约定该工程利润分成的情况下，为了提早得到湘源大道工程中的好处，以“回老家不方便，想买台车过年”为由，要熊某某为其买一辆小轿车。2008年1月9日，熊某某在湖南永州申湘汽车有限公司为易某某购买一辆丰田锐志小轿车，并为其支付车辆买保险、上牌相关费用，共计花费27.3万元。当日，被告人易某某为了备忘向熊某某出具“借条”，熊某某不同意收存。2008年春节，易甲知悉易某某收受该车的情况。2007年，被告人易某某与易甲商议出资入股道州商业乐园一事时，易某某承诺可以拿出250万元入股。此后易某某以与熊某某一起入股的名义，向熊某某索要250万元，并于2008年2月13日（农历正月初七）与熊某某一起到永州市冷水滩区河东马路街农村信用社将250万元钱转账到道州商业乐园开发商欧某某的账户上，作为易某某易甲兄弟入股道州商业乐园的本金。事后易甲从易某某处得知从熊某某处拿250万元入股之事，易甲没有表示反对。案发后，公诉机关追缴易某某赃款8.6万元、赃物丰田锐志小轿车1辆。衡阳市南岳区人民法院一审认为：被告人易某某与其兄易甲利用易甲担任道县县委副书记、县长及县委书记的职务便利，共同收受熊某某财物，数额特别巨大，其行为已构成受贿罪。在共同受贿中，被告人易某某起了主要作用，系主犯。被告人易某某积极揭发他人，有立功表现，可以对其从轻处罚。判决被告人易某某犯受贿罪，判处有期徒刑十年。易某某上诉认为：（1）一审法院认定其与熊某某之间的三笔经济往来为受贿属于认定错误，其行为不构成受贿罪。（2）即使认定其行为构成受贿罪，其作为一个商人，在共同受贿过程中只起辅助作用，应系从犯。衡阳市中级人民法院二审认为：上诉人易某某与其兄易甲利用易甲的职务便利，多次非法收受他人财物，数额特别巨大，并为他人谋取利益，其行为已构成受贿罪。上诉人易某某上诉认为，一审法院认定其与熊某某之间的三笔经济往来为受贿属于认定错误，其行为不构成受贿罪，经查，上诉人易某某利用其兄易甲的职务便利，三次收受熊某某的财物，并为熊某某在道县湘源大道工程的招标、协调拆迁施工矛盾、增加工程量、工程款的拨付等方面谋取利益，故一审认定其犯罪事实正确，上诉人的行为构成受贿罪，对此上诉理由不予采纳。上诉人又认为，即使认定其行为构成受贿罪，其作为一个商人，在共同受贿过程中只起辅助作用，应系从犯，经查，上诉人易某某在受贿过程中首先产生犯意，而后才与易甲形成合谋，收受的财物均是由易某某以各种名义直接开口向熊某某索取，并由其经手收取，故其在共同受贿犯罪中起了主要作用，应系主犯，对此上诉理由不予采纳。上诉人易某某积极揭发他人，有立功表现，原判依法对其从轻处罚。综上所述，原判认定的基本事实清楚，证据确实、充分，定罪准确，量刑适当，审判程序合法。裁定驳回上诉，维持原判。

2. 国家工作人员与国家工作人员勾结，分别利用各自职务上的便利，伙同受贿的，均依照受贿罪定罪处罚。

【案例 1－139】用计算机随机抽取评委，是各地在建设工程项目招投标交易中采取的一种常用办法，意在确保招投标的公正性。然而，湖北省巴东县建设局规划设计室主任兼建设工程招投标交易中心主任曾某、程序操作员彭某考虑的却是通过篡改计算机程序，随意抽取想要的评委，从而达到“谁给的好处多谁就中标”的目的。近日曾某等人因搞权钱交易，收受建筑商贿赂被纪检监察机关立案调查。据查，曾某为使自己能控制招投标，不惜重金派彭某到外地跟“电脑高手”学了“随想”操作技术，还买回一套“随想”计算机软件，通过对微机保存的专家评委库的资料进行删改，再根据删改的内容来确定想要选取评委“默认条件”，对评委的抽取进行控制，随心所欲地抽取评委。随后，曾某以人手不够为借口，将彭某借用到中心担任微机操作员。他们寻找了一条“发财致富”的捷径。2002 年 7 月，某项目经理向某对曾某说：“这几年有点‘背时’，工程搞不到。”曾某听后，心中窃喜，他说：“中不中标，关键在评委。”向某听出曾某话外之音，让曾某在抽取评委上帮一下忙。曾某从向某那里拿来了向某所列的评委名单，然后找到彭某，要求他在明天开标时按照这个名单抽取。由于是第一次做这样的事情，曾某还是颇不放心，他一直守着彭某把程序设计完毕，并又演示了一次，这才放心地走了。向某如意中标后，分别给曾、彭送了 1 万元和 1000 元的现金。“手指轻轻点鼠标，钞票哗哗进腰包。”能随意抽取评委后，曾某、彭某便开始大肆收受贿赂，且手段十分狡猾，对关系好的建筑商，他们就直接暗示，主动出击，告诉建筑商他们可以任意定评委。于是一些建筑商在一面送钱给曾某的同时，一面把和自己关系好的评委名单给曾某。曾某就按建筑商开列的名单定评委，使建筑商如意中标。据初步核实，近年来，曾某等人先后收受 14 名建筑商的贿赂近 20 万元，并涉及其他违纪金额 11 万元。湖北省纪委一位领导在听取此案的汇报后说，这是一桩“利用高科技手段作案，采取高智能办法捞钱”的案件，开了全省先例。①

3. 国家工作人员与国家工作人员勾结，利用其中一人职务上的便利，伙同受贿的，均依照受贿罪定罪处罚。

【案例1-140】被告人贺某某，原系广东省清远市经济贸易局中小企业局主任科员，主要负责中小企业的融资、培训、服务体系建设和中小企业上市培训等服务工作，协助有关企业申报省财政扶持项目资金的申报工作，同时做好市中小企业发展技术改造、创新扶持项目的申报、受理和初审工作，并组织相关专家对各项目进行评审。2007年至2010年间，贺某某与任清新县公安局经侦大队长的黄某某合谋，由黄某某负责物色联系企业，利用贺某某的职务之便，在为中小企业申请发展专项技术创新项目资金过程中，共同收受企业老板送的好处费。先后收受清新县某农业食品有限公司、清远市某环境技术有限公司、清新县某造船厂、清远市某水运公司船舶修造厂等四家企业的老板送的好处费共45.7万元，其中：贺某某收受20.5万元、黄某某收受25.2万元。此外，2010年中秋节前，黄某某利用职务便利，以帮助清新县某造船厂加强治安管理需要经费为名，收受黄某、梁某某送的好处费1万元。佛冈县人民法院经审理认为：被告人贺某某、黄某某身为国家工作人员，利用职务上的便利，非法收受他人给予的财物，为他人谋取利益，其行为均已构成受贿罪。鉴于贺某某、黄某某主动到检察机关投案自首，如实供述犯罪事实并积极退清了全部赃款，遂依法减轻处罚。判决：被告人贺某某犯受贿罪，判处有期徒刑6年，并处没收财产6万元。被告人黄某某犯受贿罪，判处有期徒刑5年6个月，并处没收财产5万元。两被告人不服，提出上诉。清远市中级人民法院二审裁定驳回上诉，维持原判。

【案例1-141】被告人马某在担任铜梁县委书记期间，利用职务之便，在干部人事调整中，多次分别收受熊某某、刘某某贿赂，为二人谋取利益；其中收受熊某某现金共计12.36万元，收受刘某某现金共计5.7万元。马某还伙同其妻即被告人沈某某在与天龙公司的多次房产交易中共同收受天龙公司财物共计折合2055763元，并在此期间多次利用马某的职务之便为天龙公司在铜梁县投资的金江水泥项目的引进、文件审批、用地审批、办理采矿许可证、贷款、道路建设等方面谋取利益。重庆市第一中级人民法院一审认为：被告人马某身为国家机关工作人员，在担任铜梁县委书记期间，利用职务之便，收受熊某某、刘某某、天龙公司贿赂共计折合人民币2236363元，并为其谋取利益。被

① 参见《中国纪检监察报》2003年11月20日。

告人沈某某身为国家机关工作人员，伙同马某收受天龙公司贿赂折合人民币共计2055763元，其行为均已构成受贿罪。鉴于在共同犯罪中，沈某某起帮助作用，系从犯，综合其在案件中的地位和作用，对沈某某可予减轻处罚。判决：被告人马某犯受贿罪，判处有期徒刑13年；被告人沈某某犯受贿罪，判处有期徒刑5年。马某、沈某某不服，提出上诉。重庆市高级人民法院二审认为：案发前，马某担任中共铜梁县委书记，负责主持铜梁县委全面工作。沈某某系马某之妻，案发前任重庆市南岸区人民检察院检察员。沈某某在主观方面有与马某共同受贿的故意，对行贿人免除部分房款、低价出售高价返购商铺、明显低价出售门面的意图是明知的，对伙同马某收受上述贿赂持积极追求的态度，并具体实施了与行贿人商谈购房事宜、具体签订合同、交款、办理结算、产权手续等行为，其行为系对马某受贿犯罪提供帮助的行为。马某、沈某某二人的行为系共同犯罪，均构成了受贿罪。在共同犯罪中，马某起主要作用，系主犯；沈某某起辅助作用，系从犯，对其可予以减轻处罚。原判决认定事实清楚，证据确实、充分，定罪准确，审判程序合法。原判决对马某的量刑适当。鉴于在共同受贿犯罪中沈某某并未利用其本身国家工作人员的身份，而是其丈夫马某利用县委书记的身份受贿，沈某某只是作为家庭成员在共同受贿中办理具体事项等情节，可对沈某某在原判刑罚的基础上酌情从轻处罚。判决维持对马某的定罪量刑，改判沈某某犯受贿罪，判处有期徒刑3年。

4. 国家工作人员与公司、企业或者其他单位的人员勾结，利用国家工作人员职务上的便利，伙同受贿的，均依照受贿罪定罪处罚。

5. 国家工作人员与公司、企业或者其他单位的人员勾结，分别利用各自职务上的便利，伙同受贿的，按照主犯的犯罪性质追究刑事责任，不能分清主从犯的，可以受贿罪追究刑事责任。

【案例1－142】2006年6月至7月，在新乡市毛纺厂（以下简称毛纺厂）改制、河南天洋工业集团有限公司（以下简称天洋公司）对新乡市毛纺厂进行收购过程中，作为毛纺厂工会主席的被告人魏某某对厂长被告人张某某提议，向天洋公司索要好处费，副厂长被告人邹某某对此也予以认可。后张某某向天洋公司负责人索要好处费，经协商，天洋公司同意给三被告人共计6万元。2006年7月10日，张某某与天洋公司副总经理江某某联系后，让其女儿张甲到天洋公司取走现金6万元，张某某当日出具“收到天洋公司成立毛纺有限公司筹办费陆万元”的收条一张。张甲将6万元于次日存入广东发展银行其本人账户，后转存于张某某账户。被告人张某某在天洋公司给付6万元后向魏某某、邹某某告知了此事，并约定等企业改制完成后每人分2万元。三被告人在此后的改制过程中做了相应工作。案发后，新乡市卫滨区检察院扣押涉案赃款及利息共计60036.86元。新乡市卫滨区人民法院一审认为：被告人张某某作为国家机关委派到集体企业从事公务的人员，被告人邹某某、魏某某作为集体企业从事公务的人员，共同利用职务上的便利，索取他人财物，已构成受贿罪。在共同犯罪中，张某某、魏某某起主要作用，系主犯，邹某某起次要作用，属从犯。判决三被告人犯受贿罪，判处张某某有期徒刑6年；判处魏某某有期徒刑5年；判处邹某某有期徒刑3年，缓刑4年。张某某上诉称其收的6万元是天洋公司的聘任费用，其不是国家工作人员。魏某某上诉称其是集体企业工作人员；找天洋公司要钱不是其提议的，其没有给天洋公司要过钱，也没有分到钱。新乡市中级人民法院二审认为：张某某系国家工作人员的身份由中共新乡市委经济工作部文件予以证实；张某某向天洋公司索要好处费的事实有三人在侦查过程中所做的供述及证人证言予以证实，且三人的供述与证人证言能相互印证；魏某某提议向天洋公司索要好处费的事实，张某某和邹某某的供述均予以证实，且二人的供述与魏某某的供述能相互印证；魏某某虽未直接向天洋公司要钱，也未分到钱，但张某某、魏某某、邹某某系共同犯罪，张某某已经实际取得赃款，魏某某在知道张某某取得赃款后亦曾向张某某索要过该款，其行为均构成犯罪。魏某某及其辩护人辩称魏某某是集体企业工作人员而非国家工作人员的上诉意见及辩护理由经查属实，但魏某某和邹某某利用身为国家工作人员的张某某向天洋公司索要赃款，共同受贿，二人均构成受贿罪的共犯。综上，上诉人的上诉理由不能成立，本院不予采纳。原判认定事实和适用法律正确，量刑适当，审判程序合法。裁定驳回上诉，维持原判。

需要注意的是，在对受贿罪的共同犯罪定罪量刑时，应当按照刑法关于主犯、从犯、胁从犯、教唆犯的规定，根据各行为人在共同犯罪中所起的作用，判处相应的刑罚，做到罪责刑相适应。

【案例1－143】2002年至2006年，被告人黄某在担任上海市看守所所长期间，利用职务便利，为他人谋取利益，单独或伙同其妻被告人吴某某非法收受周某某等人的贿赂，共计人民币432380元、港币2万元（折合人民币21064元）。其中吴某某与黄某共同受贿共计人民币22万元。上海市第二中级人民法院经审理认为：被告人黄某利用担任上海市看守所所长的职务便利，收受周某某等人给予的财物价值共计人民币45万余元，为他人谋取利益，其中，被告人吴某某在明知周某某、韩某某向黄某贿赂的情况下，按黄某指使，参与收受贿赂共计22万元，两被告人的行为均已构成受贿罪，依法均应予惩处。在黄某、吴某某共同犯罪中，黄某起主要作用，系主犯，应当按照其所参与的全部犯罪处罚；吴某某起次要的或者辅助作用，系从犯，应当对吴某某减轻处罚。根据吴某某的犯罪情节和悔罪表现，适用缓刑确实不致再危害社会，可对吴某某宣告缓刑。判决：被告人黄某犯受贿罪，判处有期徒刑11年，剥夺政治权利3年，并处没收财产人民币5万元。被告人吴某某犯受贿罪，判处有期徒刑3年，缓刑3年。宣判后，黄某、吴某某在法定期限内未上诉，检察机关也没有提出抗诉，一审判决发生法律效力。

（五）受贿罪的一罪与数罪

1988年全国人大常委会《关于惩治贪污罪贿赂罪的补充规定》第5条规定："因受贿而进行违法活动构成其他罪的，依照数罪并罚的规定处罚。"1997年刑法没有再作类似规定。

1998年最高人民法院《关于审理挪用公款案件具体应用法律若干问题的解释》第7条第1款指出："因挪用公款索取、收受贿赂构成犯罪的，依照数罪并罚的规定处罚。"2002年最高人民法院、最高人民检察院、海关总署《关于办理走私刑事案件适用法律若干问题的意见》第16条指出："海关工作人员收受贿赂又放纵走私的，应以受贿罪和放纵走私罪数罪并罚。"笔者对上述司法解释并不赞同，因为受贿罪的本质特征就是"权钱交易"，行为人收受贿赂构成受贿罪，还必须具有为他人谋取利益的情节，而挪用公款或放纵走私的行为就是行为人为他人谋取利益的表现，在认定行为人构成受贿罪的同时，再认定构成挪用公款罪或放纵走私罪并实行数罪并罚，显然违背了对同一行为不得进行重复评价的刑法适用原则。当然，目前司法实践中还是应当按照司法解释的规定来处理这类案件。

【案例1-144】被告人殷某某于1989年7月从学校毕业后至上海吴淞海关出口科审单组工作。1998年4月，殷某某结识了走私分子李某、张某某。李某、张某某要求殷某某在李某、张某某的浩鸣公司至上海海关报关时，不要对浩鸣公司的货物进行查验，并表示事后会给殷某某好处。殷某某明知李某、张某某是利用来料加工搞假出口进行走私，仍表示同意。同年4月至8月，殷某某在海关审单工作中，对李某提供的出口报关单证所列明的来料加工产品不予抽查，予以空审放行。殷某某为李某等人空审登记手册18本41票，致使李某、张某某走私化工原料3000余吨，偷逃关税、增值税合计人民币1200万余元。期间，殷某某收受李某给予的人民币7万元。上海市黄浦区人民检察院指控殷某某犯放纵走私罪、受贿罪。上海市黄浦区人民法院一审认为：被告人殷某某利用其担任海关关员的职务便利，收受他人贿赂采用放纵他人走私的方式为他人谋取利益，其行为已构成受贿罪。对检察院指控殷某某的行为构成放纵走私罪、受贿罪，一审法院认为殷某某收受他人贿赂，为他人谋利益的行为表现在利用职务便利放纵他人走私。放纵他人走私行为既是受贿罪的必备条件，又是放纵走私罪的客观要件，殷某某的一个行为触犯了两个法条是一种想象竞合，不符合法律规定的数罪并罚原则，应根据从一重罪处断，即按其中法定刑最重的一个罪处罚。比较本案涉及的放纵走私罪条款和受贿罪条款，放纵走私罪的法定刑是5年以下，而受贿罪的法定刑是5年以上，可见受贿罪的法定刑重于放纵走私罪，故应以受贿罪处罚。鉴于案发后殷某某有投案自首的行为，且退出了全部赃款，可减轻处罚。殷某某在归案后能认罪悔罪，可宣告缓刑。于2001年2月13日判决殷某某犯受贿罪，判处有期徒刑3年，缓刑3年。上海市黄浦区人民检察院提出抗诉。上海市第二中级人民法院二审认为：殷某某既有放纵走私的故意，又有获取非法利益的故意；客观上，有利用职权对报关单空审放纵走私的行为，又有从走私分子处获得贿赂款的行为。其出于两个故意，实施两个行为，同时侵害了国家海关正常活动和国家工作人员职务行为的廉洁性，应构成两个罪名，即前者构成放纵走私罪，后者构成受贿罪，依法应予数罪并罚。检察机关的抗诉意见正确，法院予以采纳。于2001年6月18日改判：殷某某犯放纵走私罪，判处有期徒刑4年；犯受贿罪，判处有期徒刑3年；决定执行有期徒刑6年。

【案例1-145】被告人周某在担任成都监狱二监区监区长期间，于1999年4月至5月，当其装修住房时，被该监区服刑重犯冯某某获知后，冯某某为多获得外劳机会和早日出狱，便委托其朋友成都创一实业有限公司总经理刘某某让其工人免费为周某装修了价值4917元的强化木地板，又委托另一朋友四川蓝叶集团总经理叶某送给了周某价值40216元的丽晶家私商场的高档家具一套。在此期间，冯某某还为二监区联系了多个“外劳”业务。为此，周某便于1999年7月直至2000年6月按照正常程序在申报多名服刑罪犯“外劳”时，申报了冯某某“外劳”，并经过监狱领导审批同意，冯某某得以陆续出监“外劳”。冯某某在出监“外劳”期间，周某让外劳点监管干警安排冯某某主要负责协调甲方的工作和对外联系业务，而没在“外劳点”参加劳动。在此期间，冯某某一度脱离监管在外单独活动，从1999年12月开始便在四川蓝叶集团股份公司从事经商活动并领取工资，2000年6月又担任该公司企划发展部经理，直至2000年6月27日被检察机关抓获。成都市金牛区人民检察院指控周某犯私放在押人员罪和受贿罪。成都市金牛区人民法院一审认为：被告人周某并非以个人名义为罪犯冯某某办理出监手续，本案也无充分证据证明周某授意“外劳点”监管干警放弃对冯某某的监管，故公诉机关指控周某犯私放在押人员罪不能成立，周某的行为不构成私放在押人员罪；被告人周某利用职务之便非法收受他人财物的行为构成受贿罪。周某归案后能如实供述受贿事实，并退出了全部赃款，确有悔罪表现，可酌定从轻处罚。判决周某犯受贿罪，判处有期徒刑 3 年，缓刑 5 年。成都市金牛区人民检察院提出抗诉。成都市中级人民法院二审认为：周某身为国家工作人员而利用职务上的便利，非法收受他人财物价值 4 万余元，且为他人谋取利益的行为确已构成受贿罪；周某在担任成都监狱二监区监区长期间，身为司法工作人员而利用职务上的便利，收受服刑罪犯冯某某安排的贿赂后，虽按正常程序报经监狱领导批准让被关押的服刑罪犯冯某某出监"外劳"，但却故意让"外劳点"监管干警安排冯某某对外联系业务，而不在"外劳点"直接接受监管，以致冯某某一度脱离监管干警的控制而在社会上自由活动，破坏了劳改场所的监管秩序，周某的该行为确已构成私放在押人员罪。故原判认定周某的行为不构成私放在押人员罪不正确，而且原判认定周某犯受贿罪而对其适用缓刑也不当。鉴于周某归案后如实供述了其受贿的犯罪事实，且退清了全部赃款，可对周某酌定予以从宽处罚。改判：周某犯受贿罪，判处有期徒刑 3 年；犯私放在押人员罪，判处有期徒刑 2 年；决定执行有期徒刑 4 年。

【案例 1－146】被告人胡某某在担任某监狱副监狱长，被告人韦某某在担任某中级人民法院刑事审判第二庭庭长期间，大肆收受服刑罪犯及其亲属的钱财，分别利用管理、呈报服刑罪犯减刑、假释材料和审理、裁定减刑、假释案件的职务便利，对明知不符合减刑、假释条件的服刑罪犯，采取故意违反法定程序和条件、编造罪犯改造情况等手段呈报罪犯减刑、假释材料及裁定给予罪犯减刑、假释，致使多名不符合条件的罪犯得以多减刑或假释出监。对于被告人胡某某、韦某某利用职务便利，收受贿赂并徇私舞弊减刑、假释的行为应认定为受贿罪或徇私舞弊减刑、假释罪一罪还是认定为受贿罪与徇私舞弊减刑、假释罪两罪，有以下几种意见：第一种意见认为，被告人胡某某、韦某某为达到受贿目的，为不符合减刑、假释条件的服刑罪犯予以呈报减刑、假释材料和裁定减刑、假释，属于目的行为和手段行为的牵连，按照对牵连犯的"择一重罪处断"的原则，应以受贿罪从重处罚。第二种意见认为，被告人胡某某、韦某某的行为应认定为徇私舞弊减刑、假释罪。理由是刑法第 401 条徇私舞弊减刑、假释罪中的"徇私"，已包含贪赃受贿的内容，受贿应作为徇私的情节，在量刑时从重处罚。第三种意见认为，刑法第 385 条受贿罪与刑法第 401 条徇私舞弊减刑、假释罪的构成要件不同，被告人胡某某、韦某某的行为同时符合上述两罪的犯罪构成，应认定同时构成受贿罪和徇私舞弊减刑、假释罪，实行两罪并罚。最高人民法院刑一庭审判长会议经过讨论认为：现实生活中，国家机关工作人员形形色色的的徇私舞弊行为往往与其受贿行为有着密不可分的联系。本案如何确定罪名，是 1997 年刑法施行后司法部门办理徇私舞弊类犯罪案件中经常会遇到的带有普遍性的问题。对此问题加以研究，无论对刑法理论研究，还是对审判实践，都具有现实意义。会议一致认为：被告人受贿后徇私舞弊为服刑罪犯减刑、假释的行为，同时符合受贿罪和徇私舞弊减刑、假释罪的犯罪构成，应当认定为受贿罪和徇私舞弊减刑、假释罪，实行两罪并罚。笔者不赞同对被告人受贿后徇私舞弊为服刑罪犯减刑、假释的行为数罪并罚，因为这违背了对同一行为不得进行重复评价的刑法适用原则。本案中，被告人为私利收受服刑罪犯财物的行为实际上是徇私舞弊减刑、假释罪中“徇私”的要件，而被告人为服刑罪犯减刑、假释的行为实际上又是受贿罪中“为他人谋取利益”的要件，如果数罪并罚则存在对上述两个行为重复评价的问题。

对于受贿罪中的类似问题，刑法、立法解释和司法解释也有“从一重罪处罚”的规定。刑法第399条第4款规定：司法工作人员犯徇私枉法罪、枉法裁判罪、执行判决、裁定失职罪、执行判决、裁定滥用职权罪，同时又收受贿赂构成受贿罪的，依照处罚较重的规定定罪处罚。2002年全国人大常委会《关于〈中华人民共和国刑法〉第三百一十三条的解释》规定：国家机关工作人员收受贿赂或者滥用职权，有上述第四项行为的，同时又构成刑法第385条、第397条规定之罪的，依照处罚较重的规定定罪处罚。2007年最高人民法院、最高人民检察院、公安部《关于依法严肃查处拒不执行判决裁定和暴力抗拒法院执行犯罪行为有关问题的通知》第4条第2款又重申了这一规定。2010年11月26日最高人民法院、最高人民检察院《关于办理国家出资企业中职务犯罪案件具体应用法律若干问题的意见》第4条第4款就国家工作人员在企业改制过程中的渎职行为的处理指出：“国家出资企业中的国家工作人员因实施第一款、第二款行为收受贿赂，同时又构成刑法第三百八十五条规定之罪的，依照处罚较重的规定定罪处罚。”在上述几种情况下，行为人虽然构成的是两个罪，但因为两个罪之间具有牵连关系，刑法和司法解释明确规定不依照数罪进行并罚，而是当作一罪处理，根据行为人构成的两个罪的具体量刑情节，依照处罚较重的罪名定罪处罚。

【案例1－147】2002年8月29日晚，东平农场职工赖某某因涉嫌损坏公物在东平派出所里接受询问时，被方某某用脚踢中右腋部和用椅子、拳头分别撞击和殴打头部后即刻昏迷，经抢救无效死亡。同年8月30日，琼海市公安局立案侦查，同时对方某某进行刑事拘留和委托海南省公安厅对赖某某的死因进行法医鉴定。方某某的胞兄方甲得知情况后，便通过海口市美兰区公安局法医杨某某介绍认识了被告人卿某某。方甲在多次宴请卿某某时，要求其在法医鉴定方面关照一下方某某，卿某某说：“问题不大，外伤只是诱发因素”，并答应帮忙。其中，卿某某在南宝路红太阳酒店接受方甲的宴请并收受其8000

元现金之后，在制作法医鉴定时，便故意模糊死者头部伤口与死亡原因的关系，把应书写在法医鉴定报告结论部分的内容却书写在分析说理部分，并作出鉴定书，即赖某某系脑基底动脉瘤的破裂致自发性蛛网膜下腔出血死亡，外伤与死亡不存在直接因果关系。由于鉴定书的结论部分没有认定诱发因素，致使琼海市公安局不能追究方某某的刑事责任，并于2002年9月28日对方某某的拘留改为取保候审。2003年3月，根据死者家属的请求，琼海市公安局委托海南省公安厅组织有关专家对死者的死因重新鉴定。卿某某故意不回避，以海南省法医学会的名义受理了琼海市公安局的委托，并借故需要打点关系，索要方甲7000元，后于同年3月14日邀集和参与了该学会召开的死者赖某某死因复核鉴定会。尔后，卿某某在起草法医学会鉴定书时，故意歪曲专家们的意见，在鉴定书结论部分将“不存在直接因果关系”表述为“不存在因果关系”，并擅自增加了“两者属时间上的偶合”一句。鉴定书打印好后，卿某某逐一找与会专家签名。然后，便打电话告诉方甲说：“这次会检结果在上次的基础上更完善了，对方某某更有利了。”由于海南省法医学会的鉴定结论已经明确了赖某某的死因与方某某的伤害行为没有因果关系，使琼海市公安局无法追究方某某的刑事责任。2003年五六月份间，卿某某以借款为由，在自己的办公室里收受方甲送来的现金5000元。另查明，2004年2月27日，海南省人民检察院委托最高人民检察院对赖某某的伤情和死亡原因进行重新鉴定。最高人民检察院法医鉴定书的结论为：赖某某在脑血管病变的基础上，在外伤、情绪激动及饮酒等因素的作用下，诱发了蛛网膜下腔广泛出血死亡。据此，原审法院于同年5月25日以故意伤害罪判处方某某有期徒刑12年。琼海市人民法院一审认为：被告人卿某某身为海南省公安厅干警，利用自己在该厅刑侦处工作和从事刑事技术鉴定工作的便利条件，在参与对被害人赖某某的死因鉴定的过程中，故意用文字表述误导侦查活动，使方某某免受刑事追究，并在此期间多次接受方某某亲属的宴请和送给的现金2万元，其行为符合徇私枉法罪和受贿罪的特征。根据重罪吸收轻罪的原则，应以徇私枉法罪对其予以处罚。判决卿某某犯徇私枉法罪，判处有期徒刑6年。卿某某不服，提出上诉。海南中级人民法院二审裁定驳回上诉，维持原判。

【案例1-148】1998年7月16日，泉州市公安局和泉州市边防支队破获一起贩卖毒品和走私毒品犯罪案，并抓获涉案犯罪嫌疑人刘某、城某某等人，将刘、城等人羁押于泉州市看守所。时任泉州市看守所管教一中队中队长的被告人杨某某，经泉州市公安局监所管理科主任陈某某（另案处理）介绍，认识刘某之胞兄刘甲。后受刘甲委托，利用职务之便，在刘某羁押期间，于1999年10月至2000年6月，先后16次收受刘甲经手贿送的人民币共计3.55

万元，让刘甲等人进入泉州市看守所巡逻通道看望刘某，并为刘甲转存生活费等钱财给刘某、城某某。同时被告人杨某某利用职务便利，以了解在押犯思想动态为由，先后6次为刘甲传递纸条、信件及捎话给羁押于泉州市看守所A104室的城某某，指使城某某翻供，让城某某讲其不认识刘某及其所贩卖的毒品不是向刘某购买等事实，造成城某某在辨认刘某相片及在法庭庭审中辨认刘某时，否认认识刘某，帮助刘某开脱罪责逃避处罚。中共泉州市纪律检查委员会在调查1998年“7·16”重大贩卖毒品、走私毒品案件中有关司法人员涉嫌职务违法违纪问题中掌握了杨某某涉嫌受贿的事实，并于2002年4月26日对杨某某实行“双规”。案发后，杨某某的亲属为其退出违法所得人民币3.55万元。泉州市鲤城区人民法院一审认为：被告人杨某某身为国家机关工作人员，利用职务上的便利，非法收受他人钱财3.55万元，数额较大；杨某某系身负查禁犯罪活动职责的国家机关工作人员，多次向罪行严重的犯罪分子通风报信、提供便利，帮助犯罪分子逃避处罚，情节严重，其行为已分别构成受贿罪、帮助犯罪分子逃避处罚罪。杨某某在判决宣告以前犯数罪，予以数罪并罚。本案中杨某某既具有非法收受他人钱财为他人谋取利益的目的，又具有帮助犯罪分子逃避处罚的目的，因此杨某某的行为不符合牵连犯的构成要件，故辩护人提出本案属牵连犯应定受贿罪的意见，不能成立，不予采纳。杨某某归案后，能如实供述自己的罪行，认罪态度较好；案发后，已退出全部违法所得，予以酌情从轻处罚。判决：杨某某犯受贿罪，判处有期徒刑3年；犯帮助犯罪分子逃避处罚罪，判处有期徒刑4年；决定执行有期徒刑6年6个月。杨某某不服，提出上诉。泉州市中级人民法院二审裁定驳回上诉，维持原判。

【案例1-149】2004年1月1日至2004年2月17日期间，被告人张甲与张乙、赵某某相伙同，利用张甲在东营市看守所监管在押人员的职务便利，为在押的重大犯罪嫌疑人王某与其家人传递串供纸条，多次为王某与家人传递口信、纸条、信件、假借条等，多次将手机给王某使用供其与外界联系，为王某串供、翻供、逃避处罚提供帮助。其中张乙、赵某某传递纸条一次。期间，张甲先后4次收受王某女朋友白某现金共计4万元。张甲于2004年2月27日因涉嫌犯帮助犯罪分子逃避处罚罪被刑事拘留后，如实供述了侦查机关尚未掌握的受贿事实。赵某某于2004年3月24日主动到侦查机关投案，并如实供述了犯罪事实。广饶县人民法院一审认为：被告人张甲、张乙、赵某某相伙同，利用张甲在东营市看守所监管在押人员的职务便利，为在押的重大犯罪嫌疑人王某与其家人传递纸条、信件等，并提供手机给王某使用，为王某串供、翻供、逃避处罚提供帮助，其行为均已构成帮助犯罪分子逃避处罚罪。张甲在共同犯罪中起主要作用，是主犯，张乙、赵某某在共同犯罪中起次要作用，是从犯。

张甲利用职务之便，非法收受他人现金，为他人谋取利益，其行为已构成受贿罪。张甲在被采取强制措施后，如实供述司法机关还未掌握的其受贿的犯罪事实，应以自首论，对其所犯受贿罪依法可以从轻处罚。张甲利用职务之便，非法收受他人现金，为他人谋取利益的结果构成受贿罪与帮助犯罪分子逃避处罚罪，属于牵连犯，对张甲应择一重罪即受贿罪处罚。张乙被判处有期徒刑刑罚执行完毕以后，在5年内又犯应当判处有期徒刑以上刑罚之罪，是累犯，依法应当从重处罚。张乙在共同犯罪中起次要作用，是从犯，且情节较轻，应当从轻处罚。赵某某在共同犯罪中起次要作用，是从犯，依法应当从轻处罚。赵某某在犯罪以后自动投案并如实供述犯罪事实，是自首，且犯罪情节较轻，依法可以免除处罚。以受贿罪判处张甲有期徒刑4年，以帮助犯罪分子逃避处罚罪判处张乙有期徒刑6个月，以帮助犯罪分子逃避处罚罪判处赵某某免除处罚。张甲不服，提出上诉。东营市中级人民法院二审裁定驳回上诉，维持原判。

上述两个案例中，被告人杨某某的行为和被告人张甲的行为类似，均触犯了帮助犯罪分子逃避处罚罪和受贿罪，一个法院认为不属于牵连犯而进行了数罪并罚，另一个法院认为属于牵连犯而进行了从一重罪处罚。如前所述，笔者主张此类案件应当参照刑法第399条第4款的规定，依照处罚较重的罪名对行为人定罪处罚。

【案例1-150】2004年至2005年，被告人曹某某在任新疆生产建设兵团农七师社保中心主任期间（副处级），多次收受兵团奎屯医院口腔治疗中心主任兼口腔科主任赵某（另案处理）贿赂共计2.5万元后，不履行对医疗保险基金的监管职责，为赵某办理医疗费用结算大开方便之门，致使赵某承包的口腔治疗中心在没有收住过住院病人、没有床位和护理单元、没有行医和定点医疗机构资质的情况下，通过编造虚假住院治疗手续，骗取社保基金187万余元，给国家和人民群众利益造成重大损失。奎屯垦区人民法院一审依法认定曹某某犯玩忽职守罪，判处有期徒刑2年；犯受贿罪，判处有期徒刑1年6个月；数罪并罚执行有期徒刑3年。曹某某不服，提起上诉。农七师中级人民法院二审裁定驳回上诉，维持原判。① 本案中，被告人曹某某的受贿行为和玩忽职守行为之间存在牵连关系，一、二审法院均认为曹某某构成两个罪，并予以数罪并罚。

【案例1-151】被告人赖某某于2006年7月至2007年10月担任宁都县公安局田头派出所户籍民警期间，先后与温某某（在逃）、朱某某（另案处

---

① 参见杨英华、高阳：《农七师社保中心原主任曹某某受贿案维持原判》，载《正义网》2011年9月28日。

理）等人相勾结办理虚假户口，由温某某、朱某某提供需办假户口人员的姓名、出生日期等信息，赖某某假借大、中专院校毕业生落户等名义，凭空将温某某、朱某某提供的人口信息录入微机，共办理了227人在宁都县田头镇空挂落户的虚假户籍。赖某某在与朱某某共同勾结办理假户口过程中，朱某某按每户2000元或4000元标准付给赖某某好处费。其中，2006年10月至2007年7月，朱某某通过银行转账方式分21次先后付给赖某某办理假户口好处费共计人民币215570元。赣州市人民检察院指控赖某某犯滥用职权罪、受贿罪。赖某某的辩护人提出：赖某某收受贿赂为他人谋取非法利益的行为同时触犯了受贿罪与滥用职权罪两个罪名，是牵连犯，不应数罪并罚，而应择一重罪处罚，以受贿罪追究赖某某的刑事责任。赣州市中级人民法院经审理认为：被告人赖某某身为公安民警，利用职务上的便利违法为他人办理了100人以上的虚假户籍，情节特别严重；同时，赖某某在为上述部分人员办理虚假户籍过程中，非法收受他人财物共计人民币215570元，其行为已分别构成滥用职权罪和受贿罪。关于对赖某某收受他人贿赂并滥用职权的行为应否数罪并罚的问题，我国刑法理论及实务中对受贿行为以及为行贿人谋利的行为是否属牵连犯和数罪并罚的问题虽然存在争议，但本案有所区别。起诉书指控赖某某受贿215570元系朱某某所送，但赖某某不只为朱某某一人滥用职权办理了假户口。根据赖某某的供述，他还在没有收受对方财物的情况下为温某某办理了假户口。因此，对赖某某应当以受贿罪和滥用职权罪数罪并罚。赖某某受贿后通过非法手段为他人谋取不正当利益，在归案后没有悔罪表现，应对其酌情从重处罚。在审理期间，赖某某的亲属代其退缴了部分赃款，可酌情对赖某某从轻处罚。综合赖某某所具有的上述相关情节，判决：被告人赖某某犯受贿罪，判处有期徒刑12年，并处没收个人财产10万元；犯滥用职权罪，判处有期徒刑3年；决定执行有期徒刑13年，并处没收个人财产10万元。

实践中，除了上述案例中行为人在判决宣告以前所犯数罪外，还有行为人在判决宣告以后，刑罚执行完毕以前，发现被判刑的犯罪分子在判决宣告以前还有受贿罪没有判决的情形，对此应当依照刑法第70条的规定，对新发现的受贿罪作出判决，把前后两个判决所判处的刑罚，依照刑法第69条的规定，决定执行的刑罚。这就是通常所说的发现漏罪的数罪并罚。

【案例1-152】被告人崔某原系安阳市市场发展服务中心殷都分中心主任。2005年9月，安阳市市场发展服务中心副主任朱某某（另案处理）安排崔某负责本市世纪花园综合农贸市场建设、承包工程，并授意崔某向承建商索要好处费。崔某在收受李某某10万元好处费后将工程承包给李某某等人。案发后，崔某向侦查机关投案，并退出赃款6万元。安阳市文峰区人民法院一审认为：被告人崔某利用安阳市市场发展服务中心工作人员的职务之便，收受他人财物，其行为已构成受贿罪。崔某归案后认罪，有自首情节，退出非法所得，予以减轻处罚。崔某在缓刑考验期间被发现有余罪，应撤销缓刑，数罪并罚。判决：崔某犯受贿罪，判处有期徒刑8年；撤销原判其有期徒刑3年的缓刑部分，两罪并罚，决定执行有期徒刑10年。崔某上诉称，其受朱某某指使，收受他人贿赂，应认定为从犯；原判量刑重。安阳市中级人民法院二审认为：朱某某授意崔某收受承包商贿赂，崔某具体实施收贿行为，二人在受贿共同犯罪中均起主要作用，均系主犯。崔某的上诉理由及其辩护人的辩护意见均不能成立。崔某有自首情节，归案后积极退赃，有悔罪表现。根据崔某的犯罪情节和悔罪表现，可依法对其减轻处罚。崔某及其辩护人关于原判量刑重的上诉理由及辩护意见予以采纳。判决：崔某犯受贿罪，判处有期徒刑5年；撤销原判有期徒刑3年，宣告缓刑3年的执行部分；数罪并罚，决定执行有期徒刑7年。

【案例1-153】 1996年至2001年年底，被告人杨某某在担任涡阳县信用联社主任期间，利用职务之便，安排南京市装饰联合总公司的刘某某（另案处理）承揽涡阳县信用联社大楼及其下属的信用社、基层储蓄所装饰工程并给予了帮忙，刘某某为感谢杨某某先后五次送给杨某某人民币50万元。1998年初，刘某某帮助涡阳县犇鑫学校向涡阳县信用联社下属的五里湾信用社贷款300万元，为让杨某某给五里湾信用社打招呼，送给杨某某人民币20万元。杨某某具有自首情节。另查明，2005年10月26日亳州市中级人民法院曾以受贿罪和违法发放贷款罪，两罪并罚判处杨某某无期徒刑，剥夺政治权利终身，并处没收个人全部财产。2008年11月11日，亳州市中级人民法院一审以受贿罪判处杨某某有期徒刑11年，与原判无期徒刑，剥夺政治权利终身，并处没收个人全部财产合并执行，决定执行无期徒刑，剥夺政治权利终身，并处没收个人全部财产；并判决杨某某违法所得70万元予以追缴。杨某某上诉提出：他收受刘某某70万元，在2004年已向有关办案单位如实交代，故不应作为漏罪处罚。他在2005年10月26日被判处无期徒刑已服刑3年，且已经法院裁定减刑，一审法院此次判决对其决定执行无期徒刑不当，请求二审法院予以改判。安徽省高级人民法院二审认为：杨某某在2004年已向有关单位供述了其非法收受刘某某70万元的事实，当时由于缺少相关证据的印证，司法机关未能对该部分犯罪予以追诉，现经进一步侦查认定杨某某收受刘某某70万元事实的证据确实、充分，应当依照刑法第70条的规定，对杨该部分犯罪作出判决，把前后两个判决所判处的刑罚合并，依照刑法第69条的规定，决定执行的刑罚。杨某某的上诉理由不能成立。鉴于杨某某在前判决宣告以前对收受刘某某70万元贿赂的罪行已予供认，对其前判决无期徒刑曾被减刑并已实际执行一段时间的情况，可在新判决确定的无期徒刑执行期间减刑时再行考虑。原判认定事实和适用法律正确，量刑适当，审判程序合法。裁定驳回上诉，维持原判。

（六）自首

根据刑法、1998年最高人民法院《关于处理自首和立功具体应用法律若干问题的解释》、2009年最高人民法院、最高人民检察院《关于办理职务犯罪案件认定自首、立功等量刑情节若干问题的意见》和2010年最高人民法院《关于处理自首和立功若干具体问题的意见》的有关规定，在办理受贿案件时，认定犯罪分子成立自首，需同时具备自动投案和如实供述自己的罪行两个要件。

1. 自动投案。这是指犯罪事实或者犯罪分子未被办案机关掌握，或者虽被掌握，但犯罪分子尚未受到调查谈话、讯问，或者未被宣布采取调查措施或者强制措施时，主动、直接向办案机关投案。这里的"办案机关"，仅限定为纪检、监察、公安、检察等法定职能部门。犯罪分子向所在单位等办案机关以外的单位、组织或者有关负责人员投案的，应当视为自动投案。

犯罪分子因病、伤或者为了减轻犯罪后果，委托他人先代为投案，或者先以信电投案的；罪行未被司法机关发觉，仅因形迹可疑被有关组织或者司法机关盘问、教育后，主动交代自己的罪行的；犯罪后逃跑，在被通缉、追捕过程中，主动投案的；经查实确已准备去投案，或者正在投案途中，被办案机关抓获的，应当视为自动投案。

犯罪后主动报案，虽未表明自己是作案人，但没有逃离现场，在司法机关询问时交代自己罪行的；明知他人报案而在现场等待，抓捕时无拒捕行为，供认犯罪事实的；在司法机关未确定犯罪嫌疑人，尚在一般性排查询问时主动交代自己罪行的；因特定违法行为被采取劳动教养、行政拘留、司法拘留、强制隔离戒毒等行政、司法强制措施期间，主动向执行机关交代尚未被掌握的犯罪行为的；以及其他符合立法本意的情形，也应当视为自动投案。

并非出于犯罪分子主动，而是经亲友规劝、陪同投案的；办案机关通知犯罪分子的亲友，或者亲友主动报案后，将犯罪分子送去投案的，也应当视为自动投案。犯罪嫌疑人被亲友采用捆绑等手段送到司法机关，或者在亲友带领侦查人员前来抓捕时无拒捕行为，并如实供认犯罪事实的，虽然不能认定为自动投案，但可以参照法律对自首的有关规定酌情从轻处罚。

罪行未被有关部门、司法机关发觉，仅因形迹可疑被盘问、教育后，主动交代了犯罪事实的，应当视为自动投案；但有关部门、司法机关在其身上、随身携带的物品、驾乘的交通工具等处发现与犯罪有关的物品的，不能认定为自动投案。犯罪分子自动投案后又逃跑的，不能认定为自首。

【案例1－154】2004年至2005年，被告人白某某在担任北京首钢股份有限公司第一线材厂供销科科长期间，利用主管生产物资采购的职务便利，分两次非法收受瓦房店通用轧机轴承制造有限公司副厂长、瓦房店轧机轴承制造有限公司法定代表人刘某某送予的好处费共计人民币4万元，并为其销售轴承提供便利。被告人白某某在立案前接受首钢总公司纪委案件检查处调查过程中，主动交待了自己涉嫌受贿的事实。北京市昌平区人民法院经审理认为：被告人白某某身为代表国有投资主体行使管理职权的国有控股企业中从事公务的人员，利用职务上的便利，非法收受他人财物，为他人谋取利益，其行为已构成受贿罪，依法应予惩处。白某某在未被采取强制措施时，如实供述受贿事实，是自首。鉴于白某某有自首情节，且能够积极退赃，自愿认罪，故对其依法予以从轻处罚。判决白某某犯受贿罪，判处有期徒刑2年，缓刑2年。

【案例1－155】被告人黄某于2003年4月担任城口县水利农机局局长。2003年11月至2006年10月期间，被告人利用职务之便，在发包城口县羊耳坝水库枢纽工程、水土保持工程及其园林绿化工程、房地产开发工程以及在工程建设过程中，为工程承包人谋取利益，先后收受他人给予的人民币共计16.9万元。重庆市第二中级人民法院经审理认为：被告人黄某身为国家工作人员，利用职务之便，在工程发包、建设过程中，为他人谋取利益，从中收受工程承包人送给的好处费共计16.9万元人民币，其行为已构成受贿罪。关于辩护人提出被告人具有自首情节、能认罪悔罪、建议减轻处罚的辩护意见，本院认为，黄某在被侦查机关通知协助调查另一犯罪嫌疑人时不但主动供述了司法机关已掌握的自己受贿4.9万元人民币的事实，还如实供述了司法机关尚未掌握的自己受贿12万元人民币的事实，其行为符合自首的构成要件，依法可以从轻、减轻处罚，且在犯罪后能认罪、悔罪并积极退清全部受贿款，本院决定对被告人减轻处罚。判决黄某犯受贿罪，判处有期徒刑8年。

【案例1－156】2002年1月至5月，被告人岳某某担任郑州市第一粮油食品公司基建开发处处长期间，利用职务便利在该公司住宅楼工程发包过程中，给参与投标的河南航天建筑工程公司提前透漏标底近似值，从而使河南航天建筑工程公司顺利中标。工程施工过程中，岳某某还在拆迁、协调邻里关系等方面给河南航天建筑工程公司提供帮助，后收受河南航天建筑公司贿赂5万元用于个人消费。案发后赃款已追回。登封市人民法院一审以受贿罪判处岳某某有期徒刑五年。岳某某上诉称其在检察机关以证人身份对其传唤，调查其他人的受贿案件时，主动供述了当时检察机关并未掌握的事实；且其后于2008年3月29日又主动到检察机关自动投案，故构成自首。郑州市中级人民法院二审认为：关于被告人岳某某的归案情况，登封市人民检察院反贪局在二审阶段向法院出具相关证明材料，证实郑州市人民检察院在侦破郑州市第一粮油食品公司总支部书记姚某某、经理汪某某受贿一案过程中，已先期掌握了岳某某涉嫌受贿的部分线索，并于2008年3月17日将岳某某作为犯罪嫌疑人指定登封市人民检察院作进一步侦查，岳某某被传唤后于次日才交代了受贿犯罪事实，故其不属于主动供述司法机关尚未掌握的犯罪事实的情形；关于岳某某及辩护人辩称岳某某在2008年3月29日主动到检察机关投案，因未能见到办案人员而返回，应属自动投案的上诉理由及辩护意见，经查，检察机关在岳某某首次如实供述其犯罪事实后曾让其回家等候处理，后检察机关再次对其传唤时，岳某某曾到过检察机关但因双休日未见到办案人员，故其接受传唤到检察机关的行为不属于法律规定的主动向司法机关投案的自动投案行为，不能认定其为自首。其上诉理由及辩护人的辩护意见不能成立，不予支持。原判认定事实清楚，证据确实充分，适用法律正确，审判程序合法。裁定驳回上诉，维持原判。

【案例1－157】被告人刘某某原是新沂市某镇黄沙站副站长，2010年9月25日，得知自己受贿被群众举报，便主动到新沂市人民检察院投案，如实供述了自己利用职务之便收受他人5万元贿赂的犯罪事实。次日，刘某某被取保候审。2011年春节前夕，新沂市检察院以受贿罪将刘某某起诉到法院，刘某某因畏罪，拒不参加庭审，并随后潜逃。2011年7月29日，在公安机关"清网"行动中被邳州公安局抓获。新沂市人民法院经审理认为：被告人刘某某虽然能够主动到司法机关投案，并如实供述犯罪事实，但在庭审前又畏罪潜逃，故不能认定为自首，不存在从轻或减轻处罚的法定事由。判决刘某某犯受贿罪，判处有期徒刑5年。①

【案例1－158】被告人曹某某自2002年起担任深圳市道桥维修中心主任，2007年10月经深圳市城管局决定改任路桥集团董事长，负责单位的全面工作。其在担任上述职务期间，利用职务之便，为符某某在违规挂靠公司外接工程项目方面、为曾某某在承接深圳特区内地铁地面工程项目及工程款结算方面谋取利益，多次分别收受二人贿赂款共计42万元。深圳市盐田区人民法院一审认为：被告人曹某某身为国有企业负责人，利用职务便利，非法收受他人

① 参见吴从宾：《江苏新沂一黄沙站副站长受贿五万获刑5年》，载《正义网》2011年9月26日。

42万元，并为他人谋取利益，其行为已构成受贿罪。但考虑曹某某有自首以及退还全部非法所得情节，以受贿罪判处其有期徒刑3年，缓刑5年。盐田区人民检察院认为一审判决适用法律错误，量刑明显不当，提起抗诉。深圳市中级人民法院二审认为：检察机关在已经掌握曹某某受贿事实的情况下，将其带回检察机关进行调查，在调查谈话期间，其才如实供述了受贿事实，该行为依法不能认定为自首。依法改判曹某某犯受贿罪，判处有期徒刑10年。①

2. 如实供述自己的罪行。这是指犯罪分子自动投案后，如实交代自己的主要犯罪事实。犯有数罪的犯罪分子仅如实供述所犯数罪中部分犯罪的，只对如实供述部分犯罪的行为，认定为自首。共同犯罪案件中的犯罪分子，除如实供述自己的罪行，还应当供述所知的同案犯，主犯则应当供述所知其他同案的共同犯罪事实，才能认定为自首。犯罪分子自动投案并如实供述自己的罪行后又翻供的，不能认定为自首，但在一审判决前又能如实供述的，应当认定为自首。

【案例1－159】被告人朱某某于1997年8月至2002年10月，在担任广州市海珠区南石头街道党委书记、党工委书记，兼任南石头街道办事处主任期间，利用其主管南石头街道全面工作的职务便利，共非法收受他人给予的贿赂款共计人民币52万元。朱某某于2006年5月12日到广州市海珠区人民检察院投案自首，如实供述了以上犯罪事实。但在庭审时翻供，对上述犯罪事实拒不供认。广州市海珠区人民法院一审认为：被告人朱某某身为国家工作人员，明知行贿人给予财物目的，却利用其职权和职务便利收受他人财物，为他人谋取利益，其行为妨害了国家机关的正常活动，破坏了国家工作人员职务行为的廉洁性，已构成受贿罪。朱某某自动投案并如实供述自己的罪行后又翻供，不能认定为自首。朱某某犯罪后能退清赃款，可酌情从轻处罚。判决朱某某犯受贿罪，判处有期徒刑10年，并处没收财产人民币20万元。朱某某不服，提出上诉。广州市中级人民法院二审裁定驳回上诉，维持原判。

【案例1－160】2009年6月，市政二公司下属拌合厂厂长张某某为与杨凌邦德工贸有限公司（以下简称邦德公司）法定代表人毋某合作工程项目，请时任市政二公司主管副经理的被告人王某某帮忙，欲借用市政二公司营业执照及市政施工资质提供给合作方，王某某表示同意并提供市政二公司的资质以及营业执照复印件，使张某某与毋某的合作项目得以顺利履行，并获取了利润。为感谢被告人王某某，同年6月下旬，张某某在西安市高新二路太白庄园分别

① 参见王纳：《深圳原国企老总受贿一审获缓刑　终审改判十年》，载《广州日报》2011年10月13日。

送给被告人王某某现金 1 万元和 4 万元。王某某将该 5 万元收受后用于日常生活花销。2009 年 10 月，市政二公司下属机械化施工分公司承揽到三环路公司发包的西临出入口环境整治工程。2010 年 8 月工程施工结束后，机械化施工分公司经理包某某为能及时进行工程结算审核，尽早拿到工程款，请时任三环路公司副总经理的被告人王某某帮忙，王某某答应帮忙。2010 年 11 月下旬，包某某在王某某办公室，以王某某要出国考察为由送给被告人王某某人民币 5 万元。被告人王某某收受后将该款中的 3 万元存入其名下的招商银行卡内，后用于出国花费，剩余 2 万元用于家庭日常花销。2011 年 5 月 14 日，在陕西省纪律检查委员会、陕西省人民检察院及西安市人民检察院联合调查市政二公司经理李某某涉嫌经济犯罪问题时，王某某主动交代其涉嫌的上述受贿犯罪事实，并将 10 万元受贿赃款全部退缴。西安市中级人民法院经审理认为：被告人王某某在担任市政二公司副经理以及三环路公司副总经理期间，利用职务上的便利，为他人谋取利益，非法收受他人财物 10 万元，其行为已构成受贿罪。被告人王某某在办案机关找其配合调查他人经济问题时，能主动如实交代办案机关尚未掌握其本人受贿犯罪事实，虽其在审判过程中，对部分犯罪事实有翻供，但在庭审的法庭辩论和最后陈述阶段，又能主动认罪，对起诉指控的全部受贿犯罪事实表示认可，庭审后亦能供认全部受贿犯罪事实，对其行为依法应认定为自首。且将涉案赃款全部退还，积极缴纳财产刑，依法可对其减轻处罚。判决被告人王某某犯受贿罪，判处有期徒刑 5 年。

如实供述自己的罪行，除供述自己的主要犯罪事实外，还应包括姓名、年龄、职业、住址、前科等情况。犯罪嫌疑人供述的身份等情况与真实情况虽有差别，但不影响定罪量刑的，应认定为如实供述自己的罪行。犯罪嫌疑人自动投案后隐瞒自己的真实身份等情况，影响对其定罪量刑的，不能认定为如实供述自己的罪行。犯罪嫌疑人自动投案时虽然没有交代自己的主要犯罪事实，但在司法机关掌握其主要犯罪事实之前主动交代的，应认定为如实供述自己的罪行。

犯罪嫌疑人多次实施同种罪行的，应当综合考虑已交代的犯罪事实与未交代的犯罪事实的危害程度，决定是否认定为如实供述主要犯罪事实。虽然投案后没有交代全部犯罪事实，但如实交代的犯罪情节重于未交代的犯罪情节，或者如实交代的犯罪数额多于未交代的犯罪数额，一般应认定为如实供述自己的主要犯罪事实。无法区分已交代的与未交代的犯罪情节的严重程度，或者已交代的犯罪数额与未交代的犯罪数额相当，一般不认定为如实供述自己的主要犯罪事实。

没有自动投案，在办案机关调查谈话、讯问、采取调查措施或者强制措施期间，犯罪分子如实交代办案机关掌握的线索所针对的事实的，不能认定为自首。没有自动投案，但具有以下情形之一的，以自首论：（1）犯罪分子如实交代办案机关未掌握的罪行，与办案机关已掌握的罪行属不同种罪行的；（2）办案机关所掌握线索针对的犯罪事实不成立，在此范围外犯罪分子交代同种罪行的。犯罪嫌疑人、被告人在被采取强制措施期间，向司法机关主动如实供述本人的其他罪行，该罪行能否认定为司法机关已掌握，应根据不同情形区别对待。如果该罪行已被通缉，一般应以该司法机关是否在通缉令发布范围内作出判断，不在通缉令发布范围内的，应认定为还未掌握，在通缉令发布范围内的，应视为已掌握；如果该罪行已录入全国公安信息网络在逃人员信息数据库，应视为已掌握。如果该罪行未被通缉，也未录入全国公安信息网络在逃人员信息数据库，应以该司法机关是否已实际掌握该罪行为标准。犯罪嫌疑人、被告人在被采取强制措施期间如实供述本人其他罪行，该罪行与司法机关已掌握的罪行属同种罪行还是不同种罪行，一般应以罪名区分。虽然如实供述的其他罪行的罪名与司法机关已掌握犯罪的罪名不同，但如实供述的其他犯罪与司法机关已掌握的犯罪属选择性罪名或者在法律、事实上密切关联，如因受贿被采取强制措施后，又交代因受贿为他人谋取利益行为，构成滥用职权罪的，应认定为同种罪行。

需要注意的是，2004 年 3 月 26 日最高人民法院《关于被告人对行为性质的辩解是否影响自首成立问题的批复》指出：根据刑法第 67 条第 1 款和最高人民法院《关于处理自首和立功具体应用法律若干问题的解释》第 1 条的规定，犯罪以后自动投案，如实供述自己的罪行的，是自首。被告人对行为性质的辩解不影响自首的成立。

【案例 1－161】被告人王某某在担任上海市嘉定区农机安全监理所所长期间，利用管理该所下属星嘉中心的职务便利，通过上海腾达化工有限公司（以下简称腾达公司）负责人张甲，将星嘉中心的人民币 110 余万元（以下币种均为人民币）资金拆借给上海明煌实业发展有限公司（以下简称明煌公司）使用，后通过明煌公司等破产清算程序收回资金 129240 元。王某某还以星嘉中心的名义，为腾达公司向上海物资流通协会借款 100 万元提供担保。嗣后，王某某于 2005 年至 2006 年间，两次收受腾达公司负责人张甲给予的财物共计价值 22900 余元。其中，2005 年 3 月 8 日，王某某在家中收受张甲给予的价值 12933 元的白金手镯 2 只和黄金手镯 1 只；2006 年春节，王某某在家中收受张甲给予的贿赂款 1 万元。检察机关接到张甲关于王某某在任职期间有挪用公款嫌疑的举报后，电话通知王某某至检察机关接受调查。王某某于 2009 年 8 月 13 日至检察机关交代了上述受贿犯罪事实，并退缴了全部赃款、赃物。上海市嘉定区人民法院一审认为：被告人王某某在担任上海市嘉定区农机安全监理所所长期间，利用其管理星嘉中心的职务便利，为他人谋取利益，非法收受他人贿赂的财物计22933元，其行为已构成受贿罪。王某某具有自首情节，依法可从轻处罚；且王某某能自愿认罪，已退出全部赃款、赃物，可酌情从轻处罚。以受贿罪判处王某某有期徒刑1年，缓刑1年。王某某提出上诉，请求二审法院对其改判免予刑事处罚。上海市第二中级人民法院二审裁定驳回上诉，维持原判。

【案例1－162】2003年至2009年，被告人朱某某利用担任湘潭县县长、县委书记、湘潭市副市长的职务便利，为齐某某、李某某等14人在变更土地规划、承揽工程、招商引资、金融贷款、职务升迁等方面谋取利益，先后多次收受相关人员的财物贿赂共计人民币163.5万元、美元5.1万元（折合人民币337875元）、价值4.2万元的住房一套，总金额2014875元。另查明，2005年，朱某某利用职务便利，超越职权，擅自批示为湘潭“宏通御景湘·水印康桥”项目减免报建费8713279元。茶陵县人民法院一审认为：被告人朱某某身为国家工作人员，利用职务便利，为他人谋取利益，非法收受他人钱物，其行为严重侵犯了国家工作人员职务活动的廉洁性，已构成受贿罪。被告人朱某某超越职权，在未经集体研究的情况下，干预政府工作，擅自为重点建设项目减免报建费，给国家造成重大经济损失，其行为已构成滥用职权罪。被告人朱某某在因涉嫌滥用职权而被湖南省纪委“双规”期间，主动交代了其受贿的事实，对其受贿犯罪部分，应以自首论，依法可从轻处罚。判决朱某某犯受贿罪，判处有期徒刑13年，剥夺政治权利3年，并处没收个人财产50万元；犯滥用职权罪，判处有期徒刑1年；合并决定执行有期徒刑13年，剥夺政治权利3年，并处没收个人财产50万元。朱某某不服，提出上诉。株洲市中级人民法院二审认为：朱某某及其辩护人辨称“认定部分受贿数额不符、不构成滥用职权罪”等理由，经审查，朱某某收受齐某某40万元和李某某10万元，虽在案发前已退给齐某某40万元和上缴李某某送的10万元给湘潭市纪委，但根据最高人民法院、最高人民检察院《关于办理受贿刑事案件适用法律若干问题的意见》第9条第2款“国家工作人员受贿后，因自身或者与其受贿有关联的人、事被查处，为掩饰犯罪而退还或者上交的，不影响认定受贿罪”的规定，朱某某的行为系受贿。朱某某及其辩护人辨称“有立功情节”，经审查，朱某某在省纪委查办其违法违纪案件时，向办案机关揭发他人重大犯罪行为，且经查证属实，应当认定其有立功表现，故其上诉理由成立，法院予以采纳。朱某某在因涉嫌滥用职权而被省纪委“双规”期间主动交代了其受贿的事实，对其受贿犯罪部分应以自首论。朱某某系犯罪后自首又有立功表现，依法应当减轻处罚。案发后能积极退赃，认罪态度好，可以酌定从轻处罚。原判事实清楚，证据确实充分，审判程序合法。判决撤销原判，改判朱某某犯受贿罪，判处有期徒刑9年6个月，并处没收个人财产50万元；犯滥用职权罪，判处有期徒刑1年；合并决定执行有期徒刑10年，并处没收个人财产50万元。

【案例1－163】2002年上半年，蔡某某承建了中国石油化工股份有限公司江西赣州石油分公司潭东加油站重建工程。因在结算工程余款时须经该公司审计科审计，为尽快办完审计以结清工程余款，蔡某某便于2002年上半年的一天在一餐厅请时任该公司审计科科长的被告人李某吃饭。席间，蔡某某送给李某人民币1万元。李某收下1万元后不久便将该工程审计完毕。案发后，李某退清了全部赃款。赣州市章贡区人民法院一审认为：被告人李某是国有公司委派到非国有公司中从事公务的人员，应以国家工作人员论，其利用职务便利，收受他人钱财，为他人谋利，已构成受贿罪，应依法惩处。鉴于李某认罪态度较好，退清了全部赃款，确有悔罪表现，已不致再危害社会，故对李某可适用缓刑。判决李某犯受贿罪，判处有期徒刑1年，缓刑1年。李某上诉提出：(1) 检察机关对其立案侦查时，仅掌握了其涉嫌收受谭某某人民币的事实，其收受蔡某某1万元的犯罪事实是检察机关传讯他后其主动交待的。检察机关对其收受谭某某人民币的事实并未认定是受贿犯罪，而是作为一种违纪行为。因此，其主动供述收受蔡某某1万元的犯罪事实应认定为自首。(2) 归案前一贯表现良好，归案后主动交待了违法违纪和犯罪的事实，并退清了全部违法所得和赃款，具有悔罪表现，要求免予刑事处罚。赣州市中级人民法院二审认为：李某所提由于检察机关对其立案侦查时所掌握的涉嫌受贿的犯罪事实未予认定并提起公诉，传讯他后其主动交待了检察机关尚未掌握的收受蔡某某1万元的犯罪事实，根据最高人民法院《关于处理自首和立功具体应用法律若干问题的解释》第2条的规定，可视为自首。李某所在单位中共江西赣州石油分公司纪委来函建议对李某免除处罚。鉴于李某有自首情节，归案后又能主动认罪，认罪态度较好，并积极退清了全部赃款，确有悔罪表现，可以免除处罚。改判李某犯受贿罪，免予刑事处罚。

对于具有自首情节的犯罪分子，应当根据犯罪的事实、性质、情节、危害后果、社会影响、被告人的主观恶性和人身危险性等，结合自动投案的动机、阶段、客观环境，交代犯罪事实的及时性、完整性、稳定性以及悔罪表现等具体情节，依法决定是否从轻、减轻或者免除处罚以及从轻、减轻处罚的幅度。具有自首情节的，一般应依法从轻、减轻处罚；犯罪情节较轻的，可以免除处罚。在共同犯罪案件中，对具有自首情节的被告人的处罚，应注意共同犯罪人以及首要分子、主犯、从犯之间的量刑平衡。虽然具有自首情节，但犯罪情节特别恶劣、犯罪后果特别严重、被告人主观恶性深、人身危险性大，或者在犯罪前即为规避法律、逃避处罚而准备自首的，可以不从宽处罚。

【案例1-164】被告人赵某某于1997年至2005年，在负责北京海关消防设备的维修、保养、消防器材的检测、购买工作期间，利用职务之便，非法收受贾某某（已被判刑）贿赂款累计人民币27.1万元。赵某某于2006年8月19日主动到北京市公安局东城分局投案自首。北京市朝阳区人民法院一审认为：被告人赵某某身为国家机关工作人员，本应廉洁自律，竟利用职务之便，非法收受贿赂，其行为已触犯了刑律，构成受贿罪，依法应予惩处。赵某某因对自己的行为有了正确认识主动到公安机关投案自首，依法可对其所犯罪行减轻处罚。鉴于赵某某当庭自愿认罪，深刻悔罪，且积极退赔赃款，故对其所犯罪行酌情予以从轻惩处。判决赵某某犯受贿罪，判处有期徒刑5年。赵某某以原判量刑过重为由提出上诉。北京市第二中级人民法院二审认为：原判根据赵某某受贿所得的数额及本案的犯罪情节，对赵某某在量刑时充分考虑了其具有的法定从轻、减轻情节，依法对其减轻处罚并判处有期徒刑5年，赵某某要求二审法院对其再予减轻处罚的理由缺乏事实和法律依据，赵某某的上诉理由及其辩护人的辩护意见均不能成立，本院不予采纳。一审法院根据赵某某犯罪的事实、犯罪的性质、情节和对于社会的危害程度所作出的判决，定罪及适用法律正确，量刑适当，对在案款项的处置亦无不当，审判程序合法，应予维持。裁定驳回上诉，维持原判。

【案例1-165】1999年至2007年6月，被告人陈某某利用其担任中国石油化工集团公司副总经理、总经理和中国石油化工股份有限公司副董事长、董事长的职务便利，在企业经营、转让土地、承揽工程等方面为他人谋取利益，收受他人钱款折合人民币共计19573万余元。案发后，陈某某退缴了全部赃款。北京市第二中级人民法院经审理认为：被告人陈某某身为国家工作人员，利用职务便利为他人谋取利益，收受他人财物折合人民币共计19573万余元，其行为构成受贿罪。陈某某受贿数额特别巨大，情节特别严重，论罪应当判处死刑。鉴于陈某某在因其他违纪问题被调查期间，主动交代了办案机关尚未掌握的上述全部受贿事实，具有自首法定从轻处罚情节；此外，陈某某还具有认罪悔罪，检举他人违法违纪线索，为查处有关案件发挥了作用，以及积极退缴全部赃款等酌情从宽处罚情节，故对其判处死刑，可不立即执行。于2009年7月15日判决陈某某犯受贿罪，判处死刑，缓期2年执行，剥夺政治权利终身，并处没收个人全部财产。中国法学会刑法学研究会名誉会长高铭暄教授就本案指出：被告人陈某某利用职务上的便利，非法收受他人数额如此之巨的贿赂，其罪行不可谓不严重，依法判处其死刑可谓罪有应得。但由于其在因其他违纪问题而被调查期间，如实交代了有关部门并不掌握的全部受贿事实，符合自首的成立条件，应当依法认定为自首；在案发以后，他主动退缴了全部赃款；在刑事诉讼期间，认罪态度好，有悔罪表现，并向有关部门检举他人的违法违纪问题，为有关案件的查处发挥了作用。综合本案上述法定和酌定从宽情节，可见被告人的罪责尚未达到极其严重的程度，应当依法认定为我国刑法第48条所规定的“不是必须立即执行”死刑的情形，法院一审判决被告人陈某某“死缓”，既符合我国刑法第5条规定的罪责刑相适应原则的要求，也贯彻了宽严相济的刑事政策，是完全正确的。①

【案例1－166】2006年年底至2007年年初，被告人唐某某为办理其向东方市八所镇村民买下的两块坡地的土地证，先后两次找到时任东方市国土局局长的许某某（已判刑）审批，两次送给许某某共3万元。2004年至2009年期间，为得到时任东方市委组织部长的吴某（已判刑）对自己和亲属的提拔，先后3次向吴某行贿5.5万元。2009年，为感谢时任东方市市长谭某某在招揽垃圾处理项目工程的帮助和今后得到其关照，先后送给谭某某80万元。2008年8月至2009年，为了感谢被告人唐某某在垃圾处理项目征地过程的帮助，小岭村村委会主任符某某和黄宁村村委会主任卢某某共同送给时任环卫局长的唐某某30万元，符某某单独送给唐某某40万元。海南省东方市人民法院经审理认为：被告人唐某某身为国家工作人员，利用职务上的便利，非法收受他人财物70万元，为他人谋取利益，其行为已构成受贿罪；被告人唐某某为谋取不正当利益，多次向多名国家工作人员行贿共计88.5万元，其行为已构成行贿罪。被告人唐某某在侦查机关尚未掌握线索的情况下，主动如实向检察机关交待了其两次收受70万元的行为是自首，依法可以减轻处罚；被告人主动退赃，可以酌情从轻处罚；被告人主动交待其向吴某行贿5.5万元的行为是坦白，可以酌情从轻处罚。判决被告人唐某某犯受贿罪，判处有期徒刑5年；犯行贿罪，判处有期徒刑2年；数罪并罚，决定执行有期徒刑6年。

【案例1－167】2006年11月26日，湖南省耒阳市政府设立耒阳市煤炭相关税费征收管理办公室，2006年12月18日，更名为耒阳市矿产品税费征收管理办公室（以下简称耒阳市征收办），负责征收矿产品税费及代收煤炭相关费用。征收办对其机关和下属各站点实行各种奖励机制，其中超产奖即年初征收办与下属各站点签订目标管理责任状，下达征收任务，超产则按规定计算奖

① 参见陈丽平：《罪责刑相适应原则的正确适用》，载《法制日报》2009年7月16日。

金下发到各站点。2003 年 6 月，被告人张某某调任耒阳市征收办副主任至案发。2005 年至 2009 年，耒阳市征收办领导班子在主任罗某某（另案处理）的主持下，4 次集体开会研究决定，在财政核付给领导班子成员应得奖金已全部兑现的情况下，采取截留站点超产奖、虚报超收数额套取奖金、重复提取奖励费用的方式套取资金 574607 元，全部发放给领导班子和部分中层干部。其中被告人张某某分得赃款 3.7 万元。2007 年至 2009 年，被告人张某某在担任耒阳市征收办副主任期间，利用职务之便，收受下属各站点负责人黄某某、谢某某、罗某（均另案处理）现金 7.6 万元。另查明，2009 年 12 月，被告人张某某在衡阳市纪委、衡阳市检察院对涉案人员适用从宽政策的期限内向专案组投案，如实供述其贪污、受贿的事实，并于本月 12 日全部退赃。2010 年 6 月，公诉机关决定对罗某某等 7 人采取刑事拘留，并进行网上追逃。罗某某为逃避打击，南下广东，经被告人张某某多次做罗某某亲人工作，罗某某于同年 8 月 4 日到衡阳县人民检察院投案自首。衡阳县人民法院一审认为：被告人张某某与同案人截留其下属各站点奖金和调整下属各站点任务套取资金进行私分，其行为已构成贪污罪；被告人张某某还利用职务之便收受下属各站点负责人的现金，其行为又构成受贿罪。在共同贪污犯罪中，被告人张某某仅仅参与会议及领取分给自己的现金，起次要作用，是从犯，依法可对其减轻处罚。被告人张某某犯贪污罪、受贿罪，依法应数罪并罚。被告人张某某有自首情节和立功表现，依法应对其减轻处罚。且被告人张某某已全部退赃，可酌情从轻处罚。判决被告人张某某犯贪污罪，判处有期徒刑 2 年；犯受贿罪，判处有期徒刑 1 年 6 个月；决定执行有期徒刑 2 年。被告人张某某不服，上诉提出其有自首、立功和全部退赃等多个法定和酌定从轻或减轻处罚情节，请求二审依照宽严相济刑事法律政策，改判其缓刑。衡阳市中级人民法院二审认为：上诉人张某某虽有自首、立功两个法定从轻或者减轻处罚情节和全部退赃的酌情从轻处罚情节，但其参与贪污公款 574607 元，个人实得 3.7 万元，受贿数额达 7.6 万元，原判在量刑幅度内已对其减轻处罚。原审根据本案的具体情况，对上诉人张某某不适用缓刑并无不当。故上诉人及其辩护人要求改判缓刑的理由不充分，本院不予采纳。综上，原判认定上诉人张某某犯贪污、受贿罪的事实清楚，证据确实、充分，适用法律正确，量刑适当，审判程序合法。裁定驳回上诉，维持原判。

（七）坦白

1998 年最高人民法院《关于处理自首和立功具体应用法律若干问题的解释》第 4 条指出：被采取强制措施的犯罪嫌疑人、被告人和已宣判的罪犯，如实供述司法机关尚未掌握的罪行，与司法机关已掌握的或者判决确定的罪行属同种罪行的，可以酌情从轻处罚；如实供述的同种罪行较重的，一般应当从轻处罚。这种情形不属于自首，通常称为坦白。

2009 年最高人民法院、最高人民检察院《关于办理职务犯罪案件认定自首、立功等量刑情节若干问题的意见》第 3 条对犯罪分子如实交代犯罪事实的认定和处理作了具体规定。犯罪分子依法不成立自首，但如实交代犯罪事实，有下列情形之一的，可以酌情从轻处罚：（1）办案机关掌握部分犯罪事实，犯罪分子交代了同种其他犯罪事实的；（2）办案机关掌握的证据不充分，犯罪分子如实交代有助于收集定案证据的。犯罪分子如实交代犯罪事实，有下列情形之一的，一般应当从轻处罚：（1）办案机关仅掌握小部分犯罪事实，犯罪分子交代了大部分未被掌握的同种犯罪事实的；（2）如实交代对于定案证据的收集有重要作用的。可以看出，上述四种情形的坦白，比通常理解的坦白范围要窄一些。实践中，犯罪分子在被动归案后，如实供述自己的罪行，不管司法机关掌握的程度如何，均应视为坦白。司法解释仅列举了四种情形，这主要是出于量刑方面的考虑。也就是说，具有上述四种坦白情节之一的，量刑上均应不同程度地加以考虑。

需要指出的是，2011 年 2 月 25 日全国人大常委会通过的《中华人民共和国刑法修正案（八）》第 8 条对刑法第 67 条进行了修正，增加了对犯罪嫌疑人坦白从宽的规定："犯罪嫌疑人虽不具有前两款规定的自首情节，但是如实供述自己罪行的，可以从轻处罚；因其如实供述自己罪行，避免特别严重后果发生的，可以减轻处罚。"可以看出，修正后的刑法第 67 条第 3 款规定坦白从宽的幅度比司法解释规定坦白从宽的幅度还要大，不仅可以从轻处罚，而且还可以减轻处罚。

【案例 1－168】被告人杜某某利用担任邓州市殡仪馆馆长的便利，在本馆采购骨灰盒的过程中，对骨灰盒供应商李某某予以照顾，自 2006 年 2 月至 2009 年 4 月，杜某某先后收受李某某现金 15 次，共计金额 8.85 万元。2007 年 10 月、2008 年 10 月，被告人杜某某利用担任邓州市殡仪馆馆长的便利，在采购骨灰盒的过程中对骨灰盒供应商薛某某予以照顾，先后两次收受薛某某所送现金共计 3.6 万元。杜某某在与骨灰盒供应商李某某、薛某某的业务往来中受贿款项共计 12.45 万元，其中 8 万元已在检察机关退出。邓州市人民法院一审认为：被告人杜某某身为国家工作人员，利用职务上的便利，非法收受他人财物 12.45 万元，为他人谋取利益，其行为已构成受贿罪。杜某某能坦白办案机关未掌握的受贿 3.6 万元的事实，且退出大部分赃款，可酌情从轻处罚。判决杜某某犯受贿罪，判处有期徒刑 10 年。杜某某上诉称系自首，能积极退赃，有悔罪表现，原判量刑畸重，请求依法公正判决。南阳市中级人民法院二审认为：侦查机关是掌握了李某某对杜某某的行贿行为后，在对杜某某进行调查的情况下，杜某某交代了自己收受李某某所送现金的犯罪事实；杜某某又交代的侦查机关未掌握的其收受骨灰盒供应商薛某某所送现金3.6万元的事实，是在侦查机关掌握了其受贿的部分犯罪事实的情况下，交代了同种其他犯罪事实，故其行为不构成自首。对于杜某某如实交代办案机关尚未掌握的受贿3.6万元的事实，且退出大部分赃款，原判在量刑时已予以从轻处罚。故杜某某的上诉及辩护人的辩护理由均不能成立，本院不予支持。裁定驳回上诉，维持原判。

【案例1-169】1995年至1999年间，被告人赵某某利用担任厦门市副市长，分管城市建设等工作的职务便利，为申请减免、缓交土地出让金、地价款利息、配套费、装饰工程中标、人事调动等事项的单位和个人谋利，先后索取或非法收受他人财物折合人民币共计4521528元。厦门市中级人民法院经审理认为：被告人赵某某身为国家机关工作人员，利用担任副市长负责分管城市建设、土地房产管理等部门工作的职务便利，为他人谋取利益，索取及非法收受他人财物，其行为已构成受贿罪，起诉指控罪名成立。赵某某受贿数额达人民币4521528元，数额特别巨大，受贿次数达23次，所犯罪行严重侵害了国家机关工作人员职务的廉洁性，败坏了国家机关工作人员的声誉，犯罪情节特别严重，依法应予严惩。鉴于赵某某在检察机关只掌握其受贿79万余元的情况下，主动供述了另外380万元的同种较重罪行，依照最高人民法院《关于处理自首和立功具体应用法律若干问题的解释》第4条的规定，具有一般应当从轻处罚的酌定情节，故在量刑时予以酌情处罚。判决赵某某犯受贿罪，判处死刑，缓期2年执行，剥夺政治权利终身，并处没收个人全部财产。①

【案例1-170】被告人余某某在担任湖北省国际信托投资公司副总经理期间，在经手将其所在公司的人民币20228万元和美元520万元借贷给6个单位的过程中，先后28次收受贿赂人民币共计108万元、港币94.5万元以及价值人民币16295元的彩色电视机等物品。余某某在被采取强制措施后，即向检察机关坦白交代了自己的全部犯罪事实，其中大部分犯罪事实，检察机关在案发时尚不掌握。检察机关破案后，根据余某某的交代，将赃款赃物全部追回。武汉市中级人民法院一审认为：被告人余某某利用职务之便，经手将该公司所拆借的资金借贷给企业进行经营活动，先后28次共收受贿赂计人民币108万元、

① 参见卢志勇：《厦门原副市长赵某某被判死缓犯罪事实》，载《新华网》2002年8月9日。

港币94.5万元以及价值人民币16295元的物品，其行为已构成受贿罪，且情节特别严重，论罪应当判处余某某死刑。鉴于余某某能主动坦白交代罪行，认罪态度较好，且所获赃款赃物已全部追缴，没有给国家造成重大经济损失，故判处死刑可不立即执行。对余某某及其辩护人提出的从轻处罚的请求，予以采纳。于1998年8月12日判决余某某犯受贿罪，判处死刑，缓期2年执行，剥夺政治权利终身，并处没收财产人民币3万元。一审宣判后，余某某在法定期限内没有提出上诉，检察机关亦没有抗诉。湖北省高级人民法院于1998年9月3日裁定核准了一审判决。

【案例1-171】 1993年4月至2000年12月，被告人慕某某在任辽宁省建设厅厅长、辽宁省省长助理、辽宁省副省长兼省委政法委副书记、沈阳市市委副书记、沈阳市人民政府市长期间，利用职务上的便利，伙同贾某某、通过他人或单独接受他人请托，为他人谋取利益，索取、收受款物合计价值人民币6614144元。同时，慕某某对明显超过其合法收入的人民币269.55万元不能说明其来源合法。案发后，上述款、物已全部被追缴。大连市中级人民法院经审理认为：被告人慕某某身为国家工作人员，利用职务上的便利，伙同贾某某及接受他人请托，为他人谋取利益，索取、非法收受他人财物，其行为已构成受贿罪。慕某某有人民币269.55万元的财产明显超过合法收入，本人不能说明来源合法，其行为已构成巨额财产来源不明罪。对慕某某所犯受贿罪和巨额财产来源不明罪依法应当数罪并罚。慕某某受贿财物共计人民币6614144元，数额特别巨大，情节特别严重，所犯罪行严重破坏了国家机关正常工作秩序，侵害了国家工作人员的职务廉洁性，败坏了国家工作人员的声誉，依法应予严惩。鉴于慕某某到案后，能够主动坦白交代尚未掌握的37起计320余万元人民币的受贿犯罪问题，有认罪、悔罪表现，且赃款已全部被追缴。对慕某某判处死刑，可不立即执行。据此，根据慕某某犯罪的事实、犯罪的性质、情节和对于社会的危害程度，依照刑法有关规定和最高人民法院《关于处理自首和立功具体应用法律若干问题的解释》第4条的规定，判决慕某某犯受贿罪，判处死刑，缓期2年执行，剥夺政治权利终身，并处没收个人全部财产；犯巨额财产来源不明罪，判处有期徒刑5年；决定执行死刑，缓期2年执行，剥夺政治权利终身，并处没收个人全部财产。

【案例1-172】 被告人杨某在担任凤阳县地方税务局局长期间，利用职务上的便利，为徇私情、私利，少征或不征凤阳县某矿业、水泥、石英砂、化肥等多家公司应征税款7658258.08元，造成地方税收重大损失。1998年至2010年，被告人杨某在担任凤阳县地税局局长期间，还利用职务之便，非法收受辖区内企业、经营户及下属的财物合计124.9万元，为他人谋取利益。明光市人民法院经审理认为：被告人杨某身为国家税务机关工作人员，徇私舞弊，不征或者少征应征税款760余万元，致使国家税收遭受特别重大损失，构成徇私舞弊不征、少征税款罪。其身为国家工作人员，利用职务上的便利，非法收受他人财物，为他人谋取利益，其行为又构成受贿罪，依法应数罪并罚。考虑到被告人归案后主动交代司法机关尚未掌握的犯罪事实，系坦白，依法可从轻处罚，且在案发后已将大部分赃款退出，可酌情从轻处罚。同时，被告人主动检举揭发他人涉嫌受贿犯罪的线索，经查证属实，属立功，依法予以从轻处罚。以徇私舞弊不征、少征税款罪和受贿罪，判处凤阳县地税局原局长杨某有期徒刑16年，并处没收财产人民币10万元。① 本案判决发生在《中华人民共和国刑法修正案（八）》实施之后，因此被告人杨某坦白的行为依法可以从轻处罚。

（八）立功

根据刑法第68条和1998年最高人民法院《关于处理自首和立功具体应用法律若干问题的解释》，2009年最高人民法院、最高人民检察院《关于办理职务犯罪案件认定自首、立功等量刑情节若干问题的意见》和2010年最高人民法院《关于处理自首和立功若干具体问题的意见》，在办理受贿案件时，认定犯罪分子的检举、揭发、协助抓捕等行为是否成立立功，应当掌握以下标准。

犯罪分子到案后有检举、揭发他人犯罪行为，包括共同犯罪案件中的犯罪分子揭发同案犯共同犯罪以外的其他犯罪，经查证属实；提供侦破其他案件的重要线索，经查证属实；阻止他人犯罪活动；协助司法机关抓捕其他犯罪嫌疑人（包括同案犯）；具有其他有利于国家和社会的突出表现的，应当认定为有立功表现。

犯罪分子检举、揭发的他人犯罪，提供侦破其他案件的重要线索，阻止他人的犯罪活动，或者协助司法机关抓捕的其他犯罪嫌疑人，犯罪嫌疑人、被告人依法可能被判处无期徒刑以上刑罚的，应当认定为有重大立功表现。

【案例1-173】 2002年至2003年间，被告人黄某某在担任钦州市钦南区犀牛脚中心卫生院院长期间，利用职务之便，先后收受承建本院职工宿舍楼、注射室、饭堂等建筑工程的包工头黄某某送给的工程回扣款共计人民币10.5万元，用于个人开支。此外，黄某某还在从南宁科帆医用设备有限公司购买一台多参数监护仪时，利用职务之便收受经销商宁某某的回扣款人民币5000元，

① 参见刘娟、蔡启国：《安徽凤阳地税局原局长受贿120余万获刑16年》，载《正义网》2011年12月15日。

用于个人开支。案发后，黄某某向钦南区人民检察院退出了全部赃款。另查明，黄某某在纪检部门对其调查期间，主动交代了自己的主要犯罪事实，并检举、揭发他人挪用公款10万元的犯罪事实，并经查证属实。同时还提供他人犯罪重要线索，使有关部门成功查处违法违纪案件27件27人，单位、个人涉案金额达200多万元。钦州市钦北区人民法院一审认为：被告人黄某某身为国家工作人员，利用职务上的便利，收受他人贿赂人民币11万元，为他人谋取利益，其行为已构成受贿罪。黄某某在未受到讯问、未被采取强制措施之前，主动向纪检部门如实交代了自己的主要犯罪事实，符合自首条件，构成自首，依法可以从轻或者减轻处罚。黄某某检举、揭发他人挪用公款10万元的犯罪事实，经查证属实；提供他人犯罪的重要线索，使有关部门成功查处其他违法违纪案件27件27人，单位及个人涉案金额达200多万元，符合立功条件，构成立功，依法可以从轻或者减轻处罚。黄某某及其辩护人关于黄某某有重大立功情节的辩护意见，因黄某某的立功行为不符合重大立功的条件，对该辩护意见不予采纳。判决黄某某犯受贿罪，判处有期徒刑3年，并处没收个人财产人民币8万元。黄某某上诉称：原判量刑不当，其具有自首和重大立功表现的情节，案发后积极退出赃款，认罪态度好，有悔罪表现，应给予缓刑或免于刑事处罚。钦州市中级人民法院二审认为：黄某某揭发他人犯罪行为，提供其他案件的重要线索，经查证属实。且涉案人数多、涉案案件多、涉案数额特别巨大，具有较大影响，依法应认定其行为构成重大立功表现。原判对此不予认定欠妥，应予纠正。黄某某具有法定的应当减轻或免除刑事处罚的情节。同时，黄某某归案后认罪态度较好，有悔罪表现，退出了全部赃款，也具有酌情从轻处罚的情节，其上诉理由成立，予以采纳。判决撤销一审判决，改判黄某某犯受贿罪，判处有期徒刑3年，缓刑3年，并处没收个人财产人民币8万元。

【案例1-174】2008年至2010年间，被告人蒋某某在任湖南省煤业集团白山坪矿业有限公司董事长兼总经理期间，利用职务上的便利条件，在煤矿挂靠过程中为他人谋取利益，以及通过入干股的方式，收受梁某某、刘某某等人所送的贿赂，共计人民币16万元。另查明，蒋某某于2010年10月22日主动到耒阳市人民检察院投案，如实交代了收受刘某某、梁某某贿赂事实，退还了全部赃款。蒋某某在被关押期间举报他人贩卖毒品的犯罪事实，经查证，该犯罪嫌疑人贩卖海洛因80余克，非法持有海洛因4.89克、冰毒0.26克、麻古0.08克及白色粉末7.01克。耒阳市人民法院法院一审认为：被告人蒋某某收受他人现金及干股分红共计16万元，其行为已构成受贿罪。被告人蒋某某在侦查机关立案侦查后主动到案，如实交代收受刘某某、梁某某贿赂事实，应当认定为自首。其在羁押期间提供犯罪线索，经侦查机关查证属实，犯罪嫌疑人可能被判处无期徒刑以上刑罚，具有重大立功情节，可以减轻或者免除处罚。蒋某某的亲属主动退还了全部赃款，可酌情从轻处罚。据此，对蒋某某予以减轻处罚。判决蒋某某犯受贿罪，判处有期徒刑4年，并处没收财产人民币10万元。蒋某某提出上诉，请求二审减轻处罚并适用缓刑。衡阳市中级人民法院二审认为：根据上诉人蒋某某的犯罪事实和情节，宣告缓刑对其所居住的社区没有重大不良影响，可以适用缓刑。改判上诉人蒋某某犯受贿罪，判处有期徒刑3年，缓刑5年，并处没收个人财产人民币10万元。

【案例1－175】 被告人刘某某，原系青岛市中级人民法院副院长。2000年7月至2009年1月，被告人刘某某利用职务便利，为他人在案件诉讼、执行、涉案物品拍卖、工作调动等方面谋取利益，直接或通过、伙同其妻员某某、情妇李某（二人均另案处理）非法收受他人现金人民币235.5万元、银行卡金额人民币11万元，以明显低于市场价格为其个人及其特定关系人购买房产3套，由他人为其个人免费装修住房1套（装修价值8.4万元）、为其特定关系人免除应支付的拍卖佣金7.01万元。以上刘某某非法收受他人财物共计人民币3644372元。刘某某归案后检举揭发周某某伙同他人抢劫致1人死亡的犯罪事实，经查证属实，可以认定刘某某有重大立功表现。鉴于被告人刘某某归案后主动供述司法机关未掌握的大部分受贿事实，认罪态度较好，有重大立功表现，且受贿赃款已全部追缴，依法应当从轻处罚。济南市中级人民法院一审以受贿罪判处被告人刘某某有期徒刑14年，并处没收个人财产200万元。刘某某没有提出上诉。①

据以立功的他人罪行材料应当指明具体犯罪事实；据以立功的线索或者协助行为对于侦破案件或者抓捕犯罪嫌疑人要有实际作用。犯罪分子揭发他人犯罪行为时没有指明具体犯罪事实的；揭发的犯罪事实与查实的犯罪事实不具有关联性的；提供的线索或者协助行为对于其他案件的侦破或者其他犯罪嫌疑人的抓捕不具有实际作用的，不能认定为立功表现。

犯罪分子具有下列行为之一，使司法机关抓获其他犯罪嫌疑人的，属于“协助司法机关抓捕其他犯罪嫌疑人”：按照司法机关的安排，以打电话、发信息等方式将其他犯罪嫌疑人（包括同案犯）约至指定地点的；按照司法机关的安排，当场指认、辨认其他犯罪嫌疑人（包括同案犯）的；带领侦查人员抓获其他犯罪嫌疑人（包括同案犯）的；提供司法机关尚未掌握的其他案件犯罪嫌疑人的联络方式、藏匿地址的，等等。犯罪分子提供同案犯姓名、住

① 参见李明：《青岛中院原副院长刘某某因受贿被判刑14年》，载《人民网》2011年4月19日。

址、体貌特征等基本情况，或者提供犯罪前、犯罪中掌握、使用的同案犯联络方式、藏匿地址，司法机关据此抓捕同案犯的，不能认定为协助司法机关抓捕同案犯。

立功必须是犯罪分子本人实施的行为。为使犯罪分子得到从轻处理，犯罪分子的亲友直接向有关机关揭发他人犯罪行为，提供侦破其他案件的重要线索，或者协助司法机关抓捕其他犯罪嫌疑人的，不应当认定为犯罪分子的立功表现。

据以立功的线索、材料来源有下列情形之一的，不能认定为立功：(1) 本人通过非法手段或者非法途径获取的；(2) 本人因原担任的查禁犯罪等职务获取的；(3) 他人违反监管规定向犯罪分子提供的；(4) 负有查禁犯罪活动职责的国家机关工作人员或者其他国家工作人员利用职务便利提供的。

犯罪分子揭发他人犯罪行为，提供侦破其他案件重要线索的，必须经查证属实，才能认定为立功。如果已有审判结果，应当依据判决确认的事实认定是否查证属实；如果被检举揭发的他人犯罪案件尚未进入审判程序，可以依据侦查机关提供的书面查证情况认定是否查证属实。检举揭发的线索经查确有犯罪发生，或者确定了犯罪嫌疑人，可能构成重大立功，只是未能将犯罪嫌疑人抓获归案的，对可能判处死刑的被告人一般要留有余地，对其他被告人原则上应酌情从轻处罚。被告人检举揭发或者协助抓获的人的行为构成犯罪，但因法定事由不追究刑事责任、不起诉、终止审理的，不影响对被告人立功表现的认定；被告人检举揭发或者协助抓获的人的行为应判处无期徒刑以上刑罚，但因具有法定、酌定从轻情节，宣告刑为有期徒刑或者更轻刑罚的，不影响对被告人重大立功表现的认定。

【案例 1－176】 1992 年至 2009 年，被告人杨某某在担任广东省茂名市电白县人民政府副县长、县长、县委书记、茂名市人民政府副市长、常务副市长期间，利用职务上的便利，为他人谋取利益，非法收受他人财物共折合人民币 10485658 元、港币 200 万元。办案机关在查处本案过程中，查封、扣押、冻结杨某某拥有的家庭财产折合共计人民币 49983623.27 元、港币 27.2 万元、欧元 2.4 万元，扣除合法收入人民币 4328090.81 元和受贿所得人民币 10485658 元、港币 200 万元，折合人民币 33647523.74 元、欧元 2.4 万元的财产，杨某某不能说明来源。广州市中级人民法院经审理认为：被告人杨某某身为国家工作人员，利用职务上的便利，非法收受他人财物，为他人谋取利益，其行为已构成受贿罪。杨某某的财产明显超过合法收入，差额特别巨大，杨某某不能说明来源，其行为已构成巨额财产来源不明罪。对其依法应予数罪并罚。杨某某归案后，检举揭发他人涉嫌重大职务犯罪的线索，经查证属实，有重大立功表现，依法可从轻处罚。判决被告人杨某某犯受贿罪，判处有期徒刑15年，并处没收财产人民币800万元；犯巨额财产来源不明罪，判处有期徒刑7年；决定执行有期徒刑19年，并处没收财产人民币800万元。杨某某的受贿赃款人民币10485658元（其中借据上的500万元已由行贿人黄某上缴）、港币200万元以及来源不明的巨额财产折合人民币33647523.74元、欧元2.4万元均予以没收，上缴国库。

【案例1－177】2007年4月至2008年元月，被告人程某某时任天门市汉北河河道堤防管理处工程管理科科长、湖北省汉北河流域（天门段）水利血防工程建设管理办公室工程部主任，负责所属工程的监督、指导、协调、巡查等工作。在此期间，程某某利用职务上的便利，为他人谋取利益，索取和非法收受工程承包人和施工人员黄某、杨某某等人贿赂，共计57460元。其中一笔是：2007年7月至2008年1月期间，程某某经与时任天门市汉北河河道堤防管理处处长、湖北省汉北河流域（天门段）水利血防工程建设管理办公室副主任的隆某某（另案处理）商量，将天门市水利血防工程中的两期锥探灌浆工程分别以湖北省汉北河流域（天门段）水利血防工程第二标段项目部、第五标段项目部的名义发包给黄某、杨某某夫妇，并从中索要“好处费”。工程开工后，程某某向黄某提出：“在工地上蛮辛苦，帮助弄工程到手不容易，你到这里赚了钱，到时候要感谢我的”。工程完工后，程某某分别于2007年8月初和2008年1月底在工程结算付款时，向黄某索取共96460元，其中程某某分得47460元，隆某某分得4.9万元。案发后，程某某退回全部赃款。天门市人民法院一审认为：被告人程某某身为国家工作人员，利用职务上的便利，索取和非法收受他人财物为他人谋取利益，其行为已构成受贿罪。且对程某某的索贿部分依法应当从重处罚。程某某归案后，揭发同案犯隆某某共同犯罪的事实，依法可酌情从轻处罚；程某某对其索贿部分自愿认罪，并退出全部赃款，亦可对其酌情从轻处罚。判决程某某犯受贿罪，判处有期徒刑5年6个月。程某某上诉称：其检举了天门市汉北河河道堤防管理处处长隆某某受贿4.9万元的事实，应认定为立功。湖北省汉江中级人民法院二审认为：2008年4月5日，天门市人民检察院以涉嫌受贿对程某某立案侦查，在侦查人员掌握了程向黄某、杨某某索贿的犯罪事实后，程交代了以上伙同隆某某索取黄某、杨某某贿赂的犯罪事实。程某某的上述行为符合最高人民法院《关于处理自首和立功具体应用法律若干问题的解释》第6条“共同犯罪案件的犯罪分子到案后，揭发同案犯共同犯罪事实的，可以酌情从轻处罚”的规定，原判据此对程某某酌情从轻处罚并无不当。上诉人的上诉理由和辩护人的辩护意见不能成立。裁定驳回上诉，维持原判。本案中，被告人程某某供述同案犯隆某某的受贿行为，根据司法解释的规定，属于如实供述自己的罪行，不能构成立功，但仍然可以酌情予以从轻处罚。

【案例1-178】 2001年7月至2006年4月间，被告人罗某某先后担任广东省疾控中心免疫规划管理科副科长、广东省疾控中心免疫规划所所长及广东省预防性生物制品管理委员会委员，利用其负责全面工作和主管全省疫苗的推广、订购、审核疫苗款的支付、参与决定全省所需疫苗的种类和价格等职务上的便利，在采购上海生物制品研究所、长春生物制品研究所、北京天坛生物制品股份有限公司、兰州生物制品研究所的生物制品疫苗的过程中，为疫苗经销商谋取利益予以关照，多次伙同免疫规划所疫苗组组长蔡某某（另案处理）共同收受了疫苗经销商贿送的款项人民币共计1162万元，被告人罗某某分得其中的人民币707万元；被告人罗某某还单独收受疫苗经销商贿送的款项人民币411.5万元。广州市中级人民法院经审理认为：被告人罗某某身为国家工作人员，利用职务上的便利，非法收受他人财物，为他人谋取利益，其行为已构成受贿罪。罗某某受贿数额特别巨大，情节特别严重，论罪应当判处死刑，鉴于罗某某有自首情节，且能主动退清全部赃款，依法可对罗某某予以减轻处罚。对于公诉机关认为罗某某有重大立功表现的意见，经查，根据最高人民法院《关于处理自首和立功具体应用法律若干问题的解释》第1条、第5条和第6条的规定，罗某某交代同案犯共同犯罪的事实，不能认定为立功表现，故公诉机关认为罗某某有重大立功与法律规定不相符，本院不予确认。判决罗某某犯受贿罪，判处无期徒刑，剥夺政治权利终身，并处没收个人财产人民币150万元。

需要指出的是，鉴于贿赂犯罪具有对向性的特殊性，对于受贿人而言，如果其检举、揭发行贿人向其行贿的犯罪行为，应当属于如实供述自己的罪行，受贿人可能构成自首或坦白，但不能构成立功。如果受贿人检举、揭发的是行贿人向其他国家工作人员行贿的犯罪行为并经查证属实的，则构成立功。如果受贿人检举、揭发的除了行贿人向其行贿的犯罪行为外，还有行贿人向其他国家工作人员行贿的犯罪行为并经查证属实的，则受贿人在构成自首或坦白的同时，还构成立功。

【案例1-179】 被告人魏某某于2004年至2006年9月，在担任北京地坛医院（以下简称地坛医院）研究室副主任、主任期间，利用职务上的便利，在地坛医院对研究室所需医疗器械、医药试剂的采购过程中，收受与地坛医院有业务往来的供货商给予的款物，为他人谋取利益。其中，收受北京诚志华嘉科技有限公司张某给予的中国农业银行卡1张，内有人民币2万元；收受北京市斑珀斯技贸有限责任公司权某某、冷某给予的人民币5万元；收受北京恒三江仪器销售有限公司任某给予的惠普牌笔记本电脑 1 台，价值人民币 8205.13 元；收受深圳匹基生物工程有限公司赖某某给予的回扣款人民币 14 万余元，以上款物共计人民币 21.8 万余元。魏某某将其中人民币 10 万余元用于公务性支出，将其余款、物据为己有。2006 年 10 月 9 日，有关组织找魏某某谈话时，魏某某主动交待了有关组织尚未掌握的其收受张某中国农业银行卡 1 张（内有人民币 2 万元）的事实。同年 10 月 10 日，北京市东城区人民检察院将魏某某传唤至该院，魏某某主动供述了全部犯罪事实。涉案的惠普牌笔记本电脑、全部赃款扣押在案。北京市东城区人民法院经审理认为：被告人魏某某身为国家工作人员，本应奉公守法，但其却利用职务上的便利，在地坛医院采购其科室所需医疗器械及医药试剂的过程中，为他人谋取利益，多次收受供货商给予的贿赂款物，并据为己有，其行为侵犯了国家工作人员职务的廉洁性，已构成受贿罪。关于辩护人所提“魏某某向侦查机关提供赖某某向其行贿的线索，具有立功表现”的辩护意见，经查，魏某某交代赖某某向其行贿，系如实供述本人罪行的一部分，不属“揭发他人犯罪”，不应认定具有立功表现，故对辩护人的相关辩护意见本院不予采纳。魏某某在罪行尚未被有关组织及司法机关发觉时，主动交代全部犯罪事实，系自首，且在案发后能够积极退赃，认罪、悔罪，本院根据其犯罪的事实、犯罪的性质、情节和对于社会的危害程度，依法对其减轻处罚，并宣告缓刑。判决魏某某犯受贿罪，判处有期徒刑 3 年，缓刑 5 年。

对于具有立功情节的犯罪分子，应当根据犯罪的事实、性质、情节、危害后果、社会影响、被告人的主观恶性和人身危险性等，结合检举揭发罪行的轻重、被检举揭发的人可能或者已经被判处的刑罚、提供的线索对侦破案件或者协助抓捕其他犯罪嫌疑人所起作用的大小，以及立功的时机等具体情节，依法决定是否从轻、减轻或者免除处罚以及从轻、减轻处罚的幅度。具有立功情节的，一般应依法从轻、减轻处罚；犯罪情节较轻的，可以免除处罚。在共同犯罪案件中，对具有立功情节的被告人的处罚，应注意共同犯罪人以及首要分子、主犯、从犯之间的量刑平衡。犯罪集团的首要分子、共同犯罪的主犯检举揭发或者协助司法机关抓捕同案地位、作用较次的犯罪分子的，从轻处罚与否应当从严掌握，如果从轻处罚可能导致全案量刑失衡的，一般不从轻处罚；如果检举揭发或者协助司法机关抓捕的是其他案件中罪行同样严重的犯罪分子，一般应依法从轻处罚。对于犯罪集团的一般成员、共同犯罪的从犯立功的，特别是协助抓捕首要分子、主犯的，应当充分体现政策，依法从轻处罚。虽然具有立功情节，但犯罪情节特别恶劣、犯罪后果特别严重、被告人主观恶性深、人身危险性大，或者在犯罪前即为规避法律、逃避处罚而准备立功的，可以不从轻处罚。

【案例1-180】1992年9月，被告人郭某某经他人介绍，认识了港商金某某（另案处理）后，郭某某应金某某的请求，在贵州为金某某之妻及其生意合伙人异地办理两份《前往港澳通行证》。同年12月4日，郭某某将办妥的两份《前往港澳通行证》交给金某某。当晚，郭某某在贵州丽晶公司二楼丽宫厅，收受了金某某送的人民币3万元。此后，郭某某应金某某的要求，继续为其谋取非法利益，并于1993年3月20日、5月17日两次收受金某某向其行贿的人民币共计14万元。同年12月3日，郭某某为掩盖其受贿事实真相，将13万元赃款以公安业务经费为名交与他人使用，并指使领款人将领款时间倒签为同年3月26日。案发后，检察机关将17万元赃款分别在贵阳、北京查获，追缴在案。贵阳市中级人民法院一审认为：被告人郭某某身为公安厅厅长，利用职务之便，为他人谋取利益，收受他人贿赂的财物达17万元之巨，其行为已构成受贿罪。当其行为败露之时，又与他人合谋制造假相，掩盖受贿罪行，妄图逃避惩处。郭某某收受贿赂数额特别巨大，犯罪情节特别严重，社会影响特别恶劣，对国家危害极大，应依法从严惩处。于1994年9月8日判决郭某某犯受贿罪，判处死刑，剥夺政治权利终身。郭某某不服，提出上诉。贵州省高级人民法院二审认为：一审法院认定郭某某犯受贿罪，事实清楚，证据确实、充分，定罪准确，审判程序合法。郭某某收受贿赂数额特别巨大，情节特别严重，一审判处其死刑，剥夺政治权利终身是适当的。鉴于二审期间，发现郭某某检举揭发他人犯罪，有重大立功表现，于1995年1月16日改判郭某某犯受贿罪，判处死刑，缓期2年执行，剥夺政治权利终身。

【案例1-181】1998年，被告人万某某担任云阳县教育局副局长，分管三峡工程淹没学校的迁建工作。2001年3月30日万某某担任云阳县教育局局长，同年10月23日担任云阳县教育委员会主任，2005年4月担任重庆市人民政府教育督导室助理调研员，2007年7月至案发前担任重庆市人民政府教育督导室调研员。在此期间，万某某在业务往来和工程发包中，收受他人人民币59.7万元。另查明，在侦查过程中，万某某主动交代了上述非法收受他人财物的大部分事实，并在被羁押期间，检举、揭发他人涉嫌故意杀人的线索，经查证属实。云阳县人民法院一审认为：被告人万某某身为国家工作人员，利用职务之便，收受他人贿赂，为他人谋取利益，其行为已构成受贿罪。万某某如实供述司法机关尚未掌握的同种较重罪行，可从轻处罚。万某某具有检举他人重大犯罪行为的重大立功表现，依法可减轻处罚。判决万某某犯受贿罪，判处有期徒刑7年，并处没收财产人民币5万元。万某某以有自首及重大立功情节、原判量刑过重为由提出上诉。重庆市第二中级人民法院二审认为：依照最高人民法院《关于处理自首和立功具体应用法律若干问题的解释》第4条的规定，万某某如实供述侦查机关尚未掌握的同种较重罪行的行为不属自首。万某某具有重大立功的情节已为原判所认定并在科刑时已作充分考虑，对其判处的刑罚并无不当，故其上诉理由不成立，本院不予采纳。裁定驳回上诉，维持原判。

【案例1-182】2003年12月至2005年9月，被告人曹某某利用担任国家食品药品监督管理局药品注册司司长的职务便利，接受魏某、刘某某（均另案处理）的请托，分别为吉林威威公司、广州白云山公司等企业谋取利益。为此，曹某某收受魏某、刘某某给予的人民币150万元、美元11万元，折合人民币共计2406746元。被告人曹某某另有玩忽职守行为。北京市第一中级人民法院一审认为：被告人曹某某身为国家工作人员，利用职务上的便利，非法收受他人财物，为他人谋取利益，其行为已构成受贿罪；其身为国家药品监管工作重要职能部门的负责人，对涉及国计民生的药品安全监管工作严重不负责任，在统一换发药品批准文号专项工作的启动、进行中，不正确、不认真履行职责，致使国家和人民的利益遭受重大损失，其行为已构成玩忽职守罪。曹某某受贿数额特别巨大，犯罪情节特别严重，在庭审中拒不供认犯罪事实，没有悔罪表现，且不积极退缴赃款，论罪应当判处死刑。但鉴于曹某某归案后提供线索，对侦破其他案件起到一定的帮助作用，对其判处死刑，可不立即执行；曹某某犯玩忽职守罪，使国家对药品的监管遭到破坏，严重损害了国家机关的行政管理形象，造成了极其恶劣的社会影响，犯罪情节特别严重，亦应依法惩处，与其所犯受贿罪数罪并罚。判决：被告人曹某某犯受贿罪，判处死刑，缓期2年执行，剥夺政治权利终身，并处没收个人全部财产；犯玩忽职守罪，判处有期徒刑7年；决定执行死刑，缓期2年执行，剥夺政治权利终身，并处没收个人全部财产。曹某某不服，提出上诉。北京市高级人民法院二审裁定驳回上诉，维持原判，并核准了一审判决。本案中，被告人曹某某的罪行极其严重，论罪应当判处死刑，但鉴于曹某某归案后提供线索，对侦破其他案件起到一定的帮助作用，虽然不构成立功，但法院仍然对其从轻处罚，判处死缓。

（九）退赃、追赃

2007年最高人民法院、最高人民检察院《关于办理受贿刑事案件适用法律若干问题的意见》第9条专门就国家工作人员收受财物后退还或者上交的问题进行了解释：国家工作人员收受请托人财物后及时退还或者上交的，不是受贿。国家工作人员受贿后，因自身或者与其受贿有关联的人、事被查处，为掩饰犯罪而退还或者上交的，不影响认定受贿罪。所谓“及时”，是基于受贿故意而言的。“及时”不仅限于当时当刻，如果行为人主观上有归还或者上交的意思，但因为客观方面的原因未能立即归还或者上交，在客观障碍消除后立即归还或者上交的，也应当理解为“及时”。

【案例1－183】 2004年5月，被告人钟某某利用担任梁平县柏家初级中学校长的职务便利，在发包柏家中学综合楼及附属工程时，事先将招标价格告知吴某某，让吴某某顺利承建到该工程。嗣后，钟某某收受吴某某给予的贿赂款现金1万元人民币。2005年10月，该工程完工结算后，钟某某再次收受吴某某以感谢为名给予的贿赂款现金1万元人民币。2007年3月25日，钟某某与吴某某得知他人因收受贿赂被梁平县人民检察院立案侦查，害怕也被查处，便商量将2万元人民币贿赂款退还。次日，钟某某在柏家镇信用社将2万元人民币转至吴某某在信用社的账上。梁平县人民法院经审理认为：被告人钟某某身为国家工作人员，利用职务之便，非法收受他人贿赂2万元人民币，其行为侵害了国家工作人员职务的廉洁性，构成受贿罪。钟某某归案后，如实供述自己的犯罪事实，当庭认罪，有悔改表现，依法可酌定从轻处罚并适用缓刑。判决钟某某犯受贿罪，判处有期徒刑1年，缓刑1年。

【案例1－184】 2002年3月至2004年5月间，身为广州市外经局机电产品进出口处处长的被告人梁某某，利用其负责对广州市进口机电产品配额的初步审查和报送广东省对外贸易经济合作厅审批的职务便利，同意广州骏熙汽车贸易有限公司（以下简称骏熙公司）、广州市悦达起亚汽车销售有限公司（以下简称悦达公司）申请1005辆进口汽车配额的报告通过初审，并上报给广东省对外贸易经济合作厅审批。经广东省对外贸易经济合作厅审批，上述两家公司共获得246辆进口汽车的配额。期间，梁某某先后收受上述两家公司负责人林某某（另案处理）贿送的人民币130万元、美元5000元以及日产风度小轿车一辆（价值人民币37.29万元）。2004年5月22日，在获悉林某某行贿他人的事情败露后，为掩盖其受贿事实，梁某某通过妻子王某某将小车的款项人民币37.29万元退还悦达公司。同月25日，梁某某向天河区人民检察院投案，交代了其受贿犯罪事实。广州市中级人民法院经审理认为：控辩双方争议的焦点在于梁某某收受林某某贿送的日产风度小汽车是否属实。经查：（1）梁某某收受日产风度小轿车是之前收受现金贿赂行为的延续，只是贿赂的表现形式不同而已，即林某某因故将以前贿送现金改为送车替代，这有行贿人林某某证言、梁某某供述证实；辩护人向法庭出示的证人王某某关于购买风度小汽车的证言，与事实不符，不予采信；（2）涉案小轿车的销售发票开具之日起，直至以梁某某妻子的名义在车管所注册止，梁某某一方并没有给付相应款项，亦没有与林某某一方约定延迟付款，而梁某某是完全具有支付能力的，故收受贿赂小轿车的行为已经完成；（3）梁某某返还车款，是在获悉林某某行贿他人的事情败露后，掩盖其受贿事实的行为。综上所述，公诉机关指控梁某某收受林某某贿送的日产风度小汽车事实的依据充分，应予支持；被告人及其辩护人对此的异议不成立，不予采纳。鉴于梁某某具有自首情节，根据其犯罪性质和情节，依法可对其从轻处罚。判决梁某某犯受贿罪，判处有期徒刑12年，并处没收个人财产人民币10万元。

【案例1－185】2003年下半年，在重庆市开县国土房管局办公大楼招投标准备期间，万州华成建筑有限公司董事长刘某、副董事长鄢某找到开县国土房管局局长廖某某，请他和妻子周某一起吃饭。刘、鄢二人表示想承接办公大楼工程，请廖某某给予帮忙和支持。后在廖某某的帮助下，刘某挂靠的公司顺利中标。为表示感谢，2006年5月3日，鄢某以银行转账的方式送给廖某某、周某30万元。因害怕受到查处，廖某某夫妇于2008年11月将这30万元退还。另外，2003年，开县国土房管局下属事业单位开县房管处与四川万福有房地产开发有限公司合作项目。廖某某作为该项目领导小组组长，在明知房管处超工程进度拨付款项的情况下，不严格履行领导和监管职责，导致多拨付的213.84万元至今无法收回。重庆市沙坪坝区人民法院经审理认为：两被告人退还该款的时间已间隔两年多，不能认定为及时退还，廖某某夫妇已经构成受贿罪。被告人廖某某被法院以受贿罪和玩忽职守罪数罪并罚决定执行有期徒刑12年，并处没收财产1万元；被告人周某被以受贿罪判处有期徒刑3年，缓刑3年，并处没收财产5000元。①

【案例1－186】2004年1月，被告人许某某受仙游县财政局委派任鲤南开发区会计组组长，负责开发区资金调度及审核各笔资金拨付等工作。在其任职的2006年春节前至2009年3月期间，许某某利用职务上的便利，在办理工程款拨付审核手续事项中，为工程承包者谋取利益，非法收受曾某、林某等16人的现金及香烟、白酒等财物共计65550元。2009年5月，仙游县鲤南开发区管委会系列重大受贿、贪污窝案、串案案发，检察机关追究了时任鲤南开发区管委会部分工作人员的刑事责任，作为管委会会计组组长的许某某害怕违法违纪事情败露，主动向行贿人退还4.9万元，在被专案组叫去谈话时，其立即交代了专案组尚未掌握的全部受贿犯罪事实。福建省仙游县人民法院经审理认为：被告人许某某是因鲤南徐某某等人受贿案件所收受财物的人、事被查处，与被告人许某某的受贿案件的所收受财物的人、事有明显关联，而为掩饰犯罪

---

① 参见沈义、莎见轩：《受贿两年后退回仍构罪》，载《检察日报》2011年5月12日。

而退还的，该退款不影响受贿罪的认定，因此法院认定许某某受贿数额为65550元；同时认定许某某是在司法机关尚未掌握情况下如实供述并退出全部赃款，系自首，遂减轻处罚。判决被告人许某某犯受贿罪，判处有期徒刑1年6个月，缓刑2年，并处没收个人财产人民币1.7万元。①

2009年最高人民法院、最高人民检察院《关于办理职务犯罪案件认定自首、立功等量刑情节若干问题的意见》第4条对职务犯罪案件赃款赃物追缴等情形的处理做了具体规定：受贿案件中赃款赃物全部或者大部分追缴的，视具体情况可以酌定从轻处罚。犯罪分子及其亲友主动退赃或者在办案机关追缴赃款赃物过程中积极配合的，在量刑时应当与办案机关查办案件过程中依职权追缴赃款赃物的有所区别。受贿犯罪案件立案后，犯罪分子及其亲友自行挽回的经济损失，司法机关或者犯罪分子所在单位及其上级主管部门挽回的经济损失，或者因客观原因减少的经济损失，不予扣减，但可以作为酌情从轻处罚的情节。

【案例1－187】1997年六七月间，中国农业发展银行（以下简称农发行）向财政部申请增加汽车租赁额度，被告人徐某某先后利用担任财政部商贸金融司副司长、国债金融司副司长并主管该项工作的职务便利，接受韩某的请托，向农发行的相关领导推荐由中电租公司承揽该业务，使中电租公司得到了标的为人民币4.36亿元的汽车租赁业务，为此，韩某以诚奥达公司的名义从中电租公司获取中介费人民币700余万元。1998年间，农发行深圳市分行申请购置办公用房，徐某某利用主管该项工作的职务便利，接受韩某的请托，向农发行的相关领导推荐购买韩某介绍的房产，使韩某从中获取中介费人民币280万元。为感谢徐某某提供的上述帮助，韩某于2002年年初在民族饭店附近一停车场内送给徐某某人民币20万元；以为徐某某之子提供留学费用为名，于2002年7月至9月间分三次给予徐某某美元共计10.8万元，折合人民币89万余元。共计折合人民币109万余元。1999年至2001年间，徐某某利用其先后担任财政部国债金融司副司长、金融司司长，主管金融工作的职务便利，接受刘某的请托，为其所在企业谋取了利益。1999年6月、8月、2000年8月，刘某以为徐某某之子提供出国费用的名义，先后三次将美元共计12.8万元（折合人民币105万余元）转入徐某某指定的境外账户中。北京市第一中级人民法院一审认为：被告人徐某某身为国家工作人员，利用职务上的便利，非法收受他人财物，数额特别巨大，为他人谋取利益，其行为已构成受贿罪。徐某

---

① 参见杨福新、林鹏：《福建一财政局干部受贿6万余元后自首获缓刑》，载《正义网》2011年11月24日。

某的受贿行为，严重侵害了国家工作人员职务的廉洁性，败坏了国家工作人员的声誉，损害了国家的利益，受贿数额特别巨大，鉴于徐某某认罪态度较好，受贿款已部分追缴，可不认定其受贿犯罪的情节特别严重，对其可酌情从轻处罚。判决徐某某犯受贿罪，判处无期徒刑，剥夺政治权利终身，并处没收个人全部财产。徐某某不服，提出上诉。北京市高级人民法院二审认为：鉴于徐某某的犯罪后果没有给国家造成特别严重的损失，在侦查期间已经追缴部分受贿款项，在本院审理期间徐某某的亲属又积极代为退缴全部剩余受贿款项，且认罪态度较好等本案具体情节，可对其再予从轻处罚，依法予以改判。徐某某所提一审判决量刑过重，请求法院鉴于其具有积极退赃的情节，对其从轻处罚的上诉理由，本院酌予采纳。改判徐某某犯受贿罪，判处有期徒刑 13 年。

【案例 1－188】1993 年四五月间，被告人鞠某某利用其担任某部综合处副处长，受本单位委派负责北京新万寿宾馆有限责任公司股权转让的联络、洽谈、签约等工作的职务便利，私自将该公司股权转让的谈判底价透露给受让方日阳东方投资有限公司（香港）董事长何某某（新加坡籍），使日阳东方投资有限公司以接近转让底价的价格获得了北京新万寿宾馆有限责任公司股权。为此，鞠某某于 1993 年年底至 1995 年 4 月先后 6 次收受何某某给予的美元 40 万元（折合人民币 326.9 万余元）。案发后，已追缴美元 332714.17 元及孳息美元 6190 元、人民币 90380.15 元、折价人民币 49160 元的物品，尚有折合人民币 41 万余元赃款未能追缴。鞠某某于 1999 年 8 月 19 日被查获归案。北京市第一中级人民法院一审认为：被告人鞠某某身为国家机关工作人员，利用职务便利，非法收受他人财物，为他人谋取利益，其行为已构成受贿罪，且受贿数额特别巨大，情节特别严重，依法应予严惩。判决鞠某某犯受贿罪，判处死刑，剥夺政治权利终身，并处没收个人全部财产。鞠某某上诉称：其犯有受贿罪，但一审法院在量刑时适用法律不准，量刑过重，请求二审法院考虑到其犯罪尚未给中方及国家利益造成特别重大损失，尚不属情节特别严重等因素，对其予以从轻处罚。北京市人民检察院出庭意见为：原审判决认定鞠某某犯受贿罪的事实清楚，证据确实、充分，定性准确，审判程序合法。但从本案的具体情况来看，鞠某某自归案以来认罪态度一直较好，且在案发后能够积极退赃，绝大部分赃款已经退回。因此，建议二审法院对本案依法公正处理。北京市高级人民法院二审认为：鉴于鞠某某认罪、悔罪，本案绝大部分赃款亦已追缴到案及本案的具体情节，故对鞠某某判处死刑，可不立即执行。鞠某某及其辩护人分别所提部分上诉理由及辩护意见；北京市人民检察院所提出庭意见，本院酌予采纳。改判鞠某某犯受贿罪，判处死刑，缓期 2 年执行，剥夺政治权利终身，并处没收个人全部财产。

十、受贿罪的法定刑

根据刑法第386条、第383条的规定，对犯受贿罪的，根据受贿数额和情节轻重，分别依照下列规定处罚：

（一）受贿10万元以上的处罚

根据刑法第383条第1款第1项的规定，个人受贿数额在10万元以上的，处10年以上有期徒刑或者无期徒刑，可以并处没收财产；情节特别严重的，处死刑，并处没收财产。

这里规定的死刑是绝对确定的法定刑，其适用条件是情节特别严重。所谓"情节特别严重"，最高司法机关尚未做出司法解释，笔者认为应当包括：受贿数额远远超出10万元的；因受贿行为而使国家或者社会利益遭受重大损失的；故意刁难、要挟有关单位、个人，造成恶劣影响的；强行索取财物的；因受贿为他人谋取非法利益的；将受贿的财物用于非法活动的；为掩盖罪行而实施毁灭证据、伪造证据、妨害作证、转移赃款赃物等对抗侦查行为的；因受贿造成其他严重后果的，等等。

【案例1-189】1997年6月至2006年12月，被告人郑某某利用担任国家医药管理局、国家药监局、国家食品药品监督管理局局长的职务便利，接受请托，为双鸽集团、康裕公司等8家企业谋取利益，直接或者通过其妻刘某某，其子郑甲非法收受上述企业给予的人民币5003146元、港币100万元、美元3万元及奥迪牌小轿车一辆，折合人民币共计6498158元。郑某某还有玩忽职守行为。北京市第一中级人民法院一审认为：被告人郑某某身为国家工作人员，利用职务便利，为他人谋取利益，收受他人财物，其行为已构成受贿罪；其对涉及国计民生的药品安全监管工作严重不负责任，不认真履行职责，致使国家和人民的利益遭受重大损失，其行为已构成玩忽职守罪。郑某某身为国家药品监管部门的主要负责人，本应认真行使国家和人民赋予的权力，为保障与国计民生有重大关系的药品的使用安全和生产经营秩序，尽职尽责，廉洁从政，但其却置国家和人民的重要利益于不顾，为有关企业在获得相关许可证、药品进口、注册、审批等方面谋取利益，直接或者通过其妻、子多次收受贿赂，严重地侵害了国家工作人员的职务廉洁性，严重地破坏了国家药品监管的正常工作秩序，危害人民群众的生命、健康安全，造成了极其恶劣的社会影响。郑某某受贿数额特别巨大，犯罪情节特别严重，社会危害性极大。其虽有坦白部分受贿事实、受贿钱款已退缴情节，但不足以从轻处罚，应依法严惩。郑某某犯玩忽职守罪，破坏了国家对药品的监管秩序，造成严重后果和十分恶劣的社会影响，犯罪情节特别严重，亦应依法惩处。并与其所犯受贿罪数罪并罚。根据郑某某犯罪的事实、犯罪的性质、情节和对于社会的危害程度，于 2007 年 5 月 29 日判决：被告人郑某某犯受贿罪，判处死刑，剥夺政治权利终身，并处没收个人全部财产；犯玩忽职守罪，判处有期徒刑 7 年；决定执行死刑，剥夺政治权利终身，并处没收个人全部财产。郑某某不服，提出上诉。北京市高级人民法院于 2007 年 6 月 22 日二审裁定驳回上诉，维持原判。最高人民法院于 2007 年 7 月 7 日核准了二审裁定。

【案例 1－190】被告人徐某某于 1992 年 1 月担任中共江苏省盐城市市委书记，1995 年 6 月担任中共江苏省省委组织部部长，2000 年 3 月至 2004 年 6 月担任中共江苏省省委常委、组织部部长。其间，徐某某利用职务便利，为江苏华良集团总经理张某某、江苏省交通厅厅长章某某、江苏悦达集团有限公司董事局主席胡某某、江苏省溧阳市粮食购销有限公司总经理姚某某、江苏省阜宁县副县长王某等人谋取利益，先后非法收受张某某、章某某、胡某某、姚某某、王某人民币 631 万元、美元 1.1 万元（折合人民币 91046.2 元），共计人民币 6401046.2 元。厦门市中级人民法院一审认为：被告人徐某某身为国家工作人员，利用职务便利，为他人谋取利益，非法收受他人钱财共计人民币 6401046.2 元，其行为已构成受贿罪。被告人徐某某身为高级领导干部，受贿犯罪时间长达 12 年，受贿次数多达 31 次，受贿数额特别巨大，所犯罪行严重损害国家机关正常的管理秩序和国家工作人员职务行为的廉洁性，且案发前还与家人、行贿人订立攻守同盟，转移赃款，干扰有关部门的调查活动，犯罪情节特别严重，论罪应当判处死刑。鉴于徐某某在侦查阶段后期直至法庭审理阶段能如实供述犯罪事实，认罪悔罪，且赃款已全部退缴等情节，对其判处死刑，可不立即执行。徐某某的辩护人提出徐某某有认罪悔罪表现的辩护意见，予以采纳。判决徐某某犯受贿罪，判处死刑，缓期 2 年执行，剥夺政治权利终身，并处没收个人全部财产。宣判后，徐某某未提出上诉，检察机关未提出抗诉。福建省高级人民法院裁定核准了一审判决。

【案例 1－191】2004 年 10 月至 2007 年 11 月间，被告人张某某利用其担任广东江南医院（属国家事业单位）院长、主管医院全面工作的职务便利，在与黎某某合办中医痛症专科门诊和采购医疗设备的过程中，先后多次收受痛症专科承包人黎某某的贿赂 11.05 万元、广东仁博医疗器械有限公司的贿赂 16.5 万元。另查，张某某于检察机关立案侦查前，已向广东省直属机关纪律工作委员会如实交代上述受贿事实，并退出全部赃款。广州市荔湾区人民法院一审认为：被告人张某某身为国有事业单位中从事公务的人员，利用职务之便，收受他人贿赂，其行为已构成受贿罪。鉴于张某某具有自首情节，依法对其减轻处罚。判决张某某犯受贿罪，判处有期徒刑3年，并处没收财产5万元。张某某上诉提出：(1) 其因联系业务被骗了20万元，所以受贿以弥补损失；(2) 其自首且主动退赃，认罪态度好；(3) 其年事已高且身患多种疾病。恳请二审法院对其从宽处理，给予缓刑。广州市中级人民法院二审认为：张某某受贿数额达27万多元，依法应处以10年以上有期徒刑，原审法院综合考虑了张某某的犯罪事实及具有自首、退赃、认罪态度较好等情节，对张某某作减轻处罚，判处其有期徒刑3年是适当的；张某某受贿数额较大，其行为具有较大的社会危害性，不符合宣告缓刑的条件，故张某某及其辩护人请求从轻处罚并适用缓刑的上诉和辩护意见理由不充分，本院不予采纳。原审判决认定事实清楚，证据确实充分，定罪及适用法律正确，量刑适当，审判程序合法。裁定驳回上诉，维持原判。

（二）受贿5万元以上不满10万元的处罚

根据刑法第383条第1款第2项的规定，个人受贿数额在5万元以上不满10万元的，处5年以上有期徒刑，可以并处没收财产；情节特别严重的，处无期徒刑，并处没收财产。

这里规定的无期徒刑也是绝对确定的法定刑，其适用条件是情节特别严重，且个人受贿数额在5万元以上不满10万元，两个条件必须同时具备，缺一不可。所谓“情节特别严重”，在最高司法机关做出司法解释之前，一般可以作如下理解：因受贿行为而使国家或者社会利益遭受重大损失的；故意刁难、要挟有关单位、个人，造成恶劣影响的；强行索取财物的；因受贿为他人谋取非法利益的；将受贿的财物用于非法活动的；为掩盖罪行而实施毁灭证据、伪造证据、妨害作证、转移赃款赃物等对抗侦查行为的；因受贿造成其他严重后果的，等等。

【案例1-192】2004年9月底的一天，被告人施某某帮助蔡某某、边某承包到泸水县自把矿山的采矿权后，收受了蔡某某、边某二人所送的人民币2万元。2004年11月1日和3日，施某某以帮助蔡某某将泸水县隔界河矿山探矿权从傅某某处转让过来为由，两次收受蔡某某汇到其建设银行卡上的人民币共计8万元。施某某在为蔡某某办理矿山探矿权转让过程中，支付了一些费用，后由于傅某某不同意转让探矿权，转让事宜未能办成。2005年9月24日，蔡某某要求施某某归还8万元和借支的1.5万元共计9.5万元中的5.5万元，施某某答应于2006年1月20日前将5.5万元归还蔡某某。后施某某并没有按照约定归还蔡某某5.5万元。在侦查期间，施某某的亲属为其退赃5万元人民币；在一审过程中，施某某的亲属为其退赃2.5万元人民币。泸水县人民法院一审认为：被告人施某某无视国家法律，利用职务上的便利，非法收受他人财物共计7.5万元人民币的行为已构成受贿罪，鉴于施某某归案后能如实供述自己的罪行，认罪态度较好，并能积极退出赃款，有明显的悔罪表现，对施某某酌情减轻处罚，以受贿罪判处施某某有期徒刑3年，缓刑5年。施某某不服，提出上诉。泸水县人民检察院以原审判决认定事实错误，适用减轻处罚不当为由，提出抗诉。

怒江傈僳族自治州中级人民法院二审认为：施某某身为国家机关工作人员，无视国家法律，利用职务之便，非法收受他人财物共计2万元的行为已构成受贿罪。抗诉机关提出一审法院将未指控的1.5万元借款认定为受贿不当的抗诉意见予以采纳。抗诉机关关于施某某收受蔡某某8万元贿赂应认定为受贿的指控意见，经审查，施某某虽收取了蔡某某8万元人民币，系为其办理探矿权转让过程实际产生的一些费用，因转让没有实现，双方口头协商了还款事宜，故因未还款而认定其行为构成受贿罪显属不当，抗诉机关这一指控法院不予确认。一审法院审判程序合法，但部分事实认定有误，应依法予以改判，以受贿罪判处施某某有期徒刑1年，缓刑2年。怒江傈僳族自治州人民检察院认为，二审判决对施某某向蔡某某索取8万元人民币的犯罪行为不予认定，既不符合本案事实，也有悖于受贿罪构成要件的规定，提请云南省人民检察院按照审判监督程序抗诉。云南省人民检察院审查后认为，二审判决认定事实错误，适用法律错误，量刑畸轻，向云南省高级人民法院提出抗诉。云南省高级人民法院审查后，指令怒江傈僳族自治州中级人民法院进行再审。怒江傈僳族自治州中级人民法院再审裁定维持了二审判决。

云南省人民检察院审查后认为，二审判决、再审裁定认定事实错误，施某某收受蔡某某8万元人民币的行为已经侵犯国家工作人员的职务廉洁性，不属于民事法律调整的范畴，施某某的行为符合受贿罪的构成要件，应以受贿罪定罪处刑。二审判决、再审裁定仅认定施某某受贿2万元，判处有期徒刑1年，缓刑2年，显属适用法律错误，量刑畸轻。云南省人民检察院再次向云南省高级人民法院提出抗诉。云南省高级人民法院提审认为：原判认定施某某受贿2万元人民币的事实存在，证据充分，应予认定。此案争议的焦点在于施某某收取8万元人民币的行为是否构成受贿罪。经再审审查，施某某身为国家机关工作人员，利用职务之便，非法收受他人财物的行为构成受贿罪，但本案中施某某在办理探矿权转让过程中产生过一定的费用，后双方约定归还人民币5.5万元，故应认定施某某非法收受他人财物共计人民币7.5万元，抗诉机关的抗诉理由部分成立。根据施某某的犯罪性质及积极退赃等情节，对施某某可酌情从轻处罚。判决施某某犯受贿罪，判处有期徒刑5年。

（三）受贿5千元以上不满5万元的处罚

根据刑法第383条第1款第3项的规定，个人受贿数额在5千元以上不满5万元的，处1年以上7年以下有期徒刑；情节严重的，处7年以上10年以下有期徒刑。个人受贿数额在5千元以上不满1万元，犯罪后有悔改表现、积极退赃的，可以减轻处罚或者免予刑事处罚，由其所在单位或者上级主管机关给予行政处分。

这里规定的“7年以上10年以下有期徒刑”，其适用条件是情节严重，且个人受贿数额在5千元以上不满5万元，两个条件必须同时具备，缺一不可。所谓“情节严重”，在最高司法机关作出司法解释之前，一般可以作如下理解：因受贿行为而使国家或者社会利益遭受重大损失的；故意刁难、要挟有关单位、个人，造成恶劣影响的；强行索取财物的；因受贿为他人谋取非法利益的；将受贿的财物用于非法活动的；为掩盖罪行而实施毁灭证据、伪造证据、妨害作证、转移赃款赃物等对抗侦查行为的；因受贿造成其他严重后果的，等等。

【案例1－193】被告人姬某某在任郏县工商行政管理局薛店中心工商所所长期间，利用职务上的便利，于2007年8月至2009年10月，收受该所职工郭某某贿赂9030元，并为郭某某长期不上班外出经商提供帮助。案发后，赃款已全部追退。郏县人民法院经审理认为：被告人姬某某身为郏县工商行政管理局薛店中心工商所所长，利用职务上的便利，非法收受他人现金9030元，并为他人谋取利益，其行为妨害了国家工作人员职务的廉洁性，已构成受贿罪。鉴于姬某某受贿数额不足1万元，庭审中认罪态度尚好，且能积极退赃，有悔改表现，不需要判处刑罚，对其可免予刑事处罚。判决姬某某犯受贿罪，免予刑事处罚。

【案例1－194】2006年12月，被告人赵某某从上海市监狱总医院调至上海市五角场监狱卫生所担任主治医师，负责该监狱七监区病犯因病施治、合理检查、合理治疗、合理给假等工作。2008年5月至8月，赵某某利用上述职务便利，在经办病犯“劳动能力受限”审批工作过程中，接受胡某某、梁某为七监区服刑犯人潘某某办理“劳动能力受限”的请托，将潘某某的病历档案上报至五角场监狱卫生所，再由五角场监狱卫生所逐级上报至上海市监狱总医院。其间，赵某某先后三次收受胡某某、梁某的贿赂共计人民币1.2万元、价值人民币4000元的购物卡和价值人民币1050元的移动电话一部。案发后，赵某某退出人民币17050元。上海市杨浦区人民法院经审理认为：被告人赵某某在担任上海市五角场监狱人民警察、卫生所主治医师期间，利用职务上的便利，收受他人财物，为他人谋取利益，其行为已构成受贿罪。鉴于赵某某案发后退出人民币 17050 元，且本案系适用普通程序审理的“被告人认罪案件”，故酌情对赵某某从轻处罚。本案的社会危害性、被告人的认罪、悔罪态度及退赃情况，在量刑中一并予以考虑。判决赵某某犯受贿罪，判处有期徒刑 1 年 6 个月。

【案例 1 – 195】 被告人李某某在任洛口卫生院院长、长胜卫生院院长期间，分别收受廖某药品回扣款 2.1 万元、收受黄某某药品回扣款 2000 元，合计 2.3 万元。后检察机关在对部分医疗单位相关人员在药品采购中收受回扣问题开展调查时，被告人李某某主动交代了受贿的主要犯罪事实，并已退缴了全部赃款。宁都县人民法院一审认为：被告人李某某在担任洛口卫生院、长胜卫生院院长时，利用职务之便，收受业务员的药品回扣款 2.3 万元归个人所有，其行为已构成受贿罪。鉴于李某某具有自首情节，案发后能积极退缴赃款，当庭认罪，具有悔罪表现，故予以从轻处罚。判决李某某犯受贿罪，判处有期徒刑 1 年，缓刑 1 年。李某某不服，提出上诉。赣州市中级人民法院二审认为：我国刑法第 386 条、第 383 条第 1 款第 3 项规定，受贿数额在 5 千元以上不满 5 万元的，处 1 年以上 7 年以下有期徒刑；情节严重的，处 7 年以上 10 年以下有期徒刑。本案中，李某某受贿数额 2.3 万元，根据罪行，本应判处 1 年以上 7 年以下有期徒刑。原审鉴于李某某具有自首这一法定可以从轻或者减轻处罚情节，以及无犯罪前科，已退清全部赃款，有一定悔罪表现这些酌定从轻处罚情节，以受贿罪判处其有期徒刑 1 年，缓刑 1 年，罪刑相当。因此，李某某上诉提出原判量刑过重的上诉意见不能成立，不予采纳。裁定驳回上诉，维持原判。

（四）受贿不满 5 千元的处罚

根据刑法第 383 条第 1 款第 4 项的规定，个人受贿数额不满 5 千元，情节较重的，处 2 年以下有期徒刑或者拘役；情节较轻的，由其所在单位或者上级主管机关酌情给予行政处分。

这里的“情节较重”，涉及罪与非罪的界限，必须慎重把握。1999 年最高人民检察院《关于人民检察院直接受理立案侦查案件立案标准的规定（试行）》在谈到受贿罪的立案标准时指出：个人受贿数额不满 5 千元（应达 4 千元以上①)，但具有因受贿行为而使国家或者社会利益遭受重大损失，或者故意刁难、要挟有关单位、个人并造成恶劣影响，或者强行索取财物等情节的，应予立案。据此，所谓“情节较重”，可以理解为：因受贿行为而使国家或者社会利益遭受重大损失的；故意刁难、要挟有关单位、个人，造成恶劣影响的；强行索取财物的；因受贿为他人谋取非法利益的；将受贿的财物用于非法活动的；为掩盖罪行而实施毁灭证据、伪造证据、妨害作证、转移赃款赃物等对抗侦查行为的；因受贿造成其他严重后果的，等等。

这里的“情节较轻”，也涉及罪与非罪的界限，可以理解为：行为人不具有上述“情节较重”的情节，同时具有从犯、未遂犯、自首、坦白、立功等法定从宽处罚情节或积极退赃、认罪悔罪等酌定从宽处罚情节。

① 1999年最高人民检察院《关于人民检察院直接受理立案侦查案件立案标准的规定(试行)》附则部分第2项指出：本规定中有关犯罪数额“不满”，是指接近该数额且已达到该数额的百分之八十以上。

第二章　单位受贿罪

一、单位受贿罪概述

（一）单位受贿罪的立法沿革

我国1979年刑法没有关于单位犯罪的规定，当然也就没有规定单位受贿罪。随着我国经济体制改革的逐步深入，各种各样的单位大量涌现，公司、企业或者其他单位作为社会独立的利益主体，既有了自主权，也有了自身的利益。一些单位在利益的驱使下，不惜违法乱纪。为了惩治这些不同于个人犯罪的单位犯罪，1985年7月18日最高人民法院、最高人民检察院联合下发的《关于当前办理经济犯罪案件中具体应用法律的若干问题的解答（试行）》专门针对国家机关、团体、企业事业单位和集体经济组织收受贿赂，应如何处理的问题进行了解释："国家机关、团体、企业事业单位和集体经济组织收受贿赂的问题，要根据不同情况，区别对待：对单位主管人员和直接负责人员借机中饱私囊，情节严重的，除没收全部受贿财物外，应对主管人员和直接责任人员追究其受贿罪的刑事责任。对单位进行走私、投机倒把等违法活动，或者为谋取非法利益，收受贿赂，数额巨大，情节严重的，除没收全部受贿财物外，对主管人员和直接责任人员应追究受贿罪的刑事责任。对单位没有进行违法活动的，或者其主管人员和直接责任人员没有中饱私囊的，由主管部门没收该单位的不正当收入，并酌情对其主管人员和直接责任人员给予行政处分。"1987年1月22日全国人大常委会通过的《中华人民共和国海关法》第47条第4款规定："企业事业单位、国家机关、社会团体犯走私罪的，由司法机关对其主管人员和直接责任人员依法追究刑事责任；对该单位判处罚金，判处没收走私货物、物品、走私运输工具和违法所得。"这是我国法律中第一次规定单位可以成为犯罪的主体。

1988年1月21日全国人大常委会通过的《关于惩治贪污罪贿赂罪的补充规定》增加规定了单位受贿罪和单位行贿罪。第6条规定："全民所有制企业、事业单位、机关、团体，索取、收受他人财物，为他人谋取利益，情节严重的，判处罚金，并对其直接负责的主管人员和其他直接责任人员，处五年以下有期徒刑或者拘役。”1997 年修订后的刑法吸收了这一规定。第 387 条规定：“国家机关、国有公司、企业、事业单位、人民团体，索取、非法收受他人财物，为他人谋取利益，情节严重的，对单位判处罚金，并对其直接负责的主管人员和其他直接责任人员，处五年以下有期徒刑或者拘役。前款所列单位，在经济往来中，在账外暗中收受各种名义的回扣、手续费的，以受贿论，依照前款的规定处罚。”

（二）单位受贿罪的概念

根据刑法第 387 条和 1999 年最高人民检察院《关于人民检察院直接受理立案侦查案件立案标准的规定（试行）》，单位受贿罪，是指国家机关、国有公司、企业、事业单位、人民团体，索取、非法收受他人财物，为他人谋取利益，情节严重的行为。

二、单位受贿罪的客体和对象

关于单位受贿罪侵犯的客体，刑法学界的认识和表述并不一致。笔者认为，单位受贿罪侵犯的客体是国家机关、国有公司、企业、事业单位、人民团体公务活动的廉洁性。

单位受贿罪的犯罪对象为贿赂，根据刑法第 387 条的规定，限于“财物”。关于“财物”的范围，请参见“受贿罪的对象”部分的论述。

三、单位受贿罪的客观方面

单位受贿罪的客观方面表现为国家机关、国有公司、企业、事业单位、人民团体，索取、非法收受他人财物，为他人谋取利益，情节严重的行为。

所谓“为他人谋取利益”，包括承诺、实施和实现三个阶段的行为。只要具有其中一个阶段的行为，如国有单位索取、非法收受他人财物时，根据他人提出的具体请托事项，承诺为他人谋取利益的，就具备了为他人谋取利益的要件。明知他人有具体请托事项而收受其财物的，视为承诺为他人谋取利益。谋取的利益既可以是正当的利益，也可以是不正当的利益；既可以是财产性利益，也可以是非财产性利益。这里的“他人”，既包括个人，也包括单位。因为单位受贿罪的对向犯罪是刑法第 391 条规定的对单位行贿罪，该罪的主体包括个人和单位，与此相对应，刑法第 387 条中的“他人”，也应当既包括个人，也包括单位。所谓“情节严重”，是指单位受贿数额在 10 万元以上的，或者单位受贿数额不满 10 万元（应达 8 万元以上①），但具有下列情形之一的：（1）故意刁难、要挟有关单位、个人，造成恶劣影响的；（2）强行索取财物的；（3）致使国家或者社会利益遭受重大损失的。

需要注意的是，根据刑法第 387 条和 1999 年最高人民检察院《关于人民检察院直接受理立案侦查案件立案标准的规定（试行）》的规定，国有单位无论索取他人财物或者非法收受他人财物，必须同时具备为他人谋取利益的条件，且是情节严重的行为，才能构成单位受贿罪。这一点与个人受贿罪的构成要件是不尽相同的，在个人索取他人财物构成受贿罪的情况下，并不要求行为人同时具备为他人谋取利益的条件。

四、单位受贿罪的主体

单位受贿罪的主体属于特殊主体，限于国家机关、国有公司、企业、事业单位、人民团体。其他非国有单位如集体经济组织、中外合资企业、中外合作企业、外商独资企业和私营企业等不能成为单位受贿罪的主体。

所谓国家机关，是指行使国家权力、管理国家事务的机关，包括国家权力机关、国家行政机关、审判机关、检察机关和军队等。所谓国有公司，是指依照公司法成立，财产全部属于国家所有的公司，包括国有独资公司、两个以上的国有投资主体投资组成的有限责任公司、股份有限公司。关于国家控股或者参股的公司能否以国有公司论，刑法学界有不同意见，笔者认为不应当视为国有公司，具体理由见“受贿罪的主体”部分的论述。所谓国有企业，是指企业财产全部属于国家所有，从事生产、经营或者服务活动的非公司化经济组织。所谓国有事业单位，是指受国家机关领导，所需经费由国家划拨的非生产经营性部门或单位，如国家投资兴办的教育、科研、文化、卫生、体育、新闻、广播、出版等单位。所谓人民团体，是指按照其各自特点组成的从事特定的社会活动的人民群众组织，如各民主党派、各级工会、共青团、妇联、青联、残联、学联、台联、工商联、侨联、科协、文联、记协、对外友好团体等。

【案例 2－1】2005 年至 2006 年，被告单位新蔡县今是中学为新蔡县新华书店刘某销售教辅提供帮助。2006 年 11 月，今是中学收取回扣 12.08 万元后，被告人杨某安排该款不入单位账，后该款用于学校公务开支。对于这一事

① 1999 年最高人民检察院《关于人民检察院直接受理立案侦查案件立案标准的规定（试行）》附则部分第 2 项指出：本规定中有关犯罪数额“不满”，是指接近该数额且已达到该数额的百分之八十以上。

实，今是中学和杨某在法庭审理过程中均无异议。新蔡县人民法院经审理认为：被告单位今是中学在账外收受回扣，其行为已构成单位受贿罪；被告人杨某作为该单位直接负责的主管人员，其行为已构成单位受贿罪。判决：被告单位新蔡县今是中学犯单位受贿罪，判处罚金人民币10万元；被告人杨某犯单位受贿罪，免予刑事处罚。

需要指出的是，2001年1月21日最高人民法院《全国法院审理金融犯罪案件工作座谈会纪要》专门就“单位的分支机构或者内设机构、部门实施犯罪行为的处理”进行了解释：以单位的分支机构或者内设机构、部门的名义实施犯罪，违法所得亦归分支机构或者内设机构、部门所有的，应认定为单位犯罪。不能因为单位的分支机构或者内设机构、部门没有可供执行罚金的财产，就不将其认定为单位犯罪，而按照个人犯罪处理。2006年9月12日最高人民检察院法律政策研究室《关于国有单位的内设机构能否构成单位受贿罪主体问题的答复》专门就单位受贿罪指出：国有单位的内设机构利用其行使职权的便利，索取、非法收受他人财物并归该内设机构所有或支配，为他人谋取利益，情节严重的，依照刑法第387条的规定以单位受贿罪追究刑事责任。

【案例2-2】中南财经政法大学医院作为中南财经政法大学的内设机构，是武汉市卫生行政主管部门核准注册的全民所有制事业单位。2003年9月至2004年4月，被告人金某协助院长管理药品采购；2004年4月至2009年4月，金某担任中南财经政法大学医院副院长，分管医药采购等工作。在2003年与一家药商谈回扣过程中，金某直言药价“水分很大”，要求药商提高回扣的价码，比如，一支标价20多元的克林霉素，药商给出的回扣是3元，而金某要求10元。据了解，中南财经政法大学对该院明文规定，不得账外收取医药回扣及私设“小金库”。而金某将部分药品回扣上交学校后，曾多次要求校领导给政策，为职工谋福利，均未获同意。据介绍，金某除上交学校120万余元，用于医院开支38万余元，剩余近30万元要求员工以金某名义存入银行，且存折和密码分别由不同人员保管，供其需要时支配。武汉市蔡甸区人民法院经审理认为：被告单位中南财经政法大学医院作为国有事业单位，在药品采购活动中，为药商销售药品获得利益，账外暗中收受药商回扣187万余元，情节严重。其主要负责人及部分职工对收回扣均知晓、认可，且赃款以该院名义支配，体现了医院的集体意志。判决：中南财经政法大学医院犯单位受贿罪，判处罚金20万元；金某犯单位受贿罪，判处有期徒刑1年，缓刑1年。实际追缴被告单位违法所得122万余元上缴国库。①

2002年7月9日最高人民检察院《关于涉嫌犯罪单位被撤销、注销、吊销营业执照或者宣告破产的应如何进行追诉问题的批复》指出：涉嫌犯罪的单位被撤销、注销、吊销营业执照或者宣告破产的，应当根据刑法关于单位犯罪的相关规定，对实施犯罪行为的该单位直接负责的主管人员和其他直接责任人员追究刑事责任，对该单位不再追诉。

【案例2-3】1993年，由上海市教委所辖的34所中专学校共同出资184万元，组建全民所有制企业上海中专联合实业公司（以下简称中专联合公司），并设立上海中专房地产开发经营公司（以下简称中专房地产公司）作为中专联合公司的子公司，主营房地产业务，由王某某任法定代表人兼总经理。1994年至1995年，中专房地产公司在经营期间，利用发包本单位工程给上海南汇建生建筑有限公司之便，由王某某决定，收受对方贿赂款23万元，之后将其中13万元在公司内部职工中私分，另10万元用于公司其他费用开支。1996年年初，中专房地产公司经营陷入困境，经股东大会决定，将中专联合公司及其子公司中专房地产公司有偿转让给中建四局（沪）。中建四局（沪）出资260万元取得两公司的全部资产权、经营权、管理权和债权、债务后，向工商管理机关申请，于1996年8月将上海中专房地产开发经营公司更名为上海祥铃房地产开发经营公司（以下简称祥铃公司），并继续聘用王某某任公司法定代表人兼总经理。上海市浦东新区人民检察院指控被告单位上海祥铃房地产开发经营公司（原上海中专房地产开发经营公司）及被告人王某某的行为已构成单位受贿罪。上海市浦东新区人民法院经审理认为：本案中，祥铃公司无犯罪行为，不应追究刑事责任，实施受贿行为的中专房地产公司因依法转让已不存在，无法追究刑事责任。依据刑事诉讼法第15条，对被告上海中专房地产开发经营公司终止审理。单位犯罪中，被告单位和直接责任人员分属两个独立的诉讼主体，对被告单位的终止审理并不影响追究直接责任人员的刑事责任。于1998年9月24日判决王某某犯单位受贿罪，判处有期徒刑1年6个月，缓刑2年。

五、单位受贿罪的主观方面

单位受贿罪的主观方面表现为故意，并且是直接故意，目的是通过为他人谋取利益，为单位获取不应当得到的财物。与受贿罪一样，单位受贿罪在本质

① 参见李锐等：《药商揭医院百万回扣黑幕 副院长以单位名义受贿》，载《长江日报》2011年8月20日。

上仍然属于“权钱交易”的犯罪。

【案例2-4】2002年至2005年，被告单位广州市第四十九中学将学校的综合教学楼等工程发包给广州市房屋开发建设有限公司承建。被告人向某某是被告单位校长、法定代表人，负责主管学校全面工作，对外代表学校，对内负责领导和主持学校工作；被告人陈某某是被告单位副校长，负责主管学校总务、基建工作等；被告人温某某是被告单位总务处职工，负责教学楼改造工程的基建工作，主要承担工程报建、请款、结算、评审等。期间，向某某、陈某某、温某某以被告单位名义向承接上述工程的承包方及施工队负责人方某某（另案处理）索取15万元，最终收受了贿赂款13万元并存入陈某某个人账户，后将该款用于被告单位教职工福利和建造校内雕塑。另查明，2003年7月至2005年10月，温某某在担任上述职务期间，利用监督上述工程质量、进度及确认工程进度款拨付的职务便利，分5次收受了承接上述工程的施工队负责人方某某给予的贿赂款人民币3.3万元。陈某某、温某某于2008年5月29日向广州市海珠区人民检察院自首。广州市海珠区人民法院一审认为：被告单位第四十九中学为了本单位利益，在教学楼工程施工过程中，利用作为发包方的便利，以赞助款为名向施工单位索取财物，收受13万元贿赂款，其行为侵犯了国家的廉政建设制度，构成单位受贿罪。被告人向某某、陈某某、温某某作为被告单位直接负责的主管人员及直接责任人员，对被告单位的受贿行为负有直接的责任，其行为均构成单位受贿罪。被告单位及被告人向某某、陈某某、温某某索取的款项均用于教职工福利和学校建设，犯罪情节轻微，可免予刑事处罚。温某某利用职务便利，收受施工单位给予的贿赂款，为施工单位谋取利益，其行为构成受贿罪。陈某某、温某某犯罪后投案自首，如实供述犯罪事实，温某某退清全部赃款，对陈某某、温某某从轻处罚。判决：被告单位广州市第四十九中学犯单位受贿罪，免予刑事处罚。向某某犯单位受贿罪，免予刑事处罚。陈某某犯单位受贿罪，免予刑事处罚。温某某犯单位受贿罪，免予刑事处罚；犯受贿罪，判处有期徒刑1年，缓刑2年。宣判后，向某某上诉请求改判无罪，其中一条理由是：没有证据证实广州市房屋开发建设有限公司受到上诉人的胁迫或要挟出具《捐赠书》，涉案款项是学校合法收取的社会捐赠。广州市中级人民法院二审认为：经查，上诉人向某某提出“赞助”学校的要求后，方某某及所挂靠的公司均不愿意支付该笔“赞助费”，经过学校方面多次催促，考虑到施工过程、工程款结算及市样板工程创建等方面需要学校的配合，才在半年多之后以现金支票的形式分次支付了13万元；负责领取支票的原审被告人温某某亦证实上诉人向某某多次令其催促对方兑现“赞助费”。以上证据证实，涉案的13万元并非方某某主动、自愿向学校进行的捐助，而是考虑到施工方与校方之间的利害关系，基于想获得校方配合、协助来成就自己的利益等考量而被动作出的妥协，性质上不属于赞助款；另一方面，被告单位也并非单纯接受捐助，而是在主动提出要求后，多次催促和要求对方提供赞助。上诉人及辩护人所提涉案款项系赞助款性质的意见不成立。裁定驳回上诉，维持原判。

六、单位受贿罪的认定

（一）单位受贿罪与接受捐赠、礼品的界限

我国是文明古国，礼仪之邦。单位之间交往有时候也会伴随着礼品赠送，有的国有单位也会存在接受捐赠、礼品的现象。1999 年 6 月 28 日全国人大常委会通过的《中华人民共和国公益事业捐赠法》第 4 条规定：捐赠应当是自愿和无偿的，禁止强行摊派或者变相摊派，不得以捐赠为名从事营利活动。第 10 条规定：公益性社会团体和公益性非营利的事业单位可以依照本法接受捐赠。本法所称公益性社会团体是指依法成立的，以发展公益事业为宗旨的基金会、慈善组织等社会团体。本法所称公益性非营利的事业单位是指依法成立的，从事公益事业的不以营利为目的的教育机构、科学研究机构、医疗卫生机构、社会公共文化机构、社会公共体育机构和社会福利机构等。第 11 条规定：在发生自然灾害时或者境外捐赠人要求县级以上人民政府及其部门作为受赠人时，县级以上人民政府及其部门可以接受捐赠，并依照本法的有关规定对捐赠财产进行管理。县级以上人民政府及其部门可以将受赠财产转交公益性社会团体或者公益性非营利的事业单位；也可以按照捐赠人的意愿分发或者兴办公益事业，但是不得以本机关为受益对象。通过有关法律法规可以看出，区分单位受贿罪与单位接收捐赠的界限，主要应看他人提供财物是否出于自愿和无偿。如果他人是为了让国有单位为其谋取利益而向国有单位捐赠的，即使这种捐赠是自愿的，但由于不是无偿的，则国有单位仍然可能构成单位受贿罪。

【案例 2－5】2001 年 11 月下旬至 12 月 18 日期间，被告人毛某某、田某某利用本单位龙门浩小学教学楼工程公开招标的机会，由田某某提议，校长毛某某决定，向中标单位重庆市九龙坡区元明建筑工程公司收取赞助费 20 万元现金，未列入本单位财务账，存入田某某私人存折上。2002 年 6 月 22 日，该校用赞助费中的 10 万元支付了教学楼工程款，案发后，南岸区教委退出赃款 10 万元。重庆市南岸区人民法院一审认为：被告单位重庆市南岸区龙门浩小学，利用工程招标之机，账外收取中标单位贿赂人民币 20 万元；被告人毛某某作为被告单位重庆市南岸区龙门浩小学的法定代表人，被告人田某某作为该

工程的主管人员，均系被告单位主管人员和其他直接责任人员，其行为均已构成单位受贿罪。鉴于被告单位重庆市南岸区龙门浩小学、被告人毛某某、田某某在案件审理中尚能退出部分赃款，被告人毛某某、田某某归案后尚能坦白认罪，确有悔罪表现，可从宽处罚。辩护人提出对被告单位重庆市南岸区龙门浩小学、被告人毛某某免于刑事处罚的辩护意见不予采纳，但可适用缓刑。判决：被告单位重庆市南岸区龙门浩小学犯单位受贿罪，判处罚金10万元人民币；被告人毛某某犯单位受贿罪，判处有期徒刑2年，缓刑3年；被告人田某某犯单位受贿罪，判处有期徒刑1年6个月，缓刑2年；追缴被告单位重庆市南岸区龙门浩小学非法所得赃款10万元人民币及孳息1120元人民币；继续追缴被告单位重庆市南岸区龙门浩小学非法所得赃款10万元人民币。

被告单位和两被告人不服，提出上诉。重庆市第一中级人民法院二审认为：龙门浩小学利用教学楼危改工程招标之机，经学校领导集体研究决定，附加条件收取中标单位赞助费20万元并违规存入私人账户，该行为违反了《中华人民共和国招标投标法》、《中华人民共和国教育法》、《中华人民共和国会计法》和我国的财经管理制度，属单位受贿的违法所得。鉴于龙门浩小学账外收取赞助费20万元，其目的是解决国有学校工程资金的不足和改善教学设备，且将其款主要已用于了学校的建设及添置教学设备，故可视为其情节显著轻微，危害不大，不认为是犯罪，对其单位的直接责任人员亦不追究刑事责任。对于上诉人及辩护人提出龙门浩小学收取的赞助费是合法馈赠的辩解、辩护意见，经查，《中华人民共和国招标投标法》规定，招标人不得附加条件暗中收受回扣等好处费，且《中华人民共和国教育法》规定，学校虽可接受社会自愿捐资助学，但不得采用违法的方式取得捐赠，龙门浩小学在招标过程中附加条件暗中收取中标单位赞助费，明显违反法律规定，该赞助费不属合法捐赠，故其辩解、辩护意见不能成立，不予采纳。对于毛某某提出龙门浩小学没有利用职务之便的辩解意见，经查，龙门浩小学作为工程招标方和承建方，经管招标工程事宜，经管就是一种职权，这种职权对投标单位的中标可能会产生一定的影响，龙门浩小学利用这种职权产生的影响，收取中标单位的赞助费，就是利用职务之便，故其辩解意见不能成立。原审判决认定的事实清楚，证据充分，审判程序合法，但适用法律错误。上诉人及其辩护人提出，龙门浩小学收取赞助费的目的是为了学校的公共事业，不具备刑法第387条中“情节严重”情形，以及应宣告无罪的辩解、辩护意见成立，予以采纳。判决撤销一审判决，改判：龙门浩小学无罪，毛某某无罪，田某某无罪。龙门浩小学违法所得人民币20万元以及孳息人民币1120元予以追缴。

（二）单位受贿罪与单位不正当收费的界限

实践中，有的国有单位出于为本单位谋取私利的原因，在工作中巧立名目，收取服务费、手续费等名目繁多的费用，这种情况属于违反财经纪律的乱收费行为，不宜作为单位受贿罪论处。

【案例2－6】 1996年4月，中国农业银行周口地区分行及原行长解某某，明知根据上级文件地区农行无权收取承兑汇票手续费，而仍未经分行党组会和行长办公会研究，以给职工搞福利为由，决定由地区农行工商信贷科在审批银行承兑汇票时，收取承兑面额1‰的手续费。周口地区农行工商信贷科原科长杨某某明知地区农行无权收取承兑汇票手续费，却安排本科内勤刘某按1‰收取，设小金库账外管理。截至1998年3月12日共违法收取银行承兑手续费5539386元。河南省人民检察院周口分院指控被告单位中国农业银行周口地区分行及被告人解某某、杨某某的行为构成单位受贿罪。河南省周口地区中级人民法院经审理认为：被告单位中国农业银行周口地区分行收取承兑手续费5539386元属实，但其行为是乱收费，不符合单位受贿罪的构成要件，因而不构成单位受贿罪，被告人解某某、杨某某的行为也不构成单位受贿罪。河南省人民检察院周口分院指控被告单位中国农业银行周口地区分行及被告人解某某、杨某某犯单位受贿罪的罪名不能成立。判决：中国农业银行周口地区分行无罪；解某某、杨某某的行为均不构成单位受贿罪。宣判后，中国农业银行周口分行和解某某、杨某某均没有上诉，检察机关没有抗诉。

（三）单位受贿罪与单位一般受贿行为的界限

实践中，区分单位受贿罪与单位一般受贿行为的界限，主要应看受贿的数额，单位受贿数额在10万元以上的，就应追究刑事责任。但单位受贿数额不满10万元的，也并不是一律不构成单位受贿罪。根据1999年最高人民检察院《关于人民检察院直接受理立案侦查案件立案标准的规定（试行）》，单位受贿数额在8万元以上①，并且具有下列情形之一的，也应以单位受贿罪追究刑事责任：（1）故意刁难、要挟有关单位、个人，造成恶劣影响的；（2）强行索取财物的；（3）致使国家或者社会利益遭受重大损失的。

---

① 1999年最高人民检察院《关于人民检察院直接受理立案侦查案件立案标准的规定（试行）》附则部分第2项指出：本规定中有关犯罪数额“不满”，是指接近该数额且已达到该数额的百分之八十以上。

【案例2－7】被告人王某某，原系贵州省财政厅会计事务管理处处长。贵州省财政厅根据国家财政部有关文件规定，决定对全省和中央在黔单位的现职会计人员换发新的会计证。1997年5月上旬某日，浙江省苍南县中艺铝塑工艺厂业务员陈某某到省财政厅会计处找到王某某，联系订做会计证的有关业务。同月16日，经王某某同意，财政厅会计处与陈某某签订了“订制会计证委托书”，委托苍南县中艺铝塑工艺厂订做会计证11万个，单价为3.5元，总金额为38.5万元，并约定同年6月30日前货到付款。同年6月29日，陈某某将11万个会计证运到省财政厅并验收。同年7月4日，王某某叫本处出纳员先付23.5万元给陈某某，剩下15万元等换发会计证收回款后再付。同年7月27日，陈某某打听到王某某在北京开会，即到北京找到王某某，陈以“你们贵州辛苦，给你们处里的活动经费”为由，送给王某某5万元。王某某将这5万元现金带回贵阳后即放在自己办公室的铁皮柜里，未告诉任何人。同年10月30日下午4时许，省财政厅监察室主任和监督处领导到王某某的办公室，调取该处1997年元月份以来的全部账目凭证。查账后，监察室主任提示王某某：“党政机关在公务活动中不准收取回扣是有规定的，你们处在印制会计证的过程中如有拿回扣的情况，要如实向组织讲清楚。”次日，王某某向厅纪检部门领导汇报了在印制会计证的业务中，厂方给了5万元劳务费的情况，并从自己办公室的铁皮柜中将5万元交给了纪检部门。

贵阳市中级人民法院一审认为：被告人王某某身为国家工作人员，在印制会计证过程中，收受厂方所送的好处费5万元，其行为已构成受贿罪。王某某犯罪后能主动向纪检部门投案，退清赃款，具有自首情节，依法可以减轻处罚。判决王某某犯受贿罪，判处有期徒刑2年，缓刑2年。判决发生法律效力后，王某某提出申诉，贵阳市中级人民法院驳回申诉。王某某仍不服，向贵州省高级人民法院提出申诉。贵州省高级人民法院经再审查明：1997年7月29日，陈某某到北京松麓宾馆找到在此处开会的王某某，陈某某以“你们贵州辛苦，给你们处里的活动经费”为由，送给王某某5万元。王某某将5万元现金带回贵阳后即锁在自己办公室的铁皮柜里，未告诉任何人。王某某决定把这5万元作为处里的小金库，不入账，并安排用此款为处里办三件事：一是买一部大哥大（1万元左右），同年8月28日，王某某在财政厅召开的处级干部会上，公开提出他们处因工作需要，要买一部大哥大；二是购买一台笔记本电脑（2.8万元），有利于处里的统计工作，并于同年9月初在贵州惠智电子技术有限公司订货，该公司总经理答应免费为会计处制作一套“贵州省会计管理系统”软件；同年12月22日，王某某与会计处的宋某、李某某、罗某某应邀去惠智公司观看“软件”，并提了修改意见；三是为处里所有人员更换桌、椅

(1万元左右)，并安排朱某某办理此事。同年10月30日下午4时许，财政厅监察室和监督处的领导到会计处查账、打招呼后，王某某即于次日主动到纪检部门汇报了在印制会计证业务中，收取了厂方送给会计处的5万元好处费的情况，并原封不动地把5万元现金上交（银行盖章的封条完好)。上述事实，有王某某的多次供述及辩解，有证人陈某某、于某某、李某某、朱某某、宋某、刘某某、高某某的证言，有贵州惠智电子技术公司的证明佐证。原判认定的基本事实清楚，但在证据的认证上和适用法律上确有错误。王某某“原判适用法律错误，其行为不构成受贿罪”的申诉理由成立。本院认为：王某某身为国家机关工作人员，为了小集体（会计处）的利益，在印制会计证业务中，接收厂方送给会计处的好处费5万元，其行为是违反财经纪律的行为。原审判决适用法律错误，应予以改判。判决撤销贵阳市中级人民法院一审判决，宣告王某某无罪，本案非法收取的好处费5万元依法没收。本案中，被告人王某某收受了厂方5万元，如果认定为个人受贿，则已达到了大案的标准，一审法院减轻处罚，判决其有期徒刑2年；如果认定为单位受贿，则还达不到追究刑事责任的标准，只是一般单位受贿的行为，再审法院改判其无罪是正确的。

（四）经济往来中单位受贿罪的认定

根据刑法第387条第2款的规定，国家机关、国有公司、企业、事业单位、人民团体，在经济往来中，在账外暗中收受各种名义的回扣、手续费的，以单位受贿罪追究刑事责任。关于“经济往来”、“账外暗中”、“回扣”、“手续费”的具体含义，可以参见受贿罪中“经济往来中受贿罪的认定”部分的论述。

【案例2-8】1994年下半年，厦门市杏林外商投资企业服务中心（国有事业单位，以下简称杏林外服中心）开发的杏林区前场工业小区需要将鹰厦铁路K672段的铁路路堤加宽，修建雨污水管道和排水侧沟。由于这三项工程在铁路沿线，按有关规定应当由铁路工程公司承建。杏林外服公司在与承建方福建铁路分局厦门铁路工程公司（以下简称厦铁公司）洽谈业务过程中，被告人黄某某指派该工程现场负责人陈某以为本单位职工谋福利为理由，向对方提出要“让利款”作为本单位小金库的收入。同年10月路堤加宽工程合同签订后，被告人黄某某、陈某与厦铁公司商定“让利款”按工程总造价10%左右的比例支付。1997年11月，杏林外服中心将工程款全部支付给厦铁公司后，黄某某再次指派陈某向厦铁公司催要“让利款”。厦铁公司遂于1998年至1999年间先后三次向杏林外服公司支付“让利款”共计人民币19万元。陈某取款后，按照黄某某的授意，将此款存入其保管的单位小金库，用于单位应酬等开支。此外，被告人陈某还于1996年至1999年期间，利用其保管单位私设的小金库的职务之便，采取复印、涂改已报销的单据的手段，在小金库及单位财务账上重复报销，先后侵吞公款6240元。案发后，被告单位杏林外服中心及被告人陈某已如数退出赃款。

厦门市杏林区人民法院一审认为：被告单位厦门市外商投资企业服务中心为杏林区的国有事业单位，在经济往来中，三次账外暗中收受施工单位的“让利款”计人民币19万元，其行为已构成单位受贿罪。被告人黄某某系被告单位的总经理、法人代表，属直接负责的主管人员，在该单位受贿中，决定索贿并指派被告人陈某参与商谈；被告人陈某系被告单位派驻该工程现场负责人，亲自参与商谈并经手贿赂款，属直接责任人员，两被告人的行为均已构成单位受贿罪。被告人陈某还在保管单位“小金库”期间，利用职务之便，采取复印、涂改凭证重复报销的手段，多次侵吞公款计人民币6000余元，其行为又构成贪污罪，依法应数罪并罚。被告单位杏林外服中心案发后退清赔款，可以酌情从轻处罚。被告人黄某某案发后能坦白认罪，可以酌情从轻处罚，并适用缓刑。被告人陈某坦白态度较好，退清贪污赃款，具有悔改表现，依法可以对其贪污犯罪减轻处罚。判决：被告单位厦门市杏林外商投资企业服务中心犯单位受贿罪，判处罚金人民币20万元。被告人黄某某犯单位受贿罪，判处有期徒刑10个月，缓刑1年。被告人陈某犯单位受贿罪，判处有期徒刑6个月；犯贪污罪，判处有期徒刑6个月；决定执行有期徒刑8个月。宣判后，陈某不服，以其行为不构成单位受贿罪为由提出上诉，在二审审理期间又申请撤回上诉，厦门市中级人民法院裁定准许陈某撤回上诉。

按照2006年9月12日最高人民检察院法律政策研究室《关于国有单位的内设机构能否构成单位受贿罪主体问题的答复》，国有单位的内设机构在经济往来中，在账外暗中收受各种名义的回扣、手续费的，以受贿论。

【案例2-9】被告单位丹阳市人民医院骨科于2000年11月至2004年9月间以丹阳市人民医院的名义在从常州市武进第三医疗器械厂及其经销商常州市创生医疗器械有限公司、上海熙可实业有限公司南京分公司、苏州双羊医疗器械有限公司、常州市卓阳医疗器械有限公司、常州市康辉医疗器械有限公司6家业务单位购进医疗器械时，由时任该科主任的被告人王某某与对方业务员约定好回扣比例，并由其经手收受业务单位医疗器械回扣共计人民币19.62万元。所收回扣用于该科室医疗事故的赔偿、日常支出及福利发放。丹阳市人民法院经审理认为：被告单位丹阳市人民医院骨科非法收受业务单位医疗器械回扣共计人民币19.62万元，所收回扣用于该科室医疗事故的赔偿、日常支出及福利发放，并为业务单位谋取利益，且受贿数额在10万元以上，已达到了立案标准，属情节严重，被告单位丹阳市人民医院骨科的行为构成单位受贿罪。被告人王某某作为被告单位丹阳市人民医院骨科直接负责的主管人员，又直接参与和业务单位回扣比例的约定，并经手收受业务单位的回扣，其行为亦已触犯刑律，构成单位受贿罪。王某某认罪态度较好，并在被采取强制措施期间，如实供述了司法机关尚未掌握的同种罪行，且王某某犯罪情节轻微，依法可以免予刑事处罚。判决：被告单位丹阳市人民医院骨科犯单位受贿罪，判处罚金10 万元。被告人王某某犯单位受贿罪，免予刑事处罚。

（五）单位受贿罪与受贿罪的界限

单位受贿罪与受贿罪最主要的区别是犯罪主体不同，单位受贿罪的主体是国家机关、国有公司、企业、事业单位、人民团体，而受贿罪的主体是国家工作人员。单位受贿罪体现的是单位的意志，其表现形式既可能是单位领导集体研究的决定，也可能是单位主要负责人代表单位的决定。受贿罪体现的是个人的意志。1999 年 6 月 25 日最高人民法院公布的《关于审理单位犯罪案件具体应用法律有关问题的解释》第 3 条指出：盗用单位名义实施犯罪，违法所得由实施犯罪的个人私分的，依照刑法有关自然人犯罪的规定定罪处罚。实践中，如果国家工作人员盗用单位名义实施受贿犯罪，违法所得也由实施犯罪的个人所有或者私分的，则应依照国家工作人员受贿罪的规定定罪处罚。实践中，区分行为人是否盗用单位名义实施受贿犯罪，主要应看行为人将索取、非法收受的财物归单位所有还是归个人所有，也就是说行为人是为了单位小集体的利益还是为了个人的私利。

【案例 2－10】1995 年至 2000 年间，梧州市地方税务局税政一科时任科长邓某某、副科长吴某某、科员陈某某，以改善本科办公条件为由，应对方减免税款以及其他便利的要求，共收受梧州电信公司、梧州市汽车运输总公司等21 个单位的赞助款共 88.93 万元。2000 年 12 月，吴某某等人受命检查梧州电信公司固定资产投资方向调节税，吴某某计算出该公司应交税款为 400 多万元，并告知电信公司，后向邓某某汇报。电信公司主任曾某某为了得到税收减免，与邓某某协商税款减免问题，经邓某某与曾某某谈妥，由电信公司缴纳200 多万元税款，另外按减免部分的 10% 即 20 万元赞助给税政一科。同月 29日，电信公司曾某某将 20 万元交给邓某某，邓独自占有 10 万元，并将另外的10 万元交给吴某某占有。邓某某、吴某某分得这 20 万元后，没有向局领导汇报，也没有告知税政一科的其他人。

公诉机关认为梧州市地方税务局税政一科、被告人邓某某、吴某某、陈某某构成单位受贿罪；被告人邓某某、吴某某还构成受贿罪。梧州市郊区人民法院一审认为：被告单位梧州市地方税务局税政一科身为国家机关的内设机构，在履行职务过程中非法收受他人财物，为他人谋取利益，情节严重。被告人邓某某借履行征税公务之便，决策确定收取他人财物，为被告单位直接负责的主管人员；被告人吴某某、陈某某为被告单位的业务人员，积极参与税政一科单位受贿活动，其行为均已构成单位受贿罪。公诉机关以被告人邓某某、吴某某盗用单位名义进行受贿为由，指控两被告人犯受贿罪与客观事实不符，定性不准，被告人邓某某收受广西电信公司梧州分公司的赞助款20万元应以税政一科单位受贿论处。于2002年1月15日判决：被告单位梧州市地方税务局税政一科犯单位受贿罪，判处罚金人民币30万元。被告人邓某某犯单位受贿罪，判处有期徒刑2年，缓刑3年。被告人吴某某犯单位受贿罪，判处有期徒刑1年，缓刑2年。被告人陈某某犯单位受贿罪，判处有期徒刑6个月，缓刑1年。一审判决后，被告单位、被告人均没有上诉，梧州市郊区人民检察院提出抗诉。梧州市中级人民法院于2002年7月24日二审裁定撤销原判，发回重审。

梧州市郊区人民法院重审认为：被告人邓某某、吴某某在收取电信公司给予的赞助费后，没有交回单位，而进行私分，其行为已构成贪污罪。被告单位梧州市地方税务局税政一科是梧州市地方税务局的内设机构，不具备单位犯罪的主体资格，且由于梧州市地方税务局税政一科犯单位受贿罪不成立，故三被告人犯单位受贿罪也不成立。于2002年9月30日判决：被告人邓某某犯贪污罪，判处有期徒刑10年。被告人吴某某犯贪污罪，判处有期徒刑10年。宣告梧州市地方税务局税政一科无罪。宣告被告人陈某某无罪。重审判决后，公诉机关提出抗诉，邓某某、吴某某提出上诉。梧州市中级人民法院二审认为：原审被告单位梧州市地方税务局税政一科，在履行职务过程中为他人谋取利益，非法收受他人财物，数额达人民币88.93万元，情节严重；原审被告人邓某某借履行征税公务之便，决策确定收取他人财物，为被告单位直接负责的主管人员；原审被告人吴某某、陈某某为被告单位的业务人员，积极参与税政一科单位受贿活动，原审被告单位及三原审被告人的行为均已构成单位受贿罪。邓某某代表税政一科在收取电信公司的赞助款后，没有将此款交回单位，而是直接与吴某某进行私分，其行为均构成贪污罪。在贪污共同犯罪中，邓某某起主要作用，是主犯，应按照其所参与的全部犯罪处罚，吴某某起次要作用，是从犯，予以其减轻处罚。原判认为梧州市地方税务局税政一科及邓某某、吴某某、陈某某的行为不构成单位受贿罪，与本案事实不符，与法律规定相悖，属定性错误。于2002年12月28日判决：原审被告单位梧州市地方税务局税政一科犯单位受贿罪，判处罚金人民币40万元。上诉人邓某某犯贪污罪，判处有期徒刑10年，并处没收财产人民币3万元；犯单位受贿罪，判处有期徒刑3年；决定执行有期徒刑12年，并处没收财产人民币3万元。上诉人吴某某犯贪污罪，判处有期徒刑7年，并处没收财产人民币2万元；犯单位受贿罪，判处有期徒刑2年，决定执行有期徒刑8年，并处没收财产人民币2万元。原审被告人陈某某犯单位受贿罪，判处有期徒刑1年6个月，缓刑2年。

本案中，虽然梧州市郊区人民法院重审时认为被告单位梧州市地方税务局税政一科是梧州市地方税务局的内设机构，不具备单位犯罪的主体资格，但由于司法解释对此有明确规定，按照司法解释处理就可以了。另一个争议较大的问题是，邓某某以梧州市地方税务局税政一科的名义收受梧州电信公司20万元赞助款后与吴某某私分的行为的定性，司法机关对此也有不同认识。第一种意见认为，邓某某、吴某某的行为构成受贿罪，理由是邓某某、吴某某主观上有为电信公司谋利益，客观上收受电讯公司20万元，且赞助费收回来后，并没有入税政一科的账户，属盗用单位名义行个人受贿之实。检察机关即指控行为人构成受贿罪。第二种意见认为，被告人以梧州市地方税务局税政一科的名义收受电信公司赞助费的问题与上述收受梧州市汽车运输总公司等20个单位赞助费的行为是一个连续的行为，应以单位受贿论处，不应再单独进行定性，即全案定单位受贿罪，受贿的数额合并计算。梧州市郊区人民法院第一次审理时即认为属于单位受贿。第三种意见认为，邓某某、吴某某的行为构成贪污罪。理由是邓某某以税政一科名义将此款拿回来后，该笔款就变成了税政一科的公款，两被告人将其私分，是一种侵吞公款的贪污行为，应以贪污罪论处。梧州市郊区人民法院第二次审理时即认为属于贪污。笔者赞同第一种意见，即邓某某、吴某某的行为构成受贿罪。因为邓某某虽然是以税政一科的名义收受了电信公司20万元赞助款，但邓某某、吴某某分得这20万元后，既没有向局领导汇报，也没有告知税政一科的其他人，因此并不能认定这20万元已经归税政一科实际占有，两被告人私分这20万元的行为既不能认定为贪污，也不能认定为单位受贿，而是属于盗用单位名义行个人受贿之实，两被告人的行为构成受贿罪。

（六）单位受贿的自首

2009年3月12日最高人民法院、最高人民检察院《关于办理职务犯罪案件认定自首、立功等量刑情节若干问题的意见》专门就单位犯罪的自首指出：单位犯罪案件中，单位集体决定或者单位负责人决定而自动投案，如实交代单位犯罪事实的，或者单位直接负责的主管人员自动投案，如实交代单位犯罪事实的，应当认定为单位自首。单位自首的，直接负责的主管人员和直接责任人员未自动投案，但如实交代自己知道的犯罪事实的，可以视为自首；拒不交代自己知道的犯罪事实或者逃避法律追究的，不应当认定为自首。单位没有自首，直接责任人员自动投案并如实交代自己知道的犯罪事实的，对该直接责任人员应当认定为自首。

对于具有自首情节的犯罪分子或犯罪单位，应当根据犯罪的事实、性质、情节、危害后果、社会影响、被告人的主观恶性和人身危险性等，结合自动投案的动机、阶段、客观环境，交代犯罪事实的及时性、完整性、稳定性以及悔罪表现等具体情节，依法决定是否从轻、减轻或者免除处罚以及从轻、减轻处罚的幅度。具有自首情节的，一般应依法从轻、减轻处罚；犯罪情节较轻的，可以免除处罚。在共同犯罪案件中，对具有自首情节的被告人的处罚，应注意共同犯罪人以及首要分子、主犯、从犯之间的量刑平衡。虽然具有自首情节，但犯罪情节特别恶劣、犯罪后果特别严重、被告人主观恶性深、人身危险性大，或者在犯罪前即为规避法律、逃避处罚而准备自首的，可以不从宽处罚。

【案例 2－11】2006 年 5 月 9 日，被告人姚某某、吴某利用担任河南省公路工程某某有限公司某某高速公路第某高级驻地监理工程师办公室负责人、路基监理工程师的职务之便，收受河南某某有限责任公司第一分公司现金 20 万元，用于为驻地监理工程师办公室人员违规发放各种补助。后为施工单位违规签字变更增加路基素土加灰计量款。被告人姚某某、吴某于立案前向商丘市人民检察院投案自首，并退出全部赃款。西华县人民法院经审理认为：被告人姚某某、吴某作为单位直接负责的人员，非法收受他人财物，为他人谋取利益，情节严重，两被告人的行为已构成单位受贿罪。被告人姚某某、吴某自动投案，案发前将赃款退出，如实供述自己的罪行，是自首，依法可以从轻或减轻处罚，犯罪较轻的，可以免除处罚。被告人姚某某的辩护人辩解被告人姚某某投案自首、案发前退赃、犯罪情节轻微、免予刑事处罚的辩护意见予以采纳。根据被告人姚某某、吴某犯罪的事实，犯罪的性质、情节，判决：被告人姚某某犯单位受贿罪，免予刑事处罚；被告人吴某犯单位受贿罪，免予刑事处罚。

七、单位受贿罪的法定刑

根据刑法第 387 条的规定，犯单位受贿罪的，对单位判处罚金，并对其直接负责的主管人员和其他直接责任人员，处 5 年以下有期徒刑或者拘役。

按照 2001 年 1 月 21 日最高人民法院《全国法院审理金融犯罪案件工作座谈会纪要》的解释，所谓“直接负责的主管人员”，是指在单位实施的犯罪中起决定、批准、授意、纵容、指挥等作用的人员，一般是单位的主管负责人，包括法定代表人。所谓“其他直接责任人员”，是指在单位犯罪中具体实施犯罪并起较大作用的人员，既可以是单位的经营管理人员，也可以是单位的职工，包括聘任、雇用的人员。应当注意的是，在单位犯罪中，对于受单位领导指派或奉命而参与实施了一定犯罪行为的人员，一般不宜作为直接责任人员追究刑事责任。对单位犯罪中的直接负责的主管人员和其他直接责任人员，应根据其在单位犯罪中的地位、作用和犯罪情节，分别处以相应的刑罚。主管人员与直接责任人员，在个案中不是当然的主、从犯关系，有的案件，主管人员与直接责任人员在实施犯罪行为时的主从关系不明显的，可不分主、从犯。但具体案件可以分清主、从犯，且不分清主、从犯，在同一法定刑档次、幅度内量刑无法做到罪刑相适应的，应当分清主、从犯，依法处罚。

【案例 2－12】2007 年年底，成都中核高通同位素股份有限公司（以下简称高通公司）总经理田某某到中国核动力研究设计院第一研究所（以下简称一所）所长办公室找到被告人段某某和喻某某，商量提前开具 2008 年增值税发票一事。经双方协商，段某某、喻某某同意为高通公司提前开具发票，高通公司为此向一所支付人民币 20 万元。2007 年 12 月 26 日，一所将 6 张总计 557.7 万元增值税专用发票开具给高通公司，高通公司于同年 12 月 27 日将 20 万元转入一所的建设银行账户；同时一所与高通公司虚构了一份《人员培训合同》将该 20 万元以培训费的名义入账。2010 年 1 月 25 日，成都高新技术产业开发区人民检察院反贪污贿赂局破获此案并追回赃款 20 万元。成都高新技术产业开发区人民法院经审理认为：被告单位一所非法收受高通公司人民币 20 万元，为其谋取利益，情节严重，其行为已构成单位受贿罪，依法应判处罚金。被告人段某某作为被告单位直接负责的主管人员，被告人喻某某作为被告单位的其他直接责任人员，其行为均已构成单位受贿罪，依法应判处 5 年以下有期徒刑或者拘役。被告人段某某与被告人喻某某构成共同犯罪，段某某作为一所的负责人，喻某某作为犯意的提起人，二位被告人对犯罪所起的作用大致相当，不宜区分主犯、从犯。本院量刑时还考虑的情节有：（1）被告单位及两位被告人均系初犯，认罪态度较好，有一定悔罪表现，酌定从轻处罚；（2）行贿方高通公司与被告单位一所均系中国核动力研究设计院的下属分支机构，此情节应区别于其他同类型的单位受贿案，可酌定从轻处罚；（3）涉案赃款已被追回，社会危害性较轻，酌定从轻处罚。综上，本案被告人段某某、喻某某的犯罪情节轻微，不需要判处刑罚。判决：被告单位中国核动力研究设计院第一研究所犯单位受贿罪，判处罚金人民币 20 万元。被告人段某某犯单位受贿罪，免予刑事处罚。被告人喻某某犯单位受贿罪，免予刑事处罚。对被告单位中国核动力研究设计院第一研究所的受贿款人民币 20 万元予以没收，上缴国库。

第三章　利用影响力受贿罪

一、利用影响力受贿罪概述

（一）利用影响力受贿罪的立法沿革

我国1979年刑法和1988年全国人大常委会《关于惩治贪污罪贿赂罪的补充规定》均没有规定利用影响力受贿罪。1989年最高人民法院、最高人民检察院《关于执行〈关于惩治贪污罪贿赂罪的补充规定〉若干问题的解答》指出："已离、退休的国家工作人员，利用本人原有职权或地位形成的便利条件，通过在职的国家工作人员职务上的行为，为请托人谋取利益，而本人从中向请托人索取或者非法收受财物的，以受贿论处。"但1997年修订刑法并没有将上述行为规定为受贿罪，只是在第388条规定了斡旋受贿罪，主体仍然限于国家工作人员，即国家工作人员利用本人职权或者地位形成的便利条件，通过其他国家工作人员职务上的行为，为请托人谋取不正当利益，索取请托人财物或者收受请托人财物的，以受贿论处。

2003年12月9日我国签署了《联合国反腐败公约》（以下简称《公约》），并于2005年10月27日经全国人大常委会批准。该《公约》第18条规定了影响力交易犯罪："各缔约国均应当考虑采取必要的立法和其他措施，将下列故意实施的行为规定为犯罪：（一）直接或间接向公职人员或者其他任何人员许诺给予、提议给予或者实际给予任何不正当好处，以使其滥用本人的实际影响力或者被认为具有的影响力，为该行为的造意人或者其他任何人从缔约国的行政部门或者公共机关获得不正当好处；（二）公职人员或者其他任何人员为其本人或者他人直接或间接索取或者收受任何不正当好处，以作为该公职人员或者该其他人员滥用本人的实际影响力或者被认为具有的影响力，从缔约国的行政部门或者公共机关获得任何不正当好处的条件。"

在我国的司法实践中，有些国家工作人员的配偶、子女等近亲属，以及其他与该国家工作人员关系密切的人，通过该国家工作人员职务上的行为，或者利用该国家工作人员职权或者地位形成的便利条件，通过其他国家工作人员职务上的行为，为请托人谋取不正当利益，自己从中索取或者收受财物。事情败露后，这些人员说财物是背着该国家工作人员收受的，而该国家工作人员也说自己根本不知道这些人收受请托人财物的事情，由于难以认定他们之间存在共同犯罪的主观故意，致使案件难以处理。此外，一些已经离职的国家工作人员，虽然已不具有国家工作人员身份，但利用其在职时形成的影响力，通过其他国家工作人员的职务行为，为请托人谋取不正当利益，自己从中索取或者收受财物。由于离职的国家工作人员已经不具有国家工作人员身份，这类行为也无法作为犯罪处理。上述行为严重败坏党风、政风和社会风气，有些全国人大代表和有关部门提出，对情节较重的上述行为，应当作为犯罪追究刑事责任。

最初的《中华人民共和国刑法修正案（七）（草案）》将上述行为规定在刑法第388条，分为两款规定在国家工作人员斡旋受贿的后面。审议和征求意见时，有的常委会委员和部门、专家提出，刑法第388条规定的犯罪主体是国家工作人员，草案增加规定的犯罪主体是非国家工作人员，建议将新增加的内容作为一条单独规定。2009年2月28日全国人大常委会通过的《中华人民共和国刑法修正案（七）》增设了利用影响力受贿罪，将之规定为单独一条，分为两款，即刑法第388条之一："国家工作人员的近亲属或者其他与该国家工作人员关系密切的人，通过该国家工作人员职务上的行为，或者利用该国家工作人员职权或者地位形成的便利条件，通过其他国家工作人员职务上的行为，为请托人谋取不正当利益，索取请托人财物或者收受请托人财物，数额较大或者有其他较重情节的，处三年以下有期徒刑或者拘役，并处罚金；数额巨大或者有其他严重情节的，处三年以上七年以下有期徒刑，并处罚金；数额特别巨大或者有其他特别严重情节的，处七年以上有期徒刑，并处罚金或者没收财产。离职的国家工作人员或者其近亲属以及其他与其关系密切的人，利用该离职的国家工作人员原职权或者地位形成的便利条件实施前款行为的，依照前款的规定定罪处罚。"

（二）利用影响力受贿罪的概念

根据刑法第388条之一的规定，利用影响力受贿罪，是指国家工作人员的近亲属或者其他与该国家工作人员关系密切的人，通过该国家工作人员职务上的行为，或者利用该国家工作人员职权或者地位形成的便利条件，通过其他国家工作人员职务上的行为，或者离职的国家工作人员或者其近亲属以及其他与其关系密切的人，利用该离职的国家工作人员原职权或者地位形成的便利条件，通过其他国家工作人员职务上的行为，为请托人谋取不正当利益，索取请托人财物或者收受请托人财物，数额较大或者有其他较重情节的行为。

二、利用影响力受贿罪的客体和对象

关于利用影响力受贿罪侵犯的客体，刑法学界的认识和表述并不一致。笔者认为，利用影响力受贿的行为与国家工作人员的职务行为是紧密联系、密不可分的，因此可以认为本罪侵犯的客体是国家工作人员职务行为的廉洁性。

利用影响力受贿罪的犯罪对象为“财物”。关于“财物”的范围，请参见“受贿罪的对象”部分的论述。

三、利用影响力受贿罪的客观方面

利用影响力受贿罪的客观方面表现为国家工作人员的近亲属或者其他与该国家工作人员关系密切的人，通过该国家工作人员职务上的行为，或者利用该国家工作人员职权或者地位形成的便利条件，通过其他国家工作人员职务上的行为，或者离职的国家工作人员或者其近亲属以及其他与其关系密切的人，利用该离职的国家工作人员原职权或者地位形成的便利条件，通过其他国家工作人员职务上的行为，为请托人谋取不正当利益，索取请托人财物或者收受请托人财物，数额较大或者有其他较重情节的行为。实践中，利用影响力受贿罪具体有以下三种表现形式：

1. 国家工作人员的近亲属或者其他与该国家工作人员关系密切的人，通过该国家工作人员职务上的行为，为请托人谋取不正当利益，索取请托人财物或者收受请托人财物，数额较大或者有其他较重情节的行为。

2. 国家工作人员的近亲属或者其他与该国家工作人员关系密切的人，利用该国家工作人员职权或者地位形成的便利条件，通过其他国家工作人员职务上的行为，为请托人谋取不正当利益，索取请托人财物或者收受请托人财物，数额较大或者有其他较重情节的行为。

3. 离职的国家工作人员或者其近亲属以及其他与其关系密切的人，利用该离职的国家工作人员原职权或者地位形成的便利条件，通过其他国家工作人员职务上的行为，为请托人谋取不正当利益，索取请托人财物或者收受请托人财物，数额较大或者有其他较重情节的行为。

【案例3－1】现年41岁的李某某案发前是深圳市某餐饮公司的总经理。2006年，深圳有所为投资集团有限公司（以下简称有所为公司）董事长张某得知南阳市商业银行想处置所持有的绿景地产股权等资产包的信息，便找到时任其投资集团开发部经理的李某某。因李某某的姐夫是南阳市商业银行行长贾某，张某便请李某某利用亲戚关系从中联系收购。2006年10月，李某某与张某一起找到其姐夫贾某，要求收购绿景地产股权等资产包。后张某的有所为公司与南阳市商业银行顺利签订了8565万元的资产包转让协议，又在仅付了1065万元的情况下，贾某即违规将该资产包全部过户给有所为公司，之后又将该资产包质押在南阳市商业银行贷款7500万元。随后有所为公司处置了该资产包部分股权，获得了巨额利润。张某为感谢李某某在资产包收购、过户、质押贷款中的作用，给了李某某现金200万元和价值1000万元的房产，并于2009年为李某某办理了房产过户手续。2009年12月29日，西峡县人民检察院以李某某犯利用影响力受贿罪向该县法院提起公诉。①

关于“职权或者地位形成的便利条件”或者“原职权或者地位形成的便利条件”的含义，刑法学界有不同认识。笔者认为，在最高司法机关作出司法解释之前，可以参照2003年最高人民法院《全国法院审理经济犯罪案件工作座谈会纪要》第3条第3项就刑法第388条规定的“利用本人职权或者地位形成的便利条件”的解释，是指国家工作人员或者离职的国家工作人员与其他国家工作人员之间在（原）职务上虽然没有隶属、制约关系，但是该国家工作人员或者离职的国家工作人员的（原）职权或者地位能够对其他国家工作人员产生一定的影响或具有一定的工作联系，如单位内不同部门的国家工作人员之间、上下级单位没有职务上隶属、制约关系的国家工作人员之间、有工作联系的不同单位的国家工作人员之间等。如果单纯利用与其他国家工作人员的亲友关系，通过其他国家工作人员职务上的行为，为请托人谋取不正当利益，索取或者收受请托人财物的，不能认定为利用影响力受贿罪。

【案例3-2】2009年，哈尔滨市国鑫土方工程有限责任公司得知本单位将要动迁，遂委托公司业务员找到时任哈尔滨市道外区拆迁办司机的被告人吕某某，请求帮助办理拆迁事宜。吕某某先后两次找到本单位拆迁科长王某请求给予关照。王某在拆迁过程中没有严格审查、验收，致使国鑫土方公司虚报房产面积通过验收，骗取国家补偿款1223.2万元。国鑫土方公司为表示感谢，于2010年1月11日送给吕某某人民币42万元，吕某某将此款用于购买沃尔沃轿车一辆。2011年5月6日，宾县人民法院以犯利用影响力受贿罪，一审判处吕某某有期徒刑7年，并处罚金2万元。被告人吕某某不服，提出上诉。2011年5月31日，哈尔滨市中级人民法院二审裁定驳回上诉，维持原判。②

关于“不正当利益”的含义，刑法学界也有不同认识，具体争议可以参

① 参见马志全、邹吉硕：《全国首例涉嫌“利用影响力受贿”案在西峡开庭》，载《正义网》2010年4月22日。

② 参见冯磊、韩兵：《黑龙江首例利用影响力受贿案二审维持原判》，载《正义网》2011年8月8日。

见受贿罪中斡旋受贿罪部分的论述。鉴于如何理解“不正当利益”涉及多个贿赂犯罪与非罪的问题，为指导司法实践，1999 年 9 月 16 日最高人民检察院《关于人民检察院直接受理立案侦查案件立案标准的规定（试行）》附则部分第 5 项指出：本规定中有关贿赂罪案中的“谋取不正当利益”，是指谋取违反法律、法规、国家政策和国务院各部门规章规定的利益，以及谋取违反法律、法规、国家政策和国务院各部门规章规定的帮助或者方便条件。2008 年 11 月 20 日最高人民法院、最高人民检察院《关于办理商业贿赂刑事案件适用法律若干问题的意见》第 9 条指出：在行贿犯罪中，“谋取不正当利益”，是指行贿人谋取违反法律、法规、规章或者政策规定的利益，或者要求对方违反法律、法规、规章、政策、行业规范的规定提供帮助或者方便条件。在招标投标、政府采购等商业活动中，违背公平原则，给予相关人员财物以谋取竞争优势的，属于“谋取不正当利益”。可以看出，司法解释明确将通过行贿手段谋取的不确定利益纳入到了不正当利益的范围。

需要指出的是，根据刑法第 388 条之一的规定，国家工作人员的近亲属或者其他与该国家工作人员关系密切的人，以及离职的国家工作人员或者其近亲属以及其他与其关系密切的人，无论是索取请托人财物还是收受请托人财物，必须同时具备为请托人谋取不正当利益的条件，且是数额较大或者有其他较重情节的行为，才能构成利用影响力受贿罪。这一点类似于斡旋受贿罪，与普通受贿罪的构成要件是不尽相同的，在普通受贿罪中国家工作人员索取他人财物构成受贿罪的，并不要求行为人同时具备为他人谋取利益的条件。为请托人谋取不正当利益包括承诺、实施和实现三个阶段的行为，只要具有其中一个阶段的行为，就具备了为请托人谋取不正当利益的要件。为请托人谋取不正当利益，还需要行为人主观上认识到其为请托人谋取的利益是不正当的，如果有证据证实行为人主观上想为请托人谋取的是正当利益，而其他国家工作人员实际上为请托人谋取的却是不正当利益，则行为人缺乏为请托人谋取不正当利益的主观故意，不能认定行为人构成利用影响力受贿罪，否则就属于客观归罪。这里的“请托人”，既可以是自然人，也可以是单位。

需要探讨的是，如果行为人通过多个国家工作人员的环节为请托人谋取不正当利益，索取或者收受请托人财物，是否构成利用影响力受贿罪呢？如行为人通过国家工作人员甲，由甲利用职权或者地位形成的便利条件通过国家工作人员乙，由乙利用职权或者地位形成的便利条件通过国家工作人员丙，再由丙利用其职务便利为请托人谋取不正当利益，行为人从请托人处收取财物，对行为人能否以利用影响力受贿罪论处呢？笔者认为，实践中，这种情形并不鲜见，但从罪刑法定原则和刑法的谦抑性出发，对于经过多个中间环节的上述行为，不宜按照利用影响力受贿罪定罪处罚，毕竟，甲对直接利用职务便利为请托人谋取不正当利益的国家工作人员丙来讲，实际上并没有多少影响力，甚至可能就没有影响力。

四、利用影响力受贿罪的主体

利用影响力受贿罪的主体虽然不像其他受贿犯罪的主体一样，要求行为人必须是国家工作人员，或者是国有单位，或者是公司、企业或其他单位的非国家工作人员，但也并不是所有人都可以成为该罪的主体。具体来讲，利用影响力受贿罪的主体仍然属于特殊主体，具体包括以下五类：（1）国家工作人员的近亲属；（2）其他与国家工作人员关系密切的人；（3）离职的国家工作人员；（4）离职的国家工作人员的近亲属；（5）其他与离职的国家工作人员关系密切的人。

在《刑法修正案（七）》草案审议修改的过程中，有的部门建议将利用影响力受贿罪条文中国家工作人员（以及离职的国家工作人员）的“近亲属”及“其他与其关系密切的人”改为“特定关系人”，理由是：2007年7月8日最高人民法院、最高人民检察院在联合出台的《关于办理受贿刑事案件适用法律若干问题的意见》中已经使用了“特定关系人”一词，其中“特定关系人”指与国家工作人员有近亲属、情妇（夫）、以及其他共同利益关系的人，这个概念已被广泛接受和使用；另外，条文规定的“其他与其关系密切的人”概念过于宽泛，范围也难以确定。全国人大法律委员会经研究认为：国家工作人员（以及离职的国家工作人员）的“近亲属”及“其他与其关系密切的人”，是与国家工作人员（以及离职的国家工作人员）关系密切的非国家工作人员，之所以将这两种人利用影响力交易行为规定为犯罪，主要是考虑到他们与国家工作人员或有血缘、亲属关系，有的虽不存在亲属关系，但属情夫、情妇，或者彼此是同学、战友、部下、上级或者老朋友，交往甚密，有些关系甚至可密切到相互称兄道弟的程度，这些人对国家工作人员（以及离职的国家工作人员）的影响力自然也非同一般。实际中以此影响力由在职的国家工作人员（或者离职的国家工作人员）为请托人办事，自己收受财物的案件屡见不鲜。如果将影响力交易犯罪主体仅限于“特定关系人”的范围，显然窄了，不利于惩治人民群众深恶痛绝的腐败犯罪。因此，这个意见没被采纳。①

关于“国家工作人员”的范围，可以参见“受贿罪的主体”部分的论述。

---

① 参见黄太云：《〈刑法修正案（七）〉对惩治腐败相关条文的完善》，载《中国检察官》2009年第5期。

关于“近亲属”的范围，有关法律、司法解释和刑法学界的认识并不一致。1988年最高人民法院《关于贯彻执行〈中华人民共和国民法通则〉若干问题的意见（试行）》第12条指出：民法通则中规定的近亲属，包括配偶、父母、子女、兄弟姐妹、祖父母、外祖父母、孙子女、外孙子女。1996年《中华人民共和国刑事诉讼法》第82条第6项规定：“近亲属”是指夫、妻、父、母、子、女、同胞兄弟姊妹。2000年最高人民法院《关于执行〈中华人民共和国行政诉讼法〉若干问题的解释》第11条指出：行政诉讼法第二十四条规定的“近亲属”，包括配偶、父母、子女、兄弟姐妹、祖父母、外祖父母、孙子女、外孙子女和其他具有扶养、赡养关系的亲属。2010年中共中央组织部《党政领导干部选拔任用工作有关事项报告办法（试行）》第4条第2款指出：本条第（三）项所称领导干部的近亲属，是指与领导干部有夫妻关系、直系血亲关系、三代以内旁系血亲以及近姻亲关系的人员。有的学者认为，应当按照2005年《中华人民共和国公务员法》的规定，“近亲属”的范围包括：配偶，父母，子女及其配偶，祖父母、外祖父母，孙子女、外孙子女及其配偶，兄弟姐妹及其配偶，伯叔、姑母及其配偶，堂兄弟姐妹及其配偶，舅父、姨母及其配偶，表兄弟姐妹及其配偶，甥侄（女）及其配偶。[①] 还有的学者认为，考虑到社会上通常的理解，应将其范围理解得大一些，像配偶、父母、子女、兄弟姐妹、祖父母、外祖父母、孙子女、外孙子女，以及岳父母、公婆、儿媳、女婿、姑叔、侄子女、舅甥、堂兄弟姐妹、表兄弟姐妹等，都可视为“近亲属”之列。[②] 笔者认为，后两种观点对“近亲属”范围的界定过于宽泛，实际上等同于“亲属”而不是“近亲属”。《刑事诉讼法》第82条出于保证刑事诉讼顺利进行的目的，将“近亲属”限定为夫、妻、父、母、子、女、同胞兄弟姊妹有其合理性，但用在此处显得范围过窄，也与我国传统的亲属观念不合，缺乏现实合理性。笔者建议，在没有新的司法解释之前，实践中可以参照最高人民法院《关于贯彻执行〈中华人民共和国民法通则〉若干问题的意见（试行）》第12条的解释，即“近亲属”包括：配偶、父母、子女、兄弟姐妹、祖父母、外祖父母、孙子女、外孙子女。至于国家工作人员的其他亲属，包括与国家工作人员具有扶养、赡养关系的亲属，可以归入“关系密切的人”的范围，这样并不会导致对此类受贿行为惩治不力。

---

① 参见王作富主编：《刑法分则实务研究》（下），中国方正出版社2010年版，第1812页。

② 参见高铭暄、马克昌主编：《刑法学》（第四版），北京大学出版社、高等教育出版社2010年版，第714页。

关于“关系密切的人”的范围，目前并没有司法解释。2007年最高人民法院、最高人民检察院《关于办理受贿刑事案件适用法律若干问题的意见》在界定受贿罪的共同犯罪时，曾经使用了“特定关系人”的表述，具体是指与国家工作人员有近亲属、情妇（夫）以及其他共同利益关系的人。但“关系密切的人”并不等同于“特定关系人”，笔者认为，这里“关系密切的人”，除了不包括国家工作人员的近亲属外，应当包括国家工作人员的情妇（夫）、前夫（妻）、未婚夫（妻）及其父母和兄弟姐妹，配偶的父母、兄弟姐妹，子女配偶的父母、兄弟姐妹，干父母、干子女，结拜的兄弟姐妹，秘书、司机，以及与国家工作人员关系密切的同学、同事、战友等。实践中，认定行为人与国家工作人员或离职的国家工作人员的关系是否“密切”，应当结合具体的案情，充分考虑行为人与国家工作人员或离职的国家工作人员的平时交往情况，看这种交往是否频繁、持续时间的长短、公开程度，以及在其他国家工作人员中的影响等。

【案例3－3】被告人胥某某与妻子离婚后，利用前妻父亲的职务影响力，帮助他人中标工程设计项目，从中收取好处费15万元。法院认定“前女婿”是“前岳父”的“密切关系人”。2008年年底，南京一家单位决定修建科技综合楼，明确由该单位副职岳某负责基建工作。随后，岳某向江苏某技术公司总经理胥某某了解有关设计情况。胥某某当即表示可以代为联系设计人员。胥某某联系上设计师施某后，建议施某以挂靠方式参加投标。随后，胥某某又带着施某分别宴请了基建项目单位的两位评标人，请他们在项目评标时给施某予以帮助。事后，施某的方案顺利中标。案发后，收受钱财的评标人说：“胥某某的老丈人是我们的顶头上司，不答应胥某某，可能会得罪领导。”对于这段关于“翁婿关系”的证言，胥某某矢口否认，其辩护人提出：胥某某帮助施某中标是在2009年2月，此时胥某某早已与岳某的女儿离婚，两人不存在密切关系。江苏省南京市浦口区人民法院经审理认为：被告人胥某某与岳某女儿离婚期间，仍与岳某家庭保持来往，在请托人宴请岳某等人的活动中，胥某某也陪同参加。为此，本院对“胥某某与岳某不存在密切关系”的辩护意见不予采纳。判决被告人胥某某犯利用影响力受贿罪，判处有期徒刑2年，缓刑2年，并处罚金1万元，没收全部违法所得。①

关于“离职”的含义，通常是指曾经是国家工作人员，但由于离休、退休、辞职、辞退等原因，目前已经离开国家工作人员岗位的人。界定“离职”

---

①　参见邓光扬、范传贵：《江苏一男子利用前丈人影响力受贿15万获刑2年》，载《法制日报》2012年2月10日。

的含义时，需要注意两个问题：一是对于短期的离职如离岗培训、挂职锻炼等，因为行为人仍然具有原单位国家工作人员的身份，不应属于这里的离职。二是离职是否限于离开所有的国家工作人员岗位，因为一个国家工作人员在几十年的工作生涯中，有可能在多个国有单位担任职务，或者在一个国有单位的不同部门担任职务，这种岗位转换也存在离职的问题，是否能包含在本罪所指的离职范围内呢？笔者认为，这种岗位转换仍然应当属于“离职”。如果一个国家工作人员利用原来岗位的职权或者地位形成的便利条件，通过其他国家工作人员职务上的行为，为请托人谋取不正当利益，索取请托人财物或者收受请托人财物的，仍然应当以利用影响力受贿罪定罪处罚。对于这种情形，由于行为人仍然属于国家工作人员，但其又没有利用自己现有职务上的便利，因此不构成受贿罪；也没有利用自己现有职权或者地位形成的便利条件，因此也不构成斡旋受贿罪；如果“离职”不包括这种情形，则行为人也不构成利用影响力受贿罪，这样就会放纵犯罪。

需要指出的是，对于离退休的国家工作人员能否成为受贿罪的主体，司法解释曾有规定。1989 年最高人民法院、最高人民检察院《关于执行〈关于惩治贪污罪贿赂罪的补充规定〉若干问题的解答》曾指出：“已离、退休的国家工作人员，利用本人原有职权或地位形成的便利条件，通过在职的国家工作人员职务上的行为，为请托人谋取利益，而本人从中向请托人索取或者非法收受财物的，以受贿论处。”1997 年修订刑法时，有人提出离退休的国家工作人员已经不属于现职的国家工作人员，无职务便利可以利用，并不存在权力寻租的问题，因此修订后的刑法并没有将离退休的国家工作人员纳入受贿罪的主体。鉴于实践中存在离退休的国家工作人员收受他人财物的现象，2000 年最高人民法院《关于国家工作人员利用职务上的便利为他人谋取利益离退休后收受财物行为如何处理问题的批复》指出：“国家工作人员利用职务上的便利为请托人谋取利益，并与请托人事先约定，在其离退休后收受请托人财物，构成犯罪的，以受贿罪定罪处罚。”2007 年最高人民法院、最高人民检察院《关于办理受贿刑事案件适用法律若干问题的意见》第 10 条进一步指出：“国家工作人员利用职务上的便利为请托人谋取利益之前或者之后，约定在其离职后收受请托人财物，并在离职后收受的，以受贿论处。国家工作人员利用职务上的便利为请托人谋取利益，离职前后连续收受请托人财物的，离职前后收受部分均应计入受贿数额。”但对于离退休的国家工作人员利用本人原有职权或者地位所形成的便利条件，通过其他在职的国家工作人员职务上的行为，为请托人谋取利益，而本人从中收受请托人财物的，由于不符合受贿罪的构成要件，仍然不能认定为受贿罪。但这种行为具有严重的社会危害性，为依法惩治这类行为，《中华人民共和国刑法修正案（七）》增设了利用影响力受贿罪，犯罪主体包括了离退休的国家工作人员。

五、利用影响力受贿罪的主观方面

利用影响力受贿罪的主观方面表现为故意，并且是直接故意，目的是通过国家工作人员职务上的行为，或者利用该国家工作人员职权或者地位形成的便利条件，通过其他国家工作人员职务上的行为，或者利用离职的国家工作人员原职权或者地位形成的便利条件，通过其他国家工作人员职务上的行为，为请托人谋取不正当利益，索取请托人财物或者收受请托人财物。

六、利用影响力受贿罪的认定

（一）利用影响力受贿罪与接受馈赠、礼品的界限

我国是文明古国，礼仪之邦。亲朋好友之间礼尚往来，通常会伴有财物或礼品馈赠，这是联络感情的正当行为。利用影响力受贿罪中的非法收受请托人财物与接受馈赠、礼品有时候在表面上颇为相似，司法实践中人情往来也常常成为行为人否认受贿的借口。划清二者之间的界限，对于区分罪与非罪具有重要意义。实践中，区分利用影响力受贿罪与接受馈赠、礼品的界限，主要应当结合以下因素全面分析、综合判断：（1）发生财物往来的背景，如双方是否存在亲友关系及历史上交往的情形和程度；（2）往来财物的价值；（3）财物往来的缘由、时机和方式，提供财物方对于接受方有无请托事项；（4）接受方是否通过其他国家工作人员职务上的行为，为提供方谋取不正当利益。

（二）利用影响力受贿罪与正常借款的界限

司法实践中，利用影响力受贿罪的行为人索取请托人财物或者非法收受请托人财物后，为逃避法律追究，往往辩称是向请托人的借款，有时候还会向请托人打借条或签订借款协议，但其实质却是利用影响力受贿。实践中，区分利用影响力受贿罪与正常借款的界限，不能仅仅看是否有书面借款手续，应当根据以下因素综合判断：（1）有无正当、合理的借款事由；（2）款项的去向；（3）双方平时关系如何、有无经济往来；（4）出借方是否要求行为人通过其他国家工作人员职务上的行为，为其谋取利益；（5）借款后是否有归还的意思表示及行为；（6）是否有归还的能力；（7）未归还的原因；等等。

（三）利用影响力受贿罪与一般利用影响力受贿行为的界限

根据刑法第388条之一的规定，行为人利用影响力受贿，数额较大或者有

其他较重情节的，才能成立犯罪。也就是说，并不是所有利用影响力受贿的行为都成立犯罪。关于“数额较大”或者“其他较重情节”的具体标准，有待最高司法机关作出司法解释。笔者建议，“数额较大”的标准可适当高于国家工作人员受贿罪的立案标准；“其他较重情节”可以考虑包括因受贿行为而使国家或者社会利益遭受重大损失的，或者故意刁难、要挟有关单位、个人并造成恶劣影响的，或者强行索取请托人财物的等。

（四）利用影响力受贿罪与受贿罪的界限

利用影响力受贿罪与受贿罪具有较多相似之处，特别是与斡旋受贿罪在构成要件上更为相似。二者最主要的区别有两点：一是犯罪主体不同。利用影响力受贿罪的主体是国家工作人员的近亲属或者其他与该国家工作人员关系密切的人，以及离职的国家工作人员或者其近亲属以及其他与其关系密切的人；受贿罪的主体是国家工作人员。二是为请托人谋取不正当利益的途径不同。利用影响力受贿罪的行为人利用的并不是自己的职务便利，或者自己职权或者地位形成的便利条件，而是利用自己是（离职）国家工作人员的近亲属或者其他关系密切人的影响力，或者原职权或者地位形成的便利条件，通过其他国家工作人员职务上的行为，为请托人谋取不正当利益；而受贿罪的行为人利用的是自己职务上的便利，或者自己职权或者地位形成的便利条件，通过其他国家工作人员职务上的行为，为请托人谋取不正当利益。

实践中，还要注意区分国家工作人员的近亲属或者其他与该国家工作人员关系密切的人，以及离职的国家工作人员或者其近亲属以及其他与其关系密切的人是单独构成利用影响力受贿罪，还是与国家工作人员共同构成受贿罪。利用影响力受贿罪的行为人与被其利用的国家工作人员，因为在主观上没有共同受贿的故意，所以不构成共同受贿犯罪。如果这些人与被其利用的国家工作人员勾结伙同受贿的，应当以受贿罪的共犯论处；如果这些人向国家工作人员代为转达请托事项，收受请托人财物并告知该国家工作人员的，或者国家工作人员明知这些人收受了请托人的财物，仍然按照这些人的要求利用职权为请托人谋取利益的，对该国家工作人员应当认定为构成受贿罪，这些人构成受贿罪的共犯。

【案例3-4】2005年7月，时任河南省某市房产管理局副局长的王某某为谋取该局局长的职位，找到被告人邵某某，希望邵某某能够向其岳父、某市原市委书记孙某某转达职务升迁意图并予以帮忙。后王某某委托其朋友张某某在河南中德宝汽车销售服务有限公司为邵某某购买了价值57万元的宝马跑车一辆。邵某某在收受财物后，将其收受财物的情况告知孙某某并代为转达了王某某在职务晋升方面想让帮忙的意图。之后，在孙某某的支持下，王某某被提拔为某市房产管理局局长。郑州高新技术产业开发区人民法院于2009年6月9日一审判决被告人邵某某犯受贿罪，判处有期徒刑12年。邵某某上诉称，一审法院认定事实不清，证据不足，其行为不构成受贿罪；如其行为构成犯罪，则对其量刑过重。其辩护人辩称，邵某某的行为依法不构成受贿罪，对其应以《刑法修正案（七)》关于刑法第388条的规定定罪处罚；已追赃，请求法院对其从轻处罚。郑州市人民检察院认为，邵某某犯受贿罪的事实清楚，证据确实充分，对其可适用《刑法修正案（七)》关于刑法第388条的规定，依法公正判决。郑州市中级人民法院二审认为：上诉人邵某某利用其岳父孙某某担任某市原市委书记的职务便利条件，收受请托人财物（价值57万元宝马跑车一辆）并告知孙某某，代为转达请托事项，要求孙某某利用职权为请托人谋取利益，其行为已构成受贿罪。关于邵某某的辩护人对其应以《刑法修正案（七)》关于刑法第388条的规定定罪处罚的辩护理由及郑州市人民检察院的出庭意见，经查，邵某某在收受汽车后，告知了孙某某这一事实，并将王某某要求晋升职务的要求向孙某某作了转达，孙、邵二人已构成受贿罪的共犯，对邵某某应以受贿罪定罪处罚。但在案发后，邵某某受贿款项已追回，对其可酌情予以从轻处罚。原判认定事实清楚，证据确实充分，定罪准确，审判程序合法，但量刑不当，应予纠正。于2009年11月16日改判上诉人邵某某犯受贿罪，判处有期徒刑10年。本案二审期间，辩护人辩称被告人邵某某的行为构成利用影响力受贿罪，郑州市人民检察院出庭意见也认为可以适用《刑法修正案（七)》有关利用影响力受贿罪的规定，但法院经审理查明，邵某某在收受汽车后告知了孙某某，并将王某某要求晋升职务的要求向孙某某作了转达，孙、邵二人已构成受贿罪的共犯。因此，法院判决邵某某的行为构成的是受贿罪，而不是利用影响力受贿罪。

（五）利用影响力受贿罪的定罪量刑情节

关于利用影响力受贿罪的既遂与未遂、共同犯罪、一罪与数罪、自首、坦白、立功等的认定，可以参见受贿罪中的定罪量刑情节部分的论述。

【案例3－5】2007年10月24日，时任南昌矿业权交易服务中心主任的刘某某被江西省国土资源局任命为萍乡市国土资源局党组副书记、局长，次日李某随刘某某一并调入萍乡市国土资源局，一直任刘某某的司机。2008年9月27日，萍乡市蓝波湾花园酒店有限公司因违法用地被萍乡市国土资源局行政处罚罚款1177060元。蓝波湾酒店副总经理邓某为减少罚款找到市国土局法规科科长石某某（另案处理）帮忙。石某某认为被告人李某是刘某某局长从南昌带过来的人，可在该事中帮忙，便于2009年2月的一天，在该市公园路的迪欧咖啡厅介绍蓝波湾酒店上属母公司的副总经理李某某、蓝波湾酒店副总经理邓某与被告人李某认识，并请李某帮忙处理蓝波湾酒店土地违法罚款的事。在多次见面后，李某表示会尽力帮忙。同年3月的一天晚上，石某某邀请李某到迪欧咖啡厅与邓某、李某某见面商量蓝波湾酒店土地违法罚款的事，邓某等人提出拿10万元人民币给李某，让其帮忙处理蓝波湾酒店土地违法罚款的事，李某默认。同年4月23日下午，邓某打电话给李某，说10万元钱已准备好，李某和其朋友姚某某按约定来到该市安源区金典城旁边的大红袍茶楼，并借故离开，让其朋友姚某某代其收取邓某所送的人民币10万元。随后，李某从姚某某手中拿到这10万元用于房屋装修等个人支出。后李某称蓝波湾酒店找了自己及省纪委其叔叔的战友，要萍乡市国土资源局刘某某局长对蓝波湾酒店少罚点款。2009年6月26日，萍乡市国土局以蓝波湾酒店违法用地行政处罚罚款390797元。另查明，2010年1月12日，李某到萍乡市安源区检察院投案，并如实供述，同年2月2日，李某在上海将人民币10万元退回给邓某。萍乡市安源区人民法院经审理认为：被告人李某通过与其关系密切的国家工作人员职务上的行为，为请托人谋取不正当利益，收受请托人财物，其行为已构成利用影响力受贿罪。鉴于其有自首情节，且已全部退清赃款，可对其从轻处罚。判决被告人李某犯利用影响力受贿罪，判处其有期徒刑1年10个月，缓刑2年，并处罚金5万元。宣判后，李某表示服判不上诉。①

七、利用影响力受贿罪的法定刑

根据刑法第388条之一的规定，犯利用影响力受贿罪，数额较大或者有其他较重情节的，处3年以下有期徒刑或者拘役，并处罚金；数额巨大或者有其他严重情节的，处3年以上7年以下有期徒刑，并处罚金；数额特别巨大或者有其他特别严重情节的，处7年以上有期徒刑，并处罚金或者没收财产。

【案例3-6】2008年11月，焦某因涉嫌非法买卖爆炸物罪被羁押在宜宾市看守所。不久，焦某亲属通过他人找到该市看守所民警衡某某，请求衡某某对焦某予以“关照”，并帮忙做工作使焦某能获缓刑。随后，衡某某找到同事王某告诉请托事宜，王某答应找其在法院工作的同学帮忙“做工作”，为焦某争取缓刑。此后，衡某某多次从焦某亲属处索要钱款共计20万元，并拿出其中2.5万元给王某让其帮忙。2009年7月，衡某某还接受因涉嫌抢劫罪被判

---

① 参见李尤、刑言午：《江西首例利用影响力受贿案一审宣判》，载《中国法院网》2010年11月4日。

处有期徒刑4年的刘某亲属请托，收受刘某亲属2.5万元贿赂，意图通过王某再次找其法院同学帮忙为刘某减刑，并给了王某5000元现金。王某两次收款后直至案发均未找其法院同学帮忙。宜宾市翠屏区人民法院经审理认为：被告人衡某某与被告人王某共谋利用王某与国家工作人员的密切关系及该国家工作人员职权形成的便利条件，为请托人谋取不正当利益，收受请托人财物的行为已构成利用影响力受贿罪，判处衡某某有期徒刑9年，并处罚金2万元；判处王某有期徒刑3年，缓刑3年，并处罚金5000元。①

① 参见张学东等：《宜宾判决一起利用影响力受贿案》，载《检察日报》2011年1月11日。

第四章　非国家工作人员受贿罪

一、非国家工作人员受贿罪概述

（一）非国家工作人员受贿罪的立法沿革

1952 年 4 月 21 日中央人民政府公布的《中华人民共和国惩治贪污条例》第 2 条规定："一切国家机关、企业、学校及其附属机构的工作人员，凡侵吞、盗窃、骗取、套取国家财物，强索他人财物，收受贿赂以及其他假公济私违法取利之行为，均为贪污罪。"从该条规定可以看出，受贿罪是作为贪污罪的一种行为方式规定的。

1957 年 8 月 21 日最高人民法院《关于公私合营企业的私方人员利用职权违法取利的行为应如何适用法律问题的批复》指出：公私合营企业的私方人员利用职权违法取利的行为，如系发生在公私合营企业的清产核资、人事安排之后的，即应按照惩治贪污条例第二条规定，以国家工作人员贪污论罪。另外，根据惩治贪污条例第二条、第八条规定，公私合营企业的私方人员的侵吞、盗窃、骗取国家财物、强索他人财物、收受贿赂以及其他假公济私违法取利的行为，虽系发生在公私合营企业的清产核资、人事安排之前，同样也应适用惩治贪污条例的有关规定。这一解释表明，当时的非国家工作人员收受贿赂是可以构成犯罪的，只不过构成的不是受贿罪，而是贪污罪。

1979 年刑法在分则渎职罪一章规定了单独的受贿罪，犯罪主体限于国家工作人员。1988 年 1 月 21 日全国人大常委会通过的《关于惩治贪污罪贿赂罪的补充规定》第 4 条对受贿罪进行了修改："国家工作人员、集体经济组织工作人员或者其他从事公务的人员，利用职务上的便利，索取他人财物的，或者非法收受他人财物为他人谋取利益的，是受贿罪。与国家工作人员、集体经济组织工作人员或者其他从事公务的人员勾结，伙同受贿的，以共犯论处。国家工作人员、集体经济组织工作人员或者其他从事公务的人员，在经济往来中，违反国家规定收受各种名义的回扣、手续费，归个人所有的，以受贿论处。"从该条规定可以看出，受贿罪的主体不再限于国家工作人员，而是包括国家工作人员、集体经济组织工作人员或者其他从事公务的人员。也就是说，非国家工作人员也可以构成受贿罪。第 5 条规定了受贿罪的法定刑，最高为死刑。1989 年 11 月 6 日最高人民法院、最高人民检察院联合制发了《关于执行〈关于惩治贪污罪贿赂罪的补充规定〉若干问题的解答》，对受贿罪的主体问题、受贿罪中“利用职务上的便利”如何理解的问题、已离退休的国家工作人员的受贿问题、构成受贿罪的行为如何掌握的问题又作了具体解释。

1995 年 2 月 28 日全国人大常委会通过的《关于惩治违反公司法的犯罪的决定》，将公司、企业人员的受贿行为从受贿罪中分离出来独立成罪，第 9 条规定：“公司董事、监事或者职工利用职务上的便利，索取或者收受贿赂，数额较大的，处五年以下有期徒刑或者拘役；数额巨大的，处五年以上有期徒刑，可以并处没收财产。”第 14 条规定：“有限责任公司、股份有限公司以外的企业职工有本决定第九条、第十条、第十一条规定的犯罪行为的，适用本决定。”至此，我国法律上有了单独的非国家工作人员受贿罪，即公司、企业人员受贿罪。1995 年 11 月 7 日最高人民检察院公布了《关于办理公司、企业人员受贿、侵占和挪用公司、企业资金犯罪案件适用法律的几个问题的通知》，1995 年 12 月 25 日最高人民法院公布了《关于办理违反公司法受贿、侵占、挪用等刑事案件适用法律若干问题的解释》。

1997 年修订后的刑法吸收了《关于惩治贪污罪贿赂罪的补充规定》和《关于惩治违反公司法的犯罪的决定》的有关内容，将非国家工作人员受贿罪纳入破坏社会主义市场经济秩序罪，作为第三节妨害对公司、企业的管理秩序罪中的一个罪名，第 163 条规定：“公司、企业的工作人员利用职务上的便利，索取他人财物或者非法收受他人财物，为他人谋取利益，数额较大的，处五年以下有期徒刑或者拘役；数额巨大的，处五年以上有期徒刑，可以并处没收财产。公司、企业的工作人员在经济往来中，违反国家规定，收受各种名义的回扣、手续费，归个人所有的，依照前款的规定处罚。国有公司、企业中从事公务的人员和国有公司、企业委派到非国有公司、企业从事公务的人员有前两款行为的，依照本法第三百八十五条、第三百八十六条的规定定罪处罚。”1997 年 12 月 16 日最高人民法院《关于执行〈中华人民共和国刑法〉确定罪名的规定》将该条罪名解释为公司、企业人员受贿罪。2001 年 4 月 18 日最高人民检察院、公安部《关于经济犯罪案件追诉标准的规定》第 8 条对公司、企业人员受贿案件的追诉标准进行了规定。

鉴于刑法第 163 条规定的受贿罪主体仅限于公司、企业人员，实践中无法对公司、企业人员以外的其他非国家工作人员的受贿行为予以惩治，2006 年 6 月 29 日全国人大常委会通过的《中华人民共和国刑法修正案（六）》将刑法第 163 条修改为：“公司、企业或者其他单位的工作人员利用职务上的便利，索取他人财物或者非法收受他人财物，为他人谋取利益，数额较大的，处五年以下有期徒刑或者拘役；数额巨大的，处五年以上有期徒刑，可以并处没收财产。公司、企业或者其他单位的工作人员在经济往来中，利用职务上的便利，违反国家规定，收受各种名义的回扣、手续费，归个人所有的，依照前款的规定处罚。国有公司、企业或者其他国有单位中从事公务的人员和国有公司、企业或者其他国有单位委派到非国有公司、企业以及其他单位从事公务的人员有前两款行为的，依照本法第三百八十五条、第三百八十六条的规定定罪处罚。”2007 年 10 月 25 日最高人民法院、最高人民检察院《关于执行〈中华人民共和国刑法〉确定罪名的补充规定（三）》将刑法第 163 条的罪名相应地修改为非国家工作人员受贿罪，取消了公司、企业人员受贿罪的罪名。2010 年 5 月 7 日最高人民检察院、公安部《关于公安机关管辖的刑事案件立案追诉标准的规定（二）》第 10 条对非国家工作人员受贿案件的立案追诉标准进行了规定。

2007 年 7 月 8 日最高人民法院、最高人民检察院联合印发了《关于办理受贿刑事案件适用法律若干问题的意见》，对新形势下关于受贿罪认定的几个问题进行了解释。2008 年 11 月 20 日最高人民法院、最高人民检察院又联合印发了《关于办理商业贿赂刑事案件适用法律若干问题的意见》。

此外，刑法第 184 条第 1 款规定：银行或者其他金融机构的工作人员在金融业务活动中索取他人财物或者非法收受他人财物，为他人谋取利益的，或者违反国家规定，收受各种名义的回扣、手续费，归个人所有的，依照本法第一百六十三条的规定定罪处罚。

【案例 4－1】 1999 年 1 月，海南港澳国际信托投资有限公司（以下简称港澳公司）将该公司清算中心迁到广东省深圳市办公。时任该清算中心负责人的高某（已被判刑）同时还要负责为港澳公司向银行争取贷款。同年 3 月，担任福建兴业银行深圳分行（以下简称兴业深圳分行）营业部副总经理的被告人徐某某为拓展业务（引进客户）而动员曾是其大学校友的高某将其清算中心的账户和清算业务设在兴业深圳分行，高某同意后即向徐提出需要兴业深圳分行给予港澳公司贷款支持的要求。徐某某因无权决定信贷问题，便引荐高某认识了兴业深圳分行行长以及计财部经理等人。经双方协商以及必要的审查，加之港澳公司已经同意将其在深圳的清算业务交给兴业深圳分行处理，兴业深圳分行同意向港澳公司发放贷款，但基于非银行金融机构不能直接向银行贷款的有关规定，建议作为非银行金融机构的港澳公司通过深圳本地第三方企业出面申办贷款供该公司使用，而由该公司为贷款提供担保。该行有关负责人同时鉴于港澳公司系徐某某引进的客户，便安排徐负责该项贷款业务具体操作过程的跟踪、协调工作。徐某某的另一校友宋某某从徐某某处得知此事后，即通过徐某某约高某面谈。三人经过面谈，商定以宋某某出资成立的深圳市谊恒实业投资有限公司（以下简称谊恒公司）名义为港澳公司向兴业深圳分行申办贷款，港澳公司收到贷款后向谊恒公司支付一定比例的融资费。鉴于徐某某作为银行人员在该业务中所起的重要作用，融资费将由徐某某与高某、宋某某平分。高某将上述贷款方式以及需支付融资费等事项向港澳公司负责人汇报后得到了批准。同年5月下旬，兴业深圳分行向谊恒公司发放了第一笔3000万元人民币的贷款，港澳公司通过谊恒公司收到该笔贷款后，即由高某负责操作将贷款总额6.5%的融资费195万元人民币划入谊恒公司账户。同年6月份，宋某某依约送给徐某某5万元人民币；同年七八月，宋某某又按照约定共将50万元人民币存入徐某某指定的其个人在招商银行的账户。徐某某将上述款项用于个人炒作股票。2001年8月3日，司法机关对本案立案侦查并随之对徐某某采取强制措施，徐某某在此前接受初步调查时即如实交代了上述事实，随后又退出了全部赃款。深圳市福田区人民法院经审理认为：被告人徐某某身为股份制银行工作人员，无视国家法律，在金融业务活动中非法收受他人财物，为他人谋取利益，数额巨大，其行为已触犯刑法第184条第1款以及第163条第1款之规定，构成公司人员受贿罪，依法应受刑罚处罚。鉴于徐某某有自首情节，依法可以从轻或者减轻处罚；徐某某归案后，已经及时退清全部赃款，有悔罪表现，酌情也可以从轻处罚。综合本案犯罪事实和被告人的悔罪表现，决定对徐某某所犯罪行依法予以减轻处罚，并适用缓刑。判决被告人徐某某犯公司人员受贿罪，判处有期徒刑3年，缓刑4年。

（二）非国家工作人员受贿罪的概念

关于非国家工作人员受贿罪的概念，刑法学界的表述不尽相同。根据刑法第163条的规定，非国家工作人员受贿罪，是指公司、企业或者其他单位的工作人员利用职务上的便利，索取他人财物或者非法收受他人财物，为他人谋取利益，数额较大的行为。

二、非国家工作人员受贿罪的客体和对象

（一）非国家工作人员受贿罪的客体

关于非国家工作人员受贿罪侵犯的客体，刑法学界的认识并不一致。笔者认为，非国家工作人员受贿罪侵犯的客体是公司、企业或者其他单位中非国家工作人员职务行为的廉洁性。

（二）非国家工作人员受贿罪的对象

非国家工作人员受贿罪的犯罪对象是贿赂。但关于贿赂的范围，刑法学界并没有一致的认识，归纳起来，主要有三种不同的观点：第一种观点认为，贿赂的对象仅限于财物，即金钱和物品。第二种观点认为，贿赂的对象是指财物和财产性利益。第三种观点认为，贿赂的对象是指不正当利益，既包括财物，也包括财产性利益，还包括其他非财产性的不正当利益。具体争议可以参见“受贿罪的对象”部分的论述。

笔者认为，随着我国经济社会的快速发展，以及党和政府打击贿赂犯罪的逐步深入，贿赂犯罪也出现了一些新的变化。虽然传统的财物贿赂仍然存在，但也出现了一些财产性利益的贿赂，如免费提供住房、免费旅游、低价购买住房或高价出售住房等，还出现了一些非财产性利益，如调动工作、提供性服务等。虽然1997年刑法修订时，有专家学者主张扩大贿赂的范围，将财产性利益甚至性贿赂都纳入贿赂的范围，但现行刑法规定的贿赂仍然限于财物。应该说，现行刑法规定已经不能完全适应司法实践打击贿赂犯罪的需要。鉴于此，最高人民法院、最高人民检察院《关于办理商业贿赂刑事案件适用法律若干问题的意见》对贿赂中的财物进行了适当的扩大解释，第7条指出：商业贿赂中的财物，既包括金钱和实物，也包括可以用金钱计算数额的财产性利益，如提供房屋装修、含有金额的会员卡、代币卡（券）、旅游费用等。具体数额以实际支付的资费为准。笔者认为，有必要适当扩大我国刑法中贿赂的范围，笔者赞同第二种观点主张的贿赂的范围，即“贿赂”既包括金钱和实物，也包括可以用金钱计算数额的财产性利益。

【案例4－2】2000年，时任基础工程公司副总经理的被告人袁某代表基础工程公司承接了汉国置业（深圳）有限公司开发的城市绿洲花园工程，并将该花园二期基坑支护工程交由魏某某组织施工。2001年1月，魏某某应袁某的要求，将5张银行支票共计金额10万元人民币作为“信息费”付给袁某。袁某收到款后，支付给该项目信息提供人叶某3万元人民币，其他款项被袁某用于支付其前期所欠的万华豪情项目工程的工程款及垫付补桩工程的工程款。广东省深圳市福田区人民法院经审理认为：被告人袁某无视国家法律，身为有限责任公司的管理人员，利用职务上的便利，在工作中收受他人财物，为他人谋取利益，数额较大，其行为已构成公司人员受贿罪，应依法予以惩罚。辩护人提出被告人不构成受贿罪的辩护意见，本院认为，汉国置业公司在考察了魏某某的情况后，才同意与基础工程公司签订城市绿洲花园二期的工程合同，被告人袁某协助项目经理洽谈合同是其职务范围内的工作，袁某在此过程中向魏某某索要“信息费”，且数额较大，这一行为已构成公司人员受贿罪，辩护人的该辩护意见本院不予采纳。辩护人提出，10 万元人民币分给了几个人，袁某未占有该款的意见，本院认为，给叶某的 3 万元人民币是袁某支付的城市绿洲花园项目的信息费，该笔费用应在认定数额中扣除，但其余 7 万元人民币虽被袁某分别支付给王某某等人，但支付的是袁某欠的万华豪情项目的工程款和另外垫付的补桩工程的工程款，均不是涉案工程的应付款，因此，辩护人据此认定袁某没有占有该笔贿款的意见本院不予支持。辩护人提出该笔款项应为劳务费的意见，经本院调查取证后证实，基础工程公司的设计人员在工程的招投标中，一直是免费设计或仅收取少量加班费，袁某身为公司主管工程的副总经理，参与工程的部分管理活动，应属于其职责范围内的工作，因此，认定该款为劳务费的依据不足，该辩护意见本院不予支持。公诉机关认为，被告人袁某在被采取强制措施之前，能够如实供述有关的犯罪事实，有自首情节，依法可以从轻处罚，该意见本院予以采纳。判决被告人袁某犯公司人员受贿罪，判处有期徒刑 1 年 4 个月。

三、非国家工作人员受贿罪的客观方面

非国家工作人员受贿罪的客观方面表现为公司、企业或者其他单位的工作人员利用职务上的便利，索取他人财物或者非法收受他人财物，为他人谋取利益，数额较大的行为。具体来讲，应当从以下三个方面来理解非国家工作人员受贿罪的客观方面。

（一）利用职务上的便利

如何理解“利用职务上的便利”，刑法学界一直存有争议。最高人民法院、最高人民检察院也根据刑法和司法实践的需要，对“利用职务上的便利”先后作过多个司法解释，具体内容请参见“受贿罪的客观方面”有关部分的论述。

笔者认为，参照现行有关司法解释，非国家工作人员受贿罪中“利用职务上的便利”应当包括以下几种情形：（1）利用本人职务上主管、负责、承办某项公共事务的职权。（2）利用职务上有隶属、制约关系的其他非国家工作人员的职权。所谓“隶属”，是指行为人与被其利用的人之间在职务上具有上下级的关系。所谓“制约”，是指行为人与被其利用的人虽然在职务上没有上下级的关系，但彼此的工作相互联系、相互依存，具有一定的限制或约束关系。（3）担任单位领导职务的非国家工作人员利用不属自己主管的下级部门的非国家工作人员的职权。

【**案例4－3**】2002年11月，被告人徐某在担任郧兴信用社主任期间，十堰市吾能（康来福）养殖有限公司经理莫某某为从郧兴信用社贷款50万元，分三次到徐某家送给徐AIDOR瑞士爱多手表一块（价值2278元）、硬盒玉溪香烟两条、现金2万元和4万元。徐某在担任江北信用社副主任期间，莫某某为以其妻王某某的名义从江北信用社贷款30万元，于2003年6月初的一天晚上到徐某家送给徐现金3万元。莫某某为请徐某担保以秦某的名义从江北信用社贷款18万，于2003年11月的一天晚上到徐某家送给徐现金2万元。莫某某为以雷某的名义用挖掘机作抵押从江北信用社贷款40万元，于2004年年初的一天，到徐某家送给徐现金4万元及香烟、茶叶等。莫某某为了从江北信用社贷款，于2004年七八月的一天上午，到徐某的办公室送给徐某现金2万8千元。2003年12月，十堰万源工贸有限公司经理曹某某找到时任江北信用社副主任（分管信贷）的徐某请其帮忙贷款30万，2004年七八月的一天，曹某某到徐某办公室送给徐某现金1万元。湖北省十堰市茅箭区人民法院经审理认为：被告人徐某身为非国有金融机构工作人员，利用职务之便，为他人谋取利益，多次非法收受他人现金及手表等物品共计170278元，数额巨大，其行为已构成非国家工作人员受贿罪，公诉机关指控的犯罪成立。被告人徐某及辩护人关于起诉书指控的第3起及第5起犯罪没有利用职务之便的辩解，本院认为，起诉书第3起事实中，徐某为他人贷款提供担保，其利用的是其本人的偿债能力和个人信用。虽然非法收受了他人现金2万元，但其并非利用职务之便和职权为请托人谋取利益，其行为不能认定为非国家工作人员受贿罪。其辩解意见，本院予以采纳。关于起诉书第5起犯罪事实，徐某在任江北信用社副主任和贷委会委员期间接受当事人请托，应视为承诺为他人谋取利益，其收受他人财物的行为，应认定其利用职务上的便利，其辩解不成立。关于徐某及其辩护人辩称7万元借款应从犯罪数额中扣除的辩解意见，本院认为，徐某收受他人财物与莫某某之间的借贷关系是两个不同的法律关系，其借贷的事实并不影响对犯罪事实的认定。关于辩护人辩称徐某具有自首情节，本院认为，检察机关在掌握了徐某的受贿事实后通知徐某接受传讯，其虽然主动去检察机关接受讯问但并未如实供述检察机关掌握的全部事实，其自首不能认定。鉴于徐某案发后认罪态度较好，确有悔罪表现，且将赃款全部退缴，可酌情对其从轻处罚。判决被告人徐某犯非国家工作人员受贿罪，判处有期徒刑5年。

（二）索取他人财物或者非法收受他人财物，为他人谋取利益

非国家工作人员受贿罪的实质是“权钱交易”，即行为人利用职务上的便利，来换取他人财物。刑法第163条按照行为人取得财物的不同方式，划分为

主动的索取型和被动的非法收受型。需要注意的是，从犯罪构成要件来讲，无论行为人是索取他人财物还是非法收受他人财物，均需要为他人谋取利益，才能构成非国家工作人员受贿罪。这一点与国家工作人员受贿罪的客观方面有所不同，因为国家工作人员如果利用职务上的便利索取他人财物的，则并不需要为他人谋取利益即可构成受贿罪。

1. 索取他人财物。所谓“索取他人财物”，是指行为人利用职务上的便利，主动向他人索要或勒索并收取财物，其基本特征是行为人索要财物的主动性和他人交付财物的被动性。索贿行为可以是明示的，也可以是暗示的；可以是本人直接索取，也可以是通过他人间接索取。

【案例4－4】2005年5月，被告人王某某利用担任北京不二家装饰材料有限公司采购及库房主管、负责开具入库单的职务便利，多次向该公司供货商陈某某索要钱款。陈某某为取得入库单以结算货款，于同年5月25日按照王某某的要求在其指定的农业银行卡内存入人民币1万元，王某某将该笔钱款取出后逃匿。后被查获，涉案赃款已被扣押并发还。北京市通州区人民法院经审理认为：被告人王某某身为公司、企业的工作人员，利用职务上的便利，向他人索取钱款，数额较大，其行为构成公司、企业人员受贿罪，应依法予以惩处。通州区人民检察院指控被告人王某某犯公司、企业人员受贿罪事实清楚，证据确实、充分，指控的罪名成立。鉴于王某某认罪态度较好，全部涉案赃款已追缴发还，可酌情对其从轻处罚。判决被告人王某某犯公司、企业人员受贿罪，判处有期徒刑6个月。

2. 非法收受他人财物。所谓“非法收受他人财物”，是指行为人被动地非法接受对方给付自己的财物，其基本特征是行贿人给付财物的主动性和受贿人接受他人财物的被动性。至于行为人被动的程度，可以是在行贿人主动给付财物后，连句客套话都没有，理直气壮地接受；也可以是再三婉拒终而接受；还可以是行贿人当时留下财物本人并不知晓，当行贿人走后才发现并接受。

【案例4－5】2008年2月至2009年8月期间，被告人徐某某在担任上海恒晟卫生用品有限公司营运主管期间，利用安排货运及跟踪货运情况等职务便利，收受客户上海凯宁货物运输代理有限公司负责人黄某某送的人民币1.67万元，为该公司谋取利益。上海市松江区人民法院一审认为：被告人徐某某利用职务上的便利，非法收受他人财物，为他人谋取利益，数额较大，其行为已构成非国家工作人员受贿罪。被告人徐某某能自愿认罪，可酌情从轻处罚。判决被告人徐某某犯非国家工作人员受贿罪，判处有期徒刑1年；未退出的违法所得，继续予以追缴。被告人徐某某对原判决认定犯罪的事实无异议，但认为原判量刑过重，请求二审从轻处罚。其辩护人认为徐某某的犯罪较轻，且认罪态度好，家属愿意退缴全部赃款，请求二审法院对徐某某从轻处罚。检察机关出庭意见认为，原判决认定上诉人徐某某犯非国家工作人员受贿罪的事实清楚，证据确实、充分，定罪量刑并无不当，且审判程序合法。如徐某某能退缴全部赃款，请二审法院考虑其悔罪表现，依法作出裁判。上海市第一中级人民法院二审认为：原判决认定上诉人徐某某犯非国家工作人员受贿罪的事实清楚，证据确实、充分，定罪量刑并无不当，且审判程序合法。鉴于二审期间，徐某某的家属为其退缴了全部赃款，可酌情从轻处罚。检察机关的出庭意见正确，应予采纳。上诉人徐某某及其辩护人的意见也一并予以采纳。改判上诉人徐某某犯非国家工作人员受贿罪，判处有期徒刑6个月。

3. 为他人谋取利益。所谓“为他人谋取利益”，包括承诺、实施和实现三个阶段的行为。只要具有其中一个阶段的行为，如非国家工作人员收受他人财物时，根据他人提出的具体请托事项，承诺为他人谋取利益的，就具备了为他人谋取利益的要件。明知他人有具体请托事项而收受其财物的，视为承诺为他人谋取利益。为他人谋取的利益既可以是正当的利益，也可以是不正当的利益；既可以是财产性利益，也可以是非财产性利益。

【案例4-6】被告人杨某系上海某房地产经纪有限公司营销总监，2008年被公司派驻镇江负责该市丹徒新区某楼盘的销售。该公司在代理销售期间与开发商对销售的房屋有约定底价，对高于底价、低于销售价的这部分房款杨某具有优惠幅度决定权。因此，每当购房者来售楼处买房子时，如果在价格上要求优惠幅度比较大，杨某就会向他们索要好处费，一般优惠5万元的好处费是1万元，购房者都会欣然应允。据统计，杨某担任销售经理期间共售出近50套房屋，2009年8—11月销售的房屋中有15套在销售过程中收取好处费，少的5000元，多的1万元，总计收取13.6万元，这15套房屋均在总价基础上优惠5万元。2011年3月10日，因群众举报，镇江市公安局润州分局经侦大队找到杨某了解情况，杨某主动交待了收取多名购房人好处费十余万元的犯罪事实，并退出全部赃款。镇江市润州区人民法院经审理认为：被告人杨某身为公司工作人员，利用职务上的便利，非法收受他人财物，为他人谋取利益，数额较大，其行为已构成非国家工作人员受贿罪，依法应予惩处。杨某在公安机关主动供述受贿犯罪事实，系自首，遂对其从轻处罚判处缓刑。判决被告人杨某犯非国家工作人员受贿罪，判处有期徒刑2年，缓刑2年。

【案例4-7】2001年、2002年春节前，被告人李某某在担任中国石化胜利油田大明（集团）股份有限公司财务总监兼审计监察部部长期间，利用职务之便，先后三次非法收受原胜利油田大明集团副总裁兼东营大明石油勘探科技开发有限公司（原名为东营大明油气开发有限责任公司，后被注销）总经理余某某和原东营大明石油勘探科技开发有限公司副总经理吴某某二人所送现金人民币 8 万元，并为该公司在大明集团年度目标考核中获取利益。山东省利津县人民检察院指控被告人李某某犯受贿罪。利津县人民法院一审认为：被告人李某某作为股份有限公司工作人员，利用职务之便非法收受他人财物 8 万元，并为他人谋取利益，数额较大，其行为已构成公司、企业人员受贿罪。被告人所在单位系国家参股的股份有限公司，被告人实施犯罪时并非国有公司中从事公务的国家工作人员，亦不是国有公司委派到该公司从事公务的工作人员，不符合受贿罪的主体资格，被告人收受贿赂的行为应认定为公司、企业人员受贿罪。案发前，被告人主动供述其受贿事实，系自首，可依法对其从轻处罚。被告人归案后认罪态度较好，积极退交全部赃款，有悔罪表现，可酌情对其从轻处罚，并可对其适用缓刑。判决被告人李某某犯公司、企业人员受贿罪，判处有期徒刑 3 年，缓刑 5 年。被告人李某某以“没有为他人谋取利益，依法不构成公司、企业人员受贿罪”为由提出上诉。东营市中级人民法院二审认为：上诉人李某某在侦查阶段的多次供述及行贿人的证言均能证实，行贿人送钱给李某某的目的是为了在年度目标考核中获取李某某的照顾，并非奖金性质，因而该行为符合收受贿赂，为他人谋取利益的特征，构成公司、企业人员受贿罪，对其上诉理由不予支持。原审判决定罪准确，量刑适当，审判程序合法。裁定驳回上诉，维持原判。

需要指出的是，根据刑法第 164 条的规定，对非国家工作人员行贿罪的犯罪主体为个人或单位。与此相对应，刑法第 163 条为他人谋取利益中的“他人”，就应当既包括个人，也包括单位。实践中，无论非国家工作人员索取或者非法收受的是个人的财物，还是单位的财物，均可以构成非国家工作人员受贿罪。

【案例 4 - 8】被告人马某某于 2006 年 3 月至 9 月间，利用担任北京红十字会急诊抢救中心重症监护室主任的职务之便，先后多次收取北京盛凯信医药科技开发有限公司给与的回扣，共计人民币 2 万余元，后被抓获归案。案发后，被告人马某某退缴了人民币 4000 元；在本案审理期间，被告人马某某退缴了人民币 1.7 万元，上述款项现均在案。北京市朝阳区人民法院经审理认为：被告人马某某在医疗单位工作期间，本应勤于职守、克己奉公，但其却利用职务之便收受其他单位给予的贿赂款，数额较大，并为他单位谋取利益，其行为触犯了刑律，已构成公司、企业人员受贿罪，依法应予惩处。鉴于被告人马某某当庭自愿认罪且退缴了犯罪所得，本院对被告人马某某所犯公司、企业人员受贿罪酌予从轻处罚并宣告缓刑。判决被告人马某某犯公司、企业人员受贿罪，判处有期徒刑 1 年，缓刑 2 年。本案中，向被告人马某某行贿的是单位而不是个人，马某某也为“他人”即北京盛凯信医药科技开发有限公司谋取了利益。

（三）数额较大

刑法第163条规定，非国家工作人员受贿数额较大的，才能构成犯罪。2010年5月7日最高人民检察院、公安部《关于公安机关管辖的刑事案件立案追诉标准的规定（二）》第10条对非国家工作人员受贿案的立案追诉标准进行了规定：“公司、企业或者其他单位的工作人员利用职务上的便利，索取他人财物或者非法收受他人财物，为他人谋取利益，或者在经济往来中，利用职务上的便利，违反国家规定，收受各种名义的回扣、手续费，归个人所有，数额在五千元以上的，应予立案追诉。”这说明，非国家工作人员受贿罪中“数额较大”的标准为5000元。

司法实践中，非国家工作人员受贿罪的犯罪对象为财物，既包括金钱，也包括物品。在贿赂为金钱的情况下，容易计算受贿数额；但在贿赂为物品的情况下，计算受贿的具体数额时情况则较为复杂。笔者认为，可以参照1997年11月4日最高人民法院《关于审理盗窃案件具体应用法律若干问题的解释》第5条的规定来计算受贿物品的具体数额。

【案例4－9】被告人孙某于2005年3月，利用担任北京恒华物业管理有限公司恒基中心工程部经理的职务便利，在北京西伯尔通讯科技有限公司为恒基中心施工建设小灵通室内信号覆盖系统的过程中，向对方负责人索取人民币1万元及小灵通3部（每部价值人民币320元）。上述赃款、物全部被追缴。被告人孙某于2005年8月11日被北京市公安局东城分局刑侦支队查获。北京市东城区人民法院经审理认为：被告人孙某身为公司工作人员，利用职务便利索取他人财物，为他人谋取利益，数额较大，其行为妨害了公司的正常管理活动，已构成公司人员受贿罪，依法应予刑罚处罚。北京市东城区人民检察院对被告人孙某的指控成立。唯念被告人孙某自愿认罪，且全部退缴赃款、赃物，可对其酌情从轻处罚，并宣告缓刑。判决被告人孙某犯公司人员受贿罪，判处有期徒刑6个月，缓刑1年。

2007年最高人民法院、最高人民检察院《关于办理受贿刑事案件适用法律若干问题的意见》，也对以交易形式受贿、收受干股受贿、以开办公司等合作投资名义受贿、以委托请托人投资证券、期货或者其他委托理财的名义受贿、以赌博形式受贿等类型的受贿罪如何计算犯罪数额的问题进行了解释。2008年最高人民法院、最高人民检察院《关于办理商业贿赂刑事案件适用法律若干问题的意见》第8条指出：收受银行卡的，不论受贿人是否实际取出或者消费，卡内的存款数额一般应全额认定为受贿数额。使用银行卡透支的，如果由给予银行卡的一方承担还款责任，透支数额也应当认定为受贿数额。

【案例4－10】被告人于某某受聘担任北青传媒股份有限公司广告部主任期间，利用职务之便，于2005年1月及8月，收受客户单位北京博瑞广告公司的经理武某某（另案处理）给予的美元2000元（折合人民币16553元）和人民币1万元的北京赛特商场购物卡。2005年9月26日，被告人于某某被抓获归案。北京市朝阳区人民法院经审理认为：被告人于某某利用职务之便，非法收受他人财物，为他人谋取利益，且数额较大，其行为触犯了刑律，已构成公司人员受贿罪，依法应予惩处；鉴于被告人于某某提供侦破其他案件的重要线索，经查证属实，具有立功表现，且其系初犯，归案后坦白部分犯罪事实，当庭自愿认罪，确有悔罪表现，另念其家属积极帮助退赃，故依法对被告人于某某予以从轻处罚，并宣告缓刑。判决被告人于某某犯公司人员受贿罪，判处有期徒刑1年，缓刑1年。

四、非国家工作人员受贿罪的主体

从新中国的立法来看，非国家工作人员受贿罪的主体经历了一个发展变化的过程。

1952年《中华人民共和国惩治贪污条例》将受贿作为贪污罪的一种行为方式，其主体是“一切国家机关、企业、学校及其附属机构的工作人员”，第8条还专门规定了非国家工作人员也可以构成贪污罪。

1979年刑法在分则渎职罪一章规定了单独的受贿罪，犯罪主体限于国家工作人员，因此当时的非国家工作人员不构成受贿罪。1988年1月21日全国人大常委会通过的《关于惩治贪污罪贿赂罪的补充规定》第4条扩大了受贿罪的主体范围，包括国家工作人员、集体经济组织工作人员或者其他从事公务的人员。也就是说，非国家工作人员也可以构成受贿罪。

1995年2月28日全国人大常委会通过的《关于惩治违反公司法的犯罪的决定》，将公司、企业人员的受贿行为从受贿罪中分离出来独立成罪，第9条规定了公司、企业人员受贿罪。1997年修订刑法时将公司、企业人员受贿罪纳入到破坏社会主义市场经济秩序罪一章，犯罪主体仍然限于公司、企业人员。

司法实践中，对于既非国家工作人员也非公司、企业人员的人员，如果其利用职务上的便利，将本单位财物非法占为己有，数额较大的可以构成刑法第271条的职务侵占罪；如果其利用职务上的便利，挪用本单位资金归个人使用或者借贷给他人，数额较大的可以构成刑法第272条的挪用资金罪；但如果其利用职务上的便利，索取他人财物或者非法收受他人财物，为他人谋取利益，数额较大的，则不能定罪处罚，这不能不说是立法的一个疏漏。鉴于此，2006年6月29日全国人大常委会通过的《中华人民共和国刑法修正案（六）》将刑法第163条的犯罪主体由“公司、企业人员”修改为“公司、企业或者其他单位的工作人员”。2007年10月25日最高人民法院、最高人民检察院《关于执行〈中华人民共和国刑法〉确定罪名的补充规定（三）》将刑法第163条的罪名相应地修改为非国家工作人员受贿罪。关于“其他单位”的范围，根据2008年11月20日最高人民法院、最高人民检察院《关于办理商业贿赂刑事案件适用法律若干问题的意见》第2条的解释，既包括事业单位、社会团体、村民委员会、居民委员会、村民小组等常设性的组织，也包括为组织体育赛事、文艺演出或者其他正当活动而成立的组委会、筹委会、工程承包队等非常设性的组织。

需要注意的是，关于“公司、企业或者其他单位的工作人员”的范围，既包括非国有公司、企业或者其他非国有单位中的工作人员，也包括国有公司、企业以及其他国有单位中的非国家工作人员。

【案例4-11】 被告人钱某某自1997年年初至1998年9月间，在上海大东建托有限公司工作期间，利用其担任该公司（上海花园广场第一期工程）工程事务所所长助理，负责翻译、设备工程的管理、对外事务的联络、中日文合同翻译工作的职务便利，在苏州市工业设备安装集团公司承建上海花园广场第一期工程别墅设备工程、外围设备工程的过程中，为对方谋取利益，并先后五次分别在本市西郊园酒家、松园别墅、上海花园广场工地办公室等处共收受承建单位的封某某人民币25万元。上海市长宁区人民检察院指控被告人钱某某的行为构成公司、企业人员受贿罪。钱某某的辩护人辩称：本案起诉事实不清、证据不足，被告人钱某某不是大东建托有限公司的正式员工，其工程事务所所长助理没有法律效力，其负责日语翻译也不是事实，被告人没有具体职务，没有职务可利用，与行贿人无事先约定比例。被告人在公安机关采取强制措施前作了交代，应认定自首。长宁区人民法院一审认为：被告人钱某某利用职务便利，非法收受他人财物，为他人谋取利益，数额巨大，其行为已构成公司、企业人员受贿罪，依法应予处罚。检察机关的指控，主要事实清楚，定性正确。辩护人提出的被告人不是大东建托有限公司正式员工的意见与证据所证明的钱某某收受他人钱款期间始终以大东建托有限公司聘用的职务情况相悖；辩护人提出的被告人系自首的意见因与公安机关依法传唤被告人钱某某到案后，本案方告侦破的事实不符，所以，上述辩护意见不予采纳。被告人钱某某到案后交代态度较好，退赔部分赃款，故对其酌情从轻处罚。判决被告人钱某某犯公司、企业人员受贿罪，判处有期徒刑6年。被告人钱某某不服判决，以一审辩护意见为理由提出上诉。上海市第一中级人民法院二审认为：上诉人钱某某虽非大东建托有限公司正式员工，但钱某某从其他公司借用至上海大东建托有限公司工作并为该公司服务，不仅在该公司担任一定的职务且具有一定的职权，实际从事该公司的具体事务，上海大东建托有限公司为此支付报酬，因此钱某某不单是与上海大东建托有限公司存在劳动服务法律关系，更主要是该服务直接体现了上海大东建托有限公司的利益，不能因钱某某不是上海大东建托有限公司正式员工，而否定刑法对公司、企业人员受贿罪在主体资格上的认定，钱某某完全符合该罪主体资格构成上的法律规定。因此，钱某某利用在上海大东建托有限公司担任一定职务，负责具体事务过程中，为他人谋利而非法收受他人钱款之行为，原判依法以公司、企业人员受贿定罪并处罚并无不当，且审判程序合法。故上诉理由及辩护意见均于法无据，不予采纳。裁定驳回上诉，维持原判。

【案例4－12】2003年5月，力拓公司上海代表处成立，被告人胡某某自2004年12月至2009年2月担任该代表处首席代表。力拓新加坡公司上海代表处于2008年2月成立，被告人胡某某、葛某某、刘某某分别担任代表处首席代表、销售经理、销售主管。此外，葛某某、刘某某还曾分别担任力拓公司北京代表处销售经理、力拓公司上海代表处销售主管。罗泊公司上海代表处于2001年9月成立，被告人王某历任该代表处销售主管、销售经理。被告人胡某某在代表处的主要职责是负责铁矿石的市场开发、产品推荐、长协客户的发展等；被告人王某、葛某某的主要职责是铁矿石销售、推荐长协客户等；被告人刘某某的主要职责是铁矿石销售等。一、非国家工作人员受贿事实：（一）2008年至2009年年初，被告人胡某某利用担任力拓新加坡公司上海代表处首席代表并负责在中国地区销售铁矿石及推荐长协客户的职务便利，为河北敬业公司等二家单位谋取利益，非法收受钱款共计折合人民币646.24万余元。（二）2003年至2009年6月，被告人王某利用担任罗泊公司上海代表处销售主管、销售经理并经办在中国地区销售铁矿石、推荐长协客户等职务便利，为天津荣程公司等5家单位谋取利益，索取或非法收受钱款折合人民币共计7514.43万余元。（三）2007年至2009年，被告人葛某某利用担任力拓公司北京代表处、力拓新加坡公司上海代表处销售经理并经办在中国地区销售铁矿石、推荐长协客户等职务便利，为中化国际公司等四家单位谋取利益，伙同他人非法收受钱款共计折合人民币694.53万余元，个人实际分得钱款折合人民币245.74万余元。（四）2007年至2009年7月，被告人刘某某利用担任力拓公司上海代表处、力拓新加坡公司上海代表处销售主管并经办在中国地区销售铁矿石的职务便利，为安阳保泰盈公司等十家单位谋取利益，非法收受财物共计折合人民币378.62万余元。二、侵犯商业秘密事实：2008年12月至2009年6月，被告人胡某某、王某、葛某某、刘某某为掌握中国钢铁企业对2009年度国际铁矿石价格谈判的策略，以便其所属力拓公司制定相应对策，利用该公司在铁矿石贸易中的优势地位，采取利诱及其他不正当手段，获取了中国钢铁企业2009年进口铁矿石价格谈判的多项商业秘密。此外，4名被告人还于2005年4月至2008年10月间，为力拓公司在对华铁矿石贸易中获取更多的销售利润，非法搜集了中国钢铁企业的多项商业秘密。另查明：4名被告人的上述行为，严重影响和损害了中国有关钢铁企业的竞争利益，使其在铁矿石进口谈判中处于不利地位，并致2009年中国钢铁企业与力拓公司铁矿石价格谈判突然中止，给中国有关钢铁企业造成了巨大经济损失；其中，首钢国贸公司、莱钢国贸公司等20余家单位多支出预付款人民币10.18亿元，仅2009年下半年的利息损失即达人民币1170.30万余元。

上海市第一中级人民法院经审理认为：被告人王某、葛某某的辩护人均提出上述两名被告人不具有非国家工作人员受贿罪主体资格。经查，相关书证证实，力拓新加坡公司上海代表处、罗泊公司上海代表处均系依法向我国有关工商行政管理部门申请注册，属于外国公司常驻代表机构，分别代表力拓新加坡公司、罗泊公司开展对华铁矿石贸易业务，王某、葛某某作为上述代表处的工作人员属于外国公司工作人员的范畴。根据我国刑法第6条关于地域效力的规定，外国公司及其工作人员在我国领域内实施犯罪的，应当依照我国刑法的相关规定定罪处罚。因此，王某、葛某某具有非国家工作人员受贿罪的主体身份。本院认为，被告人胡某某、王某、葛某某、刘某某利用职务便利，为他人谋取利益，分别索取或非法收受他人财物，数额巨大，其行为均已构成非国家工作人员受贿罪；胡某某作为单位直接负责的主管人员，王某、葛某某、刘某某作为单位其他直接责任人员，采取利诱及其他不正当手段获取商业秘密，造成特别严重后果，其行为均又构成侵犯商业秘密罪，依法应予数罪并罚。胡某某、葛某某、刘某某在侦查期间如实供述司法机关尚未掌握的受贿犯罪事实，当庭亦能认罪，具有自首情节，依法可以从轻处罚。鉴于胡某某、葛某某、刘某某认罪、悔罪态度较好，胡某某的涉案赃款已全部退缴，王某、葛某某、刘某某的涉案赃款已部分退缴，对上述4名被告人均可酌情从轻处罚，辩护人的相关辩护意见予以采纳。判决：（1）被告人胡某某犯非国家工作人员受贿罪，判处有期徒刑7年，并处没收财产人民币50万元；犯侵犯商业秘密罪，判处有期徒刑5年，并处罚金人民币50万元；决定执行有期徒刑10年，并处没收财产人民币50万元、罚金人民币50万元。（2）被告人王某犯非国家工作人员受贿罪，判处有期徒刑13年，并处没收财产人民币500万元；犯侵犯商业秘密罪，判处有期徒刑3年，并处罚金人民币20万元；决定执行有期徒刑14年，并处没收财产人民币500万元、罚金人民币20万元。（3）被告人葛某某犯非国家工作人员受贿罪，判处有期徒刑6年，并处没收财产人民币50万元；犯侵犯商业秘密罪，判处有期徒刑3年6个月，并处罚金人民币30万元；决定执行有期徒刑8年，并处没收财产人民币50万元、罚金人民币30万元。（4）被告人刘某某犯非国家工作人员受贿罪，判处有期徒刑5年，并处没收财产人民币30万元；犯侵犯商业秘密罪，判处有期徒刑4年，并处罚金人民币40万元；决定执行有期徒刑7年，并处没收财产人民币30万元、罚金人民币40万元。被告人王某、葛某某、刘某某不服，提出上诉。上海市高级人民法院二审裁定驳回上诉，维持原判。

需要指出的是，2010年11月26日最高人民法院、最高人民检察院联合印发的《关于办理国家出资企业中职务犯罪案件具体应用法律若干问题的意见》第5条第1款就国家出资企业改制前后主体身份发生变化的犯罪的处理指出："国家工作人员在国家出资企业改制前利用职务上的便利实施犯罪，在其不再具有国家工作人员身份后又实施同种行为，依法构成不同犯罪的，应当分别定罪，实行数罪并罚。"

【案例4-13】被告人陈某某于1986年进入浙江省嵊州市棉麻纺织印染总厂工作，1993年左右任该厂煤炭采购员。嵊州市棉麻纺织印染总厂原系国营企业，1998年2月按国有零资产改制为集体性质的股份合作制企业。陈某某于1994年11月至2000年8月间，利用其任嵊州市棉麻纺织印染总厂煤炭采购员的职务便利，在负责向嵊州市煤炭公司购煤之际，采用虚开运输费发票到嵊州市煤炭公司报销的方式，多次收受该公司给予的回扣共计人民币476522.99元归其个人所有。案发后，陈某某已退赃款238515.38元。嵊州市人民检察院指控被告人陈某某犯受贿罪和公司、企业人员受贿罪。嵊州市人民法院一审认为：被告人陈某某作为企业工作人员，利用职务上的便利，在经济往来中，违反国家规定，收受业务单位回扣归个人所有，数额巨大，其行为已构成公司、企业人员受贿罪。公诉机关指控该罪的罪名成立，但指控其同时犯有受贿罪适用法律和定性不当，应根据连续犯罪的有关法律规定，适用犯罪行为终了时的法律，一并以公司、企业人员受贿罪处罚。判决被告人陈某某犯公司、企业人员受贿罪，判处有期徒刑10年6个月，并处没收财产人民币238007.61元，剥夺政治权利2年；追缴的赃款238515.38元上缴国库。嵊州市人民检察院抗诉认为：被告人陈某某的行为不符合连续犯罪的特征，原判对于陈某某于1994年11月至1998年1月间（企业改制前）收受嵊州市煤炭公司回扣归个人所有的行为未作受贿论处不当，导致适用法律错误，量刑畸轻，提请依法改判。绍兴市人民检察院支持上述抗诉意见。陈某某的辩护人认为陈某某的行为具有连续性，属于连续犯，应适用犯罪终了时法律。陈归案后认罪态度较好，请求对陈某某从轻处罚。绍兴市中级人民法院二审认为：原审被告人陈某某身为企业工作人员，利用职务上的便利，在经济往来中，违反国家规定，收受业务单位回扣归个人所有，数额巨大，其行为已构成公司、企业人员受贿罪，应依法惩处。陈某某的犯罪行为属于连续状态，对其可适用行为终了时法律，即对其行为认定为公司、企业人员受贿罪。嵊州市人民检察院对此提出的抗诉理由不能成立，本院不予支持。陈某某的辩护人提出对陈的行为适用终了时法律的辩护意见成立。原审判决定罪准确，量刑适当。审判程序合法。裁定驳回抗诉，维持原判。笔者认为，本案中被告人陈某某在企业改制前后的行为不属于连续犯，因为连续犯的数个行为触犯的是同一罪名①，而被告人陈某某在企业改制前后的主体性质分别为国家工作人员和公司、企业人员，触犯的罪名分别为受贿罪和公司、企业人员受贿罪，检察机关指控被告人构成两罪是正确的，法院将两个罪名合并为一个罪名属于适用法律错误。接下来的这个案例与本案例类似，一、二审法院均认为被告人的行为构成受贿罪和非国家工作人员受贿罪两个罪。

【案例4－14】2005年6月27日，被告人冯某某任中原油田总医院药品管理处药品供应科科长，负责本单位的药品供销等工作。2005年冯某某的母亲去世时，冯某某在家门口收受江苏扬子江药业集团业务员朱某所送现金5000元；2005年春节至2006年中秋节，冯某某在单位或家中收受吉林华康药业股份有限公司业务员王某某四次所送现金10000元；2006年10月，冯某某在单位收受濮阳市康缘药业有限公司石某某委托王某某所送现金2400元。冯某某将所收现金据为己有，并为朱某、王某某、石某某及时签订合同、挂账结算提供便利。2006年11月23日，中原油田总医院改制为中原石油勘探局参股的民办非企业单位，更名为濮阳市油田总医院。冯某某于2007年2月11日任该医院药品器械供应科副科长，负责药品供销各项工作。2007年春节，冯某某在家门口收受吉林华康药业股份有限公司业务员王某某所送现金3000元；2007年，冯某某在单位收受濮阳市康缘药业有限公司石某某两次委托王某某所送现金5600元，据为己有，并为王某某、石某某及时签订合同、挂账结算提供便利。案发后，赃款未追回。濮阳市华龙区人民法院一审认为：被告人冯

① 参见高铭暄、马克昌主编：《刑法学》（第五版），北京大学出版社、高等教育出版社2011年版，第191—193页。

某某身为国有事业单位工作人员，利用职务便利，非法收受他人财物，为他人谋取利益，其行为侵犯了国家工作人员职务行为的廉洁性和国有事业单位的正常管理活动，已犯有受贿罪；中原油田总医院改制后，被告人冯某某身为其他单位工作人员，利用职务便利，非法收受他人财物，为他人谋取利益，又犯有非国家工作人员受贿罪。冯某某犯两罪，应数罪并罚；冯某某在缓刑考验期内发现漏罪，应当撤销缓刑，适用数罪并罚。以受贿罪判处冯某某有期徒刑1年6个月，以非国家工作人员受贿罪判处其有期徒刑6个月，合并执行有期徒刑1年6个月；撤销原判有期徒刑1年零6个月，缓刑2年，决定执行有期徒刑2年。冯某某上诉及其辩护人辩称：2008年5—10月侦查期间，主动供述了自己全部罪行，自愿认罪，并主动退回了全部赃款，无前科，请求判处缓刑。濮阳市中级人民法院二审认为：原判定罪准确，量刑适当。冯某某在2008年5—10月侦查期间已供述了本次判决审理查明的犯罪事实，且在二审期间，冯某某自愿退出全部赃款，确有悔罪表现，认罪态度较好，冯某某及其辩护人请求判处缓刑的辩护意见依法采纳。改判冯某某犯受贿罪判处有期徒刑1年6个月，犯非国家工作人员受贿罪判处其有期徒刑6个月，与原判刑罚1年6个月合并，决定执行有期徒刑2年，缓刑2年。

2003年11月13日最高人民法院印发的《全国法院审理经济犯罪案件工作座谈会纪要》专门就如何认定国家机关、国有公司、企业、事业单位委派到非国有公司、企业、事业单位、社会团体从事公务的人员的认定进行了解释："所谓委派，即委任、派遣，其形式多种多样，如任命、指派、提名、批准等。不论被委派的人身份如何，只要是接受国家机关、国有公司、企业、事业单位委派，代表国家机关、国有公司、企业、事业单位在非国有公司、企业、事业单位、社会团体中从事组织、领导、监督、管理等工作，都可以认定为国家机关、国有公司、企业、事业单位委派到非国有公司、企业、事业单位、社会团体从事公务的人员。如国家机关、国有公司、企业、事业单位委派在国有控股或者参股的股份有限公司从事组织、领导、监督、管理等工作的人员，应当以国家工作人员论。国有公司、企业改制为股份有限公司后，原国有公司、企业的工作人员和股份有限公司新任命的人员中，除代表国有投资主体行使监督、管理职权的人外，不以国家工作人员论。"

【案例4－15】1991年12月至1996年9月，被告人叶某担任广州市天河城市信用合作社（属集体所有制企业）副主任。1996年9月，广州市天河城市信用合作社改制成为广州城市合作银行（属股份有限公司，1997年7月更名为广州市商业银行）的分支机构天河支行，叶某先后被广州城市合作银行、广州市商业银行聘任天河支行副行长、行长。2001年6月，叶某与广州市商业银行解除劳动关系。1994 年至 1995 年间，私营企业主姚某某先后向广州市天河城市信用合作社属下的多家公司借款共计约 1000 万元。1997 年年初，叶某向姚某某提出，由广州城市合作银行天河支行向姚某某贷款 2000 万元，其中 1000 万元用于偿还欠原天河城市信用合作社属于企业的借款，并与姚某某商定，姚某某除向天河支行支付正常的贷款利息外，再向叶某个人支付贷款总额的 1.1 分月息作为好处费。1997 年 3 月至 12 月，经叶某批准，广州城市合作银行大河支行先后向姚某某的企业贷款共计人民币 2680 万元。为确保顺利收取好处费，叶某于 1998 年再与姚某某约定，虚构叶某开办的丽都公司拥有姚某某开办的子光公司位于广州市天河区龙洞一块土地 50% 的使用权，然后以丽都公司向子光公司转让 50% 的土地使用权、子光公司向丽都公司支付土地转让款的方式，向姚某某收取约定的好处费。2002 年 3 月至 2004 年 1 月，姚某某先后向丽都公司共支付了人民币 9144617 元、港币 30 万元。丽都公司法定代表人李某收取上述款项后，直接交给叶某或按叶某的指示通过他人转交给叶某。案发后，叶某退出赃款人民币 234 万元、港币 24 万元，检察机关查封了叶某用赃款在珠海购买的房产。

广东省广州市人民检察院指控被告人叶某犯受贿罪。叶某对指控的事实不持异议，其辩护人辩护称：（1）叶某只是广州市商业银行聘请的职业经理人，不属于从事公务的国家工作人员，叶某不符合受贿罪的主体要件，其行为不构成受贿罪，但并不意味着不构成其他性质的犯罪。（2）叶某是初犯，且认罪态度好，有悔罪表现，没有挥霍非法所得，积极退赃，没有给社会造成直接的重大经济损失，恳请法庭对叶某从轻处罚。广州市中级人民法院经审理认为：被告人叶某利用其担任广州城市合作银行天河支行行长的职务便利，在办理贷款业务中，非法收受借款人的财物，其行为已构成非国家工作人员受贿罪，依法应予惩处。叶某非法收受金额达 1200 多万元，数额巨大，依法应处 5 年至 15 年的有期徒刑，鉴于叶某归案后认罪态度较好，且退出大部分赃款赃物，确有悔罪表现，可酌情从轻处罚。公诉机关指控被告人叶某的犯罪事实清楚，证据确实充分，但指控罪名不当，予以纠正。关于辩护人提出叶某不具有国家工作人员身份的辩护意见，经查：广州市天河城市信用合作社属集体所有制企业，改制后成为广州城市合作银行天河支行。而广州城市合作银行系国有控股企业，董事会正副董事长和银行正副行长均由广州市人民政府提名人选，叶某作为广州城市合作银行分支机构的负责人是由行长直接聘任，而非市政府提名或委派，不属于受国家机关或国有公司、企业委派在国有控股公司从事管理工作的人员，依法不应以国家工作人员论。因此，辩护人的辩护意见具有法律依据，予以采纳。判决被告人叶某犯非国家工作人员受贿罪，判处有期徒刑 13

年，并处没收财产人民币 50 万元。

【案例 4－16】2000 年至 2001 年，被告人龚某某在受中国足球协会指派担任全国足球甲级队 A 组、B 组联赛主裁判员期间，利用职务之便，明知他人有让其在比赛中予以关照的请托，9 次收受他人给予的财物，共计人民币 37 万元。北京市宣武区人民检察院指控龚某某犯企业人员受贿罪。龚某某的辩护人辩称：龚某某的身份及行为不符合刑法关于企业人员受贿罪主体和犯罪客观方面的规定。中国足球协会是在民政机关登记注册的受国家体育总局主管的全国足球专项体育社会团体法人，不是企业；龚某某受中国足球协会选派，担任全国足球甲级队 A 组、B 组联赛的裁判员，不属于企业工作人员；虽然收受他人财物，但没有利用担任主裁判的职务便利为他人谋取利益；检察机关指控其犯有企业人员受贿罪不能成立，龚某某的行为不构成犯罪。北京市宣武区人民法院一审认为：根据《中华人民共和国体育法》的有关规定，全国足球甲级队 A 组、B 组联赛作为全国单项体育竞赛，由中国足球协会负责管理。龚某某受中国足球协会指派，在全国足球联赛中执行裁判工作任务，属于刑法第 93 条第 2 款规定的“其他依照法律从事公务的人员”，应以国家工作人员论。龚某某利用担任裁判员职务之便，接受请托，多次收受他人给予的财物，且数额巨大，构成受贿罪。龚某某在被采取强制措施后，主动坦白交代了受贿罪的大部分事实，酌情从轻处罚。于 2003 年 1 月 29 日判决龚某某犯受贿罪，判处有期徒刑 10 年。龚某某不服，提出上诉。北京市第一中级人民法院于 2003 年 3 月 28 日二审裁定驳回上诉，维持原判。上述案例曾在刑法学界和司法部门引起很大争议，被称为“黑哨”案件。关于如何认定龚某某行为的性质，主要有三种意见：第一种意见认为，龚某某的身份属于“其他依照法律从事公务的人员”，应以国家工作人员论，龚某某的行为构成受贿罪；第二种意见认为，龚某某的身份属于非国家工作人员，但可以公司、企业人员论，龚某某的行为构成公司、企业人员受贿罪；第三种意见认为，龚某某的身份既不属于国家工作人员，也不属于公司、企业人员，按照罪刑法定原则，龚某某的行为不构成犯罪。2002 年 2 月 25 日最高人民检察院《关于足球“黑哨”有关问题的通知》指出：根据目前我国足球行业管理体制现状和体育法等有关规定，对于足球裁判的受贿行为，可以依照刑法第 163 条的规定，以公司、企业人员受贿罪追究其刑事责任。本案中，检察机关以企业人员受贿罪将龚某某提起公诉，法院经审理将罪名变更为（国家工作人员）受贿罪。需要指出的是，2006 年 6 月 29 日全国人大常委会通过的《中华人民共和国刑法修正案（六）》将刑法第 163 条规定的公司、企业人员受贿罪修改为非国家工作人员受贿罪。2012 年 2 月 16 日，辽宁省丹东市中级人民法院对多名前足球裁判受贿案作出一审宣判，判决这些被告人犯非国家工作人员受贿罪，而不是（国家工作人员）受贿罪。

对于离、退休的非国家工作人员能否成为受贿罪的主体，刑法学界有不同认识。2000年最高人民法院《关于国家工作人员利用职务上的便利为他人谋取利益离退休后收受财物行为如何处理问题的批复》指出："国家工作人员利用职务上的便利为请托人谋取利益，并与请托人事先约定，在其离退休后收受请托人财物，构成犯罪的，以受贿罪定罪处罚。"2007年最高人民法院、最高人民检察院《关于办理受贿刑事案件适用法律若干问题的意见》第10条进一步指出："国家工作人员利用职务上的便利为请托人谋取利益之前或者之后，约定在其离职后收受请托人财物，并在离职后收受的，以受贿论处。国家工作人员利用职务上的便利为请托人谋取利益，离职前后连续收受请托人财物的，离职前后收受部分均应计入受贿数额。"笔者认为，上述司法解释虽然是针对国家工作人员受贿行为的，但非国家工作人员的类似行为也可以参照上述司法解释办理。

【案例4－17】被告人赵某某在担任镇海炼化工业贸易总公司（以下简称工贸公司）供销科长期间，利用自己负责该公司组织产品销售，参与产品结构及价格调整的职权，于1996年起为卓某某（已被判刑）开办的宁波特种油品厂向所在公司提供有利于该企业的意见，并在工贸公司销售污油业务过程中，在销售对象选择、信息提供等方面为卓某某的企业谋取利益，提供方便。2004年3月中旬，赵某某打电话给卓某某，告知其要办理内退手续，卓某某答应会安排好的，然后赵某某办理从工贸公司内退手续。在此期间，卓某某委托他人送给赵某某人民币200万元。赵某某在同年4月1日办理完内退手续后，卓某某于4月18日再次委托他人送给赵某某人民币200万元。赵某某将其中的90万元用于购买小汽车、房屋及装修房屋，余款310万元以顾某某名义存入银行。另查明，被告人赵某某在离职后曾在卓某某为其安排的企业工作一段时间并按时领取工资。案发后，全部赃款已被追回，并由宁波市公安局镇海分局暂扣。宁波市镇海区人民检察院指控被告人赵某某犯公司、企业人员受贿罪。赵某某对指控的事实无异议，但提出其没有利用职务之便为卓某某谋取利益，卓某某给其的400万元是其离职后的补偿费和10年的报酬。辩护人提出没有证据证明赵某某利用职务之便为卓某某谋取利益，也没有事实依据证实赵某某与卓某某有事先约定在赵离职后给予好处，该400万元系赵某某提前退养到卓某某厂里工作预领的工资报酬，赵某某的行为不构成公司、企业人员受贿罪。宁波市镇海区人民法院经审理认为：被告人赵某某身为公司、企业工作人员，利用职务上的便利，非法收受他人财物，为他人谋取利益，数额巨大，其行为已构成公司、企业人员受贿罪，公诉机关指控的罪名成立。赵某某及其辩护人提出的赵某某不构成公司、企业人员受贿罪的辩解及辩护意见与事实不符，不予采纳。关于公诉机关指控的赵某某第二次收受卓某某送给的200万元人民币的事实，本院认为，赵某某是在离职后收取卓某某给予的金钱，此时其已不是工贸公司的工作人员，因而不具备公司、企业人员受贿罪所要求的公司、企业工作人员的主体特征，也不存在有利用职务上的便利的客观方面条件，即根据本案的实际情况要认定该笔数额为犯罪金额于法无据，故对公诉机关指控的该笔事实，不予支持。于2006年5月17日判决被告人赵某某犯公司、企业人员受贿罪，判处有期徒刑9年6个月，并处没收财产人民币50万元。贿赂款200万元予以没收。本案在法定期限内没有上诉、抗诉，判决发生法律效力。

2006年12月6日，宁波市人民检察院按照审判监督程序向宁波市中级人民法院提起抗诉，认为原审判决对部分事实认定有误。原审被告人赵某某在担任工贸公司供销科长期间，在产品销售、价格调整及在销售污油业务过程中在销售对象的选择、信息提供等方面向总公司提供有利于卓某某企业的意见及建议，使得卓的企业谋取了利益，在其办理内退手续的前后收受了卓某某贿赂共计人民币400万元，原审被告人赵某某的行为构成了公司、企业人员受贿罪，对其受贿数额应全额认定。原审判决在认定其在任职期间收受的200万元人民币的行为完全符合公司、企业人员受贿罪的主、客观方面的构成要件的同时，却将卓某某因此而送的后200万元人民币不作犯罪处理，将整个犯罪过程割裂成两个性质完全不同的部分的做法显属错误，并由此导致了对原审被告人赵某某的定性不当，应依法改判。原审被告人赵某某辩称：其没有利用职务之便，卓某某给其的400万元人民币是他到卓某某公司工作的工资报酬。宁波市中级人民法院再审认为：原判认定赵某某收受卓某某400万元的事实清楚，证据确实、充分，原审被告人、辩护人及检察员均无异议，再审予以确认。赵某某对总公司的污油购买有建议权，其在职期间，利用职务便利，通过销售对象选择、信息提供等方式为卓某某的企业谋取了利益；赵某某离职后曾在卓某某为其安排的企业工作一段时间并按时领取工资，其辩称没有利用职务之便，卓某某给其的400万元人民币是他到卓某某公司工作的工资报酬与事实不符，不予采纳。赵某某在担任工贸公司供销科长期间，利用职务上的便利，为他人谋取利益，非法收受他人人民币400万元，数额巨大，其行为已构成公司、企业人员受贿罪。抗诉机关抗诉有理，予以采纳。赵某某及其辩护人提出其没有利用职务之便，卓某某给其400万元人民币是其到卓某某公司工作的工资报酬的理由与事实不符，不予采信。原判认定赵某某第二次收受卓某某送给的人民币

200万元不作为犯罪金额计算，没有法律依据。判决撤销原判，改判原审被告人赵某某犯公司、企业人员受贿罪，判处有期徒刑10年，并处没收其个人财产计人民币50万元。贿赂款400万元予以没收，上缴国库。

五、非国家工作人员受贿罪的主观方面

非国家工作人员受贿罪的主观方面表现为故意，并且是直接故意，即行为人明知其利用职务上的便利，索取他人财物或者非法收受他人财物，为他人谋取利益的行为会侵犯非国家工作人员职务行为的廉洁性，仍然故意为之。

【案例4-18】被告人曾某某在担任招商银行宜昌支行（系股份有限公司）营业部客户经理期间，于2003年主动开发宜昌市葛洲坝惠丰工贸有限公司为其信贷客户，按要求多次为宜昌市葛洲坝惠丰工贸有限公司办理承兑汇票和贴现业务。2004年8月，该公司负责人刘某得知曾某某准备在宜昌隆润福马汽车销售有限公司购车的消息后，对曾某某说：购车的首付款5万元你不要管，隆润福马公司还欠我们公司的钱，由我来与隆润福马公司抵账。曾某某认为不太好，便提出合伙买车（口头约定），刘某表示同意。尔后，刘某以冲抵与隆润福马汽车销售有限公司往来账的方式支付了5万元购车款，曾某某付车款10万元，购得海马牌HMC7180型轿车一辆，该车虽登记在曾某某的名下，以曾某某为主使用，但刘某及其家属和公司工作人员亦间断的使用，且刘某曾将该车撞坏过，曾某某考虑先前的口头约定并未提出索赔要求，刘某亦未修理和赔偿。至2006年3月刘某在招商银行宜昌支行办事时，称身上没钱，曾某某用自己的招行卡取出现金1.3万元交给刘某，并说“车你用的少，钱就不还了。”2006年4月5日，被告人曾某某因受贿嫌疑被西陵区人民检察院反贪局传讯，被告人曾某某主动澄清上述事实，并交出5万元现金。宜昌市西陵区人民法院一审认为：被告人曾某某在担任招商银行宜昌支行营业部客户经理期间，利用职务上的便利，非法收受他人财物，为他人谋取利益，数额较大，其行为已构成公司、企业人员受贿罪。被告人曾某某在被司法机关传讯教育后，主动交待自己的罪行，应视为自首。其归案后已退赔了全部赃款，有一定的悔罪表现，依法可酌情从轻处罚。鉴于其犯罪情节较轻，依法可以免除处罚。判决被告人曾某某犯公司、企业人员受贿罪，免予刑事处罚。被告人曾某某不服，要求改判无罪。宜昌市中级人民法院二审认为：上诉人曾某某身为招商银行宜昌支行（系股份有限公司）营业部客户经理，为客户提供优质服务是其职责所在，为客户办理承兑汇票和贴现业务是其应尽的职责。曾某某想买车的事被刘某知道后，刘建议曾只需向宜昌隆润福马付款10万元，首付款5万元

他来抵账，曾某某认为不好，便提出合伙买车，刘某表示同意。虽然车主登记为曾某某，但后来刘某及其妻子均用过该车，到了2006年3月份即案发前，刘某在招行办事时因身上缺钱遂找曾某某拿了1.3万元。刘某证实当时曾某某说过，车你用的少，钱就不用还了。尽管刘某有感谢曾某某的意思，但曾某某始终认为该车系二人合伙所购，其所出借给刘某的1.3万元不要刘某归还就是表明其内心没有接收刘所垫支5万元的意图。所以要否定合伙买车的事实，证据不足。认定上诉人有罪的证据是基于被告人的有罪供述，但上诉人在书面供词中亦将合伙购车的经过作过说明，上诉人有此相反心态的表述，结合其所出借给刘某的1.3万元不要刘某归还的客观行为与受贿是相矛盾的。故认定被告人曾某某犯公司、企业人员受贿罪的证据不足，不能认定上诉人有罪。判决撤销原判，改判上诉人曾某某无罪。

需要注意的是，实践中非国家工作人员收受他人财物，有时候会将收受的财物退还或者上交。对于这类案件，要结合多方面证据深入分析行为人将收受的财物退还或者上交的真实原因，综合判断行为人主观上是否具有受贿的故意。2007年最高人民法院、最高人民检察院《关于办理受贿刑事案件适用法律若干问题的意见》第9条专门就国家工作人员收受财物后退还或者上交的问题进行了解释：国家工作人员收受请托人财物后及时退还或者上交的，不是受贿。国家工作人员受贿后，因自身或者与其受贿有关联的人、事被查处，为掩饰犯罪而退还或者上交的，不影响认定受贿罪。所谓“及时”，是基于受贿故意而言的。“及时”不仅限于当时当刻，如果行为人主观上有归还或者上交的意思，但因为客观方面的原因未能立即归还或者上交，在客观障碍消除后立即归还或者上交的，也应当理解为“及时”。笔者认为，该条解释同样可以适用于非国家工作人员受贿罪的认定。

【案例4-19】被告人朱某某于1998年6月担任北京青年报社（以下简称“北青报社”）广告处副主任期间，利用职务之便，于2002年8月收受北京博瑞广告有限公司（以下简称“博瑞广告公司”）经理武某某（另案处理）给予的人民币4.8万元换购的明式硬木椅一套。被告人朱某某在担任北京青年报传媒发展股份有限公司（后更名为北青传媒股份有限公司，以下简称“北青传媒”）广告部副主任期间，利用职务便利，于2003年1月至2005年2月间，分两次收受“博瑞广告公司”武某某给予的人民币4万元。后朱某某被抓获归案。北京市朝阳区人民检察院指控被告人朱某某犯受贿罪、公司人员受贿罪。朝阳区人民法院经审理认为：被告人朱某某无视国法，身为国家工作人员期间，利用职务便利，非法收受他人财物，为他人谋取利益，其行为触犯了刑律，已构成受贿罪；被告人朱某某身为公司工作人员，利用职务上的便利，非法收受他人财物，为他人谋取利益，数额较大，其行为触犯了刑律，又构成公司人员受贿罪，均依法应予惩处。对于朱某某辩护人关于公诉机关指控朱某某犯受贿罪的罪名不成立，朱某某收受武某某送来的明式硬木椅一套，朱某某事后曾向上级汇报，其主观上没有占有的故意的辩解，经查朱某某收受武某某给予的明式硬木椅一套后，事隔两年向时任"北青传媒"广告部主任的于某某汇报了此事，但其上述行为不能否定朱某某受贿主观故意的成立。因此朱某某辩护人的上述辩护意见，本院不予采纳。对于朱某某辩护人关于朱某某没有利用职权为他人谋取利益，从2001年至2005年7月，朱某某不具有负责分类广告工作的管理权限的辩护意见，经查，朱某某在担任"北青报社"广告处副主任及"北青传媒"广告部副主任期间曾主管分类广告工作，其明知与其部门有业务关系的"博瑞广告公司"经理武某某给予其的款物目的是希望朱某某在工作中对"博瑞广告公司"给予"关照"、提供便利的情况下，仍予以收受，且行贿人也是基于朱某某担任的职务而向其行贿请托谋利，因此朱某某的行为符合"为他人谋取利益"的要件，朱某某辩护人的上述辩护意见，本院亦不予采纳。鉴于朱某某归案后检举他人的犯罪行为，经查证属实，具有立功表现，另念其家属积极帮助退赔赃款，故对朱某某所犯受贿罪、公司人员受贿罪均予以从轻处罚。根据朱某某犯罪的事实，犯罪的性质、情节、悔罪表示和对于社会的危害程度，判决：被告人朱某某犯受贿罪，判处有期徒刑2年；犯公司人员受贿罪，判处有期徒刑1年；决定执行有期徒刑2年6个月。

实践中，有的国家工作人员在收受他人财物后，并没有占为已有，但也没有退还或者上交，而是捐赠给了其他单位或个人，或者用于单位公务支出。一旦案发，行为人就会辩解："我收受钱财没打算自己占有，实际自己也真的没有占有，都捐出去或用于公务支出了，所以不构成受贿罪。"对于这类案件，能否认定行为人具有受贿的主观故意呢？我们从民事法律关系上来鉴别一下行为人的辩解是否有道理：从财产所有权和处分权的关系上来分析，行为人受贿后，其所接受贿赂财产的所有权归谁所有呢？如果按行为人自己说没打算自己占有，则这笔财产行为人本人就没有所有权，而应当归行贿人所有（当准备退回去时），或者归国家所有（当准备上交时）。既然不是自己的财产，行为人当然就无权私自处分，不能说捐就给捐了，说公务支出就给支出了。笔者认为，将部分受贿款用于公务和慈善事业，并不能改变该款的贿赂性质。溯本求源，受贿是该款的来源和出处，而后面对该款的使用并不能改变该款来路不正的身份。赃款的使用和赃物的处理，自然也不能改变犯罪的性质。举个浅显易懂的例子，小偷把偷来的钱捐给慈善机构，就能否定其偷盗行为吗？显然不能，以受贿款行善也罪责难逃。当然，这并非说将受贿所得用来捐赠在法律上没有任何意义。这一举动虽然不能改变受贿的犯罪性质，不能影响犯罪行为的定性，但赃款赃物的使用还是具有社会意义的，可以作为法院量刑时酌情从轻处罚的情节。①

笔者认为，实践中，对于行为人辩解将部分或全部受贿款用于公务支出的案件，应当认真分析，区别不同情形处理。如果行为人受贿后就告知了单位，单位领导也同意将受贿款用于公务支出，则行为人并没有将受贿款非法占为己有的主观故意，相当于将受贿款上交了单位后，单位对受贿款做了不当处理；如果行为人受贿后单位其他人并不知晓，只是在案发后辩解其公务支出的某些款项系受贿款，对此不能轻信行为人的一面之词，因为行为人的公务支出可以拿到单位报销，完全没有必要用受贿款来支付，这只不过是行为人妄图逃避法律制裁的借口，应当按照非国家工作人员受贿罪追究行为人的责任。需要指出的是，非国家工作人员受贿罪与职务侵占罪、挪用资金罪虽然都属于非国家工作人员的职务犯罪，但性质并不完全相同：如果职务侵占罪或挪用资金罪的行为人将侵占或挪用的单位财产用于公务支出，由于这些钱本来就应当用于公务，则可在侵占或挪用数额中予以减除；但非国家工作人员受贿罪属于“权钱交易”性质的犯罪，受贿款依法应当被追缴上交国库，如果行为人将受贿款私自用于公务支出，也就是说用于公务支出之前或当时单位其他人并不知晓行为人为公务支付的款系受贿款，则不能将行为人所称的为公务支出的这部分款从受贿款中减除。

六、几种特殊形式的非国家工作人员受贿罪的认定

（一）经济往来中非国家工作人员受贿罪的认定

刑法第 163 条第 2 款规定：公司、企业或者其他单位的工作人员在经济往来中，利用职务上的便利，违反国家规定，收受各种名义的回扣、手续费，归个人所有的，依照前款的规定处罚。

【案例 4－20】首钢日电电子有限公司系首钢同日本电气电子株式会社合资成立的中外合资企业。被告人王某某系首钢日电电子有限公司计划部物流中心负责人，其职责范围是设备资材购买审核、废旧物资处理的投标权和废旧物资的处理销售。2003 年 4 月至 2005 年 6 月间，王某某利用职务之便，促成持有温岭市金盛废金属加工厂（浙江金盛公司）营业执照的那某、潘某某与首钢日电电子有限公司签订合同，为那、潘谋取利益，先后 4 次收受那某、潘某

① 参见《法制日报》2006 年 1 月 4 日。

某的贿赂款共计人民币 6.7 万元。2006 年 2 月间，王某某利用职务之便，为北京蓝天绿鑫资源再生环保有限公司谋取利益，收取时任该公司总经理那某的贿赂款人民币 1200 元。2003 年 4 月至 2005 年 6 月间，王某某利用职务之便，促成持有上海贵稀金属提炼厂营业执照的周某某与首钢日电电子有限公司签订合同，为周某某谋取利益，收受周某某的贿赂款人民币 1 万元。2006 年 11 月 9 日，北京市石景山区人民检察院根据群众举报，将王某某查获。王某某在被审查期间，坦白交代了司法机关尚未掌握的收受周某某贿赂款人民币 1 万元的犯罪事实。王某某所得赃款 7.82 万元，已被追缴。北京市石景山区人民法院经审理认为：被告人王某某系公司、企业的工作人员，在经济往来中利用职务便利非法收受他人财物，为他人谋取利益，数额较大，其行为已构成公司、企业人员受贿罪，应依法惩处。鉴于王某某在被采取强制措施后，能如实供述司法机关尚未掌握的同种犯罪事实，属有坦白情节，对该部分依照最高人民法院《关于处理自首和立功具体应用法律若干问题的解释》第 4 条之规定，予以从轻处罚；又因其能自愿认罪，依照最高人民法院、最高人民检察院、司法部《关于适用普通程序审理“被告人认罪案件”的若干意见（试行）》第 9 条之规定，可再酌情予以从轻处罚。根据王某某的犯罪事实、情节、悔罪表现，可宣告缓刑。王某某辩护人关于王某某有自首情节的辩护意见，因证据不足，本院不予采纳；采纳其关于王某某有坦白情节、悔罪、积极退赃，建议对王某某从轻处罚的辩护意见。判决被告人王某某犯公司、企业人员受贿罪，判处有期徒刑 3 年，缓刑 3 年。

所谓“经济往来”，是指行为人代表本单位与外单位或者个人进行的有关经济合同的签订及履行，或者其他形式的经济活动。

所谓“违反国家规定”，根据刑法第 96 条的解释，是指违反全国人民代表大会及其常务委员会制定的法律和决定，国务院制定的行政法规、规定的行政措施、发布的决定和命令。如 1986 年国务院办公厅《关于严禁在社会经济活动中牟取非法利益的通知》，对社会经济活动中以“回扣”、“佣金”、“红包”、“提成费”、“好处费”等名目非法收授“酬金”等违反财经纪律的行为提出了处理意见。又如 1993 年《反不正当竞争法》第 8 条规定：经营者不得采用财物或者其他手段进行贿赂以销售或者购买商品。在账外暗中给予对方单位或者个人回扣的，以行贿论处；对方单位或者个人在账外暗中收受回扣的，以受贿论处。经营者销售或者购买商品，可以以明示方式给对方折扣，可以给中间人佣金。经营者给对方折扣、给中间人佣金的，必须如实入账。接受折扣、佣金的经营者必须如实入账。

关于“回扣”的含义，刑法学界的认识和表述并不一致。1996 年国家工商行政管理局《关于禁止商业贿赂行为的暂行规定》第5条对回扣作出了有权解释："本规定所称回扣，是指经营者销售商品时在账外暗中以现金、实物或者其他方式退给对方单位或者个人的一定比例的商品价款。本规定所称账外暗中，是指未在依法设立的反映其生产经营活动或者行政事业经费收支的财务账上按照财务会计制度规定明确如实记载，包括不记入财务账、转入其他财务账或者做假账等。"按照百度百科的解释，"回扣是指卖方从买方支付的商品款项中按一定比例返还给买方的价款。按照是否采取账外暗中的方式，回扣可以简单分为两种，即'账内明示'的回扣和账外暗中的回扣。"百度百科所称的"账内明示"的回扣，按照《反不正当竞争法》第8条和《关于禁止商业贿赂行为的暂行规定》第6条的规定，实际上指的是"折扣"。需要指出的是，回扣是卖方退给买方单位或者个人的，它决定了回扣的方向是卖方退给买方，不包括买方给卖方。实践中，如果买方为购得某种紧俏商品，以给付实物、金钱为诱饵，在账外暗中给予卖方一部分款项，这也是经济往来中的一种贿赂行为，但其性质却不是回扣。

回扣不同于折扣。所谓折扣，即商品购销中的让利，是指经营者在销售商品时，以明示并如实入账的方式给予对方的价格优惠，包括买方支付价款时对价款总额按一定比例即时予以扣除和支付价款总额后卖方再按一定比例予以退还两种形式。所谓明示和入账，是指根据合同约定的金额和支付方式，在依法设立的反映其生产经营活动或者行政事业经费收支的财务账上按照财务会计制度规定明确如实记载。《关于禁止商业贿赂行为的暂行规定》第6条第1款规定："经营者销售商品，可以以明示方式给予对方折扣。经营者给予对方折扣的，必须如实入账；经营者或者其他单位接受折扣的，必须如实入账。"据此，折扣是法律法规所允许的商品购销中的一种让利行为。

回扣也不同于佣金。所谓佣金，是指买卖双方或者一方因居间人或者经纪人为交易双方代买代卖商品、提供服务、撮合交易、牵线搭桥而向居间人或者经纪人支付的一种劳务报酬。回扣与佣金的主要区别在于：（1）回扣只能由卖方支付；佣金既可以由卖方支付，也可以由买方支付，还可以由买卖双方共同支付。（2）回扣的收受方是买方或者买方的经办人；佣金的收受方是独立于买方和卖方之外的第三人，也就是通常所说的居间人或者经纪人。（3）佣金是居间人或者经纪人为交易双方介绍或者代买代卖商品而获得的劳务报酬，佣金的客观效果是沟通产销，促进流通，对双方当事人和经济发展都是有益的；回扣则具有两面性，一方面回扣加速了商品流转，这是其积极的一面，但另一方面回扣又违反了公平竞争原则，阻碍了商品的正常流转，破坏公平、公正的市场经济秩序。《关于禁止商业贿赂行为的暂行规定》第7条第1款规定："经营者销售或者购买商品，可以以明示方式给中间人佣金。经营者给中间人佣金的，必须如实入账；中间人接受佣金的，必须如实入账。"据此，佣金是法律法规所允许的商品购销中的一种行为。

所谓"手续费"，是指因办理一定的事务或付出一定的劳动而收取的费用。手续费就其本身而言，是一种劳务报酬，并无非法性。非国家工作人员从事公务，其所在单位已经支付其应得的劳动报酬，其无权再因其他理由而收受额外的手续费。如果非国家工作人员未付出劳动而收取手续费，或者以少量劳动换取高额手续费，就是以其职务行为与所谓的手续费相互交易，是假手续费之名行收受贿赂之实，以受贿论处的手续费指的就是这种手续费。这种手续费可以有多种名义，如好处费、辛苦费、介绍费、活动费、信息费、酬谢费、奖励等，但是究其实质都是贿赂。

【案例4－21】被告人孙某在担任北京图书大厦有限责任公司市场信息中心业务员期间，于2002年至2006年间，利用职务之便，在从出版社进货和结算的过程中，分别收取中国纺织出版社、农业出版社、中国标准出版社、中国铁道出版社给予的好处费，共计人民币46937元。后被查获。现赃款已全部退赔。北京市西城区人民检察院指控被告人孙某犯受贿罪。西城区人民法院经审理认为：被告人孙某身为公司工作人员，利用职务上的便利，非法收受他人钱财，为他人谋取利益的行为，妨害了对公司的管理秩序，且数额较大，已构成公司人员受贿罪。西城区人民检察院指控被告人孙某的犯罪事实成立，但经查，被告人孙某不属国有公司中从事公务的人员，故检察院指控被告人孙某犯受贿罪罪名有误，应予以纠正。鉴于被告人孙某在被采取强制措施后，如实供述司法机关尚未掌握的同种罪行；且揭发他人犯罪行为，查证属实，具有立功表现；案发后积极退赔赃款，具有认罪悔罪表现，故可从轻处罚并适用缓刑。判决被告人孙某犯公司人员受贿罪，判处有期徒刑1年，缓刑1年。

需要注意的是，公司、企业或者其他单位的工作人员在经济往来中，利用职务上的便利，违反国家规定，收受各种名义的回扣、手续费，归个人所有的，才能依照非国家工作人员受贿罪定罪处罚。如果行为人收受回扣、手续费后上交单位，单位按照一定比例给予其提成或奖励的，虽然这些回扣、手续费最终全部或部分归了个人所有，但不能认定为非国家工作人员受贿罪。如果行为人在经济往来中，将本来应该归单位所有的回扣（折扣）、手续费不上交单位，而利用职务之便私自截留归个人所有的，构成的应当是职务侵占罪，而不是非国家工作人员受贿罪。

(二)以交易、收受干股等形式受贿的认定

随着党和政府打击贿赂犯罪的逐步深入，受贿形式也越来越隐蔽，实践中出现了非国家工作人员低价购买请托人物品或者向请托人高价出售自己物品的受贿行为、收受干股的受贿行为等。2007 年 7 月 8 日最高人民法院、最高人民检察院《关于办理受贿刑事案件适用法律若干问题的意见》就以交易形式收受贿赂问题、收受干股问题、以开办公司等合作投资名义收受贿赂问题、以委托请托人投资证券、期货或者其他委托理财的名义收受贿赂问题、以赌博形式收受贿赂的认定问题、特定关系人“挂名”领取薪酬问题、由特定关系人收受贿赂问题、收受贿赂物品未办理权属变更问题、在职时为请托人谋利离职后收受财物问题、“特定关系人”的范围等进行了解释。笔者认为，该司法解释虽然针对的是国家工作人员实施上述行为是否构成受贿罪的认定，但实践中对于非国家工作人员实施上述行为的，也可以参照该司法解释的有关内容来认定。

【案例 4－22】被告人曹某某在 2003 年 9 月至 2007 年 8 月担任湖南省宜章县信用联社主任期间，利用掌握发放贷款的权力为他人谋取利益，非法收受玉溪河公司人民币 15 万元，收受欧某某人民币 18 万元，收受史某某人民币 1.2 万元，收受黄某某人民币 0.4 万元，指使其弟曹甲以明显低于市场价 265133.6 元人民币的价格购买中夏公司的房产，共计收受贿赂 611133.6 元。永兴县人民检察院指控被告人曹某某犯受贿罪。永兴县人民法院一审认为：对于被告人曹某某及其辩护人提出曹甲是优惠购房，公诉机关指控曹某某受贿的该事实不成立，即使是受贿行为，《关于办理受贿刑事案件适用法律若干问题的意见》（以下简称《意见》）对其行为也没有溯及力的辩解、辩护意见，经查：曹某某提议让其弟曹甲到中夏公司购置房产，并先后二次为房价找中夏公司负责人何某某打招呼，中夏公司为感谢曹某某在贷款方面给予的关照，以明显低于市场价格售房给曹甲，参照《全国法院审理经济犯罪案件工作座谈会纪要》第 3 条第（5）项第 2 款和《意见》第 7 条第 1 款的规定，对曹某某的行为应以受贿论处；依照最高人民法院、最高人民检察院《关于适用刑事司法解释时间效力问题的规定》，司法解释自发布或者规定之日起施行，效力适用于法律的施行期间；中夏公司销售给曹甲的中夏广场文化商业街 A 栋 1 层 1－17、1－18 号门面，A 栋 4 层 5 号房的价格明显低于市场价格（低于市场价格的 20% 以上），不能认定为优惠购房，依照《意见》第 1 条第 2 款的规定，应按照交易时当地市场价格与实际支出价格的差额计算曹某某的受贿数额，即门面差价为 194993.6 元，A 栋 4 层 5 号房的差价为 70140 元，共计 265133.6

元；因此，被告人及其辩护人的相应辩解和辩护意见，于事实不符，于法无据，本院不予采纳。中夏公司销售给曹甲的A栋203、303号房与B栋1层M-101、102号房的价格较低，但不宜确认为明显低于市场价格，公诉机关指控曹某某该笔受贿数额为520476元不当，本院不予支持。鉴于被告人曹某某已退缴全部违法所得，可酌情予以从轻处罚。判决被告人曹某某犯受贿罪，判处有期徒刑12年。被告人曹某某不服，提出上诉。郴州市中级人民法院二审裁定驳回上诉，维持原判。

上述裁判发生法律效力后，申诉人曹某某不服，提出申诉称：原审裁判认定曹某某系国家工作人员身份属适用法律错误。二审裁定认定曹某某是国家工作人员身份的根据是湖南省农村信用社联合社是国家机关，而曹某某是湖南省农村信用社联合社郴州办事处委派从事公务的人员，所以曹某某是国家工作人员身份。但从申诉人在再审中提供的新证据及相关规定看，湖南省农村信用社联合社不是国家机关，而是股份合作制企业，湖南省农村信用社联合社郴州办事处就更不是国家机关，他对曹某某工作的委派可以推定曹某某不可能具备国家工作人员身份。郴州市中级人民法院再审认为：申诉人曹某某作为具有独立企业法人资格的地方性金融机构的工作人员，利用职务上的便利，非法收受他人财物611133.6元，为他人谋取利益，其行为已构成非国家工作人员受贿罪。原审裁判对申诉人曹某某受贿数额的认定准确，但对其主体身份的定性不准，适用法律不当，应予改判。根据申诉人曹某某犯罪的事实，犯罪的性质、情节和对于社会的危害程度，对其依法决定刑罚。改判申诉人（一审被告人、二审上诉人）曹某某犯非国家工作人员受贿罪，判处有期徒刑7年。

七、非国家工作人员受贿罪与非罪的界限

（一）非国家工作人员受贿罪与取得合法报酬的界限

在法律法规和政策允许的范围内，行为人利用自己的知识、技术和劳动，为其他单位或个人承揽业务、提供咨询或者进行其他服务，从中获得劳动报酬的，是合法收入，不属于受贿。如经本单位领导批准，为外单位提供业务服务，按规定得到合理奖励的；为本单位推销产品、承揽业务作出成绩，按规定取得合理报酬的；经国家有关主管部门批准成立专门机构，从事提供信息、介绍业务、咨询服务等工作，按规定提取合理手续费的；取得这些合理的劳动报酬，均不属于受贿。但在司法实践中，有些贿赂是以辛苦费、酬谢费、劳务费等名义出现的，划清非国家工作人员受贿罪与取得合法报酬的界限，关键是要看行为人是否利用职务上的便利为他人谋取利益。利用职务上的便利，是构成

非国家工作人员受贿罪的不可缺少的要件。行为人没有利用职务上的便利，而为他人推销产品、购买物资、联系业务、以“酬谢费”等名义索取、收受财物的，不应认定非国家工作人员受贿罪。有其他违法犯罪行为的，按其他法律规定处理。

（二）非国家工作人员受贿罪与接受馈赠、礼品的界限

我国是文明古国，礼仪之邦。亲朋好友之间礼尚往来，通常会伴有财物或礼品馈赠，这是联络感情的正当行为。非国家工作人员受贿罪中的非法收受他人财物与接受馈赠、礼品有时候在表面上颇为相似，司法实践中人情往来也常常成为行为人否认受贿的借口。划清二者之间的界限，对于区分罪与非罪具有重要意义。2008 年最高人民法院、最高人民检察院《关于办理商业贿赂刑事案件适用法律若干问题的意见》第 10 条专门就此指出：办理商业贿赂犯罪案件，要注意区分贿赂与馈赠的界限。主要应当结合以下因素全面分析、综合判断：（1）发生财物往来的背景，如双方是否存在亲友关系及历史上交往的情形和程度；（2）往来财物的价值；（3）财物往来的缘由、时机和方式，提供财物方对于接受方有无职务上的请托；（4）接受方是否利用职务上的便利为提供方谋取利益。该司法解释虽然是针对商业贿赂案件而作出的，但在办理其他贿赂犯罪案件时，也可以结合上述四个方面的因素，综合把握非国家工作人员受贿罪与接受馈赠、礼品的界限。

（三）非国家工作人员受贿罪与正常借款的界限

司法实践中，有的非国家工作人员利用职务上的便利，索取他人财物或者非法收受他人财物后，为逃避法律追究，往往辩称是向他人的借款，有时候还会向他人打借条或签订借款协议，但其实质却是受贿。参照 2003 年最高人民法院《全国法院审理经济犯罪案件工作座谈会纪要》第 3 条第 6 项的解释，非国家工作人员利用职务上的便利，以借为名索取他人财物或者非法收受他人财物，为他人谋取利益的，应当认定为非国家工作人员受贿罪。具体认定时，不能仅仅看是否有书面借款手续，应当根据以下因素综合判断：（1）有无正当、合理的借款事由；（2）款项的去向；（3）双方平时关系如何、有无经济往来；（4）出借方是否要求非国家工作人员利用职务上的便利为其谋取利益；（5）借款后是否有归还的意思表示及行为；（6）是否有归还的能力；（7）未归还的原因；等等。

（四）非国家工作人员受贿罪与一般受贿行为的界限

根据刑法第163条的规定，非国家工作人员受贿数额较大的，才能构成犯罪。2010年5月7日最高人民检察院、公安部《关于公安机关管辖的刑事案件立案追诉标准的规定（二）》第10条对非国家工作人员受贿案的立案追诉标准进行了规定："公司、企业或者其他单位的工作人员利用职务上的便利，索取他人财物或者非法收受他人财物，为他人谋取利益，或者在经济往来中，利用职务上的便利，违反国家规定，收受各种名义的回扣、手续费，归个人所有，数额在五千元以上的，应予立案追诉。"这说明，非国家工作人员受贿罪与一般受贿行为的界限为受贿数额是否达到5000元。受贿数额达到5000元的，构成非国家工作人员受贿罪；受贿数额不满5000元的，则不构成非国家工作人员受贿罪。

【案例4-23】2004年4月至2007年7月期间，被告人杨某某利用在该医院计算机室工作的职务便利，将本医院禁止泄露的医生使用药品数量的统计信息（即统方数据），以每月800元的价格提供给北京红太阳医药有限公司阿奇霉素医药销售代表庄某，被告人杨某某为庄某统方共计10个月，非法收受庄某行贿款8000元。赃款已被被告人挥霍。新疆维吾尔自治区乌鲁木齐市新市区人民检察院指控被告人杨某某的行为构成非国家工作人员受贿罪。另查明，在本案审理期间，被告人杨某某主动退赔赃款8000元。新市区人民法院经审理认为：被告人杨某某作为非国家工作人员，利用职务上的便利，非法收受他人财物，为他人谋取利益，数额较大，其行为构成非国家工作人员受贿罪，应处五年以下有期徒刑或者拘役。公诉机关指控的犯罪事实存在，指控的罪名及适用法律正确，本院予以采纳。被告人杨某某归案后自愿认罪，并积极退赔全部受贿款，本院在量刑时可酌情从轻处罚。判决被告人杨某某犯非国家工作人员受贿罪，判处拘役6个月，缓刑6个月。

八、非国家工作人员受贿罪与其他犯罪的界限

（一）非国家工作人员受贿罪与敲诈勒索罪的界限

根据刑法第274条的规定，敲诈勒索罪，是指以非法占有为目的，以威胁或者要挟的方法，强索公私财物，数额较大的行为。非国家工作人员受贿罪与敲诈勒索罪的主体不同，非国家工作人员受贿罪的主体是公司、企业或者其他单位中的非国家工作人员，敲诈勒索罪的主体是一般主体；侵犯的客体也不同，非国家工作人员受贿罪侵犯的客体是非国家工作人员职务行为的廉洁性，

敲诈勒索罪侵犯的客体是公私财物的所有权。通常情况下，非国家工作人员受贿罪与敲诈勒索罪不难区分，易于发生混淆的是索取型非国家工作人员受贿罪与敲诈勒索罪的界限。区分二者的关键在于行为人索取他人财物时是否利用了职务上的便利：敲诈勒索罪表现为行为人单纯使用威胁或者要挟的手段，迫使被害人交付财物，被害人交付财物后往往不会实施进一步的加害行为；非国家工作人员受贿罪表现为行为人利用职务上的便利，主动向请托人索要财物，请托人交付财物后往往会为请托人谋取某种利益。司法实践中，如果行为人采用威胁或者要挟的方式，向请托人勒索财物，以此作为其利用职务便利为请托人谋取利益的条件，则应当依照非国家工作人员受贿罪对其定罪处罚。

（二）非国家工作人员受贿罪与受贿罪的界限

根据刑法第385条的规定，受贿罪，是指国家工作人员利用职务上的便利，索取他人财物的，或者非法收受他人财物，为他人谋取利益的行为。非国家工作人员受贿罪与受贿罪在主观方面都是直接故意，在客观方面均有利用职务上的便利索取或者非法收受他人财物的行为，主要区别是：（1）犯罪主体不同，这是区别二者的关键。非国家工作人员受贿罪的主体是非国家工作人员，既包括非国有公司、企业或者其他非国有单位中的工作人员，也包括国有公司、企业以及其他国有单位中的非国家工作人员；受贿罪的主体是国家工作人员。（2）客观方面的表现有所不同。在非国家工作人员受贿罪中，行为人无论是索取他人财物还是非法收受他人财物，均以为他人谋取利益为成立犯罪的必备要件；在受贿罪中，行为人非法收受他人财物的，还需要为他人谋取利益才能构成犯罪，但在索取他人财物的情况下，不论是否为他人谋取利益，均可构成犯罪。（3）犯罪客体不同。二者均侵犯了职务行为的廉洁性，非国家工作人员受贿罪侵犯的客体是非国家工作人员职务行为的廉洁性；而受贿罪侵犯的客体是国家工作人员职务行为的廉洁性。

【案例4－24】2001年春节前至2004年春节前，被告人杜某某利用担任中国石化胜利油田有限公司审计处滨海审计分处审计员的职务之便，收受他人行贿现金及购物卡、购物券，共计金额1.7万元，并在工程审计过程中为其谋取利益（赃款已全部追缴）。被告人杜某某因收受王某行贿现金5千元的犯罪事实被采取强制措施后，如实供述司法机关尚未掌握的其他受贿犯罪事实。2003年春节前至2004年春节前，被告人杜某某利用担任中国石化胜利石油管理局审计中心滨海审计分处审计员的职务之便，收受他人行贿现金及购物卡，共计金额7500元，并在工程审计过程中为其谋取利益（赃款已全部追缴）。山东省东营市河口区人民检察院指控被告人杜某某犯受贿罪。河口区人民法院一审认为：被告人杜某某身为公司、企业工作人员，利用职务之便，非法收受他人财物，为他人谋取利益，数额较大，其行为已构成公司、企业人员受贿罪。身为国家工作人员，利用职务之便，非法收受他人财物，为他人谋取利益，其行为已构成受贿罪。检察机关关于被告人的行为均已构成受贿罪的指控意见，经审理后认为，被告人所属的中国石化胜利石油管理局审计中心与中国石化胜利油田有限公司审计处属于一套机构、两个牌子，在对油田存续公司所属单位进行审计时，行使的是中国石化胜利石油管理局审计中心的职能；在对油田上市公司所属单位进行审计时，行使的是中国石化胜利油田有限公司审计处的职能，故被告人对油田上市公司所属单位进行审计时是利用其作为公司、企业人员的职务之便，其行为构成公司、企业人员受贿罪，对检察机关的相关指控不予支持，对辩护人的相关辩护意见予以采纳。被告人归案后能主动坦白交待，且其归案后自愿认罪，积极退赃，犯罪情节轻微，对其可免予刑事处罚，判决被告人杜某某犯公司、企业人员受贿罪，免予刑事处罚；犯受贿罪，免予刑事处罚。宣判后，河口区人民检察院以主体认定错误等为由提出抗诉，认为虽然被告人所属的上级单位中国石化胜利石油管理局审计处与中国石化胜利油田有限公司审计处属于一套机构、两个牌子，但是被告人所在的胜利石油管理局审计中心滨海审计分处仍然只是一套班子、一个牌子，是国有公司、企业，并且具有对上市公司进行审计的职能，一审判决认定被告人同时具有中国石化胜利油田有限公司审计处滨海分处审计员的身份，系定性错误。东营市中级人民法院二审认为：被告人杜某某所在的滨海审计分处作为胜利石油管理局和胜利油田有限公司的派出机构，具有对油田存续公司和油田上市公司进行审计的双重职能，在对油田存续公司所属单位进行审计时，其受胜利石油管理局审计处的指派，行使的是胜利石油管理局审计处的职能，其工作人员具有国有企业工作人员的身份；在对油田上市公司所属单位审计时，其受胜利油田有限公司审计处的指派，行使的是胜利油田有限公司审计处的职能，其工作人员不具有国有企业工作人员的身份。被告人在对油田存续公司所属单位进行审计时是利用其国家工作人员的职务，此时收受他人贿赂为他人谋取利益构成受贿罪；在对油田上市公司所属单位进行审计是利用其公司、企业人员的职务，此时收受他人贿赂为他人谋取利益构成公司、企业人员受贿罪，一审判决对此的定性准确，抗诉理由不能成立。裁定驳回抗诉，维持原判。

【案例 4－25】1995 年 6 月，被告人张某某利用担任周城村党支部书记的职务之便，在该村第一期房屋开发工程中，非法收受该工程承建人李某某人民币 6000 元，并为其工程核算及提取工程款提供方便。1995 年 10 月，被告人张某某利用职务之便，在该村第二期房屋开发工程中，伙同蔡某某（该村会计，另行处理）向工程承建人李某某索取人民币 2.4 万元，张某某得款人民币 1.2 万元。1996 年 2 月，被告人张某某利用职务之便，在该村第三期房屋开发工程中，又伙同蔡某某向工程承建人李某某索取人民币 15.6 万元，张某某得款人民币 7.8 万元。1997 年 10 月，被告人张某某利用职务之便，在该村金山饭店改造工程中，非法收受工程承建人李某某人民币 6000 元，并为李某某承建工程等提供方便。综上，被告人张某某于 1995 年 6 月至 1997 年 10 月期间，利用担任周城村党支部书记的职务之便，在本村的房屋开发工程中，从工程承建人李某某处单独收受或者共同索取贿赂人民币 19.2 万元，张某某共得款人民币 10.2 万元。案发后，被告人张某某退出了全部赃款。江苏省溧阳市人民检察院指控被告人张某某犯受贿罪。被告人张某某辩称，他不是国家工作人员，不构成受贿罪。溧阳市人民法院一审认为：被告人张某某身为农村党支部书记，在管理本村生产经营活动过程中，收受、索取他人财物，数额巨大，且为他人谋取利益，其行为已构成公司、企业人员受贿罪。公诉机关指控被告人张某某犯受贿罪，因其不具有国家工作人员身份，也不是协助人民政府从事行政管理行为，不符合受贿罪的主体，应予纠正。鉴于被告人张某某案发后能退清全部赃款，故酌情从轻处罚。判决被告人张某某犯公司、企业人员受贿罪，判处有期徒刑 5 年，并处没收财产人民币 1 万元。被告人张某某不服，提出上诉。常州市中级人民法院二审裁定驳回上诉，维持原判。根据 2000 年 4 月 29 日全国人大常委会关于《中华人民共和国刑法》第 93 条第 2 款的解释，村民委员会等村基层组织人员协助人民政府从事下列行政管理工作，属于刑法第 93 条第 2 款规定的“其他依照法律从事公务的人员”：（1）救灾、抢险、防汛、优抚、扶贫、移民、救济款物的管理；（2）社会捐助公益事业款物的管理；（3）国有土地的经营和管理；（4）土地征用补偿费用的管理；（5）代征、代缴税款；（6）有关计划生育、户籍、征兵工作；（7）协助人民政府从事的其他行政管理工作。村民委员会等村基层组织人员从事上述公务，利用职务上的便利，非法占有公共财物、挪用公款、索取他人财物或者非法收受他人财物，构成犯罪的，适用刑法第 382 条和第 383 条贪污罪、第 384 条挪用公款罪、第 385 条和第 386 条受贿罪的规定。本案中的被告人张某某不属于协助人民政府从事行政管理工作，因此不属于刑法第 93 条第 2 款规定的“其他依照法律从事公务的人员”，法院将检察院的指控罪名由受贿罪变更为公司、企业人员受贿罪是正确的。

【案例 4－26】 被告人卢甲、卢乙分别担任海南省东方市八所镇皇宁村委会主任、党支部书记。2009 年年初，张某某与被告人卢乙、卢甲商定将该村全部 1078 亩甘蔗坡地，全部按每亩 1 万元的价格转让给张某某（另案处理）。

经村委会组织人员对甘蔗坡地重新丈量，与张某某签订《村道建设工程承包及村集体土地出让价款充抵村道建设工程款合同书》。2009 年 6 月，市政府决定征收位于八所镇九龙北路土地面积 69.73 公顷，当中有皇宁村委会甘蔗坡地东侧的约 800 亩地。其中有已转让给张某某 636.3 亩，余 100 多亩地为个人转让或承包地。按张某某的要求，被告人卢甲和村委会出纳符某某等人出面从他人手中收回 100 多亩地，转让给张某某。2009 年 7 月份，该地被市政府征收作为政府储备地。在市政府征地过程中，卢甲和卢乙安排村委会干部协助市国土局的征地工作，并以村委会名义与市国土局签订《征（拨）土地协议书》、办理领取征地款等手续。征地款从市国土局账上转入村委会账上，又由村委会账上转给张某某，张某某先后共送给卢甲辛苦费 286 万元，送给卢乙 121 万元。另外，2008 年 3 月，卢甲和卢乙决定将村道硬化工程交给张某某承建，并经村民代表大会同意，以皇宁村甘蔗坡地按每亩 1 万元转让给张某某抵工程款。8 月，村道硬化工程结算验收，以皇宁村甘蔗坡西面的 460 亩地抵工程款。张某某送给被告人卢甲、卢乙等 13 名村干部每人 1 万元的好处费。海南省第二中级人民法院经审理认为：被告人卢乙、卢甲在协助市人民政府从事征地工作中，利用职务便利，为他人谋取非法利益，收受他人财物，数额特别巨大，其行为均构成受贿罪。被告人卢甲、卢乙身为村委会主任和党支部书记，利用职务便利，在村道硬化建设过程中，分别收受他人现金各 1 万元，数额较大，均构成非国家工作人员受贿罪。鉴于二被告人能如实交待犯罪事实，有一定悔罪表现，酌情从轻处罚。判决：被告人卢甲犯受贿罪，判处有期徒刑 13 年；犯非国家工作人员受贿罪，判处有期徒刑 1 年；决定执行有期徒刑 13 年。被告人卢乙犯受贿罪，判处有期徒刑 11 年；犯非国家工作人员受贿罪，判处有期徒刑 1 年；决定执行有期徒刑 11 年 6 个月。

【案例 4－27】广东省广电集团有限公司广州供电分公司黄埔配电营业部（以下简称黄埔配电部）系国有全资企业，广州经济技术开发区水口水库管理所（以下简称水口水库）是黄埔配电部的用电客户。被告人夏某某从 1997 年至 2003 年 10 月间，担任黄埔配电部营业分部电费班抄核收工，负责水口水库电表的抄表、回收、追收电费等工作。1998 年年初，被告人夏某某发现并包庇水口水库主任钱某某（已被判刑）以倒拨电表方式的窃电行为，继而收受钱某某所送的“好处费”；2002 年 3 月至 10 月，钱某某、夏某某勾结黄埔配电部装表接电班装表工郑某某（已被判刑）采取相同方式为水口水库窃电，夏某某从中收受钱某某所送的“好处费”并分赃给郑某某。被告人夏某某个人分得钱某某所给“好处费”共约 67.5 万元。另查，夏某某的家属在二审期间主动来法院退赃人民币 5 万元。广州市黄埔区人民检察院指控被告人夏某某犯受贿罪。广州市黄埔区人民法院一审判决被告人夏某某犯受贿罪，判处有期徒刑 10 年，并处没收财产人民币 10 万元。被告人夏某某不服，上诉称其只收了钱某某给的人民币 50 万元，其中 30 万元给了郑某某，一审认定其分得“好处费”共约 67.5 万元不是事实；其身份是农民，是临时工，工作性质是劳务而非公务，其行为不构成受贿罪。广州市中级人民法院二审认为：关于上诉人夏某某提出一审认定其受贿数额不当的意见。经查，钱某某供述其给夏某某的钱总数在 150 万元左右，夏某某在侦查阶段供述其收受了钱某某的钱财共计 90 多万元，一审就低认定夏某某个人分得赃款 67.5 万元是恰当的，夏某某对此予以否认并无证据支持，不予采纳。关于夏某某及其辩护人提出夏某某从事的工作是劳务活动并非公务，其行为不构成受贿罪的意见。经查，根据黄埔配电营业部提供的书证证实夏某某是黄埔配电营业部的合同制工，是电费班抄核收工，日常从事抄表业务，主要负责部分单位、居民用户的电表抄表、电费回收、追收等工作。夏某某的工作性质虽然和国有资产有关，但并不属于对国有资产的监督、经营、管理范围，其没有权力决定客户的用电量、电费数，其只要将电表显示的度数抄回单位即可，属于不具备职权内容的劳务活动。一审认定夏某某负有监管国有资产的职责没有充分依据，不宜认定其从事的工作是公务行为。上诉人夏某某利用其在黄埔配电营业部从事电费抄核收工作的便利条件，非法收受他人财物，数额巨大，其行为应当构成公司、企业人员受贿罪。原审判决认定夏某某收受他人财物并为他人谋取利益的事实清楚，证据确实充分，审判程序合法，但认定夏某某系从事公务有误，应予纠正。夏某某的家属在二审期间主动来法院退出部分赃款，可酌情从轻处罚。判决撤销原判，改判上诉人夏某某犯公司、企业人员受贿罪，判处有期徒刑 7 年。所谓从事公务，按照 2003 年 11 月 13 日最高人民法院印发的《全国法院审理经济犯罪案件工作座谈会纪要》的解释，“是指代表国家机关、国有公司、企业、事业单位、人民团体等履行组织、领导、监督、管理等职责。公务主要表现为与职权相联系的公共事务以及监督、管理国有财产的职务活动。如国家机关工作人员依法履行职责，国有公司的董事、经理、监事、会计、出纳人员等管理、监督国有财产等活动，属于从事公务。那些不具备职权内容的劳务活动、技术服务工作，如售货员、售票员等所从事的工作，一般不认为是公务。”按照百度百科词条的解释，公务，是指关于公家或集体的事务。狭义是指国家机关的事务性工作；广义是指党政机关、群众团体、企事业单位等的事务性工作。劳务，是指以活劳动形式为他人提供某种特殊使用价值的劳动。这种劳动不是以实物形式，而是以活劳动形式提供某种服务。因此，公务是与私务（私人事务）相对应的概念，并不是与劳务相对应的、非此即彼的概念。从本来意义上讲，公务也是一种劳务，所有国家工作人员都是在从事劳务，都是以活劳动形式为人民提供某种服务的劳动者。笔者并不赞同《全国法院审理经济犯罪案件工作座谈会纪要》对“公务”的解释。就本案而言，笔者认为一审法院认定被告人构成受贿罪是正确的。

2008年最高人民法院、最高人民检察院《关于办理商业贿赂刑事案件适用法律若干问题的意见》专门就医疗机构、学校及其他教育机构、依法组建的评标委员会、竞争性谈判采购中谈判小组、询价采购中询价小组的组成人员在何种情况下构成受贿罪，在何种情况下构成非国家工作人员受贿罪进行了解释。第4条指出：医疗机构中的国家工作人员，在药品、医疗器械、医用卫生材料等医药产品采购活动中，利用职务上的便利，索取销售方财物，或者非法收受销售方财物，为销售方谋取利益，构成犯罪的，依照刑法第385条的规定，以受贿罪定罪处罚。医疗机构中的非国家工作人员，有前款行为，数额较大的，依照刑法第163条的规定，以非国家工作人员受贿罪定罪处罚。医疗机构中的医务人员，利用开处方的职务便利，以各种名义非法收受药品、医疗器械、医用卫生材料等医药产品销售方财物，为医药产品销售方谋取利益，数额较大的，依照刑法第163条的规定，以非国家工作人员受贿罪定罪处罚。需要指出的是，医疗机构中的医务人员，利用开处方的职务便利，以各种名义非法收受药品、医疗器械、医用卫生材料等医药产品销售方财物，为医药产品销售方谋取利益，数额较大的行为，按照上述司法解释，不论其是否属于国家工作人员，均以非国家工作人员受贿罪定罪处罚。笔者不赞同这一解释，因为如果该医疗机构属于国有单位，医生就应当属于国家工作人员，其利用开处方的职务便利受贿，构成的就应当是受贿罪而不是非国家工作人员受贿罪。① 司法实践中也有依照受贿罪定罪处罚的案例，参见受贿罪中【案例1－109】。

2008年最高人民法院、最高人民检察院《关于办理商业贿赂刑事案件适用法律若干问题的意见》第5条指出：学校及其他教育机构中的国家工作人员，在教材、教具、校服或者其他物品的采购等活动中，利用职务上的便利，索取销售方财物，或者非法收受销售方财物，为销售方谋取利益，构成犯罪的，依照刑法第385条的规定，以受贿罪定罪处罚。学校及其他教育机构中的非国家工作人员，有前款行为，数额较大的，依照刑法第163条的规定，以非国家工作人员受贿罪定罪处罚。学校及其他教育机构中的教师，利用教学活动的职务便利，以各种名义非法收受教材、教具、校服或者其他物品销售方财

---

① 参见李文峰：《国有医院医生开处方收回扣构成受贿罪》，载《检察日报》2004年12月15日。

物，为教材、教具、校服或者其他物品销售方谋取利益，数额较大的，依照刑法第163条的规定，以非国家工作人员受贿罪定罪处罚。

2008年最高人民法院、最高人民检察院《关于办理商业贿赂刑事案件适用法律若干问题的意见》第6条指出：依法组建的评标委员会、竞争性谈判采购中谈判小组、询价采购中询价小组的组成人员，在招标、政府采购等事项的评标或者采购活动中，索取他人财物或者非法收受他人财物，为他人谋取利益，数额较大的，依照刑法第163条的规定，以非国家工作人员受贿罪定罪处罚。依法组建的评标委员会、竞争性谈判采购中谈判小组、询价采购中询价小组中国家机关或者其他国有单位的代表有前款行为的，依照刑法第385条的规定，以受贿罪定罪处罚。

（三）非国家工作人员受贿罪与职务侵占罪的界限

根据刑法第271条的规定，职务侵占罪，是指公司、企业或者其他单位的人员，利用职务上的便利，将本单位财物非法占为己有，数额较大的行为。非国家工作人员受贿罪与职务侵占罪通常情况下容易区分，较难区分的是经济往来中的非国家工作人员受贿罪与职务侵占罪的界限。由于刑法第163条第2款规定："公司、企业或者其他单位的工作人员在经济往来中，利用职务上的便利，违反国家规定，收受各种名义的回扣、手续费，归个人所有的，依照前款（即非国家工作人员受贿罪）的规定处罚。"有的学者据此认为，非国家工作人员在经济往来中，违反国家规定，收受各种名义的回扣、手续费，归个人所有的行为，应当一律按照非国家工作人员受贿罪定罪处罚。笔者认为，对此不能一概而论，这种情况下行为人有可能构成职务侵占罪。区分行为人构成非国家工作人员受贿罪还是职务侵占罪的关键，是要看这些回扣、手续费是由经济往来中的哪一方支付的：如果这些回扣、手续费是由对方在价款之外直接支付给行为人的，则行为人收受的是对方的财物，应当以非国家工作人员受贿罪定罪处罚，如行为人代表单位出售商品的情况下；如果这些回扣、手续费是由行为人所在单位支付给对方价款的一部分，则行为人收受的实际上是本单位的财物，应当以职务侵占罪定罪处罚，如行为人代表单位购买商品的情况下。需要注意的是，如果这些回扣、手续费虽然是由对方支付的，但却是对方支付给行为人所在单位价款的一部分，如果行为人收受的，则受到财产损失的实际上是行为人所在单位，行为人收受的实际上是应该属于本单位所有的财物，应当以职务侵占罪定罪处罚。

【案例4－28】 1992年1月至1997年10月，被告人陈某某在担任上海市自来水公司营业所徐汇办事处（2000年1月起更名为上海市自来水市南有限公司营业所徐汇办事处，以下简称市南公司徐办）抄表员期间，利用负责抄报闵行区梅陇镇行南村（以下简称行南村）水表用水量的职务便利，采用少抄、不抄水表数码，估算用水量等方法，先后少抄报自来水量1250660立方米，致使自来水公司损失自来水费人民币646980余元，陈某某从行南村委获取好处费人民币5万余元。1998年1月至2000年3月，被告人王某某在担任市南公司徐办抄表员期间，经陈某某指使，利用抄报行南村水表用水量的职务便利，采用上述相同方法，少抄报自来水量584240余立方米，使自来水公司损失自来水费人民币618020余元。1999年，陈某某、王某某经商谋，擅自将原由王负责抄报用水量的上海松风房地产公司（以下简称松风公司）停用的水表拆装至行南村，陈某某获取装表费人民币1.5万元，王某某分得人民币1万元。1999年9月至2000年7月，王某某不抄水表计量，致使自来水公司损失自来水费人民币79560余元。1998年1月至2000年3月间，陈某某从行南村获取人民币10余万元，王某某从陈某某处分得人民币8000元。上海市闵行区人民检察院指控两名被告人的行为均已构成职务侵占罪。闵行区人民法院一审认为：两名被告人主观上明知自己的行为会使国家遭受损失，却为了在经济上获得好处而通过行南村非法占有本单位的自来水，客观上两名被告人利用自己的职务便利，采用了不抄表、少抄表等手段侵吞本单位的自来水（费），其行为完全符合职务侵占罪的构成要件，故对王某某的辩解及两名被告人的辩护人提出被告人的行为不构成职务侵占罪的相关辩护意见，不予采信或采纳。陈某某、王某某身为国有公司职工，单独或结伙利用其抄报行南村水表用水量的职务便利，非法侵占本单位财物，其行为均已构成职务侵占罪。其中第二节、第三节事实属共同犯罪。陈某某侵占数额为134万余元，王某某侵占数额为69万余元，均属数额巨大，公诉机关指控事实清楚，证据确凿。判决：被告人陈某某犯职务侵占罪，判处有期徒刑12年，并处没收财产人民币5万元；被告人王某某犯职务侵占罪，判处有期徒刑8年，并处没收财产人民币3万元。两名被告人不服，均提出上诉。

上海市第一中级人民法院二审认为：职务侵占罪必须是公司、企业或者其他单位的人员，利用职务上的便利，实施了将本单位财物非法占为己有，数额较大的行为。上诉人陈某某、王某某利用自己职务上的便利，少抄、不抄行南村水表数码，使行南村少交水费达134万余元，为行南村谋取了利益，使自来水公司受到了损失。但陈某某、王某某并未占有自来水公司这134万余元水费。他们少抄、不抄行南村水表数码，让行南村向自来水公司少交水费的目的，也不是要将行南村少交的水费非法占为己有，而只是为了从行南村获取好处费。由于两名上诉人未实施将本单位财物非法占为己有的行为，故不符合职务侵占罪的构成要件，不构成职务侵占罪。陈某某身为国有公司工作人员，利用自己是抄表员的职务上的便利，少抄、不抄行南村水表数码，让行南村少交水费64万余元；在自己未担任抄表员时，又指使后来的抄表员少抄、不抄行南村水表数码，让行南村少交水费61万余元；共为行南村谋取利益126万余元，非法收受行南村给予的好处费14万余元，又为行南村的利益，伙同王某某私自为行南村拆装水表，从中获取好处费1.5万元，数额巨大，其行为已构成公司企业人员受贿罪，依法应予惩处。王某某身为国有公司工作人员，单独或伙同陈某某利用自己担任抄表员职务上的便利，少抄、不抄行南村水表数码，让行南村少交水费69万余元，非法收受行南村给予的好处费8000元，又为行南村的利益，伙同陈某某私自为行南村拆装水表，从中获取好处费1万元，数额较大，其行为已构成公司企业人员受贿罪，依法亦应予惩处。原判认定事实清楚，证据确实、充分，审判程序合法，但适用法律不当，应予纠正。上诉人及其辩护人关于上诉人不构成职务侵占罪的上诉理由和辩护意见，法院予以采纳。上海市人民检察院第一分院建议驳回上诉，维持原判的出庭意见，于法无据，不予支持。判决：上诉人陈某某犯公司、企业人员受贿罪，判处有期徒刑8年，并处没收财产人民币3万元；上诉人王某某犯公司、企业人员受贿罪，判处有期徒刑1年6个月。

【案例4－29】2000年12月，山东世纪康有限公司副经理唐某某找到被告人付某，要付某从其单位通过管道私下秘密向世纪康有限公司输送丙烯，并许诺每输一吨丙烯送给付某人民币1500元。2000年12月至2001年4月，被告人付某利用其值班之际，先后10余次关闭丙烯管道流量计，使其不显示数量，将本单位价值约40万元的100余吨丙烯私下秘密输送给世纪康有限公司。唐某某先后数次送给付某现金人民币16.8万元，付某全部收受并将其中5500元送给同班工人韩某某，以防止其检举揭发。案发后，被告人付某的认罪态度好，已将赃款全部退出。山东省淄博市临淄区人民检察院指控被告人付某犯贪污罪。被告人付某及其辩护人对公诉机关指控的事实无异议，其辩护人的辩护意见是：（1）被告人付某不是国家工作人员或以国家工作人员论的人员，不是贪污罪的主体，其行为不构成贪污罪；（2）被告人付某认罪态度好，积极退赃，有悔罪表现，要求对她从轻处罚。临淄区人民法院经审理认为：被告人付某身为公司、企业的工作人员，利用职务之便，将本单位财物（丙烯）私自送于他人，收受他人贿赂，数额巨大，其行为构成公司、企业人员受贿罪。被告人付某是国有公司的操作工，是从事劳务的人员，不是从事公务的人员，不属于国家工作人员或以国家工作人员论的人员，不符合贪污罪的犯罪主体；且被告人付某并无占有本单位财物的目的，而是有将本单位财物非法送给他人，收取他人财物的目的，其客观行为和主观目的均不符合贪污罪的构成要件。对公诉机关指控被告人付某犯贪污罪的意见，不予支持。被告人付某案发后全部退出了赃款，认罪态度好，可从轻处罚。对其辩护人关于被告人付某不是贪污罪的主体，其认罪态度好，积极退赃，有悔罪表现的意见，予以采纳。判决被告人付某犯公司、企业人员受贿罪，判处有期徒刑5年。宣判后，被告人付某没有提出上诉，人民检察院也未提出抗诉。上述两个案例与【案例4－27】相似，被告人均属于国有公司的职工，笔者认为被告人构成的应当是受贿罪，而不是公司、企业人员受贿罪，理由如前所述。

（四）非国家工作人员受贿罪与诈骗罪的界限

根据刑法第266条的规定，诈骗罪，是指以非法占有为目的，用虚构事实或者隐瞒真相的方法，骗取公私财物，数额较大的行为。非国家工作人员受贿罪与诈骗罪的主要区别有：（1）侵犯的客体不同。非国家工作人员受贿罪侵犯的客体是非国家工作人员职务行为的廉洁性；诈骗罪侵犯的客体是公私财物的所有权。（2）客观方面表现不同。非国家工作人员受贿罪的客观方面表现为利用职务上的便利索取他人财物或者非法收受他人财物，为他人谋取利益，具有“权钱交易”的特征；诈骗罪的客观方面表现为用虚构事实或者隐瞒真相的方法，骗取公私财物，不具有“权钱交易”的特征。（3）犯罪主体不同。非国家工作人员受贿罪的主体是公司、企业或者其他单位中的非国家工作人员；而诈骗罪的主体是一般主体。所以二者通常情况下容易区分，但实践中，有的非国家工作人员打着利用职务上的便利为他人谋取利益的幌子，索取或者收受他人财物，实际上并不打算为他人谋取利益，则属于骗取对方财物的行为。对于这种情形，有的学者主张定诈骗罪。笔者认为，这种情况下，该非国家工作人员在骗取他人财物的时候利用了自己的职务便利，也承诺要为他人谋取利益，这样就侵犯了非国家工作人员职务行为的廉洁性，完全符合了非国家工作人员受贿罪的构成要件，应当以非国家工作人员受贿罪追究行为人的刑事责任。

【案例4－30】 被告人白某系西安狮子山不动产资询管理有限公司（以下简称狮子山公司）的职员。2009年3月，榆林市中远房地产开发有限公司（以下简称中远公司）与狮子山公司签订《楼宇策划推广及销售代理合同》，委托狮子山公司负责中远公司在靖边县的“云顶华庭”项目的全程策划推广及销售工作，双方约定，该项目楼宇销售的合同及收据均由中远公司提供，销售合同由狮子山公司填写，中远公司签字盖章，售楼款项及定金由中远公司收取。之后，白某被狮子山公司指定担任“云顶华庭”的销售经理。从2009年

9月初开始，受害人季某某、石某某、卢某某在被告人白某处咨询租赁、购买“云顶华庭”的商铺，白某乘机非法收取好处费、诱骗受害人签订合同并将违规收取的房款据为已有。2009年9月25日，白某找到季某某签订3号商铺的租赁合同，违规收取季某某租赁款15万元，另外季某某给白某写了一张28699元的欠款条。9月27日，白某非法收取石某某现金2万元的好处费后，以每平方米1.3万元的价格与石签订了6号商铺的销售定单，违规收取石某某售楼定金16万元。9月29日，白某拿着其事先拼凑的《商品房买卖合同》找到卢某某签订3号商铺的买卖合同。白某收取卢某某5万元的好处费后，以每平方米1.2万元的价格和卢某某签订买卖合同，并在合同的骑缝上以及收款收据上盖了其伪造的中远公司公章。合同签订后，白某诱骗卢将88万元房款转到了白某当天在农行申请的个人银行卡上，并收取房款现金4680元，白某诈骗卢某某购楼款88.468万元。白某诈骗上述三人的商品房租赁、买卖款共计1194680元，以及非法收取好处费7万元，9月29日下午白某私自携带其个人消费后剩下的105.7万元逃离靖边后被狮子山公司负责人在西安飞机场截住后投案自首。案发后，从白某处追回105.7万元，狮子山公司交付客户赔偿款137592元，计1194592元，该款项于2009年12月22日分别发还给受害人卢某某、石某某、季某某。陕西省靖边县人民检察院指控被告人白某犯诈骗罪、非国家工作人员受贿罪。白某对公诉机关指控的犯罪事实无异议，但辩解他没有诈骗的行为，他当时准备到西安把钱交给西安的公司，他只是收了客户的钱，构成受贿罪。靖边县人民法院经审理认为：被告人白某无视国家法律，在榆林市中远房地产开发有限公司委托西安狮子山不动产投资咨询管理有限公司工作期间，以非法占有为目的，私刻公司印章，用虚假的合同骗取对方当事人的财物，数额特别巨大，并利用职务上的便利，非法收受他人财物，为他人谋取利益，数额较大，其行为已触犯刑律，构成合同诈骗罪、非国家工作人员受贿罪。靖边县人民检察院指控的犯罪事实及罪名成立，本院予以支持。白某辩称他没有诈骗的行为，他当时准备到西安把钱交给西安的公司，他只是收了客户的钱，构成受贿罪。经查，白某采用刻假章、篡改合同，并在农业银行私自开户，骗取季某某、石某某、卢某某的购房款119.468万元，白某赌博输了一部分，将剩余的105.7万元款存入自己的卡内，带上该款离开靖边到西安下飞机后被狮子山公司的人截住，将白某带回该公司，经公司领导劝说后白某主动退还了所骗案款，并到公安局投案自首。白某的此行为违反了榆林市中远房地产开发有限公司和西安狮子山不动产投资咨询管理有限公司的合同条款，足以证明白某有非法占有该款的目的，故对白某的辩解不予采信。对白某应以合同诈骗罪、非国家工作人员受贿罪分别量刑后，适用数罪并罚。案发后，白某主动到公安机关投案自首，故对其应在法定刑幅度内从轻处罚。判决：被告人白某犯合同诈骗罪，判处有期徒刑13年，并处罚金人民币2万元；犯非国家工作人员受贿罪，判处有期徒刑3年；决定合并执行有期徒刑15年，并处罚金人民币2万元。对随案移送的“榆林市中远房地产开发有限公司”假印章一枚、现金付出凭证一本予以没收。

九、非国家工作人员受贿罪的定罪量刑情节

关于如何计算非国家工作人员受贿的数额、如何界定非国家工作人员受贿罪的既遂与未遂、如何认定非国家工作人员受贿罪的共同犯罪和一罪与数罪、如何认定行为人是否构成自首、坦白或者立功，请参见“受贿罪的定罪量刑情节”部分的论述。

【案例4-31】2009年3月，上杭蛟城高速公路有限公司与上杭县泰和房屋拆迁有限公司签订《房地产测绘、评估和拆迁服务委托协议书》，由泰和公司负责对上杭县蛟洋乡至上杭县临城镇高速公路红线内的被拆迁房屋进行测量、评估、拆迁服务等工作。被告人童某某、黄某、荣某、杨某某受泰和公司指派对被拆迁房屋进行测量、评估。2009年6—11月间，经童某某提议采取虚构构筑物、增大房屋建筑或附属物面积等方式修改拆迁户测量、计价资料的方法，四被告人利用职务便利，索取或非法收受上杭县临城镇白玉村、古石村被拆迁户陈某某等二十余人的贿赂款，为陈某某等拆迁户修改测量、计价资料骗取征地补偿款。童某某共计收受贿赂16.1万元，其中共同收受贿赂9.8万元，个人分得29750元，单独收受贿赂6.3万元；荣某共同收受贿赂9.8万元，个人分得29550元；黄某共同收受贿赂8.1万元，个人分得22850元；杨某某共同收受贿赂6.3万元，个人分得15850元，单独收受贿赂1000元。福建省上杭县人民法院一审认为：被告人童某某、荣某、黄某、杨某某身为公司的工作人员，利用职务上的便利，索取或非法收受他人贿赂，为他人谋取利益，童某某收受贿赂数额巨大，荣某、黄某、杨某某收受贿赂为数额较大，事实清楚，证据充分，其行为均已构成非国家工作人员受贿罪，属共同犯罪。案发后，杨某某能主动投案，并如实供述犯罪事实，属自首，依法可以从轻或者减轻处罚。鉴于杨某某有自首情节，自愿认罪，退清了犯罪所得，依法对杨某某从轻处罚。童某某自愿认罪，黄某、荣某自愿认罪，退清了犯罪所得，可酌情从轻处罚。4被告人在共同犯罪中，密切配合，基本上均分赃款，作用相当，不宜区分主从犯。4被告人在短期内连续多次索取或非法收受他人贿赂，对蛟城高速公路建设造成影响，也使部分行贿人多领取了补偿款，给国家造成了经济损失，黄某、荣某索取或非法收受他人贿赂款，接近数额巨大，社会危

害较大，不宜对黄某、荣某适用缓刑。杨某某虽有自首情节，但其共同参与索贿和收受贿赂7起，计人民币6.3万元，个人单独收受贿赂1起，计人民币1000元，其主动与拆迁户联系索取财物，并修改拆迁资料，造成国家经济损失，且经济损失未能挽回，社会危害较大，因此，在量刑时依法对杨某某从轻处罚，但不适用缓刑。根据4被告人的犯罪情节、危害后果以及在共同犯罪中所起的作用和归案后的认罪态度，判决：被告人童某某犯非国家工作人员受贿罪，判处有期徒刑6年9个月，并处没收个人财产人民币4万元；被告人荣某犯非国家工作人员受贿罪，判处有期徒刑3年；被告人黄某犯非国家工作人员受贿罪，判处有期徒刑2年3个月；被告人杨某某犯非国家工作人员受贿罪，判处有期徒刑1年。被告人荣某、黄某、杨某某不服提出上诉，要求认定为从犯并适用缓刑。龙岩市中级人民法院二审认为：原审法院判决定性准确，适用法律正确，审判程序合法。案发后，杨某某能主动投案，并如实供述犯罪事实，属自首，依法可以从轻处罚。对于3上诉人及杨某某的辩护人提出的3上诉人在共同犯罪中起次要和辅助作用，系从犯的诉辩理由。经查，荣某共同收受贿赂11起，计人民币9.8万元，个人分得29550元；黄某共同收受贿赂8起，计人民币8.1万元，个人分得22850元；杨某某共同收受贿赂7起，计人民币6.3万元，个人分得15850元，单独收受贿赂1000元，三上诉人在共同犯罪中，积极参与，密切配合，只是分工不同，基本上是均分赃款，在共同犯罪中作用相当，不宜区分主从犯。因此，该点诉辩理由，不能成立，不予采纳。对于荣某、黄某提出要求适用缓刑的上诉理由：经查，两上诉人在短期内连续多次索取或非法收受他人贿赂，对蛟城高速公路建设造成极坏影响，使部分行贿人多领取了补偿款，给国家造成了经济损失，荣某、黄某索取或非法收受他人贿赂款，接近数额巨大，社会危害较大，对荣某、黄某不宜适用缓刑。因此，该点上诉理由，不能成立，不予采纳。对于杨某某及其辩护人提出要求适用缓刑的诉辩理由：经查，（1）杨某某案发后能主动投案，并如实供述犯罪事实，属自首，依法可以从轻处罚；（2）积极退清全部赃款；（3）在二审审理期间杨某某亲属代其退出给国家造成的经济损失1.3万元。确有悔罪表现。因此，该点诉辩理由成立，予以采纳。原审根据童某某、荣某、黄某的犯罪情节、性质、对社会的危害后果以及在共同犯罪中所起的作用和归案后的认罪态度，在法律规定的幅度内分别作出的量刑并无不当，予以维持；改判杨某某犯非国家工作人员受贿罪，判处有期徒刑1年，缓刑2年。

【案例4－32】被告人沙某某、韩某在担任北京银行金融街支行信贷员期间，于2003年1月至6月间不按规定审查客户汽车贷款材料并进行调查，即向北京福普得汽车贸易有限公司（以下简称北京福普得公司）发放贷款，致使该公司以伪造的虚假身份证明、收入证明、房产证明、汽车销售发票等，从北京银行金融街支行骗取汽车消费贷款29笔，共计人民币2000余万元，后造成人民币1600余万元至今未归还；后被查获。被告人沙某某还单独于2003年6月及2004年五六月间在工作中不按规定审查客户汽车贷款材料并进行调查，即向北京福普得公司发放贷款，致使该公司以伪造的虚假身份证明、收入证明、房产证明、汽车销售发票等，从北京银行金融街支行骗取汽车消费贷款9笔，共计人民币250余万元，后造成230余万元至今未归还。被告人沙某某、韩某在担任北京市商业银行金融街支行信贷员期间，共同及单独于2003年1—6月及2004年五六月间，在为北京福普得公司办理上述贷款过程中，为该公司申请汽车消费贷款提供便利，非法收受该公司经理杨某（另案处理）给予的款物，其中沙某某收受人民币10万余元及“尼康”牌照相机一架，韩某收受人民币7万元及“尼康”牌照相机一架。“尼康”牌照相机二架价值人民币1160元。北京市西城区人民检察院指控被告人沙某某、韩某犯违法发放贷款罪、公司企业人员受贿罪。西城区人民法院经审理认为：被告人沙某某、韩某身为银行工作人员违反规定发放贷款，造成特别重大损失的行为，破坏了市场经济、金融管理秩序，均已构成违法发放贷款罪；被告人沙某某、韩某身为银行工作人员在金融业务活动中，利用职务上的便利，非法收受他人财物，为他人谋取利益，沙某某收受财物数额巨大、韩某收受财物数额较大的行为，破坏了市场经济秩序，妨害了公司企业的管理秩序，均已构成公司、企业人员受贿罪；依法均应予以惩处。鉴于沙某某、韩某如实供述司法机关尚未掌握的部分同种公司、企业人员受贿罪事实并揭发同案犯的此部分共同犯罪事实，且积极退赔部分或全部赃款，均依法从轻处罚。判决：被告人沙某某犯违法发放贷款罪，判处有期徒刑7年，并处罚金人民币7万元；犯公司、企业人员受贿罪，判处有期徒刑6年；决定执行有期徒刑12年，罚金人民币7万元。被告人韩某犯违法发放贷款罪，判处有期徒刑6年，并处罚金人民币6万元；犯公司、企业人员受贿罪，判处有期徒刑3年；决定执行有期徒刑8年，罚金人民币6万元。两名被告人不服，提出上诉。北京市第一中级人民法院二审裁定驳回上诉，维持原判。笔者认为，本案中两名被告人违法发放贷款的行为与其受贿行为之间具有牵连关系，笔者主张对于此种情况适用“从一重罪”处断的原则。因为受贿罪的本质特征就是“权钱交易”，被告人收受贿赂构成公司、企业人员受贿罪，还必须具有为他人谋取利益的情节，而为他人违法发放贷款就是被告人为他人谋取利益的表现，在认定被告人构成公司、企业人员受贿罪的同时，再认定构成违法发放贷款罪并实行数罪并罚，显然违背了对同一行为不得进行重复评价的刑法适用原则。详细理由请参见“受贿罪的一罪与数罪”

部分的论述。

【案例4-33】 被告人段某某受聘担任浙江龙盛集团股份有限公司副总工程师期间，因对现状不满，欲离开公司而未获批准。1999年3月，被告人段某某和杭州吉华化工有限公司总经理邵某某在绍兴一大酒店见面，邵某某为获取被告人段某某的技术资料，送给段某某人民币2万元，段某某予以收受。同年4月，被告人段某某和邵某某在萧山宾馆见面，段某某将属于龙盛集团股份有限公司商业秘密的分散红153工艺流程和分散蓝148、367、371结构式披露给邵某某。邵某某遂按被告人段某某提供的分散红153工艺流程作了小试。浙江省上虞市人民检察院指控被告人段某某犯公司、企业人员受贿罪和侵犯商业秘密罪。上虞市人民法院经审理认为：被告人段某某利用职务上的便利，非法收受他人财物，为他人谋取利益，数额较大，其行为已构成公司、企业人员受贿罪。公诉机关指控段某某构成此罪的事实成立，本院予以支持。被告人段某某违反约定，披露其所掌握的商业秘密，实施了侵犯浙江龙盛集团股份有限公司商业秘密的行为，但根据刑法第219条的规定，侵犯商业秘密罪是结果犯，即行为人实施的侵犯商业秘密的行为，只有给商业秘密的权利人造成了重大损失的结果，才构成本罪。被告人段某某之行为给浙江龙盛集团股份有限公司造成“重大损失”没有事实依据，故公诉机关指控段某某构成侵犯商业秘密罪的事实、罪名不成立，本院不予支持。判决被告人段某某犯公司、企业人员受贿罪，判处有期徒刑1年4个月。

【案例4-34】 被告人毛某某于1995年至1997年期间，在任原“四信”主任，兼任“联社”基建办主任和“锦山支行”负责人期间，利用职务上的便利非法收受贿赂合计人民币9.1万元。被告人毛某某于1997年1月至1998年3月间，利用职务之便，侵占本单位资金65万元，其中50万元未遂。被告人毛某某在担任锦山支行负责人，兼任原“联社”基建办主任期间，利用职务之便，将丹东市房屋建设总公司商品房开发经营公司返还给“联社”大楼配套工程预留款30万元，从丹东市商业银行营业部划至锦山支行基建账户，而后于1997年12月3日私自决定，把该账户其中6万元借给丹东市金盾直销商场有限公司（私营企业）用于经营活动，该资金于1998年1月14日全部返还；又于24日再次私自决定，将该账户其中的10万元借给丹东罗曼餐饮服务有限公司（私营企业）用于经营活动。案发后，赃款已被全部追回。辽宁省丹东市振兴区人民法院经审理认为：被告人毛某某目无国法，利用职务之便，收受他人贿赂，为他人谋取利益，数额较大，已构成公司人员受贿罪；又利用职务之便，将本单位财物非法占为己有，数额巨大，其行为已构成职务侵占罪；在兼任本单位基建工程负责人期间，利用职务上的便利，将其财务账上数额较大的款项借贷给他人进行营利活动，已构成挪用资金罪。被告人毛某某犯有数罪，应依照我国刑法数罪并罚原则处罚。鉴于毛某某在职务侵占和挪用资金犯罪部分有自首情节，应依法减轻处罚；在受贿犯罪中，能主动交待较重同种犯罪事实，应当依法从轻处罚；在职务侵占犯罪部分，其中的50万元股权，在案发时其所有权尚未达到实际占有系犯罪未遂，应依法减轻处罚。考虑毛某某认罪态度尚好，全案赃款已全部追回并有悔罪表现等情节，可予酌情从轻处罚。对辩护人及毛某某均提出职务侵占罪和挪用资金罪不应定罪的辩护意见，因毛某某的行为符合职务侵占罪和挪用资金罪的主、客观要件，故此意见不予支持。判决：被告人毛某某犯公司人员受贿罪，判处有期徒刑1年6个月；犯职务侵占罪，判处有期徒刑2年；犯挪用资金罪，免予刑事处罚；根据数罪并罚的原则，决定执行有期徒刑3年，缓刑5年。

十、非国家工作人员受贿罪的法定刑

根据刑法第163条的规定，对犯非国家工作人员受贿罪的，根据受贿数额多少予以量刑。数额较大的，处5年以下有期徒刑或者拘役；数额巨大的，处5年以上有期徒刑，可以并处没收财产。

【案例4－35】2006年1月至7月，被告人高某某在担任北京天运通房地产开发有限责任公司预算部负责人期间，利用全面负责预算部的日常工作及对工程金额预算、结算审核的权利，向承包该公司工程项目的张某某、李某某、伊某、王某某索要、收受贿赂共计人民币32万元。后被抓获。北京市昌平区人民法院经审理认为：被告人高某某无视国法，身为公司、企业的工作人员，利用职务上的便利，索取、非法收受他人财物，为他人谋取利益，数额巨大，其行为已构成公司、企业人员受贿罪，依法应予惩处。鉴于被告人高某某案发后主动坦白犯罪事实，积极退赃，予以从轻处罚。对于辩护人提出的被告人高某某有较好的认罪态度、相应的悔罪表现，积极退赃，建议法庭对其从轻处罚的意见予以采纳，对于其提出的被告人高某某有立功情节的意见，缺乏事实依据，不予采纳。判决：被告人高某某犯公司、企业人员受贿罪，判处有期徒刑7年，剥夺政治权利1年。

【案例4－36】2003年12月间，被告人信某某利用担任北京蓝蔚恒房地产开发有限公司经理、法定代表人职务的便利，在该公司转让过程中，将公司转让等信息告知房某某（另案处理），同时二人约定，被告人信某某将北京蓝蔚恒房地产开发有限公司及该公司的峰景佳园项目顺利转让给由房某某控制的北京市通州台湖建筑公司后，房某某给付信某某500万元的好处。后北京市通州台湖建筑公司以人民币1700余万元的价格收购了北京蓝蔚恒房地产开发有限公司及该公司的峰景佳园项目，又以5000万元的价格再次转让。被告人信某某从2003年12月至2005年6月间，先后收受房某某给付的人民币350万元及别克轿车1辆，价值人民币18.49万元。北京市石景山区人民法院经审理认为：被告人信某某身为公司的法定代表人、经理，利用职务便利，非法收受他人财物，为他人谋取利益，其行为已构成公司、企业人员受贿罪，且数额巨大，应予惩处。被告人信某某自愿认罪，能退出部分赃款，根据最高人民法院、最高人民检察院、司法部《关于适用普通程序审理“被告人认罪案件”的若干意见（试行)》的规定，可对其酌情从轻处罚。被告人信某某的辩护人关于信某某本人未全部占有受贿款，已追缴部分赃款，信某某自愿认罪，态度较好等辩护意见，本院在对信某某量刑时已酌情考虑。判决被告人信某某犯公司、企业人员受贿罪，判处有期徒刑10年。

第五章 行贿罪

一、行贿罪概述

（一）行贿罪的立法沿革

1952年4月21日中央人民政府公布的《中华人民共和国惩治贪污条例》第6条规定："一切向国家工作人员行使贿赂、介绍贿赂者，应按其情节轻重参酌本条例第三条的规定处刑；其情况特别严重者，并得没收其财产之一部或全部；其彻底坦白并对受贿人实行检举者，得判处罚金，免予其他刑事处分。凡为偷税而行贿者，除依法补税、罚款外，其行贿罪依本条例的规定予以惩治。凡胁迫或诱惑他人收受贿赂者，应从重或加重处刑。凡因被勒索而给予国家工作人员以财物并无违法所得者，不以行贿论；其被勒索的财物，应退还原主。"

1979年刑法在分则渎职罪一章规定了行贿罪，第185条第3款规定："向国家工作人员行贿或者介绍贿赂的，处三年以下有期徒刑或者拘役。"1985年7月18日最高人民法院、最高人民检察院联合印发的《关于当前办理经济犯罪案件中具体应用法律的若干问题的解答（试行）》对行贿罪进行了具体解释："个人为谋取非法利益，向国家工作人员行贿或者介绍贿赂的，应按（1979年）刑法第185条第3款追究刑事责任。行贿人因被敲诈勒索而给予国家工作人员财物的，不以行贿论。国家机关、团体、企业事业单位和集体经济组织为谋取非法利益而行贿，数额巨大，情节严重的，对其主管人员和直接责任人员应追究行贿罪的刑事责任。"司法解释将行贿罪限定为行为人为了谋取非法利益，大大缩小了行贿罪的成立范围。

1988年1月21日全国人大常委会通过的《关于惩治贪污罪贿赂罪的补充规定》，用两个条文规定了行贿罪。第7条规定："为谋取不正当利益，给予国家工作人员、集体经济组织工作人员或者其他从事公务的人员以财物的，是行贿罪。在经济往来中，违反国家规定，给予国家工作人员、集体经济组织工作人员或者其他从事公务的人员以财物，数额较大的，或者违反国家规定，给予国家工作人员、集体经济组织工作人员或者其他从事公务的人员以回扣、手续费的，以行贿论处。因被勒索给予国家工作人员、集体经济组织工作人员或者其他从事公务的人员以财物，没有获得不正当利益的，不是行贿。”第 8 条规定：“对犯行贿罪的，处五年以下有期徒刑或者拘役；因行贿谋取不正当利益，情节严重的，或者使国家利益、集体利益遭受重大损失的，处五年以上有期徒刑；情节特别严重的，处无期徒刑，并处没收财产。行贿人在被追诉前，主动交代行贿行为的，可以减轻处罚，或者免予刑事处罚。因行贿而进行违法活动构成其他罪的，依照数罪并罚的规定处罚。”可以看出，行贿罪的最高法定刑由“三年有期徒刑”提高到了“无期徒刑”。第 9 条还增加规定了单位行贿罪：“企业事业单位、机关、团体为谋取不正当利益而行贿，或者违反国家规定，给予国家工作人员、集体经济组织工作人员或者其他从事公务的人员以回扣、手续费，情节严重的，判处罚金，并对其直接负责的主管人员和其他直接责任人员，处五年以下有期徒刑或者拘役。因行贿取得的违法所得归私人所有的，依照本规定第八条的规定处罚。”该立法将行为人谋取“非法利益”修改为谋取“不正当利益”，适当扩大了行贿罪的成立范围。

1997 年修订后的刑法吸收了《关于惩治贪污罪贿赂罪的补充规定》的有关内容，用四个条文规定了行贿犯罪，并将之纳入贪污贿赂罪一章。第 389 条规定了行贿罪：“为谋取不正当利益，给予国家工作人员以财物的，是行贿罪。在经济往来中，违反国家规定，给予国家工作人员以财物，数额较大的，或者违反国家规定，给予国家工作人员以各种名义的回扣、手续费的，以行贿论处。因被勒索给予国家工作人员以财物，没有获得不正当利益的，不是行贿。”第 390 条规定了行贿罪的法定刑：“对犯行贿罪的，处五年以下有期徒刑或者拘役；因行贿谋取不正当利益，情节严重的，或者使国家利益遭受重大损失的，处五年以上十年以下有期徒刑；情节特别严重的，处十年以上有期徒刑或者无期徒刑，可以并处没收财产。行贿人在被追诉前主动交待行贿行为的，可以减轻处罚或者免除处罚。”第 391 条规定了对单位行贿罪：“为谋取不正当利益，给予国家机关、国有公司、企业、事业单位、人民团体以财物的，或者在经济往来中，违反国家规定，给予各种名义的回扣、手续费的，处三年以下有期徒刑或者拘役。单位犯前款罪的，对单位判处罚金，并对其直接负责的主管人员和其他直接责任人员，依照前款的规定处罚。”第 393 条规定了单位行贿罪：“单位为谋取不正当利益而行贿，或者违反国家规定，给予国家工作人员以回扣、手续费，情节严重的，对单位判处罚金，并对其直接负责的主管人员和其他直接责任人员，处五年以下有期徒刑或者拘役。因行贿取得的违法所得归个人所有的，依照本法第三百八十九条、第三百九十条的规定定罪处罚。”1999 年 9 月 16 日最高人民检察院《关于人民检察院直接受理立案侦查案件立案标准的规定（试行）》和2000年12月22日最高人民检察院《关于行贿罪立案标准的规定》，就行贿罪的概念、理解、立案标准等进行了解释。2008年11月20日最高人民法院、最高人民检察院又联合印发了《关于办理商业贿赂刑事案件适用法律若干问题的意见》，对行贿犯罪的有关问题进行了解释。

需要指出的是，刑法第八章规定的行贿犯罪都是与国家工作人员或者国有单位有关的。此外，刑法第164条还规定了对非国家工作人员行贿罪和对外国公职人员、国际公共组织官员行贿罪："为谋取不正当利益，给予公司、企业或者其他单位的工作人员以财物，数额较大的，处三年以下有期徒刑或者拘役；数额巨大的，处三年以上十年以下有期徒刑，并处罚金。为谋取不正当商业利益，给予外国公职人员或者国际公共组织官员以财物的，依照前款的规定处罚。单位犯前两款罪的，对单位判处罚金，并对其直接负责的主管人员和其他直接责任人员，依照第一款的规定处罚。行贿人在被追诉前主动交待行贿行为的，可以减轻处罚或者免除处罚。"

（二）行贿罪的概念

根据刑法第389条和1999年最高人民检察院《关于人民检察院直接受理立案侦查案件立案标准的规定（试行）》和2000年最高人民检察院《关于行贿罪立案标准的规定》，行贿罪，是指为谋取不正当利益，给予国家工作人员以财物的行为。

二、行贿罪的客体和对象

关于行贿罪侵犯的客体，刑法学界的认识和表述并不一致。笔者认为，行贿罪侵犯的客体是国家工作人员职务行为的廉洁性。行贿罪与受贿罪是对向性的犯罪，二者侵犯的客体也是相同的，行贿人为了谋取不正当利益，采取贿赂手段腐蚀国家工作人员，便侵犯了国家工作人员职务行为的廉洁性。因此，在惩治受贿犯罪的同时，也必须惩治行贿犯罪。

行贿罪的行贿对象仅限于国家工作人员，不包括国家机关、国有公司、企业、事业单位、人民团体等国有单位。行为人向国有单位行贿的，可能构成对单位行贿罪。关于国家工作人员的具体范围，请参见"受贿罪的主体"部分对国家工作人员的论述。

行贿罪的犯罪对象为贿赂，根据刑法第389条的规定，限于"财物"。关于"财物"的范围，请参见"受贿罪的对象"部分的论述。

【**案例 5－1**】2006 年，被告人隆某某开始在石柱县南宾镇范围内修建违法建筑。在修建违法建筑期间，被告人隆某某为了得到原县规划局执法大队副队长谭某某以及执法大队中队长杨某某的照顾，使其违法建筑顺利建成，先后 3 次向谭某某行贿共计人民币 10 万元，2 次向杨某某行贿共计人民币 2.2 万元。2006 年以来，被告人隆某某共修建违法建筑 5 栋，其中已建成 3 栋，在建房屋 2 栋，已建成的房屋均销售完毕，被告人隆某某已获取非法利益。重庆市石柱土家族自治县人民法院经审理认为：被告人隆某某为了谋取不正当利益，向国家工作人员行贿，其行为已构成行贿罪。判决被告人隆某某犯行贿罪，判处有期徒刑 6 个月。

三、行贿罪的客观方面

行贿罪的客观方面表现为行为人为谋取不正当利益，给予国家工作人员以财物的行为。与受贿罪中索取他人财物或者非法收受他人财物的形式相对应，行贿罪在客观方面也表现为两种行为方式：

一是行为人为谋取不正当利益，主动给予国家工作人员以财物的。在这种情况下，无论行贿人意图谋取的不正当利益是否实现，均不影响行贿罪的成立；即使国家工作人员实际上并未实施为行贿人谋取不正当利益的行为，行为人也可以构成行贿罪。

【**案例 5－2**】2004 年 5 月至 8 月间，被告人李某某为将其母亲与他人共有的北京市崇文区果子胡同 27、29 号房屋上违章加盖的二层木板结构房屋计入房产证面积，通过北京市崇文区公证处工作人员李某（另案处理）的介绍认识了北京市崇文区房地产发证事务所工作人员吴某（另案处理）。李某某请求吴某帮忙，并答应给予好处费。后吴某利用其负责受理房屋产权变更登记及发证的职务之便，违法将上述违章建筑面积计入新的房产证。期间，被告人李某某分三次给予吴某和李某贿赂款共计人民币 12 万元。北京市崇文区人民法院一审认为：被告人李某某为谋取其家违章建筑计入房产证的不正当利益，给予国家工作人员以财物，其行为已构成行贿罪，依法应予惩处。判决李某某犯行贿罪，判处有期徒刑 2 年。李某某不服，提出上诉。北京市第二中级人民法院二审裁定驳回上诉，维持原判。

【**案例 5－3**】被告人臧某某于 2006 年 8 月至 12 月间，在购买葫芦岛东方铜业有限公司产生的废镁灰过程中，请托该公司经理毕某某、副经理张某某（均另案起诉），违规将高品位含铜喷溅物掺入废镁灰中，谋取不正当利益。后臧某某给予毕某某人民币 10 万元，给予张某某人民币 5 万元。葫芦岛市连山区人民法院一审认为：被告人臧某某为谋取不正当利益，给予国家工作人员以财物，其行为构成行贿罪。臧某某的供述虽然在行贿数额上与毕某某、张某某的供述不一致，但基本事实与毕某某、张某某的供述相印证，所以并不影响对臧某某行为性质的认定，但其犯罪数额应当以有利于被告人的原则予以认定。判决臧某某犯行贿罪，判处有期徒刑3年。臧某某不服，提出上诉。葫芦岛市中级人民法院二审认为：上诉人臧某某在葫芦岛有色金属集团公司东方铜业公司工作期间，为收购含铜品位高的废镁灰，向公司总经理毕某某（另案处理）行贿10万元，副经理张某某（另案处理）行贿5万元，该二人接受请托指使公司工作人员违反公司规定，将喷溅物不予回收，直接掺杂在废镁灰中，以普通的废镁灰价格销售给上诉人臧某某，为臧某某谋取暴利提供帮助。因此，臧某某为谋取不正当利益，给予国家工作人员以财物，其行为构成行贿罪。关于臧某某行贿事实不清的上诉理由，经查，公安机关立案侦查时确实存在臧某某行贿数额与毕某某、张某某接受贿赂数额供述不一致情况，但经二审开庭质证，上诉人臧某某对毕某某行贿10万元、对张某某行贿5万元的数额供述较为稳定，虽曾提出给毕某某的10万元是还清欠款，给张某某5万元是借给其购买房屋，但该辩解并没有有效证据予以支持，故原审法院认定行贿数额准确，臧某某的上诉理由不予支持。原判事实清楚，证据充分，适用法律正确，审判程序合法。裁定驳回上诉，维持原判。

二是行为人因被勒索给予国家工作人员以财物，已获得不正当利益的。刑法第389条第3款规定："因被勒索给予国家工作人员以财物，没有获得不正当利益的，不是行贿。"1999年最高人民检察院《关于人民检察院直接受理立案侦查案件立案标准的规定（试行）》进一步指出："因被勒索给予国家工作人员以财物，已获得不正当利益的，以行贿罪追究刑事责任。"

【案例5-4】被告人杜某某系某开关厂业务员。1998年3月，某市火电厂搞扩建，需购买高压开关柜20台。开关厂知悉后，委派杜某某前往火电厂联系业务。当杜找到火电厂基建科科长周某时，周某当面向杜索要"好处费"5万元，否则便不订开关厂的产品。杜某某为了完成厂里分配的任务，只得先给了周某3万元，并约定剩余2万元在5天之内凑齐。不料3天之后，火电厂却与另一家开关厂签订了开关柜买卖合同。杜某某得知后，要求周某返还3万元"好处费"，但周某却矢口否认。于是杜某某便向该市检察院反贪局举报了此事。本案中，被告人杜某某在被勒索的情况下给予国家工作人员3万元"好处费"，但其并没有获得不正当利益，根据刑法第389条第3款的规定，其行为不构成行贿罪。

四、行贿罪的主体

行贿罪的主体是一般主体，凡是年满16周岁，具有刑事责任能力的自然人均可成为本罪的主体。单位不能成为本罪的主体。

【案例5－5】被告人贾某、孟某系夫妻关系。从2005年开始，被告人贾某、孟某与他人合作，向负责高校招生的有关国家工作人员送钱，并通过这些国家工作人员利用职务便利将在普通高校招生考试中按正常程序无法录取的考生录取到高校，贾某、孟某从中获利。其中，与两被告人合作者负责确定价格，并直接向负责相关高校招生工作的国家工作人员进行请托和送钱；而两被告人应与之合作者之托为其提供需要请托的考生，并根据合作者确定的价格加收部分费用后向学生家长收取费用，在留下加收的费用后再将其余部分交给合作者。2005年、2006年以贾某为主办理上述业务，2007年以孟某为主办理上述业务。在办理上述业务的过程中，贾某、孟某均知道与其合作的人是向省教育考试院或者高校内部负责高校招生工作的国家工作人员送钱，并通过他们利用职权，将在普通高校招生考试中按正常程序无法录取的考生录取到高校，不送钱是无法录取的。颜某某（已判刑）与贾某、孟某相识后于2007年提出按上述模式进行合作并取得两被告人的同意。2007年普通高校招生期间，贾某因要出国考察，将联系上述业务用的手机交给了孟某并委托其全权办理上述业务。后在2007年普通高校招生期间，孟某应颜某某之托为其提供了需要请托的考生胡某、郭某某，并按照上述模式，先由颜某某确定价格，孟某在该价格上加收部分费用后收取了考生胡某、郭某某家长的钱，在留下加收部分后交给颜某某，通过颜某某向某学院招生就业处处长马某某行贿人民币4.5万元，由马某某利用职务之便，将未达到普通高校录取条件的考生胡某、郭某某招录到其所在的某学院就读。贾某、孟某从中获利人民币2万元。长沙市岳麓区人民法院经审理认为：被告人贾某、孟某与颜某某系共同犯罪，两被告人在共同犯罪中所起的作用与颜某某相比相对较小，但没有主、从犯之分。贾某、孟某向司法机关坦白交待了自己的罪行，认罪态度较好，均可以酌定从轻处罚。判决：被告人贾某犯行贿罪，免予刑事处罚；被告人孟某犯行贿罪，免予刑事处罚；追缴贾某、孟某的违法所得人民币2万元，上缴国库。

五、行贿罪的主观方面

行贿罪的主观方面是直接故意，行为人具有谋取不正当利益的目的。如果行为人为谋取正当利益，而向国家工作人员行贿的，根据现行刑法规定，不构成犯罪。

【案例5－6】 1999年12月，王某某因涉嫌职务侵占罪被海口市公安局立案侦查并拘留。2000年1月13日，该局向海口市人民检察院提请批准逮捕王某某。在此期间，被告人李某某找曾某某帮忙到海口市人民检察院疏通关系，意欲使王某某不被批捕。曾某某答应帮忙并提出需要几十万元费用。尔后，曾某某找时任海口市人民检察院副检察长的王甲，要求对王某某不批捕。同年1月20日，海口市人民检察院对王某某作出不批准逮捕决定，将该案退回海口市公安局补充侦查。为此，被告人李某某按照曾某某要求，先后四次送给曾某某人民币现金共计70万元，曾某某将其中10万元送给王甲。海南省海南中级人民法院经审理认为：被告人李某某无视国法，为谋取不正当利益，通过他人向国家工作人员行贿人民币10万元，其行为已构成行贿罪。鉴于李某某认罪态度比较好，可酌情从轻处理。关于辩护人提出的李某某没有行贿的直接故意的辩护意见，经查，李某某原向侦查机关作的供述及其亲笔写的自我交代材料与曾某某的供述均供称曾某某向李某某表示过要向检察院的人行贿，李某某仍应曾某某的要求提供资金，故李某某实际上有通过曾某某向检察院的工作人员行贿的共同故意。因此，辩护人的辩护意见据理不足，不予采纳。依法判决被告人李某某犯行贿罪，判处有期徒刑2年，缓刑2年。

关于“不正当利益”的含义，刑法学界也有不同认识，归纳起来大致有三种观点。第一种观点认为，所谓“不正当利益”，相当于非法利益，是指行贿人依照法律、法规或者规章、条例等规定不应当得到的利益。行贿人依法应当或者可以得到，或者暂时尚不能得到的利益，如名额有限、数量有限而无法得到的，不属于不正当利益。第二种观点认为，对于“不正当利益”应从广义上理解，不仅是指非法利益，而且包括采取不正当手段如行贿所取得的利益。也就是说，不管利益本身是否正当，只要是以不正当手段取得的利益，均属于不正当利益。第三种观点认为，“不正当利益”除了包括非法利益外，还应当包括通过不正当手段所取得的不确定利益。所谓不确定利益，是指利益本身是合法的，但利益的归属尚未确定的利益。笔者赞同第三种观点，第一种观点将不正当利益等同于非法利益，大大缩小了不正当利益的范围，不利于对行贿犯罪的打击；第二种观点将所有采取不正当手段而获得的利益均纳入不正当利益的范围，由于行贿本身就属于不正当手段，则所有行贿犯罪中谋取的利益将全部属于不正当利益，刑法规定“不正当利益”来控制对行贿犯罪打击面的作用将无法体现。

鉴于如何理解“不正当利益”涉及罪与非罪的问题，为指导司法实践，1999年3月4日最高人民法院、最高人民检察院《关于在办理受贿犯罪大要案的同时要严肃查处严重行贿犯罪分子的通知》第2条指出：行贿犯罪中的

"谋取不正当利益"，是指谋取违反法律、法规、国家政策和国务院各部门规章规定的利益，以及要求国家工作人员或者有关单位提供违反法律、法规、国家政策和国务院各部门规章规定的帮助或者方便条件。1999年9月16日最高人民检察院《关于人民检察院直接受理立案侦查案件立案标准的规定（试行)》附则部分第5项指出：本规定中有关贿赂罪案中的"谋取不正当利益"，是指谋取违反法律、法规、国家政策和国务院各部门规章规定的利益，以及谋取违反法律、法规、国家政策和国务院各部门规章规定的帮助或者方便条件。2008年11月20日最高人民法院、最高人民检察院《关于办理商业贿赂刑事案件适用法律若干问题的意见》第9条指出：在行贿犯罪中，"谋取不正当利益"，是指行贿人谋取违反法律、法规、规章或者政策规定的利益，或者要求对方违反法律、法规、规章、政策、行业规范的规定提供帮助或者方便条件。在招标投标、政府采购等商业活动中，违背公平原则，给予相关人员财物以谋取竞争优势的，属于"谋取不正当利益"。可以看出，司法解释关于"不正当利益"的解释相当于上述第三种观点的主张，特别是2008年最高人民法院、最高人民检察院《关于办理商业贿赂刑事案件适用法律若干问题的意见》第9条明确将通过行贿手段谋取的不确定利益纳入了不正当利益的范围。

【案例5-7】被告人廖某某与原巫山县交通局局长晏某某（另案处理）系同学关系。2001年至2007年期间，被告人廖某某在不具备技术和资质的情况下，采取挂靠在有相应资质的建筑公司的方式先后违规投标巫山县交通局组织的多项公路工程，并中标承建了巫山县龙王淌至花竹坪路面硬化工程第一段、下田桥工程、刘家垭至官阳路基改建工程（以下简称刘官路）H段、三合浦至三溪乡路面改建工程（以下简称三三路）B段、螺坪至竹贤路基改建工程（以下简称螺竹路）Ⅱ标段，当阳至湖北九湖二期工程（以下简称当九路）Ⅳ标段等工程。其中，在投标当九路二期工程Ⅳ标段和骡竹路工程Ⅱ标段过程时，廖某某还另外找了几家建筑公司参与工程围标。事后，被告人廖某某为了感谢晏某某以及原巫山县交通局副局长徐某（另案处理）在其承建上述工程中的关照，并为了今后继续承接工程，先后9次送给晏某某好处费共计人民币343万元、3次送给徐某好处费共计人民币4万元。重庆市第二中级人民法院经审理认为：被告人廖某某在不具备投标建设公路工程的相关资质的情况下，为谋取不正当利益，多次给予国家工作人员以财物共计人民币347万元，其行为已构成行贿罪，且属情节严重。廖某某在犯罪后能认罪、悔罪，可酌情从轻处罚。判决被告人廖某某犯行贿罪，判处有期徒刑5年。

【案例5-8】1999年8月26日，被告人雷甲的胞弟雷乙因涉嫌绑架被海口市公安局刑事拘留，同年9月23日，该局提请海口市人民检察院对雷乙批准逮捕。在此期间，被告人雷甲通过关系，找海口市人民检察院分管批捕、起诉工作的副检察长王某某（已判刑），向王提出雷乙等与被害人有经济纠纷，不是绑架，应定非法拘禁罪，并请求快捕快诉。经王某某过问和批准，同月29日海口市人民检察院以非法拘禁罪批准逮捕雷乙。同年12月21日，海口市公安局坚持以绑架罪将雷乙等人移送海口市人民检察院审查起诉，但在王某某的批准下，该案仍以非法拘禁罪定性，于2000年1月17日交由海口市振东区人民检察院审查起诉。为感谢王某某，被告人雷甲于1999年10月至2000年春节前期间，在海口市海甸岛明馨茶苑和海口市国贸某茶坊分三次送给王某某人民币4万元。后经海南省人民检察院纠正，雷乙案已由海口市人民检察院以绑架罪提起公诉，并经海口市中级人民法院判决予以确认。海南中级人民法院经审理认为：被告人雷甲无视国家法律，为谋取不正当利益而给予国家工作人员财物计人民币4万元，其行为已构成行贿罪。被告人雷甲提出，其送钱给王某某的数额不能确认为4万元人民币；送钱的目的并非是谋取不正当利益，故其不构行贿罪。经查，被告人雷甲向侦查机关所作的供述与王某某的多次供述相互吻合，并在时间、地点、事由、数额等细节上完全一致，故应予认定雷甲向王某某行贿4万元人民币。被告人雷甲向国家工作人员行贿的目的是将雷乙案定性为非法拘禁罪，雷乙案经海南省人民检察院纠正，以绑架罪提起公诉，并经海口市中级人民法院判决予以确认，证实雷甲向国家工作人员行贿是为了谋取不正当利益。因此，被告人雷甲的辩解理由不成立，不予采纳。判决被告人雷甲犯行贿罪，判处有期徒刑2年，缓刑3年。

六、行贿罪的认定

（一）经济往来中行贿罪的认定

刑法第389条第2款规定：在经济往来中，违反国家规定，给予国家工作人员以财物，数额较大的，或者违反国家规定，给予国家工作人员以各种名义的回扣、手续费的，以行贿论处。关于经济往来中的行贿罪，是否需要行为人主观上具有为谋取不正当利益的目的，刑法学界的认识并不一致。有的学者认为，行为人不论是否为谋取不正当利益，只要在经济往来中违反国家规定给予国家工作人员以财物或者各种名义的回扣、手续费的，均可构成行贿罪。[①] 笔

---

① 参见张穹主编：《贪污贿赂渎职“侵权”犯罪案件立案标准精释》，中国检察出版社2000年版，第81页；陈正云、文盛堂主编：《贪污贿赂犯罪认定与侦查实务》，中国检察出版社2002年版，第109页；赵秉志主编：《贪污贿赂及相关犯罪认定处理》，中国方正出版社1999年版，第362页；赵建平著：《贪污贿赂犯罪界限与定罪量刑研究》，中国方正出版社2000年版，第349页。

者认为，刑法第389条第1款已经明确规定，行贿罪需要行为人以谋取不正当利益为目的，这是为了限制行贿罪的成立范围。作为经济往来中的行贿罪，也应当对其成立范围予以必要的限制，行为人主观上应当具有为谋取不正当利益的目的。关于“经济往来”、“国家规定”、“回扣”、“手续费”的具体含义，请参见受贿罪中“经济往来中受贿罪的认定”部分的论述。

【案例5－9】2005年4月至10月期间，被告人唐某某在向中国石油大学（北京）供应煤炭期间，分别向中国石油大学后勤服务总公司副总经理赵某（已判刑）行贿人民币12000元，向中国石油大学后勤服务总公司工程、动力、维修中心主任王某某（另案处理）行贿人民币32000元。北京市昌平区人民法院经审理认为：被告人唐某某在经济往来中，违反国家规定，给予国家工作人员以财物，数额较大，已构成行贿罪，依法应予惩处。考虑到被告人确有悔罪表现，可酌予从轻处罚并宣告缓刑。判决被告人唐某某犯行贿罪，判处有期徒刑1年，缓刑1年。

【案例5－10】2006年至2008年，被告人薛某某为促使其代理推广的东芝64层螺旋CT机设备能够在广州中医药大学第一附属医院公开招标医疗设备过程中顺利中标，向该院设备科科长陈某某、影像放射科副主任黄某各贿送7万元，向影像放射科主任周某某、副主任杨某某各贿送8万元，合计人民币30万元。2009年3月14日，被告人薛某某自动到广州市人民检察院投案。广州市白云区人民法院一审认为：被告人薛某某为谋取不正当利益，贿赂国家工作人员，其行为已构成行贿罪。薛某某犯罪后自动投案，并如实供述犯罪事实，有自首情节，依法可从轻或者减轻处罚。鉴于薛某某有自首情节、悔罪表现，决定对薛某某从轻处罚，并适用缓刑。综合全案的性质、情节、危害后果及被告人的认罪态度，判决被告人薛某某犯行贿罪，判处有期徒刑6个月，缓刑1年。薛某某不服，上诉称其并未构成犯罪。广州市中级人民法院二审认为：关于上诉人及其辩护人提出薛某某不是东芝公司的代理商，是以个人名义协助厂家推广CT机设备，未谋取不正当利益，以及其给予相关人员的30万元是东芝机构给予专家教授深造学习和开展学术交流活动的费用，不构成行贿罪的意见，经查，证人梁某某、张某的证言以及薛某某的供述，均证实薛某某与东芝公司之间存在代理推介产品关系，且依事前协议获取佣金，因此薛某某无论是以个人名义还是以代理商的名义，其均是代表东芝公司向广州中医药大学第一附属医院推销东芝的CT设备，原审据此认定并无不当。薛某某在侦查期间稳定供述，其为了获取丰厚佣金，通过其活动努力帮助东芝公司顺利向广州中医药大学第一附属医院销售CT设备，其送财物给此次采购活动相关人员陈某某、周某某、杨某某、黄某，感谢他们的支持；陈某某、周某某、杨某某、黄某的证言均证实薛某某送给他们的财物是“感谢费”、“好处费”；东芝公司的证人梁某某、张某的证言，亦证实薛某某在东芝公司领取佣金。最高人民法院、最高人民检察院《关于办理商业贿赂刑事案件适用法律若干问题的意见》指出，在招标投标、政府采购等商业活动中，违背公平原则，给予相关人员财物以谋取竞争优势的，属于“谋取不正当利益”，因此薛某某无论是以感谢费名义还是以专家学习交流费用的名目送钱给相关人员，其行为均属于贿赂国家工作人员“谋取不正当利益”，符合行贿罪的构成要件。关于上诉人及其辩护人提出其自动到检察机关投案自首，依法应当免除处罚的意见，经查，原审已根据其自首情节、悔罪表现，对其从轻处罚，适用缓刑，量刑适当。原判认定的事实清楚，证据确实、充分，定性准确，量刑适当，审判程序合法。裁定驳回上诉，维持原判。

（二）行贿与赠与的界限

赠与是一种正当合法的民事行为，与行贿具有截然不同的性质。区分二者的关键在于行为人的主观目的不同。行贿是行为人为了使对方利用职务之便给自己谋取不正当利益，具有“权钱交易”的性质；赠与则是当事人为了增加相互之间的情谊，具有联络感情或礼尚往来的性质。但是，行为人主观目的的判断是个极为复杂的问题，实践中，需要结合多种因素综合判断。2008 年最高人民法院、最高人民检察院《关于办理商业贿赂刑事案件适用法律若干问题的意见》第 10 条专门就此指出：办理商业贿赂犯罪案件，要注意区分贿赂与馈赠的界限。主要应当结合以下因素全面分析、综合判断：（1）发生财物往来的背景，如双方是否存在亲友关系及历史上交往的情形和程度；（2）往来财物的价值；（3）财物往来的缘由、时机和方式，提供财物方对于接受方有无职务上的请托；（4）接受方是否利用职务上的便利为提供方谋取利益。该司法解释虽然是针对商业贿赂案件而作出的，但在办理其他贿赂犯罪案件时，也可以结合上述四个方面的因素，综合把握行贿和赠与的界限。

（三）行贿罪与不正之风的界限

区分二者的关键是看行为人主观上有无使国家工作人员利用职务上的便利为其谋取不正当利益的目的。一般说来，下列情况应属于不正之风：一是行为人因国家工作人员积极履行职责，使其正当利益得以实现，为了表示答谢而给予国家工作人员少量财物的；二是行为人因正当利益应当解决而未解决，为了促进解决，无奈之下给予有关国家工作人员以财物的；三是行为人为谋取不正当利益，因国家工作人员勒索而给予其财物，没有获得不正当利益的；等等。

（四）行贿罪与一般行贿行为的界限

刑法中没有明确规定行贿罪的具体数额标准，也没有明确规定构成行贿罪的情节要求，但这并不意味着行为人为谋取不正当利益，无论行贿数额大小，情节轻重，均构成行贿罪。1999 年最高人民检察院《关于人民检察院直接受理立案侦查案件立案标准的规定（试行）》和 2000 年最高人民检察院《关于行贿罪立案标准的规定》就行贿罪指出：涉嫌下列情形之一的，应予立案：一是行贿数额在 1 万元以上的；二是行贿数额不满 1 万元（应达到 8 千元以上①），但具有下列情形之一的：（1）为谋取非法利益而行贿的；（2）向 3 人以上行贿的；（3）向党政领导、司法工作人员、行政执法人员行贿的；（4）致使国家或者社会利益遭受重大损失的。

2010 年 5 月 7 日最高人民检察院印发的《关于进一步加大查办严重行贿犯罪力度的通知》，要求各级检察机关要重点查处八类行贿犯罪案件：（1）向党政机关、行政执法机关、司法机关和经济管理部门及其工作人员行贿的；（2）国家工作人员行贿的，特别是为跑官买官而行贿的；（3）为非法获取工程、项目的开发、承包、经营权和矿产资源能源的勘探、开采、经营权，以及为逃避环境监管，向国家工作人员行贿的；（4）为生产销售伪劣食品、药品、医疗器材、农药、种子、化肥等违法犯罪活动，向国家工作人员行贿的；（5）为非法逃避税收、办理违法贷款、公司企业违规上市，向税务机关、银行等金融机构、证券监管部门中的国家工作人员行贿的；（6）为谋取土地开发、征地拆迁、农业项目等国家各项资金和政策性补助补贴、农村合作医疗等方面的不正当利益，向国家工作人员行贿的；（7）多次行贿、向多人行贿、行贿数额大或者因行贿被调查处理或者刑事追究后又行贿的，受贿犯罪被证实、行贿人拒不交代的，以及群体性事件和重大责任事故中向国家工作人员行贿的；（8）其他严重危害民生、侵犯人民群众生命财产安全、造成国家利益重大损失的情节恶劣、危害严重的行贿犯罪。

【案例 5－11】2006 年 9 月间，被告人安某得知其丈夫宋某某因在公交车上结伙盗窃被北京市公安局公共交通安全保卫分局抓获后，为使宋某某逃避法律制裁，通过倪某某（另案处理）向北京市公安局公共交通安全保卫总队预审处该案承办人程某某、史某（另案处理）行贿人民币 2 万元。被告人安某

① 1999 年最高人民检察院《关于人民检察院直接受理立案侦查案件立案标准的规定（试行）》附则部分第 2 项指出：本规定中有关犯罪数额“不满”，是指接近该数额且已达到该数额的百分之八十以上。

于2006年9月28日被北京市公安局抓获归案。北京市东城区人民法院经审理认为：被告人安某为谋取不正当利益，给予公安人员财物，其行为妨害了国家机关的管理活动和国家工作人员职务的廉洁性，已构成行贿罪，依法应予刑罚处罚。鉴于被告人安某能够自愿认罪，可酌情从轻处罚，以行贿罪判处被告人安某有期徒刑8个月。

【案例5－12】2009年5月，被告人王某某个人出资成立某公司并担任该公司法定代表人兼经理，主要从事本区相关建设施工工地渣土清运业务。2009年10月下旬某日17时许，王某某为使某管理所对其渣土车辆存在的车容不洁、超载、无处置证运输等违规情况放松监督，于本市某路某路口给予该所所长赵某某（已判决）现金人民币10万元。2009年11月17日，被告人王某某在被追诉前主动至检察机关投案，并如实交代了上述犯罪事实。上海市徐汇区人民法院经审理认为：被告人王某某为谋取不正当利益，给予国家工作人员贿赂款人民币10万元，情节严重，其行为已构成行贿罪，应予处罚。查被告人王某某在被追诉前主动交代行贿事实，依法予以减轻处罚。根据被告人犯罪的事实、性质、情节和对于社会的危害程度，判决被告人王某某犯行贿罪，判处有期徒刑1年，缓刑1年。

（五）行贿罪与对非国家工作人员行贿罪的界限

根据刑法第164条第1款的规定，对非国家工作人员行贿罪，是指为谋取不正当利益，给予公司、企业或者其他单位的工作人员以财物，数额较大的行为。行贿罪与对非国家工作人员行贿罪在客观方面、主观方面的表现基本相同，主要区别在于行贿对象和犯罪主体的不同：行贿罪的行贿对象是国家工作人员；而对非国家工作人员行贿罪的行贿对象是非国家工作人员，既包括非国有公司、企业或者其他单位的工作人员，也包括国有公司、企业以及其他国有单位中的非国家工作人员。行贿罪的犯罪主体是一般主体，仅限于个人，单位不能成为行贿罪的主体，如果单位向国家工作人员行贿的，则可能构成单位行贿罪；对非国家工作人员行贿罪的犯罪主体也是一般主体，但除了个人之外，单位也可以成为对非国家工作人员行贿罪的主体。

（六）行贿罪与对外国公职人员、国际公共组织官员行贿罪的界限

根据刑法第164条第2款的规定，对外国公职人员、国际公共组织官员行贿罪，是指为谋取不正当商业利益，给予外国公职人员或者国际公共组织官员以财物，数额较大的行为。行贿罪与对外国公职人员、国际公共组织官员行贿

罪在客观方面、主观方面的表现基本相同，主要区别在于行贿对象和犯罪主体的不同：行贿罪的行贿对象是国家工作人员；而对外国公职人员、国际公共组织官员行贿罪的行贿对象仅限于外国公职人员、国际公共组织官员。行贿罪的犯罪主体是一般主体，仅限于个人，单位不能成为行贿罪的主体，如果单位向国家工作人员行贿的，则可能构成单位行贿罪；对外国公职人员、国际公共组织官员行贿罪的犯罪主体也是一般主体，但除了个人之外，单位也可以成为对外国公职人员、国际公共组织官员行贿罪的主体。

七、行贿罪的定罪量刑情节

（一）行贿罪既遂与未遂的界限

关于行贿罪既遂与未遂的界限，刑法学界的认识并不一致。有的学者认为，应以行为人实际给予财物作为既遂的标准，但不要求国家工作人员实际接收财物。[①] 也有的学者认为，应以行为人实际给予财物，并请求国家工作人员为其谋取不正当利益作为既遂的标准，但不要求谋取不正当利益的目的实现。还有的学者认为，应以行为人实际给予财物，并谋取到不正当利益作为既遂的标准。

笔者认为，由于行贿罪表现为主动行贿和被动行贿两种形式，根据刑法的规定，两种形式的行贿罪成立标准是不同的，因此其既遂的标准也不尽相同。在行为人主动行贿的情况下，应当以行为人为谋取不正当利益而给予国家工作人员财物，国家工作人员收受财物作为行贿罪既遂的标准，即使行为人并没有实际获得不正当利益，也不影响行贿罪既遂的成立；但如果国家工作人员没有接受行为人给予的财物，则属于行贿未遂；如果国家工作人员收受财物后，害怕被查处等原因又予以退还的，则行为人仍然属于行贿既遂。在行为人因被勒索而给予国家工作人员财物的情况下，应当以行为人给予国家工作人员财物，并实际获得不正当利益作为行贿罪既遂的标准；如果行为人实际上并没有获得不正当利益，根据刑法第 389 条第 3 款的规定不属于行贿，当然也构不成行贿罪。从这个角度讲，被动行贿实际上只有行贿罪成立与否的问题，而没有既遂与未遂的问题。

【案例 5－13】 甲是一个体建筑包工头。1999 年甲从某国有建筑单位承包到一项修路工程。在施工过程中，甲为了让该国有建筑单位质检人员放松质量

---

① 参见刘生荣等著：《贪污贿赂罪》，中国人民公安大学出版社 2003 年版，第 203 页。

管理，送给质检人员乙3万元钱。乙全部收下后但没有放松对该工程质量管理。此案中对甲的定性，存在以下不同意见：第一种意见认为，甲不构成行贿罪。因为甲虽然送3万元钱给乙，但乙没有对甲的工程质量放松管理，即甲在客观上并没有获得不正当利益。第二种意见认为，甲构成行贿罪（未遂）。因为甲在主观上有谋取不正当利益的目的，客观上送3万元钱给乙，但是由于乙没有放松对其工程质量管理，不正当利益没有得到，应是行贿罪未遂状态。第三种意见认为，甲构成行贿罪（既遂）。在行贿罪中，“谋取不正当利益”是行贿罪的主观要件，而给予国家工作人员财物是行贿罪的客观要件。区别既遂与未遂要看给予国家工作人员的财物是否被接受，若被接受，则是行贿既遂，若不被接受，则是行贿未遂。[①] 笔者认为，本案中的甲属于为谋取不正当利益而主动行贿的情形，乙收受甲送的3万元钱后，甲的行为就属于行贿既遂。因此上述第三种意见是正确的。

【案例5－14】2001年，被告人牛某某对被告人吴某某讲让其在北京多注意一下周围有没有与中央领导人有关系的人，如果有，提前接触一下，意图为自己职务晋升提前创造条件。2001年10月，吴某某给牛某某打电话称认识中央领导人张甲的亲属，牛某某叫吴某某给介绍介绍。随后，吴某某找到中央领导人张甲的亲属张乙、张丙。三人商量由张乙、张丙带牛某某见张甲，并送给张甲100万元人民币，同时给张乙、张丙好处费70万元人民币。11月11日，吴某某在哈尔滨市华融饭店将与张乙、张丙商量的结果告诉了牛某某，牛某某当即表示同意，并让吴某某立即筹措资金，于12日同张乙、张丙先去北京，自己13日到北京。吴某某在哈尔滨市筹集到现金112万元人民币，并给在大连的哥哥打电话，让其带现金62万元人民币直接去北京。12日，吴某某哥哥在北京将62万元人民币交给吴某某。13日上午，吴某某将装有100万元人民币的密码箱带到张乙、张丙在总参招待所的房间内让二人查验。当日下午，牛某某赶到北京与吴某某及张乙、张丙三人见面，经过进一步商量后，把事先准备好的个人简历、名片交给了张乙。下午4时许，张乙一人乘车将装有100万元人民币的密码箱及牛某某的简历、名片送到张甲家里。14日当中央领导人张甲得知此事后，打电话把张乙叫到家里，对其进行了严厉的批评教育。牛某某、吴某某得知此事后感到事已败露，便与张乙、张丙商量对策。15日上午，吴某某送给张乙、张丙好处费共70万元人民币并支付了二人的路费与宿费。当日，牛某某与吴某某乘飞机返回哈尔滨市。此外，牛某某还犯有受贿罪和巨

① 参见张建勇：《送了钱没得“好处”是否构成行贿罪》，载《法制日报》2002年3月23日。

额财产来源不明罪。

大庆市中级人民法院经审理认为：被告人牛某某、吴某某为谋取不正当利益，给予国家工作人员以财物，其行为均已构成行贿罪。两被告人行贿数额特别巨大，应认定为情节特别严重；牛某某在共同行贿犯罪中起主要作用，应按其参与的全部犯罪处罚；吴某某在共同犯罪中起次要、辅助作用，应减轻处罚。鉴于两被告人行贿犯罪系未遂，对牛某某可从轻处罚；对吴某某可减轻处罚。吴某某在侦查、起诉及庭审中均能如实供述自己的罪行，认罪态度较好，有悔罪表现，适用缓刑不致再危害社会，对其可适用缓刑。二位辩护人关于牛某某、吴某某系行贿未遂的辩护理由成立，应予采纳。吴某某的辩护人关于吴某某的行为应构成介绍贿赂罪的辩护理由，本案卷宗材料证实，在牛某某提出让其联系中央领导人之后，吴某某即积极与其亲属张丙、张乙联系，并与其二人谈条件，商议送钱的办法，及时与牛某某商量，并为其出资170万元人民币，其始终代表牛某某利益，行为依附于行贿一方，其主要目的在于帮助牛某某实现谋取不正当利益的目的，而介绍贿赂罪的犯罪主体是不依附于行贿或受贿一方的第三者，故本案中吴某某的行为性质应属于行贿犯罪的帮助犯，而非介绍贿赂犯罪，此辩护理由不能成立，不予采纳。判决：被告人牛某某犯受贿罪，判处有期徒刑12年，其非法所得20万元人民币依法予以追缴；犯行贿罪，判处有期徒刑10年；犯巨额财产来源不明罪，判处有期徒刑2年，其非法所得1188550.66元依法予以追缴；决定执行有期徒刑20年，其非法所得1388550.66元依法予以追缴。被告人吴某某犯行贿罪，判处有期徒刑3年，缓刑5年。

（二）行贿罪的共同犯罪

行贿罪属于直接故意犯罪，也存在共同犯罪。实践中，在对行贿罪的共犯定罪量刑时，应当按照刑法关于主犯、从犯、胁从犯、教唆犯的规定，根据各行为人在共同犯罪中所起的作用，判处相应的刑罚，做到罪责刑相适应。

【案例5-15】2005年3月，被告人张某某、赵甲、赵乙在安阳市吴家庄市场改建项目过程中，为了改变吴家庄市场土地用途，降低在安阳市市场发展服务中心的保证金数额等事情，向安阳市市场发展服务中心副主任朱某某（另案处理）行贿5万元。案发后，被告人赵甲到侦查机关投案。安阳市文峰区人民法院经审理认为：被告人张某某、赵甲、赵乙为谋取不正当利益，给予国家工作人员以财物，该三被告人之行为均已构成行贿罪。三被告人在共同犯罪中相互配合，给国家工作人员行贿，均起主要作用。赵甲的辩护人认为赵甲系从犯，赵乙的辩护人认为赵乙的行为不构成犯罪的辩护意见均不予采纳，但根据各被告人在共同犯罪中所起作用予以量刑。三被告人归案后认罪态度较好，赵甲具有自首情节。判决：被告人张某某犯行贿罪，判处有期徒刑1年，缓刑1年；被告人赵甲犯行贿罪，免予刑事处罚；被告人赵乙犯行贿罪，免予刑事处罚。

【案例5-16】2007年3月至2008年3月间，被告人孙某某、李某某为了使鹤壁市浚县、淇县两地交警对其货车不予处罚，二人先后送给陈某某、河南电视台新农村频道中原视点栏目制片主任赵某某（另案处理）现金40400元，让赵某某利用其职权所形成的便利条件，给浚县、淇县的交警大队打招呼，使该两地的交警大队对其货车不予处罚。滑县人民法院一审认为：被告人孙某某、李某某为谋取不正当利益，给予国家工作人员以财物，数额较大，其行为均构成行贿罪。判决两被告人犯行贿罪，判处孙某某拘役1个月，判处李某某拘役1个月。李某某不服，以原判量刑重为由提出上诉。安阳市中级人民法院二审认为：对于李某某提出原判量刑重的上诉理由，经查，本案中上诉人李某某与原审被告人孙某某系合伙关系，其所购买的车辆主要由孙某某经营，且其未亲自给司机钱，故上诉人李某某犯罪情节轻微，可免予刑事处罚。其上诉理由成立，本院予以采纳。判决维持一审判决对被告人孙某某的定罪量刑，改判上诉人李某某犯行贿罪，免予刑事处罚。

【案例5-17】1997年9月间，被告人张某某与陈某某等12人成立了一个诏安县官陂镇制售假冒香烟人员组织，即所谓的“互助会”（又称“大公家”），张某某担任该组织的负责人。为取得有关人员的支持和保护，使制售假冒香烟活动得以顺利进行，该“互助会”按每台卷烟机每次5000元至2万元不等的标准，不定期向诏安县官陂镇范围内的各制售假冒香烟窝点收取资金，用于设立岗哨、疏通关系和收集信息等活动。1997年9月至1999年春节前，在张某某的召集下，该互助会成员经过集体协商，确定了行贿的对象、金额，然后委派陈某某等人向有关人员送钱送物，先后送给负责“打假”的吴某某等19人金钱合计人民币54.82万元。1997年11月至1999年年初，被告人张某某伙同他人分别为福建云霄县的许某某、阿某二人引进YJ14卷烟机二台、YJ22型、23型接嘴机各一台（总价值46.104万元）到诏安县官陂镇，以每月1万元的报酬代为负责管理生产假冒香烟，后又合伙将上述卷烟机购买后自行生产假冒香烟至被查获。诏安县人民法院一审认为：被告人张某某的行为分别构成行贿罪、非法经营罪，应实行数罪并罚。公诉机关提出被告人张某某是主犯的意见，经查，被告人张某某是“互助会”的负责人，组织、召集、指挥整个行贿活动，在共同犯罪中起主要作用，是主犯。公诉机关主张的该意见合法，本院予以采纳。辩护人提出被告人张某某不是主犯的意见，本院不予采纳。判决：张某某犯行贿罪，判处有期徒刑9年；犯非法经营罪，判处有期徒刑4年6个月，并处罚金5万元；决定执行有期徒刑13年，并处罚金5万元。张某某不服，提出上诉。漳州市中级人民法院二审裁定驳回上诉，维持原判。

（三）行贿罪的一罪与数罪

1988年全国人大常委会《关于惩治贪污罪贿赂罪的补充规定》第8条第3款规定："因行贿而进行违法活动构成其他罪的，依照数罪并罚的规定处罚。"1997年修订后的刑法取消了这一规定。那么，实践中，行为人因行贿而进行违法活动构成其他罪的，是否仍然依照数罪并罚的规定处罚呢？对此，刑法学界有不同意见。有的学者主张应当依照数罪并罚的规定处罚，也有的学者主张应当从一重罪定罪处罚。笔者认为，对此要区别不同情形予以不同处理：如果行为人通过行贿谋取的不正当利益本身就是一种犯罪活动，由于谋取不正当利益同时还是行贿罪的构成要件，则二者之间就具有了牵连关系，如行为人与国家工作人员共谋挪用公款并为使用公款而行贿的，行为人既构成挪用公款罪的共犯，也构成行贿罪，由于二者之间具有牵连关系，笔者认为对行为人可从一重罪定罪处罚。如果行为人通过行贿谋取的不正当利益本身并不构成犯罪，只是为了让有关部门对其实施的其他犯罪活动不予查处，由于其实施的犯罪活动本身并不是行贿罪中谋取不正当利益的构成要件，二者之间不具有牵连关系，如行为人实施盗窃犯罪，为了让其盗窃犯罪不被查处而对公安人员行贿，则行为人构成的盗窃罪与行贿罪之间并没有必然的牵连关系，笔者认为对行为人应当实行数罪并罚。

【案例5-18】2000年9月至2005年1月，被告人王某、欧某、赖某某、彭某、吕某某以非法占有为目的，先后单独或者结伙，长期、多次在成都火车北站候车厅等处盗窃旅客财物。在此期间，5被告人为达到长期扒窃不被查处之目的，长期、多次采用分别收取，由王某等人集中交纳的方式，以"班费"（即"进场费"，按进入候车厅的人头数交纳）、"烤火费"（按盗窃所得的50%交纳）等名义采用现金或办银行卡给予成都火车站派出所相关警察钱财。欧某参与送钱达20.51万元，王某参与送钱达19.54万元，赖某某参与送钱达11.36万元，吕某某参与送钱达9.76万元，彭某参与送钱达6.26万元。成都铁路运输法院经审理认为：被告人王某、欧某、赖某某、彭某、吕某某以非法占有为目的，长期、多次在成都火车北站候车厅交叉结伙扒窃旅客财物，5被告人的行为均构成盗窃罪；另5被告人为达到在成都火车北站候车厅实施扒窃而不被值勤警察查处之目的，长期、多次以"班费"、"烤火费"等名义给予成都火车站派出所相关警察钱财，被告人王某、欧某、赖某某、彭某、吕某某的行为还构成行贿罪。5被告人主观上有共同盗窃、行贿之故意，客观上也实施了相关的行为，5被告人的盗窃犯罪行为和行贿犯罪行为分别构成共同犯罪，根据5被告人在共同犯罪中的作用和地位，不宜区分主、从犯；根据刑法第69条之规定，对5被告人的犯罪行为应依法数罪并罚。判决：（1）被告人王某犯盗窃罪，判处有期徒刑11年，并处罚金人民币6万元，剥夺政治权利2年；犯行贿罪，判处有期徒刑10年；决定执行有期徒刑18年，并处罚金人民币6万元，剥夺政治权利2年。（2）被告人欧某犯盗窃罪，判处有期徒刑12年，并处罚金人民币6万元，剥夺政治权利2年；犯行贿罪，判处有期徒刑10年；决定执行有期徒刑18年，并处罚金人民币6万元，剥夺政治权利2年。(3）被告人赖某某犯盗窃罪，判处有期徒刑11年，并处罚金人民币5万元，剥夺政治权利2年；犯行贿罪，判处有期徒刑10年；决定执行有期徒刑18年，并处罚金人民币5万元，剥夺政治权利2年。（4）被告人彭某犯盗窃罪，判处有期徒刑10年6个月，并处罚金人民币4万元，剥夺政治权利1年；犯行贿罪，判处有期徒刑7年；决定执行有期徒刑16年，并处罚金人民币4万元，剥夺政治权利1年。（5）被告人吕某某犯盗窃罪，判处有期徒刑10年，并处罚金人民币4万元，剥夺政治权利1年；犯行贿罪，判处有期徒刑7年；决定执行有期徒刑15年，并处罚金人民币4万元，剥夺政治权利1年。

本案中，5被告人实施盗窃罪的同时，为了让他们的盗窃罪不被查处，又向警察行贿，但由于他们通过行贿谋取的不正当利益本身并不单独构成犯罪，因此盗窃罪和行贿罪之间没有牵连关系，法院对他们的盗窃和行贿行为分别定罪处罚后数罪并罚是正确的。

【案例5-19】1998年8月至2001年春节前，被告人许某某为承揽金湖县工商局黎城市场卷帘门、塑料大棚业务以及为领取工程款，先后4次向时任该县工商局局长的杨某行贿人民币3万元。2001年4月3日，淮安市楚州区人民检察院就杨某受贿一案向许某某调查取证时，许某某证实其送钱事实。2001年7月25日，淮安市楚州区人民法院公开开庭审理杨某受贿一案，被告人许某某作为该案证人出庭作证时，对其送杨某3万元的事实全部否认。同年8月30日，楚州区人民法院对杨某受贿案作出一审判决，认定了杨某收受许某某贿赂3万元的犯罪事实，杨某未提出上诉。2001年11月6日，淮安市楚州区人民检察院以被告人许某某犯行贿罪、伪证罪提起公诉。淮安市楚州区人民法院经审理认为：被告人许某某为谋取不正当利益，多次给予国家机关工作人员金钱贿赂，数额较大，其行为已构成行贿罪；在刑事诉讼中故意隐瞒事实真相，否认其向杨某行贿，意图为杨某隐匿罪证，开脱罪责，其行为已构成伪证罪。依法应当数罪并罚。鉴于被告人许某某对其所犯伪证罪在归案后有悔改表现，可酌情从轻处罚。于2001年12月19日以行贿罪判处被告人许某某有期徒刑1年，以伪证罪判处有期徒刑1年，决定执行有期徒刑1年6个月。宣判后，被告人许某某没有上诉。

本案在审理时曾有争议，争议的焦点是被告人许某某的行为是否构成伪证罪。辩护人提出：(1) 行贿受贿是一种对向性的共同犯罪，共同犯罪中的被告人由于案情对他们有直接利害关系，意图为自己开脱的同时，可能客观上也就在为他人开脱，为了维护被告人的辩护权，也就相应地排除了他们成为伪证罪的主体。(2) 公民作为证人虽负有法定作证义务，但如果因此而使自己成为罪案的涉案人员，则公民有权拒绝充当反对自己的证人。如果国家必须获得该证词，就应当豁免对该证人的犯罪追诉。就本案而言，既然已经将许某某的证词作为指控和认定杨某受贿的证据，再定许某某行贿罪和伪证罪是没有法律和理论依据的。笔者认为，法院对本案的定性是正确的，但辩护人提出的辩护意见亦有一定的启发意义。根据刑法第305条的规定，伪证罪是指在刑事诉讼中，证人、鉴定人、记录人、翻译人对与案件有重要关系的情节，故意作虚假证明、鉴定、记录、翻译，意图陷害他人或者隐匿罪证的行为。本案被告人许某某在杨某受贿案庭审中作证时，并未被检察机关追究行贿罪的刑事责任，其当时的身份是证人，而不是同案被告人。庭审中，许某某对与杨某受贿案有重要关系的情节作了虚假证明，许某某后来也交待作伪证是为了开脱杨某的罪责，具有隐匿罪证的目的，故其行为符合伪证罪的特征。由于我国刑事诉讼法对证人的资格未作具体限制，也未规定证人享有某些豁免作证的权利，法院认定许某某犯伪证罪是有事实和法律依据的。但是，检察机关在许某某作伪证后以行贿、伪证两罪起诉似有不妥。被告人许某某的行为既已构成行贿罪，检察机关就应将其与杨某一并起诉。在这种情况下，许某某作为同案被告人不构成伪证罪的主体，因为被告人对自己的罪行不负证明责任，而行贿被告人在证明受贿被告人罪行的同时也就证明了自己行贿罪的成立，故其翻供行为不能认为是伪证行为，只能作为行贿罪的一个酌定从重处罚的情节。如果检察机关认为许某某的行贿情节轻微，不需要判处刑罚或者免除处罚的，则应依法作出不起诉决定。在这种情况下，许某某在杨某受贿案庭审中是以证人的身份作证，如其作伪证只应追究伪证罪的责任。本案提出了一个值得探讨的问题，即行贿人在对受贿人的受贿行为作证时，实际上也是在自证其罪，如果翻供，能否既追究其行贿罪的刑事责任，又追究其伪证罪的刑事责任呢？从现有的法律规定来看，这样做似乎并无不可；但从法理上探究，这种做法却又不妥。这个问题尚需从立法和司法两个方面加以研究解决。①

【案例5－20】2005年6月，被告人王某某通过他人介绍认识了重庆霸联公司副总经理范某某。重庆霸联公司是重庆市渝中区环卫局下属国有企业，范某某是环卫局干部，兼任公司副总经理，负责环卫局内部垃圾站、公厕的改建、修理工程的转包工作。王某某为了从该公司承包工程，向范某某承诺愿从其承接的工程中按合同金额的20%付给范某某及其领导黄某某好处费。至2006年11月止，王某某在重庆霸联公司承接工程施工收取工程款后，按承诺先后给范某某好处费共计人民币28万余元。2006年11月，王某某因在渝中区环卫局下属重庆霸联公司承接工程施工经营亏损，欲向范某某索回行贿的款项。王某某准备了录音器材，在与范某某谈话时，诱使范某某承认收到王某某按承接工程金额的20%支付的回扣款，并将其中一半分给了局长黄某某等违法犯罪的事实。王某某秘密录音后，刻录成两套光碟，其留存一套，另一套交给黄某某，通过黄某某转给范某某，以达到索回已支付回扣款的目的。范某某为使其受贿的犯罪行为不暴露，被迫接受王某某的要求，将已收的回扣28万余元筹足30万元交给了王某某。2007年2月，王某某又向范某某提出要求继续承接200万的工程被范某某拒绝。经双方协商由范某某再付给王某某40万元"封口费"，王某某则承诺永不再提及此事，并销毁所有录音，迫使范某某在2007年2月至同年4月期间，先后付给王某某人民币40万元。重庆市渝中区人民法院经审理认为：被告人王某某为谋取不正当利益，给予国家工作人员以财物，数额较大，其行为已构成行贿罪；被告人王某某敲诈勒索他人财物，数额巨大，其行为已构成敲诈勒索罪。王某某在庭审中拒不认罪，不具备酌情从轻处罚的条件。判决：被告人王某某犯行贿罪，判处有期徒刑3年；犯敲诈勒索罪，判处有期徒刑7年；数罪并罚，决定执行有期徒刑10年。对被告人王某某违法所得款人民币70万元继续予以追缴。本案中，被告人王某某在构成行贿罪的同时，以揭露范某某受贿相威胁，不仅索回了行贿款，而且还要了40万元"封口费"，其行为又构成敲诈勒索罪，法院对其数罪并罚是正确的。

（四）自首

根据刑法、1998年最高人民法院《关于处理自首和立功具体应用法律若干问题的解释》、2009年最高人民法院、最高人民检察院《关于办理职务犯罪案件认定自首、立功等量刑情节若干问题的意见》和2010年最高人民法院

① 参见最高人民法院中国应用法学研究所编：《人民法院案例选》2003年第2辑，人民法院出版社2004年版，第67页。

《关于处理自首和立功若干具体问题的意见》的有关规定，在办理行贿案件时，认定犯罪分子成立自首，需同时具备自动投案和如实供述自己的罪行两个要件。

1. 自动投案。这是指犯罪事实或者犯罪分子未被办案机关掌握，或者虽被掌握，但犯罪分子尚未受到调查谈话、讯问，或者未被宣布采取调查措施或者强制措施时，主动、直接向办案机关投案。这里的“办案机关”，仅限定为纪检、监察、公安、检察等法定职能部门。犯罪分子向所在单位等办案机关以外的单位、组织或者有关负责人员投案的，应当视为自动投案。

犯罪分子因病、伤或者为了减轻犯罪后果，委托他人先代为投案，或者先以信电投案的；罪行未被司法机关发觉，仅因形迹可疑被有关组织或者司法机关盘问、教育后，主动交代自己的罪行的；犯罪后逃跑，在被通缉、追捕过程中，主动投案的；经查实确已准备去投案，或者正在投案途中，被办案机关抓获的，应当视为自动投案。

犯罪后主动报案，虽未表明自己是作案人，但没有逃离现场，在司法机关询问时交代自己罪行的；明知他人报案而在现场等待，抓捕时无拒捕行为，供认犯罪事实的；在司法机关未确定犯罪嫌疑人，尚在一般性排查询问时主动交代自己罪行的；因特定违法行为被采取劳动教养、行政拘留、司法拘留、强制隔离戒毒等行政、司法强制措施期间，主动向执行机关交代尚未被掌握的犯罪行为的；以及其他符合立法本意的情形，也应当视为自动投案。

并非出于犯罪分子主动，而是经亲友规劝、陪同投案的；办案机关通知犯罪分子的亲友，或者亲友主动报案后，将犯罪分子送去投案的，也应当视为自动投案。犯罪嫌疑人被亲友采用捆绑等手段送到司法机关，或者在亲友带领侦查人员前来抓捕时无拒捕行为，并如实供认犯罪事实的，虽然不能认定为自动投案，但可以参照法律对自首的有关规定酌情从轻处罚。

罪行未被有关部门、司法机关发觉，仅因形迹可疑被盘问、教育后，主动交代了犯罪事实的，应当视为自动投案；但有关部门、司法机关在其身上、随身携带的物品、驾乘的交通工具等处发现与犯罪有关的物品的，不能认定为自动投案。犯罪分子自动投案后又逃跑的，不能认定为自首。

【案例5－21】2000年12月至2007年9月，被告人徐某先后担任重庆市公安局九龙坡区分局副局长、沙坪坝区分局副局长。2004年3月至2008年春节，为得到时任重庆市公安局常务副局长文某的提拔和关照，徐某先后5次直接或通过文某的妻子周某某送给文某人民币共计37万元。2007年5月在文某参加的重庆市公安局党委会议上，被告人徐某被提名担任重庆市垫江县公安局局长，同年10月，徐某被任命为垫江县公安局局长。同年年底，在垫江县公安局实行双向选择过程中，刑警大队民警邓某按照自己的意愿被调到治安大队工作，为了感谢徐某的提拔和关照，2008年3月3日，邓某与徐某来到重庆商社汽车贸易公司飞跃分公司，用信用卡支付了14.2万元人民币为徐某购买了一辆大众牌轿车，然后由徐某以自己名义在车辆管理所注册登记。同年5月22日，徐某将该车以14万元卖与他人。重庆市第二中级人民法院经审理认为：被告人徐某身为垫江县公安局局长，利用职务之便收受下属人员给予的14.2万元人民币，其行为已构成受贿罪。被告人徐某采取向国家工作人员给予37万元人民币的不正当手段为自己谋取职务的晋升，属于为自己谋取不正当利益，其行为已构成行贿罪。徐某主动供述司法机关尚未掌握的受贿犯罪事实，属自首，依法可以从轻、减轻处罚。徐某是在被办案机关采取调查谈话措施之后才供述了办案机关已经掌握的行贿罪事实，所犯行贿罪不具有自首情节，被告人、辩护人关于行贿罪具有自首情节的辩解和辩护意见不能成立。徐某多次向自己的上级领导行贿，所犯行贿罪应属情节严重，依法应当在5年以上10年以下的量刑幅度判处刑罚。鉴于徐某在犯罪后能认罪、悔罪，决定对其所犯受贿罪予以减轻处罚，对其所犯行贿罪酌情从轻处罚。辩护人关于对被告人从轻、减轻处罚的辩护意见予以采纳。判决：被告人徐某犯受贿罪，判处有期徒刑8年，并处没收财产5万元人民币；犯行贿罪，判处有期徒刑5年；决定执行有期徒刑12年，并处没收财产5万元人民币。

2. 如实供述自己的罪行。这是指犯罪分子自动投案后，如实交代自己的主要犯罪事实。犯有数罪的犯罪分子仅如实供述所犯数罪中部分犯罪的，只对如实供述部分犯罪的行为，认定为自首。共同犯罪案件中的犯罪分子，除如实供述自己的罪行，还应当供述所知的同案犯，主犯则应当供述所知其他同案的共同犯罪事实，才能认定为自首。犯罪分子自动投案并如实供述自己的罪行后又翻供的，不能认定为自首，但在一审判决前又能如实供述的，应当认定为自首。

如实供述自己的罪行，除供述自己的主要犯罪事实外，还应包括姓名、年龄、职业、住址、前科等情况。犯罪嫌疑人供述的身份等情况与真实情况虽有差别，但不影响定罪量刑的，应认定为如实供述自己的罪行。犯罪嫌疑人自动投案后隐瞒自己的真实身份等情况，影响对其定罪量刑的，不能认定为如实供述自己的罪行。犯罪嫌疑人自动投案时虽然没有交代自己的主要犯罪事实，但在司法机关掌握其主要犯罪事实之前主动交代的，应认定为如实供述自己的罪行。

犯罪嫌疑人多次实施同种罪行的，应当综合考虑已交代的犯罪事实与未交代的犯罪事实的危害程度，决定是否认定为如实供述主要犯罪事实。虽然投案后没有交代全部犯罪事实，但如实交代的犯罪情节重于未交代的犯罪情节，或者如实交代的犯罪数额多于未交代的犯罪数额，一般应认定为如实供述自己的主要犯罪事实。无法区分已交代的与未交代的犯罪情节的严重程度，或者已交代的犯罪数额与未交代的犯罪数额相当，一般不认定为如实供述自己的主要犯罪事实。

没有自动投案，在办案机关调查谈话、讯问、采取调查措施或者强制措施期间，犯罪分子如实交代办案机关掌握的线索所针对的事实的，不能认定为自首。没有自动投案，但具有以下情形之一的，以自首论：（1）犯罪分子如实交代办案机关未掌握的罪行，与办案机关已掌握的罪行属不同种罪行的；（2）办案机关所掌握线索针对的犯罪事实不成立，在此范围外犯罪分子交代同种罪行的。犯罪嫌疑人、被告人在被采取强制措施期间，向司法机关主动如实供述本人的其他罪行，该罪行能否认定为司法机关已掌握，应根据不同情形区别对待。如果该罪行已被通缉，一般应以该司法机关是否在通缉令发布范围内作出判断，不在通缉令发布范围内的，应认定为还未掌握，在通缉令发布范围内的，应视为已掌握；如果该罪行已录入全国公安信息网络在逃人员信息数据库，应视为已掌握。如果该罪行未被通缉、也未录入全国公安信息网络在逃人员信息数据库，应以该司法机关是否已实际掌握该罪行为标准。犯罪嫌疑人、被告人在被采取强制措施期间如实供述本人其他罪行，该罪行与司法机关已掌握的罪行属同种罪行还是不同种罪行，一般应以罪名区分。虽然如实供述的其他罪行的罪名与司法机关已掌握犯罪的罪名不同，但如实供述的其他犯罪与司法机关已掌握的犯罪属选择性罪名或者在法律、事实上密切关联，如因受贿被采取强制措施后，又交代因受贿为他人谋取利益行为，构成滥用职权罪的，应认定为同种罪行。

需要注意的是，2004 年 3 月 26 日最高人民法院《关于被告人对行为性质的辩解是否影响自首成立问题的批复》指出：根据刑法第 67 条第 1 款和最高人民法院《关于处理自首和立功具体应用法律若干问题的解释》第 1 条的规定，犯罪以后自动投案，如实供述自己的罪行的，是自首。被告人对行为性质的辩解不影响自首的成立。

【案例 5－22】 1995 年 11 月至 1999 年 6 月间，被告人江某、胡某某为谋取不正当利益，先后行贿给多名国家工作人员以大量财物，江某行贿犯罪总数额为人民币 5275991.9 元，胡某某直接参与了其中 1207339 元的行贿犯罪。被告人江某、胡某某于 1996 年 9 月至 1999 年 4 月间，先后伙同朱某某等人，以营利为目的，分别在柳州市中山大厦、白莲机场空军招待所等处开设赌场，以“开心天地”、“啤酒机游戏”、“电脑游戏”、“百家乐”等形式聚众赌博，共获赃款近3000万元人民币。柳州市中级人民法院经审理认为：被告人江某为谋取不正当的利益，给予国家工作人员以财物，其行为已构成行贿罪，被告人胡某某明知江某向有关国家工作人员行贿而积极参与、预谋，为江某准备行贿款物，以及将行贿的财物交付有关人员等，其行为构成行贿的共犯。江某、胡某某还伙同他人以营利为目的，开设赌场、聚众赌博，其行为又构成赌博罪。江某在行贿和赌博的共同犯罪中起主要作用，是主犯，依法应当按照其所参与的全部犯罪处罚；胡某某在共同犯罪中起次要作用，是从犯，依法对其从轻处罚。江某、胡某某在庭审当中对于指控他们犯有的行贿罪的主要事实予以否认，但两被告人共同为谋取不正当利益而向国家工作人员行贿的事实有受贿人的交待、证人证言、相关物证、书证以及已生效的裁判文书所确认的事实和证据等证实，且江某、胡某某原来亦曾多次作出供述，与上述证据相吻合，能互相印证。故两被告人在没有充分事实根据的情况下推翻原来的供述，以及辩护人认为被告人的行为不构成行贿罪的意见，不符合本案的实际，本院不予采信。被告人及辩护人提出被告人原来的供述系逼供、诱供取得的辩解、辩护意见与当庭查证属实的事实和证据不符，本院亦不予采信。江某、胡某某因为赌博被采取强制措施后，曾如实供述了司法机关尚未掌握的行贿给何某某等人的主要犯罪事实，对被告人该部分罪行本可以依法以自首论从轻处罚，但由于庭审时又翻供，故依法不能认定为自首。两被告人为谋取长期开设赌场敛财的非法利益，利用赌款多次向多名国家机关要害部门中的具有相当职级的国家工作人员行贿，且行贿的数额特别巨大，其犯罪行为严重腐蚀了国家工作人员职务行为的廉洁性，破坏了国家机关的声誉和正常工作秩序，败坏了社会风气，造成十分恶劣的社会影响。被告人江某行贿犯罪情节特别严重，且无法定从轻、减轻情节，应依法严惩。被告人胡某某参与共同行贿犯罪情节严重，应依法惩处。两被告人犯有数罪，依法应数罪并罚。综合考虑本案犯罪所得数额、社会危害程度、被告人退赃等具体情节，判决：被告人江某犯行贿罪，判处无期徒刑，剥夺政治权利终身；犯赌博罪，判处有期徒刑3年，并处罚金人民币100万元；数罪并罚，决定执行无期徒刑，剥夺政治权利终身，并处罚金人民币100万元。被告人胡某某犯行贿罪，判处有期徒刑6年；犯赌博罪，判处有期徒刑2年，并处罚金人民币20万元；数罪并罚，决定执行有期徒刑7年，并处罚金人民币20万元。本案中，被告人江某、胡某某因为赌博被采取强制措施后，曾如实供述了司法机关尚未掌握的行贿给何某某等人的主要犯罪事实，依照有关司法解释本来可以认定为自首，但由于他们庭审时又翻供，不再属于如实供述自己的罪行，依法不能认定为自首。

对于具有自首情节的犯罪分子，应当根据犯罪的事实、性质、情节、危害后果、社会影响、被告人的主观恶性和人身危险性等，结合自动投案的动机、阶段、客观环境，交代犯罪事实的及时性、完整性、稳定性以及悔罪表现等具体情节，依法决定是否从轻、减轻或者免除处罚以及从轻、减轻处罚的幅度。具有自首情节的，一般应依法从轻、减轻处罚；犯罪情节较轻的，可以免除处罚。在共同犯罪案件中，对具有自首情节的被告人的处罚，应注意共同犯罪人以及首要分子、主犯、从犯之间的量刑平衡。虽然具有自首情节，但犯罪情节特别恶劣、犯罪后果特别严重、被告人主观恶性深、人身危险性大，或者在犯罪前即为规避法律、逃避处罚而准备自首的，可以不从宽处罚。

【案例5－23】2000年11、12月，被告人吴某某为承揽许昌职业技术学院老校区宿舍楼工程，送给时任许昌职业技术学院筹备组组长的陈某某（另案处理）现金15万元，后在陈某某的关照下，吴某某顺利承揽到许昌职业技术学院老校区学生宿舍楼工程。长葛市人民法院经审理认为：被告人吴某某为谋取不正当利益，给予国家工作人员以财物，其行为已构成行贿罪。被告人吴某某犯罪以后自动投案，如实供述自己的罪行，是自首，依法可以从轻处罚。根据其犯罪情节和悔罪表现，本院认为对其适用缓刑不致再危害社会，依法可以对其宣告缓刑。判决被告人吴某某犯行贿罪，判处有期徒刑1年，缓刑2年。

（五）坦白

1998年最高人民法院《关于处理自首和立功具体应用法律若干问题的解释》第4条指出：被采取强制措施的犯罪嫌疑人、被告人和已宣判的罪犯，如实供述司法机关尚未掌握的罪行，与司法机关已掌握的或者判决确定的罪行属同种罪行的，可以酌情从轻处罚；如实供述的同种罪行较重的，一般应当从轻处罚。这种情形不属于自首，通常称之为坦白。

2009年最高人民法院、最高人民检察院《关于办理职务犯罪案件认定自首、立功等量刑情节若干问题的意见》第3条对犯罪分子如实交代犯罪事实的认定和处理做了具体规定。犯罪分子依法不成立自首，但如实交代犯罪事实，有下列情形之一的，可以酌情从轻处罚：（1）办案机关掌握部分犯罪事实，犯罪分子交代了同种其他犯罪事实的；（2）办案机关掌握的证据不充分，犯罪分子如实交代有助于收集定案证据的。犯罪分子如实交代犯罪事实，有下列情形之一的，一般应当从轻处罚：（1）办案机关仅掌握小部分犯罪事实，犯罪分子交代了大部分未被掌握的同种犯罪事实的；（2）如实交代对于定案证据的收集有重要作用的。可以看出，上述4种情形的坦白，比通常理解的坦白范围要窄一些。实践中，犯罪分子在被动归案后，如实供述自己的罪行，不管司法机关掌握的程度如何，均应视为坦白。司法解释仅列举了4种情形，这主要是出于量刑方面的考虑。也就是说，具有上述4种坦白情节之一的，量刑上均应不同程度地加以考虑。

需要指出的是，1999年3月4日，最高人民法院、最高人民检察院《关于在办理受贿犯罪大要案的同时要严肃查处严重行贿犯罪分子的通知》指出：行贿人在被追诉后如实交待行贿行为的，也可以酌情从轻处罚。2011年2月25日全国人大常委会通过的《中华人民共和国刑法修正案（八）》第8条对刑法第67条进行了修正，增加了对犯罪嫌疑人坦白从宽的规定："犯罪嫌疑人虽不具有前两款规定的自首情节，但是如实供述自己罪行的，可以从轻处罚；因其如实供述自己罪行，避免特别严重后果发生的，可以减轻处罚。"可以看出，修正后的刑法第67条第3款规定坦白从宽的幅度比司法解释规定坦白从宽的幅度还要大，不仅可以从轻处罚，而且还可以减轻处罚。

【案例5－24】1999年至2006年间，被告人张某某在担任北京某律师事务所主任期间，为获得代理项目或其代理的项目能够在商务部（原对外贸易经济合作部）顺利获得审批，多次请商务部外国投资管理司副司长邓某（另案处理）予以帮助。为感谢邓某的帮助，被告人张某某先后4次以为邓某交付购房首付款、住房装修材料费、解决家庭纠纷及在邓某住院时到医院探望、慰问等方式，向邓某行贿共计人民币1795811元。2003年至2006年间，被告人张某某在担任北京某律师事务所主任期间，为获得代理项目或其代理的项目能够顺利获得审批，多次请商务部（原对外贸易经济合作部）条约法律司副司长、巡视员郭某某（另案处理）予以帮助。为感谢郭某某的帮助，被告人张某某先后3次以为郭某某交付购房、购车款的方式向郭某某行贿共计人民币787729元。北京市第二中级人民法院经审理认为：被告人张某某为谋取不正当利益，给予国家工作人员以财物，其行为已构成行贿罪，且犯罪情节严重，依法应予惩处。张某某被采取强制措施后，主动交代了司法机关尚未掌握的部分行贿的事实，有坦白行为，故对其所犯行贿罪酌予从轻处罚。根据张某某犯罪的事实、犯罪的性质、情节及对于社会的危害程度，依法判决被告人张某某犯行贿罪，判处有期徒刑6年。

（六）立功

根据刑法第68条和1998年最高人民法院《关于处理自首和立功具体应用法律若干问题的解释》、2009年最高人民法院、最高人民检察院《关于办理职务犯罪案件认定自首、立功等量刑情节若干问题的意见》和2010年最高人民法院《关于处理自首和立功若干具体问题的意见》，在办理行贿案件时，认定犯罪分子的检举、揭发、协助抓捕等行为是否成立立功，应当掌握以下标准。

犯罪分子到案后有检举、揭发他人犯罪行为，包括共同犯罪案件中的犯罪分子揭发同案犯共同犯罪以外的其他犯罪，经查证属实；提供侦破其他案件的重要线索，经查证属实；阻止他人犯罪活动；协助司法机关抓捕其他犯罪嫌疑人（包括同案犯）；具有其他有利于国家和社会的突出表现的，应当认定为有立功表现。

犯罪分子检举、揭发的他人犯罪，提供侦破其他案件的重要线索，阻止他人的犯罪活动，或者协助司法机关抓捕的其他犯罪嫌疑人，犯罪嫌疑人、被告人依法可能被判处无期徒刑以上刑罚的，应当认定为有重大立功表现。

据以立功的他人罪行材料应当指明具体犯罪事实；据以立功的线索或者协助行为对于侦破案件或者抓捕犯罪嫌疑人要有实际作用。犯罪分子揭发他人犯罪行为时没有指明具体犯罪事实的；揭发的犯罪事实与查实的犯罪事实不具有关联性的；提供的线索或者协助行为对于其他案件的侦破或者其他犯罪嫌疑人的抓捕不具有实际作用的，不能认定为立功表现。

犯罪分子具有下列行为之一，使司法机关抓获其他犯罪嫌疑人的，属于“协助司法机关抓捕其他犯罪嫌疑人”：按照司法机关的安排，以打电话、发信息等方式将其他犯罪嫌疑人（包括同案犯）约至指定地点的；按照司法机关的安排，当场指认、辨认其他犯罪嫌疑人（包括同案犯）的；带领侦查人员抓获其他犯罪嫌疑人（包括同案犯）的；提供司法机关尚未掌握的其他案件犯罪嫌疑人的联络方式、藏匿地址的；等等。犯罪分子提供同案犯姓名、住址、体貌特征等基本情况，或者提供犯罪前、犯罪中掌握、使用的同案犯联络方式、藏匿地址，司法机关据此抓捕同案犯的，不能认定为协助司法机关抓捕同案犯。

立功必须是犯罪分子本人实施的行为。为使犯罪分子得到从轻处理，犯罪分子的亲友直接向有关机关揭发他人犯罪行为，提供侦破其他案件的重要线索，或者协助司法机关抓捕其他犯罪嫌疑人的，不应当认定为犯罪分子的立功表现。

据以立功的线索、材料来源有下列情形之一的，不能认定为立功：(1) 本人通过非法手段或者非法途径获取的；(2) 本人因原担任的查禁犯罪等职务获取的；(3) 他人违反监管规定向犯罪分子提供的；(4) 负有查禁犯罪活动职责的国家机关工作人员或者其他国家工作人员利用职务便利提供的。

犯罪分子揭发他人犯罪行为，提供侦破其他案件重要线索的，必须经查证属实，才能认定为立功。如果已有审判结果，应当依据判决确认的事实认定是否查证属实；如果被检举揭发的他人犯罪案件尚未进入审判程序，可以依据侦查机关提供的书面查证情况认定是否查证属实。检举揭发的线索经查确有犯罪发生，或者确定了犯罪嫌疑人，可能构成重大立功，只是未能将犯罪嫌疑人抓获归案的，对可能判处死刑的被告人一般要留有余地，对其他被告人原则上应酌情从轻处罚。被告人检举揭发或者协助抓获的人的行为构成犯罪，但因法定事由不追究刑事责任、不起诉、终止审理的，不影响对被告人立功表现的认定；被告人检举揭发或者协助抓获的人的行为应判处无期徒刑以上刑罚，但因具有法定、酌定从宽情节，宣告刑为有期徒刑或者更轻刑罚的，不影响对被告人重大立功表现的认定。

实践中，相当一部分贿赂案件是行贿人先向有关部门交待的。由于行贿与受贿的对向性，行贿人在交待自己行贿犯罪的同时，必然要交待自己行贿的对象，即受贿人收受其财物的情况，实际上相当于对国家工作人员受贿犯罪的揭发。对于行贿人的这种交待，能否认定行贿人的行为构成立功呢？对此，刑法学界有不同认识。笔者认为，按照1998年最高人民法院《关于处理自首和立功具体应用法律若干问题的解释》的有关规定，行贿人交待自己行贿的对象，属于如实供述自己罪行的行为，其行为可能构成自首或坦白，但不能认定为立功。如果行贿人检举、揭发了国家工作人员收受其他人的贿赂并经查证属实的，则构成立功。如果行贿人检举、揭发的除了自己向国家工作人员行贿的犯罪行为外，还有该国家工作人员收受其他人贿赂的行为并经查证属实的，则行贿人在构成自首或坦白的同时，还构成立功。

对于具有立功情节的犯罪分子，应当根据犯罪的事实、性质、情节、危害后果、社会影响、被告人的主观恶性和人身危险性等，结合检举揭发罪行的轻重、被检举揭发的人可能或者已经被判处的刑罚、提供的线索对侦破案件或者协助抓捕其他犯罪嫌疑人所起作用的大小，以及立功的时机等具体情节，依法决定是否从轻、减轻或者免除处罚以及从轻、减轻处罚的幅度。具有立功情节的，一般应依法从轻、减轻处罚；犯罪情节较轻的，可以免除处罚。在共同犯罪案件中，对具有立功情节的被告人的处罚，应注意共同犯罪人以及首要分子、主犯、从犯之间的量刑平衡。犯罪集团的首要分子、共同犯罪的主犯检举揭发或者协助司法机关抓捕同案地位、作用较次的犯罪分子的，从宽处罚与否应当从严掌握，如果从轻处罚可能导致全案量刑失衡的，一般不从轻处罚；如果检举揭发或者协助司法机关抓捕的是其他案件中罪行同样严重的犯罪分子，一般应依法从宽处罚。对于犯罪集团的一般成员、共同犯罪的从犯立功的，特别是协助抓捕首要分子、主犯的，应当充分体现政策，依法从宽处罚。虽然具有立功情节，但犯罪情节特别恶劣、犯罪后果特别严重、被告人主观恶性深、人身危险性大，或者在犯罪前即为规避法律、逃避处罚而准备立功的，可以不从宽处罚。

【案例5－25】2004年1月，北京市工商局执法检查大队在调查北京华港科技投资有限公司虚假出资一案的过程中，发现该公司注册资金来源有问题，遂通知昌平工商局执照登记处暂缓发放营业执照，并冻结了2180万元的注册资金。其后，为华港科技投资有限公司发起人杨某某非法垫资的被告人李某某、王某某、付某某等人通过赵某某（另案处理）联系到时任北京市工商局平谷分局执法检查大队副队长的马某（另案处理），委托马某向负责处理该案的北京市工商局执法检查大队副大队长王某（另案处理）行贿，以避免受到相应处罚。2004年3月19日，被告人李某某、王某某、付某某根据马某、赵某某的授意，将筹集到的行贿款人民币50万元交给赵某某，由赵某某转交给马某，并由马某向王某行贿。2004年3月下旬，被告人李某某、王某某、付某某根据马某、赵某某的授意，再次筹集了行贿款人民币30万元，委托赵某某转交给马某，由马某向王某行贿。2004年3月26日，被告人李某某、王某某、付某某与赵某某等人到北京市工商局执法队找王某商谈解冻华港公司注册资金之事时，通过赵某某向王某行贿人民币5万元。赵某某于当日在北京市工商局丰台分局楼前停车场将5万元人民币交与王某。综上，被告人李某某、王某某、付某某通过马某、赵某某共向王某行贿人民币85万元。北京市海淀区人民法院经审理认为：被告人李某某、王某某、付某某为谋取不正当利益，向国家工作人员行贿人民币85万元，其行为均已构成行贿罪，且系情节严重，应予惩处。鉴于被告人李某某、王某某、付某某在检察机关尚不掌握其行贿证据，且未对其立案的情况下，主动坦白其通过马某、赵某某向王某行贿80余万元的事实，属于在被追诉前主动交待行贿行为；同时，被告人李某某、王某某、付某某的行贿行为由于意志以外的原因，大部分未得逞，应认定为部分犯罪未遂；另外，被告人李某某能协助侦查机关查获同案犯王某某、付某某，有立功表现；被告人王某某、付某某在检察机关对其采取强制措施之前，接侦查人员电话通知后主动到案，并如实供述其行贿的犯罪事实，属于自首；且三被告人在归案后认罪、悔罪态度好，对其均可依法减轻处罚，并宣告缓刑。判决被告人李某某、王某某、付某某犯行贿罪，分别判处有期徒刑3年，缓刑3年。

八、行贿罪的法定刑

刑法第390条第1款规定："对犯行贿罪的，处五年以下有期徒刑或者拘役；因行贿谋取不正当利益，情节严重的，或者使国家利益遭受重大损失的，处五年以上十年以下有期徒刑；情节特别严重的，处十年以上有期徒刑或者无期徒刑，可以并处没收财产。"这里的"情节严重"、"情节特别严重"，应当根据行贿的数额、手段、不正当利益的性质、行贿造成的后果、悔罪表现等综合分析。如为谋取非法利益而行贿的；向党政领导、司法工作人员、行政执法人员行贿的；因行贿致使国家或者社会利益遭受重大损失的；毁灭证据、伪造证据、串供翻供等对抗侦查的；等等。

【案例5－26】2006年五六月间，被告人宋某某在其位于北京市崇文区安国南巷24号房屋办理拆迁时，通过负责拆迁工作的原崇文区天坛街道办事处干部姚某（已判刑）非法为自己获得拆迁补偿款。事后，被告人宋某某为表示感谢，给予姚某人民币7万元。北京市崇文区人民法院经审理认为：被告人宋某某无视国法，为谋取不正当利益，给予国家工作人员财物，其行为已构成行贿罪，应依法予以惩处。鉴于被告人宋某某到案后认罪态度较好，确有悔罪表现，适用缓刑不致再危害社会，判决被告人宋某某犯行贿罪，判处有期徒刑1年6个月，缓刑2年。

【案例5－27】1998年3月底，被告人林某某与樊某某（另案处理）在湛江市广州湾宾馆谈生意时，樊某某对林某某说，有2.6万吨的小麦和3万吨的油菜籽从加拿大进口，两批货物如按正常手续报关，没有钱赚，希望林某某能帮忙疏通海关，以“少报多进”的方式交关税才能赚到钱，林某某表示同意。4月初，林某某与樊某某商定，两批走私货物办成，樊某某给林某某等人100万元人民币，给海关的有关人员200万元人民币。被告人林某某通过杨某某（另案处理）去打通海关关长曹某某的关系。杨某某按林某某许诺的条件向曹某某提出，进口小麦2.6万吨只报6千吨，少报2万吨进关；进口油菜籽3万吨只报3千吨，少报2.7万吨进关，事后两批货物给曹某某200万元人民币。1998年4月的一天，林某某通过杨某某找到曹某某，当面与曹某某商量，曹某某同意林某某“少报多进”。1998年4月24日、1998年5月6日两批走私货物从加拿大装运至湛江港。林某某提供湛兴实业公司的银行账号为樊某某代收以上货物货款，同时，委托湛江中旅报关行，并告知该报关行的负责人金某某（另案处理）按林某某的要求找到中国湛江外轮代理公司的劳某某（另案处理）等人伪造进口货物舱单，金某某持伪造的舱单进行报关。当6千吨小麦已报关被提走后，海关不放行未报关的2万吨小麦，而林某某通过杨某某将200万元人民币的银行存折交到曹某某手上后，未报关的2万吨小麦和2.7万吨油菜籽才被提运走。两批货物走私得逞后，林某某分得人民币15万元；杨某某分得人民币40万元；金某某分得人民币45万元及1万美元；劳某某分得美元1万元。经湛江海关对未报关申报的小麦、油菜籽进行估价，被告人林某某等人共偷逃应缴税款6041万元。

湛江市中级人民法院经审理认为：被告人林某某违反海关法规，逃避海关监管，伙同他人以“少报多进”的方法走私小麦和油菜籽的行为已构成走私普通货物罪，走私货物偷逃应缴税额特别巨大，情节特别严重；其为达到以“少报多进”方式走私货物，谋取不正当利益，给予时任湛江海关关长曹某某200万元人民币的行为又构成行贿罪，情节特别严重，依法应数罪并罚。于1999年8月25日判决被告人林某某犯走私普通货物罪，判处死刑，缓期2年执行，剥夺政治权利终身，并处没收个人全部财产；犯行贿罪，判处有期徒刑15年；决定执行死刑，缓期2年执行，剥夺政治权利终身，并处没收个人全部财产。一审判决后，被告人在法定期限内没有上诉，检察机关也没有抗诉，广东省高级人民法院裁定核准了一审判决。

刑法第390条第2款规定：“行贿人在被追诉前主动交待行贿行为的，可以减轻处罚或者免除处罚。”行贿人在被追诉前，能够主动交待行贿行为，这实际上也是对受贿犯罪的检举揭发，因此，刑法规定对行贿人可以减轻处罚或者免除处罚。关于“被追诉前”的时间界定，刑法学界有不同认识。有的学者认为，“被追诉前”是指在检察机关立案侦查以前；① 也有的学者认为，“被追诉前”是指检察机关侦查终结移送审查起诉前；② 还有的学者认为，“被追诉前”是指在检察机关向法院提起公诉以前。③ 笔者认为，检察机关对行为人立案侦查，就意味着启动了刑事诉讼程序，刑事追诉就已经开始，因此，“被追诉前”理解为在检察机关立案侦查以前较为适宜。

需要指出的是，行贿人在被追诉前主动交待行贿行为的，有的学者认为行贿人成立自首。④ 也有的学者认为行贿人构成立功。⑤ 还有的学者认为行贿人

---

① 参见孙国祥著：《贪污贿赂犯罪疑难问题学理与判解》，中国检察出版社2003年版，第454页；李希慧主编：《贪污贿赂罪研究》，知识产权出版社2004年版，第256页。

② 参见杨兴国著：《贪污贿赂罪法律与司法解释应用问题解疑》，中国检察出版社2002年版，第279页。

③ 参见蔡兴教主编：《财产贪贿犯罪的疑难和辩证》，中国人民公安大学出版社1999年版，第562页；刘生荣等著：《贪污贿赂罪》，中国人民公安大学出版社2003年版，第205页。

④ 参见张穹主编：《贪污贿赂渎职“侵权”犯罪案件立案标准精释》，中国检察出版社2000年版，第89页。

⑤ 参见胡康生、李福成主编：《中华人民共和国刑法释义》，法律出版社1997年版，第556页。

既属于自首，也属于立功。① 笔者认为，如果行贿人自动投案，并如实供述自己的行贿行为的，无论这时候检察机关是否对其行贿行为立案侦查，行贿人的主动交待行为均成立自首；如果受贿人已经交待了行贿人向他行贿的犯罪事实，但检察机关并没有据此对行贿人立案侦查，只是通知行贿人以证人身份接受调查，行贿人到案后主动交待行贿行为的，行贿人的行为成立自首；如果受贿人已经交待了行贿人向他行贿的犯罪事实，检察机关据此对行贿人立案侦查，并将其传唤或拘传到案接受讯问的，这种情况下行贿人虽然系主动交待其行贿行为，但由于缺乏自动投案的条件，依法不能成立自首，但可以成立坦白。但无论哪种情形，行贿人主动交待其行贿行为的，均不能构成立功，即使其交待的国家工作人员收受其贿赂的行为已经构成受贿罪，因为这种情况下行贿人揭发国家工作人员受贿的行为仍然属于行贿人如实供述自己罪行的行为。

【案例5－28】2005年年底至2006年7月，被告人严某某为谋取不正当利益，在代理上海某某电子有限公司向上海电力公司市东供电公司某供电分公司（以下简称某供电分公司）申请办理高压配电安装项目过程中，虚增环节谋取差价，并向负责该项目监察、验收的某供电分公司用电组组长兼营销部服务主管邵某（已判刑）许以贿赂，使该项目得以顺利完成。嗣后，被告人严某某向邵某行贿人民币17.98万元。2008年7月1日，被告人严某某在接受上海市南汇区人民检察院反贪污贿赂局调查时如实交待了上述犯罪事实，并于次日被立案侦查。上海市南汇区人民法院经审理认为：被告人严某某为谋取不正当利益，向国家工作人员行贿人民币17.98万元，情节严重，已构成行贿罪，应处5年以上10年以下有期徒刑。被告人严某某在被追诉前能如实交待行贿事实，依照刑法第390条第2款的规定，可以减轻处罚。判决被告人严某某犯行贿罪，判处有期徒刑1年，缓刑1年。

【案例5－29】1996年，被告人叶某某当时系上海中机能源工程有限公司副总经理并承包了该公司的成套设备部。当获悉瑞安市创办华瑞电厂的消息后，主动认识了原瑞安市工业经济委员会副主任、瑞安市人民政府三电办公室主任、瑞安市电力开发有限公司总经理、瑞安市华瑞发电有限公司董事长兼总经理张某某（已判刑）。为了得到瑞安市华瑞发电有限公司购买电力设备合同，被告人叶某某于1996年12月送给张某某1万美元；1997年3月送给张某

① 参见孙谦主编：《国家工作人员职务犯罪研究》，法律出版社1998年版，第123页；陈正云、文盛堂主编：《贪污贿赂犯罪认定与侦查实务》，中国检察出版社2002年版，第114页；王作富主编：《刑法分则实务研究》（下），中国方正出版社2010年版，第1826页。

某20万元人民币；1997年5月送给张某某10万元人民币；1998年10月以张某某出国为由送上2000美元。从1997年1月至1998年7月，叶某某代表上海中机能源工程有限公司和瑞安市电力开发有限公司违反电力工程有关招投标规定，签订了总额计2100余万元的电力设备合同。1999年7月29日，瑞安市人民检察院对叶某某立案侦查，并对其进行传唤。叶某某为了逃避责任而与公司其他人员伪造账册等有关书证，然后于1999年8月16日向上海市虹口区人民检察院投案而被取保候审，在取保候审期间对其传唤未到。瑞安市人民法院经审理认为：被告人叶某某在经济往来中违反国家规定，为谋取不正当利益，给予国家工作人员以财物，数额较大，其行为已构成行贿罪。叶某某向张某某行贿，既不代表单位，也未经单位决定和法定代表人同意，且行贿的资金也非单位资金，因此辩护人辩称系单位行贿，与事实、法律不符，不予采纳；由于本案立案在前，被告人投案在后，也不存在追诉前主动交待行贿行为。鉴于被告人归案后认罪态度较好，可对其酌情从轻处罚。判决被告人叶某某犯行贿罪，判处有期徒刑3年6个月。

第六章　单位行贿罪

一、单位行贿罪概述

（一）单位行贿罪的立法沿革

1979 年刑法没有规定单位行贿罪。1985 年 7 月 18 日最高人民法院、最高人民检察院联合下发的《关于当前办理经济犯罪案件中具体应用法律的若干问题的解答（试行）》指出："国家机关、团体、企业事业单位和集体经济组织为谋取非法利益而行贿，数额巨大，情节严重的，对其主管人员和直接责任人员应追究行贿罪的刑事责任。"

1988 年 1 月 21 日全国人大常委会通过的《关于惩治贪污罪贿赂罪的补充规定》增设了单位行贿罪，第 9 条规定："企业事业单位、机关、团体为谋取不正当利益而行贿，或者违反国家规定，给予国家工作人员、集体经济组织工作人员或者其他从事公务的人员以回扣、手续费，情节严重的，判处罚金，并对其直接负责的主管人员和其他直接责任人员，处五年以下有期徒刑或者拘役。因行贿取得的违法所得归私人所有的，依照本规定第八条的规定处罚。"

1997 年修订后的刑法吸收了《关于惩治贪污罪贿赂罪的补充规定》的有关内容，第 393 条规定："单位为谋取不正当利益而行贿，或者违反国家规定，给予国家工作人员以回扣、手续费，情节严重的，对单位判处罚金，并对其直接负责的主管人员和其他直接责任人员，处五年以下有期徒刑或者拘役。因行贿取得的违法所得归个人所有的，依照本法第三百八十九条、第三百九十条的规定定罪处罚。"1999 年 9 月 16 日最高人民检察院公布的《关于人民检察院直接受理立案侦查案件立案标准的规定（试行）》和 2000 年 12 月 22 日最高人民检察院公布的《关于行贿罪立案标准的规定》，就单位行贿罪的概念、理解、立案标准等进行了解释。

（二）单位行贿罪的概念

根据刑法第 393 条和 1999 年最高人民检察院《关于人民检察院直接受理立案侦查案件立案标准的规定（试行）》和 2000 年最高人民检察院《关于行

贿罪立案标准的规定》，单位行贿罪，是指公司、企业、事业单位、机关、团体为谋取不正当利益而行贿，或者违反国家规定，给予国家工作人员以回扣、手续费，情节严重的行为。

二、单位行贿罪的客体和对象

单位行贿罪侵犯的客体与行贿罪侵犯的客体是相同的，均侵犯了国家工作人员职务行为的廉洁性。

单位行贿罪的行贿对象仅限于国家工作人员，不包括国家机关、国有公司、企业、事业单位、人民团体等国有单位。单位向国家机关、国有公司、企业、事业单位、人民团体等国有单位行贿的，可能构成对单位行贿罪。有的学者认为，单位行贿罪的行贿对象，主要是对国家工作人员行贿，也包括向非国有单位行贿。①笔者认为，这种观点是没有法律依据的。关于国家工作人员的具体范围，请参见“受贿罪的主体”部分对国家工作人员的论述。

单位行贿罪的犯罪对象为贿赂。关于“贿赂”的范围，请参见“受贿罪的对象”部分的论述。

【案例6－1】张某某是上海东友橡塑制品有限公司总经理，也是国有大型企业南京新联机械厂原厂长邱某某（正厅级）的情妇。自1997年7月起，她利用自己与邱某某的特殊关系，谋得新联机械厂发泡保温材料的供货权。在她和邱某某的操纵下，生产发泡保温材料的南京市高淳县某厂虽然将原料直接发往新联厂，却不直接与新联厂发生业务关系，而是由上海东友公司在其间充当中间商。虽然只是账面上的周转，上海东友公司却可以在高淳厂供货价的基础上，每吨原料凭空加价5千至7千元。为了维持这种坐地渔利的非法经营，张某某与上海东友公司其他领导商量后，决定用公款向邱某某行贿。自1998年年初至1998年9月，张某某先后行贿邱某某人民币15.8万元、6千美元以及瑞士手表等，折合人民币计17万余元。南京市栖霞区人民法院一审以单位行贿罪判处行贿公司罚金5万元，判处负有直接责任的总经理张某某有期徒刑1年，缓刑1年。②

---

① 参见周道鸾、张军主编：《刑法罪名精释》，人民法院出版社1998年版，第938页；张穹主编：《贪污贿赂渎职“侵权”犯罪案件立案标准精释》，中国检察出版社2000年版，第92页。

② 参见刘萍、奚彬：《南京判决首起单位行贿案》，载《新华网》2001年6月15日。

三、单位行贿罪的客观方面

单位行贿罪的客观方面表现为公司、企业、事业单位、机关、团体为谋取不正当利益而行贿，或者违反国家规定，给予国家工作人员以回扣、手续费，情节严重的行为。具体表现为以下两种行为方式：

一是为谋取不正当利益而行贿。在这种情况下，无论单位意图谋取的不正当利益是否实现，均不影响单位行贿罪的成立；即使国家工作人员实际上并未实施为单位谋取不正当利益的行为，单位也可以构成单位行贿罪。

【案例6-2】2006年4月，河南德金房地产有限公司因与郑州金山置业有限公司合作中产生纠纷，金山置业有限公司申请郑州市仲裁委员会仲裁，为能使仲裁委员会支持己方诉求，谋求不正当利益，河南德金房地产有限公司的法定代表人刘某某先后在2006年4月至2007年8月间分5次向郑州市仲裁委员会办公室主任张某某（已判刑）行贿60万元。商丘市睢阳区人民法院经审理认为：被告单位河南德金房地产有限责任公司及被告人刘某某在本单位与其他单位发生经济纠纷进行仲裁时，为谋取不正当利益，向国家工作人员行贿，情节严重，其行为已构成单位行贿罪，检察院指控罪名成立。案发后，被告单位河南德金房地产有限责任公司及被告人刘某某确已悔罪，属初犯、偶犯，且被告人刘某某在纪检委通知时能够如实坦白交待行贿行为，依法酌情予以从轻处罚。根据被告人刘某某犯罪情节及悔罪态度，适用缓刑不致再危害社会，依法可以宣告缓刑。判决：被告单位河南德金房地产有限责任公司犯单位行贿罪，判处罚金70万元。被告人刘某某犯单位行贿罪，判处有期徒刑1年，缓刑1年。

【案例6-3】1997年，被告人邓某某在担任北京兴瑞丰公司法定代表人期间，为了承揽农发行购置会计档案柜业务，通过农发行财务会计部陈某某的引荐，与具体负责决定供货商及执行购销合同的农发行财务会计部主任于某某结识。1997年11月和1998年12月，邓某某分别以海南瑞丰实业投资有限公司（以下简称海南瑞丰公司）、北京兴瑞丰公司的名义，与农发行财务会计部签订了会计档案柜、点钞机、捆钞机、票据打印机等设备的购销合同。为了感谢于某某的帮助，邓某某于2000年年初送给于某某人民币100万元。被告人邓某某于2004年8月11日被查获归案。北京市第一中级人民法院经审理认为：被告人邓某某身为公司直接负责的主管人员，为谋取不正当利益而行贿，其行为已构成单位行贿罪，依法应予惩处。北京市人民检察院第一分院指控邓某某犯单位行贿罪的事实清楚，证据确实、充分，指控罪名成立，但认定邓某某行贿系其违反国家规定，给予国家工作人员以回扣，情节严重的指控不当，其行为应认定为单位为谋取不正当利益而行贿，故本院予以纠正。邓某某被查获归案后，能够如实供述犯罪事实，认罪、悔罪，依法可予从轻处罚，并适用缓刑。判决被告人邓某某犯单位行贿罪，判处有期徒刑3年，缓刑4年。一审判决后，被告人没有上诉。

二是违反国家规定，给予国家工作人员以回扣、手续费。关于“国家规定”、“回扣”、“手续费”的具体含义，请参见受贿罪中“经济往来中受贿罪的认定”部分的论述。

【案例6－4】2002年2月至2006年9月间，被告单位北京远东德尔医疗器械有限公司（以下简称远东德尔公司）先后向北京电力医院等10家医疗机构销售呼吸机、手术室吊塔等德国Drager公司的医疗器械，远东德尔公司的副总经理、被告人赵某某单独或者伙同他人，以被告单位远东德尔公司的名义，先后向上述10家医疗机构的17名国家工作人员共计行贿人民币150余万元。一审法院经审理认为：被告单位远东德尔公司为在竞争中获得优势，为了影响国有医疗机构采购医疗器械过程中起关键作用的人，而以支付回扣的方式进行行贿活动，情节严重，其行为构成单位行贿罪，应予惩处；被告人赵某某作为该单位行贿的直接责任人员，其行为构成单位行贿罪，亦应受到处罚。被告人赵某某在侦查机关尚未采取强制措施前，主动到某区人民检察院反贪污贿赂局投案，并如实供述了自己代表单位向多家医疗机构主管人员行贿的事实，其行为构成自首，依法予以从轻处罚。关于被告人赵某某及其辩护人认为被告人赵某某有重大立功行为的意见，法院认为，认定行贿人赵某某向某区人民检察院反贪污贿赂局投案自首，要求被告人赵某某必须如实供述自己的行贿对象，即受贿人，被告人赵某某在自首的同时交代出受贿人的行为不属于立功，法院对被告人赵某某及其辩护人的此项意见不予采纳。关于赵某某的辩护人认为被告人赵某某在共同犯罪中是从犯的意见，法院认为，被告人赵某某在其单位行贿过程中是直接责任人员，不是从犯，法院对赵某某辩护人的此项辩护意见不予采纳。关于赵某某辩护人指出在公诉机关指控的犯罪中，有相关医疗机构和北京远东德尔科贸有限公司签订的协议，赵某某在上述经济往来中给予相关主管人员的贿赂不应认定为赵某某为远东德尔公司行贿的数额。对于此项意见，法院认为，北京远东德尔科贸有限公司在2001年被吊销营业执照，吊销企业法人营业执照是工商行政管理机关依据国家工商行政管理法规作出的一种行政处罚，企业法人被吊销营业执照后，应当依法进行清算，清算程序结束并办理工商注销登记后，该企业法人才归于消灭。北京远东德尔科贸有限公司在被吊销营业执照的情况下，虽然法人资格仍在，但是失去了经营资格，禁止进行清算范围外的活动。北京远东德尔科贸有限公司于2002年销售给大兴区医院德国Drager公司产品、在2003年与平谷区医院签订的协议销售德国Drager公司产品的行为是违法行为，且进行上述交易时，德国Drager公司产品的代理公司是远东德尔公司，北京远东德尔科贸有限公司销售德国Drager公司的产品的行为实际上是远东德尔公司的经营行为，被告人赵某某作为远东德尔公司的工作人员，为销售德国Drager公司产品而行贿的行为，应当视为远东德尔公司的行为，故对其辩护人的此项意见，不予采纳。判决：被告单位远东德尔公司犯单位行贿罪，判处罚金人民币500万元。被告人赵某某犯单位行贿罪，判处有期徒刑1年6个月。被告单位远东德尔公司以"原判罚金数额过高"为由，提起上诉。二审法院经审理裁定驳回上诉，维持原判。

四、单位行贿罪的主体

单位行贿罪属于单位犯罪，犯罪主体是单位。关于单位的范围，根据刑法第30条的规定，是指公司、企业、事业单位、机关、团体。

1999年6月25日最高人民法院公布的《关于审理单位犯罪案件具体应用法律有关问题的解释》第1条进一步指出：刑法第30条规定的公司、企业、事业单位，既包括国有、集体所有的公司、企业、事业单位，也包括依法设立的合资经营、合作经营企业和具有法人资格的独资、私营等公司、企业、事业单位。

【案例6-5】2000年年底，被告人麻某某任北京四方金属有限公司车队队长，负责管理车队及缴纳养路费等事项。2004年被告人麻某某调任北京中承恒业金属有限公司工作，仍负责管理车队。2003年年底至2005年3月，被告人麻某某在负责管理上述两个公司车队期间，为少缴车辆养路费，向北京市路政局养路费征收稽查处收费员闫某某（另案处理）先后行贿人民币38万余元，使国家少征收养路费人民币348万余元（现已追回）。2005年7月4日，被告人麻某某被查获归案。北京市宣武区人民检察院指控被告人麻某某犯行贿罪。被告人麻某某对北京市宣武区人民检察院指控其犯行贿罪予以否认，辩称其行为属于单位行贿，行贿数额应为24万余元。北京市宣武区人民法院经审理认为：被告人麻某某无视国法，在公司任车队队长期间，履行缴费职责时，为单位谋取不正当利益，给予国家工作人员财物，侵犯了国家公职活动的廉洁性，其行为已构成单位行贿罪。北京市宣武区人民检察院指控被告人麻某某行贿38万余元的事实成立，但认定该行为为行贿罪不妥。被告人麻某某身为车队队长，负责车队的各项管理工作，缴纳养路费是其工作职责，麻某某为少缴养路费而向闫某某行贿，其主观上是为单位谋取不正当利益，不是为其个人谋利，体现的是单位的意志，应认定为单位行贿。被告人麻某某辩称其行贿数额应为24万元及被告人麻某某的辩护人提出起诉书指控麻某某行贿38万余元缺乏足够证据的辩护意见。经查，被告人麻某某被查获后在多次供述中均承认向闫某某行贿38万余元，该供述内容详实，条理清晰，且与闫某某的供述及在案的其他证据相互吻合，故被告人麻某某的辩解及其辩护人的该项辩护意见本院不予采信。被告人麻某某及其辩护人关于本案应定为单位行贿等其余辩护意见，本院予以采纳。判决被告人麻某某犯单位行贿罪，判处有期徒刑2年。

需要指出的是，2001年1月21日最高人民法院印发的《全国法院审理金融犯罪案件工作座谈会纪要》专门就“单位的分支机构或者内设机构、部门实施犯罪行为的处理”进行了解释：以单位的分支机构或者内设机构、部门的名义实施犯罪，违法所得亦归分支机构或者内设机构、部门所有的，应认定为单位犯罪。不能因为单位的分支机构或者内设机构、部门没有可供执行罚金的财产，就不将其认定为单位犯罪，而按照个人犯罪处理。2002年7月9日最高人民检察院《关于涉嫌犯罪单位被撤销、注销、吊销营业执照或者宣告破产的应如何进行追诉问题的批复》指出：涉嫌犯罪的单位被撤销、注销、吊销营业执照或者宣告破产的，应当根据刑法关于单位犯罪的相关规定，对实施犯罪行为的该单位直接负责的主管人员和其他直接责任人员追究刑事责任，对该单位不再追诉。

【案例6－6】2001年9月8日至2001年12月28日，被告人何某某代表海南宏盛永业实业投资有限公司（以下简称宏盛公司）与昌江县经济实用房开发中心（以下简称开发中心）签订合作协议。协议约定：在申报中央处置积压房地产专项补助资金（以下简称专项补助资金）过程中，开发中心负责筹备和提供申请专项补助资金所具备的合法企业和个人资料、手续以及政府有关批文，并负责协调与当地政府的关系，所需费用由开发中心负责。宏盛公司负责具体指导开发中心筹备申请专项补助资金所具备的全部合法资料和手续，并负责协调与省财政厅、国家财政部的关系，所需费用由宏盛公司负责。待专项补助资金到位后，开发中心将实到补助资金的35%作为报酬支付宏盛公司。在申报过程中，何某某指导开发中心工作，并承诺在申报的资金到其公司账户后，会酬谢帮过忙的人。在宏盛公司的指导下，申报成功，2002年6月27日海南省财政厅下拨1041万元专项补助资金到昌江财政局，2002年7月16日该县财政局二次将841万元转入开发中心的账户，2002年7月29日开发中心的副经理陈甲（另案处理）和符某（已判刑）将346万元转入宏盛公司的账户。按陈甲的请求，何某某与陈甲一起到昌江建行营业部，由何某某从宏盛公司的账户上将80万元转到陈甲预先以陈乙之名开户的活期存单上作为陈乙开店的验资证明用，同日陈甲又将这80万元分两笔转存为陈乙之名开设的定期存单上（两张存单，每张各40万），2002年8月11日在昌江县建行营业部，陈甲将存在陈乙名下80万元的定期存单中的35万元转到陈乙的活期存折，将30万元转存到其妹陈丙名下的活期存折，从定期存单上提取15万元，后又从陈乙的存折里提取3万元。陈甲将18万元现金、陈乙32万元的存折和陈丙30万元的存折带到海口市，当天又在海口市南航营业部，从陈乙的活期存单上提取了15万元，然后到海口市交通宾馆和何某某见面，何某某与陈甲在海口市交通宾馆的一房间内商量，确定应赠送酬谢帮助过忙的相关工作人员，并将29万元交给陈甲全权处理。后陈甲相继将钱分别送给符某、蔡某某、郭某某等人（陈甲本人要了8万元）。

儋州市人民法院一审认为：被告人何某某身为宏盛公司副总经理，主观上出于故意，客观上为谋取不正当利益，以宏盛公司的名义对国家工作人员实施了行贿行为，既是单位直接负责的主管人员又是直接责任人员，应以单位行贿罪追究其刑事责任。对公诉机关指控何某某单位行贿55.5万元，除了证人陈甲的证言外，没有其他证据相印证，而被告人何某某的原供述只承认其行贿29万，因此，控方指控何某某行贿29万元以外的行贿数额，本院不予认定。判决被告人何某某犯单位行贿罪，判处有期徒刑1年3个月23天。何某某不服，提出上诉。海南中级人民法院二审认为：关于何某某上诉及其辩护人提出，原审判决认定其是犯单位行贿罪，而未将单位和法定代表人列为被告追究，却追究其副总经理单位行贿罪的责任是处罚主体错误和不公。经查，何某某以该公司之名与开发中心签订的上述合同最终是非法获取中央专项补助资金，其在实施上述单位行贿犯罪过程中起着直接、积极、主要的作用，故对其追究单位行贿犯罪是正确的，而其单位已被吊销营业执照，故在该案中依法不宜将单位列为被告追究刑事责任。原审判决认定事实清楚，证据确凿，定性准确，量刑适当，审判程序合法。裁定驳回上诉，维持原判。

五、单位行贿罪的主观方面

单位行贿罪的主观方面是直接故意，并且具有谋取不正当利益的目的。如果单位为谋取正当利益，而向国家工作人员行贿的，根据现行刑法规定，不构成犯罪。

关于“不正当利益”的含义，2008年11月20日最高人民法院、最高人民检察院《关于办理商业贿赂刑事案件适用法律若干问题的意见》第9条指出：在行贿犯罪中，“谋取不正当利益”，是指行贿人谋取违反法律、法规、规章或者政策规定的利益，或者要求对方违反法律、法规、规章、政策、行业规范的规定提供帮助或者方便条件。在招标投标、政府采购等商业活动中，违背公平原则，给予相关人员财物以谋取竞争优势的，属于“谋取不正当利益”。有关“不正当利益”的争议，可以参见“行贿罪的主观方面”部分的论述。

【案例6-7】2008年6月，被告单位某某市某某置业有限公司在开发某某市荣华小区工程期间，为了不交、少交税款，在总经理王某某的安排下，被告人王某向某某市地税局直属局征收二科科长李某和某某市地税局发票局副局长孟某某行贿位于某某市荣华小区价值492200元复式楼1栋，致使被告单位某某市某某置业有限公司偷逃税款1539893.91元，案发后被告单位已将税款全部补交。西华县人民法院经审理认为：被告单位某某市某某置业有限公司为谋取不正当利益，向国家工作人员行贿一套价值492200元的复式楼，被告人王某作为单位直接责任人员，具体实施行贿行为，应承担刑事责任。被告单位某某市某某置业有限公司和被告人王某均已构成单位行贿罪。被告人王某认罪、悔罪，可酌情从轻处罚。判决：被告单位某某市某某置业有限公司犯单位行贿罪，判处罚金人民币4万元。被告人王某犯单位行贿罪，判处有期徒刑1年，缓刑1年。

【案例6-8】1993年至1996年，被告人南通集成水产品有限公司为谋取不正当利益，分别向中国农业信托投资总公司江苏代表处、中国农业银行南通分行国际业务部、中国农业银行如东支行等金融机构的13人行贿人民币203.8万元及1万美元。1993年至1995年，被告人顾某某为了谋取不正当贷款，先后2次代表南通集成水产品有限公司向中国农业发展银行如东支行计划信贷部副主任吴某某行贿人民币3.1万元；向该行兵房办事处主任张某某行贿21.9万元。南通市中级人民法院经审理认为：被告人南通集成水产品有限公司及其主管人员顾某某为谋取超规模、低利率贷款，取得贷款后逾期归还等不正当利益，违反国家规定，贿赂国家工作人员，情节严重，其行为均已构成单位行贿罪。判决：被告单位南通集成水产品有限公司犯单位行贿罪，判处罚金人民币20万元；被告人顾某某犯单位行贿罪，判处有期徒刑5年。一审判决后，被告单位和被告人未提出上诉。

【案例6-9】2006年至2008年间，被告人黄某某作为被告单位鹏房公司及国美公司的法定代表人，在得知公安部经侦局北京总队正在查办鹏房公司涉嫌犯罪案件及北京市局经侦处对国美公司涉税举报线索调查后，经与被告人许某某预谋，直接或指使许某某向时任公安部经侦局副局长兼北京总队总队长的相某某提出，在侦办鹏房公司、国美公司上述案件中给予关照的请托。期间，黄某某单独或指使许某某给予相某某款、物共计价值人民币106万余元。2006年至2008年间，国税总局稽查局在全国范围对被告单位国美公司进行税务大检查。被告人黄某某作为国美公司的法定代表人，经与被告人许某某预谋，直接或通过北京市局经侦处民警靳某某（另案处理）联系介绍，多次分别宴请负责全国税务检查领导工作的国税总局稽查局孙某某及具体承办税务检查的北京国税稽查局工作人员梁某某、凌某（均另案处理），黄某某、许某某及靳某某均向孙某某等三人提出关照国美公司的请托。黄某某先后单独或指使许某某给予靳某某共计人民币150万元，给予孙某某共计人民币100万元，给予梁某某、凌某人民币各50万元。

北京市第二中级人民法院经审理认为：对于被告单位国美公司的辩护人所提在北京总队侦办鹏房公司涉嫌犯罪案件过程中，黄某某、许某某向相某某提出保密调查、尽快结案的要求和在北京市局经侦处收到国美公司涉税举报线索后，许某某要求相某某将举报线索上提至北京总队的请求及在税务机关对国美公司进行检查时，黄某某、许某某向有关人员提出保密调查的请求正当合法，并非谋取不正当利益，所给予的款项是向在执法过程中注意执法方式，保护企业合法权益的有关人员表示感谢的辩护意见和被告单位鹏房公司的辩护人所提鹏房公司涉嫌犯罪案件被撤销后真正的受益人是国美公司，而黄某某直接或通过许某某向相某某提出尽快结案、保密调查等请求的原因，正是因为鹏房公司涉嫌犯罪案件影响了国美公司的经营，造成银行降低对国美公司的授信额度，与鹏房公司的利益无关，且上述请求并不违法，不属于不正当利益；鹏房公司涉嫌犯罪案件被撤销，距黄某某直接或通过许某某给予相某某款物的时间间隔较长，现有证据无法证明给予款物与案件撤销之间存在关联性，亦不能证明是感谢相某某为鹏房公司谋取利益的辩护意见及黄某某的辩护人和许某某的辩护人均提出，黄某某、许某某没有向相某某和有关税务人员提出不正当的请求，实际上亦未谋取不正当利益的辩护意见。经查，被告人黄某某作为被告单位鹏房公司、国美公司的法定代表人，在有关国家执法机关办理鹏房公司、国美公司涉嫌违法犯罪案件过程中，直接或通过许某某私下约见有关办案工作人员，提出尽快结案、保密调查等要求，虽然现有证据无法证明所提要求的内容本身违法，但私下约见并宴请办案人员的行为，违反了国家执法机关工作人员在案件办理过程中禁止私自会见当事人并接受当事人宴请、请托的有关规定，在客观上对办案人员施加了不正当的影响，干扰了正常的执法工作，这种形式上的违法性，亦属于谋取不正当利益的情形，而事后给予办案人员款物的行为，与通过违法形式向办案人员提出要求并得到满足之间存在特定联系，其行为符合单位行贿罪的犯罪构成要件。现有证据已经证明，在查办鹏房公司涉嫌犯罪案件时，银行对国美公司降低了授信额度，影响了国美公司的经营，不仅如此，对鹏房公司涉嫌犯罪案件的查办，从社会影响方面也同时涉及鹏房公司和国美公司经营上的切身利益，故查办鹏房公司涉嫌犯罪案件与鹏房公司自身利益无关的观点明显与事实不符，对被告单位国美公司、鹏房公司和被告人黄某某、许某某的各辩护人所提上述辩护意见，本院均不予采纳。对于被告单位国美公司的辩护人和黄某某、许某某的辩护人所提，黄某某给予靳某某人民币120万元系靳某某索贿的辩护意见，经查，上述各辩护人提出该辩护意见的目的，在于证明因被勒索财物且没有获得不正当利益的情况下，不构成单位行贿罪。根据现有证据，许某某虽在供述中称，靳某某对收到30万元的银行卡不满意，但此情节靳某某并未予以证实，故认定靳某某索取贿赂的证据不足；如前所述，该120万元是在基于谋取不正当利益后，黄某某出于感谢而给予靳某某的，应认定为单位行贿罪的犯罪数额。故上述各辩护人的该项辩护意见不能成立，本院不予采纳。被告人黄某某作为被告单位国美公司、鹏房公司的法定代表人，与被告人许某某共谋，为二被告单位谋取不正当利益，单独或伙同许某某向国家执法机关的工作人员提出请托，并给予国家机关工作人员财物，数额巨大，情节严重，二被告单位和被告人黄某某、许某某的行为均已构成单位行贿罪，黄某某、许某某构成单位行贿的共同犯罪。北京市人民检察院第二分院指控被告单位国美公司、鹏房公司犯单位行贿罪，被告人黄某某、许某某犯单位行贿罪的事实清楚，证据确实、充分，指控的罪名成立。鉴于被告人黄某某作为被告单位国美公司、鹏房公司的法定代表人，在被采取强制措施后，如实供述了司法机关尚不掌握的部分单位行贿的犯罪事实，可认定黄某某及国美公司、鹏房公司均具有自首情节，故依法对黄某某和国美公司、鹏房公司所犯单位行贿罪分别予以从轻处罚。鉴于被告人许某某被采取强制措施后，如实供述了司法机关不掌握的部分单位行贿的犯罪事实，具有自首情节，对许某某所犯单位行贿罪予以从轻处罚。据此，根据被告单位国美公司、鹏房公司和被告人黄某某、许某某犯罪的事实，犯罪的性质、情节及对于社会的危害程度，判决：（1）被告单位国美电器有限公司犯单位行贿罪，判处罚金人民币500万元。（2）被告单位北京鹏润房地产开发有限责任公司犯单位行贿罪，判处罚金人民币120万元。（3）被告人黄某某犯单位行贿罪，判处有期徒刑2年，与非法经营罪、内幕交易罪并罚后，决定执行有期徒刑14年，并处罚金人民币6亿元，没收个人部分财产人民币2亿元。（4）被告人许某某犯单位行贿罪，判处有期徒刑1年，与内幕交易、泄露内幕信息罪并罚后，决定执行有期徒刑3年，并处罚金人民币1亿元。被告人黄某某、许某某不服，提出上诉。北京市高级人民法院二审维持了一审法院对黄某某、许某某的判决。

关于违反国家规定，给予国家工作人员以回扣、手续费的单位行贿行为，是否需要单位主观上具有为谋取不正当利益的目的，刑法学界的认识并不一致。有的学者认为，单位违反国家规定，给予国家工作人员以回扣、手续费的，不要求具有谋取不正当利益的目的。[①] 笔者认为，经济往来中的单位行贿罪与经济往来中的行贿罪相似，行贿单位也需要具有为谋取不正当利益的目的，这样做也是为了对单位行贿罪的成立范围进行适当的限制。

六、单位行贿罪的认定

（一）单位行贿罪与一般单位行贿行为的界限

刑法第393条没有明确规定单位行贿罪的具体数额标准，但规定构成单位行贿罪需要“情节严重”。1999年最高人民检察院《关于人民检察院直接受理立案侦查案件立案标准的规定（试行）》和2000年最高人民检察院《关于行贿罪立案标准的规定》就单位行贿罪指出：涉嫌下列情形之一的，应予立案：一是单位行贿数额在20万元以上的；二是单位为谋取不正当利益而行贿，数额在10万元以上不满20万元，但具有下列情形之一的：（1）为谋取非法利益而行贿的；（2）向3人以上行贿的；（3）向党政领导、司法工作人员、行政执法人员行贿的；（4）致使国家或者社会利益遭受重大损失的。

【案例6－10】1996年10月至1998年5月间，被不起诉单位核工业第四研究设计院承揽到河北省电力局“富强电力新村”高层住宅楼及配套建筑设计项目后，被不起诉单位为能在承担设计项目时多占市场，负责该院生产经营工作的被不起诉人赵某某违反《中华人民共和国建筑法》第17条第2款“承包单位及其工作人员不得利用向发包单位及其工作人员行贿、提供回扣或者给予其他好处等不正当手段承揽工程”等有关规定，将河北省电力局付给本单位的295万元设计费中的5%计147500元作为回扣给河北省电力局住房建设指挥部指挥长王某某（已另案处理）。石家庄市长安区人民检察院经审查认为：被不起诉单位核工业第四研究设计院、被不起诉人赵某某在经济往来中，违反国家规定，给予国家工作人员以回扣，其行为触犯了刑法第393条之规定，已构成单位行贿罪。但鉴于犯罪情节轻微，具有刑法第37条规定之情节，依据刑事诉讼法第142条第2款之规定，决定对核工业第四研究设计院和赵某某不起诉。

---

① 参见陈正云、文盛堂主编：《贪污贿赂犯罪认定与侦查实务》，中国检察出版社2002年版，第130页；王作富主编：《刑法分则实务研究》（下），中国方正出版社2010年版，第1834页。

【案例6-11】 2003年年底，被告人李甲在担任某市某区某乡某所所长期间，通过某市某局某科科长李乙（另案处理）非法从其他辖区为其单位转移税款272000元，后给李乙好处费6万元。2004年，被告人李甲在担任某市某区某办事处某所所长期间，通过某市某局某科科长李乙非法从其他辖区为其单位转移税款638075元，后给李乙好处费127615元。西华县人民法院经审理认为：被告人李甲身为国家工作人员，为单位谋取不正当利益而行贿，情节严重，其系直接责任人员，其行为已构成单位行贿罪。鉴于被告人李甲认罪态度较好，且其系为单位利益按领导的安排而行贿，犯罪情节轻微，根据本案的事实和情节，判决被告人李甲犯单位行贿罪，免予刑事处罚。

（二）单位行贿罪与行贿罪的界限

单位行贿罪与行贿罪均属于行贿犯罪，二者的行贿对象均是国家工作人员，均侵犯了国家工作人员职务行为的廉洁性，主观方面均为直接故意，并且需要具有为谋取不正当利益的目的，客观方面的表现也较为相似，二者最主要的区别是犯罪主体不同。单位行贿罪的主体是单位，既包括国有单位，也包括非国有单位；行贿罪的主体是一般主体，限于个人，而不包括单位。

需要指出的是，单位行贿罪的最高法定刑为5年有期徒刑，而行贿罪的最高法定刑为无期徒刑，二者相差悬殊。实践中，要注意区分单位行贿罪与行贿罪的界限，既要避免将单位行贿罪当做行贿罪来处理，加重被告人的刑罚，也要注意避免将行贿罪当做单位行贿罪来处理，轻纵犯罪分子。实践中，区别二者的界限时：一是要看行贿的决定是单位作出的，还是个人作出的；二是要看行贿时是以单位的名义实施的，还是以个人的名义实施的；三是要看行贿的财物是单位提供的，还是个人提供的；四是要看行贿后谋取的不正当利益是归单位所有，还是归个人所有。1999年最高人民法院《关于审理单位犯罪案件具体应用法律有关问题的解释》第2条指出：个人为进行违法犯罪活动而设立的公司、企业、事业单位实施犯罪的，或者公司、企业、事业单位设立后，以实施犯罪为主要活动的，不以单位犯罪论处。第3条指出：盗用单位名义实施犯罪，违法所得由实施犯罪的个人私分的，依照刑法有关自然人犯罪的规定定罪处罚。刑法第393条规定："因行贿取得的违法所得归个人所有的，依照本法第三百八十九条、第三百九十条的规定定罪处罚。"1999年最高人民检察院《关于人民检察院直接受理立案侦查案件立案标准的规定（试行）》就单位行贿罪也指出：因行贿取得的违法所得归个人所有的，依照本规定关于个人行贿的规定立案，追究其刑事责任。

【案例 6－12】 2001 年 12 月，为扩大业务，个体户李某请好友晏某帮忙，共同成立绿保苗木有限公司（以下简称绿保公司），并自任公司经理、法定代表人。晏某实际未出资，亦不参与经营。2000 年 1 月至 2002 年 9 月，李某在向某市新区园林公司（以下简称园林公司）销售苗木的业务过程中，为取得园林公司有关人员给其多做业务等方面的关照，先后多次向该园林公司原经理魏某、副经理骆某、工程部主任盛某行贿累计人民币 186.3 万元。其中，2000 年 1 月至 2001 年 11 月即公司成立前的行贿额为 48.3 万元，公司成立后的行贿额为 138 万元。本案中，李某在 2000 年 1 月至 2001 年 11 月向魏某、骆某等人行贿人民币 48.3 万元，此行为构成行贿罪，对此并无异议，但对 2001 年 12 月至 2002 年 9 月，李某任绿保公司法定代表人期间向魏某、骆某等人行贿人民币 138 万元如何定性存在分歧：一种意见认为，应以单位行贿罪追究绿保公司及直接负责的主管人员李某的刑事责任；另一种意见认为，绿保公司实际上是李某自己的一人公司，其向上述人员的行贿行为仍应当视为个人的行贿行为，应以行贿罪追究李某的刑事责任。

笔者同意第一种意见。本案的关键在于一人公司的法定代表人实施的行贿行为能否认定为单位犯罪，也即该公司能否成为单位犯罪的主体。本案中绿保公司成立时有两个以上发起人，有符合《公司法》要求最低注册资本，并办理了企业法人营业执照，有独立的公司资产，能够承担民事上的义务，并以公司的名义纳税，由此可见，该公司的成立符合有关法律要求，具有独立的刑事责任能力，符合刑法上单位犯罪对单位的要求。对于认为绿保公司是一人公司，公司的法定代表人向他人行贿，只追究法定代表人的个人刑事责任的意见，笔者认为这是不妥的。理由是：其一，绿保公司是一人公司，只是民法上的界定，界定某公司是否是一人公司，仅意味着民法上的责任是否由这实质上的一人承担，这一问题在民法理论上和实践中仍然是有争议的一个问题；其二，民事责任与刑事责任是依据不同的法律产生的完全不同的责任，不能用民法上的责任承担原则来处理刑法上的责任承担问题；其三，根据最高人民法院《关于审理单位犯罪案件具体应用法律有关问题的解释》的规定，具有法人资格的独资、私营公司可以成为单位犯罪的主体。就本案来说，绿保公司是犯罪嫌疑人李某与晏某成立的有限责任公司，其在财产上，绿保公司财产与李某个人财产在法律地位上是不同的，按单位犯罪处理，才能真正做到“罚当其罪”，在公司成立后李某均以绿保公司名义签订合同，并以企业所有的财产承担民事责任，应属独立的刑事责任主体。综上，笔者认为，身为绿保公司法定代表人的李某为本公司业务的更好开展，而向魏某、骆某等人行贿，应当视为单位的行为，李某应当承担作为直接负责的主管人员的刑事责任，而不是个人行贿的责任。①

【案例6－13】 2000年8月，义乌市中心医院电梯工程设备经公开招投标初步筛选后，确定被告人张某某所在的浙江浙奥电梯销售有限公司等8家单位参加投标。被告人张某某与时任义乌市中心医院筹建办副主任、电梯设备评标组成员王某某（另案处理）等人赴广州市电梯生产厂家考察期间，张向王提出在使用其所销售的广州奥的斯电梯上请王给予帮助，并表示到时不会亏待。8月23日，经审标后，确定浙江浙奥电梯销售有限公司与西子奥的斯电梯有限公司为预中标单位。9月，王在决标中发表拟使用广州奥的斯电梯的意见，后确定由浙奥电梯销售有限公司中标，双方于11月8日签订合同。11月15日，需方根据合同汇给浙奥电梯销售有限公司定金102.8万元，数天后，张送给王人民币9万元。王收受的9万元赃款已退出。张在浙奥电梯有限公司的报酬，仅根据其销售款全部汇入公司后，按比例提成。义乌市人民法院一审认为：被告人张某某违反国家规定，给予国家工作人员财物，数额较大，其行为构成行贿罪。以行贿罪判处被告人张某某有期徒刑1年。张某某上诉提出：其认罪悔罪，身体不好，愿将功补过，要求判处缓刑。辩护人提出：王某某没有违背职务的行为，上诉人也没有谋取不正当利益，不构成行贿罪。本案利润大部分归单位，上诉人只是取得劳务报酬，应是单位行贿。出庭检察员意见：上诉人是为了谋取不正当利益；上诉人的报酬与利润相关，9万元是上诉人个人负担的，送9万元单位也不知，所以不是单位犯罪。金华市中级人民法院二审认为：上诉人张某某事先要求受贿人帮忙，承诺感谢受贿人，受贿人因此帮助张某某取得了本不确定的利益，事后为感谢受贿人及能得到受贿人的继续关照，张某某送受贿人9万元人民币，属于为谋取不正当利益而行贿，该行为张某某所在单位并不明知，9万元也非单位而属其个人款项，非单位行贿的事实清楚，证据充分，上述事实与张某某的一贯供述也相印证，上诉人张某某之行为构成行贿罪。辩护人的辩护意见与事实和法律不符，本院不予采信。辩护人提供的证据，只能证明张某某代表单位推销电梯，招投标是按规定进行的，不能证明代表单位行贿，平时表现好等也与本案定罪量刑无关，故其提供的证据不能成为本案定罪量刑的依据。鉴于上诉人张某某认罪悔罪深刻，根据其犯罪情节和悔罪表现，适用缓刑不致再危害社会，故对其可宣告缓刑。改判上诉人张某某犯行贿罪，判处有期徒刑1年，缓刑1年。

① 参见汤在勉：《“一人”公司能否构成单位行贿罪 关键是看该公司是否符合公司成立的法定要件》，载《检察日报》2004年1月20日。

【案例6-14】1997年6月23日，时任河塘外贸公司副经理的被告人蒋某某伙同该公司经理周某某（另案处理）以河塘外贸公司的名义与袁庄矿签订了9000吨（260元/吨）的煤炭购销合同。袁庄矿垫付运费40余万元，分3次向河塘外贸公司发煤9080吨，每吨155元，价值1407400元。蒋某某收到煤炭后通过各种关系分别低价销售给江阴市花园热电厂、无锡市燃料总公司、江阴市有机化工厂等单位，卖得煤款150余万元。其中蒋某某得款45万元。被告人蒋某某为达到不支付袁庄矿煤款的目的，在1997年至1999年袁庄矿煤质运销科科长王某某（已判刑）催要煤款时，分5次送给王某某好处费6.5万元及诺基亚6110手机一部；分2次送给袁庄矿矿长卢某某好处费20万元。此后蒋某某均以煤炭销售后没有回款为由一直未付煤款。另查明，河塘外贸公司于1997年2月以后，已无财务收支的账务记载，并于1999年因未按规定申报年检而被江阴市工商行政管理局吊销营业执照。淮北市杜集区人民法院经审理认为：河塘外贸公司以非法占有为目的，在签订、履行合同的过程中，骗取公共财物，数额特别巨大，其行为已构成单位合同诈骗罪，但河塘外贸公司在本案审理之前已被工商部门注销，依法不应被追究刑事责任。被告人蒋某某作为河塘外贸公司直接负责的主管人员，积极参与并实施合同诈骗行为，亦构成合同诈骗罪，应适用单位犯罪的法律条款追究其刑事责任。被告人蒋某某为谋取不正当利益给予国家工作人员财物，情节特别严重，其行为构成行贿罪。被告人蒋某某具有自首情节，依法可以减轻处罚。判决：被告人蒋某某犯合同诈骗罪，判处有期徒刑13年，剥夺政治权利5年，并处罚金人民币10万元；犯行贿罪，判处有期徒刑5年，并处没收财产人民币10万元；数罪并罚，决定执行有期徒刑16年，剥夺政治权利5年，罚金人民币10万元，没收财产人民币10万元。对被告人蒋某某犯罪所得的赃款人民币45万元继续予以追缴。本案中，被告人蒋某某无论是实施合同诈骗，还是行贿，均是为了河塘外贸公司的利益并以该公司的名义实施的，法院认定被告人蒋某某合同诈骗应适用单位犯罪的法律条款，但对于行贿却适用个人行贿而不是单位行贿的法律条款。笔者认为，被告人蒋某某的行贿行为构成的应是单位行贿罪而不是行贿罪。

【案例6-15】被告人朱某某于1996年创办了宜达燃料开发有限公司。经过十几年的发展，该公司在朱某某案发前已经成为一个大型企业，拥有1个房地产公司和分布粤湘两省的15个煤场，年营业额达8亿元，朱某某本人也被称为"粤北首富"。一、单位行贿罪。宜达公司自1999年开始向广东省韶关钢铁集团有限公司供应煤炭，至案发前供煤量逐年上升，并于2006年2月与韶钢集团签订了为期5年的《建立中长期战略合作伙伴关系协议书》。在上述经济往来中，宜达公司从2002—2008年上半年，由朱某某、公司副总经理杨某某代表公司送给韶钢集团第一物资公司（供应处）原副经理阎某某、韶钢集团原副总经理黄某某、原董事长曾某某回扣、财物共计人民币1663万元。2005年上半年，朱某某结识了原韶关市市委常委、政法委书记、市公安局局长叶某某。当时，宜达公司的运煤车队因超载，多次被交警部门处罚，为逃避交通违章处罚，朱某某找到叶某某请求帮忙。后叶某某指示交警部门，对宜达公司的运煤车尽量放行，除严重违章外不处罚。为感谢叶某某关照，2005—2008年期间，朱某某分6次共送给叶某某人民币30万元。二、行贿罪。2005年8月，原广东省人民代表大会常务委员会机关副巡视员、选举联络人事任免工作委员会副主任杨某到韶关市讲课期间，朱某某主动前往探望，从而结识了杨某。2007年5月至2008年上半年，朱某某为顺利当选全国人大代表，先后5次送给杨某人民币20万元。2008年1月，朱某某当选全国人大代表，杨某为其提供了便利和帮助。2008年5月，朱某某得知阎某某被韶关市检察院立案侦查，并交代了收受他和杨某某巨额贿赂的事后，为逃避法律制裁，找到叶某某，请叶某某打听案情和疏通关系，2008年5月下旬，在叶某某家中给叶某某送了200万元。对此，被告人朱某某对送钱给叶某某200多万元和杨某20多万的数额没有异议，但认为行贿款项来源于公司，目的是为了公司的发展、赢利，应认定为单位行贿罪。广东省河源市中级人民法院一审认为：被告单位宜达公司为谋取不正当利益，向阎某某、曾某某、黄某某、叶某某行贿共1693万元，其行为已构成单位行贿罪，朱某某作为被告单位的法定代表人、总经理，决定并代表公司行贿，是直接负责的主管人员，应依法惩处。被告人朱某某为逃避法律制裁和谋取不正当利益，分别向叶某某、杨某行贿，两项共计220万元，又构成行贿罪，应数罪并罚。因朱某某行贿数额特别巨大，情节特别严重，但鉴于其能坦白供述行贿事实，可在法定量刑幅度内从轻处罚。判决：被告单位宜达公司犯单位行贿罪，判处罚金800万元。被告人朱某某犯单位行贿罪，判处有期徒刑5年；犯行贿罪，判处有期徒刑12年；数罪并罚，决定执行有期徒刑16年，并处没收个人财产50万元。被告单位宜达公司和被告人朱某某不服，提出上诉。广东省高级人民法院二审裁定驳回上诉，维持原判。

（三）单位行贿罪与对非国家工作人员行贿罪的界限

根据刑法第164条第1款的规定，对非国家工作人员行贿罪，是指为谋取不正当利益，给予公司、企业或者其他单位的工作人员以财物，数额较大的行为。单位行贿罪与对非国家工作人员行贿罪在客观方面、主观方面的表现基本相同，主要区别在于行贿对象和犯罪主体的不同：单位行贿罪的行贿对象是国家工作人员；而对非国家工作人员行贿罪的行贿对象是非国家工作人员，既包括非国有公司、企业或者其他单位的工作人员，也包括国有公司、企业以及其他国有单位中的非国家工作人员。单位行贿罪的犯罪主体是单位，不包括个人，个人向国家工作人员行贿的，则可能构成行贿罪；对非国家工作人员行贿罪的犯罪主体也是一般主体，既包括单位，也包括个人。

【案例6-16】1997年12月，被告人周某某个人出资，以上海凯顺物资发展有限公司（以下简称凯顺物资）、上海正艺室内装饰有限公司（以下简称正艺装饰）等8家企业合股的名义，注册成立国内合资有限责任公司农凯集团，注册资金1亿元，周某某担任法定代表人、董事长，全面负责农凯集团经营管理，是农凯集团的实际出资人和实际控制人。（一）单位行贿罪：1997年起，被告人周某某为被告单位农凯集团及其控制下的关联企业筹措资金进行股票交易，与黄某某约定拆借资金。由黄某某利用担任上海商品交易所副总会计师、上海期货交易所结算部负责人、经理，具体负责交易所资金运作的职务便利，将上述交易所资金以“国债回购”的名义，投入西南证券有限责任公司上海定西路营业部（以下简称西南证券定西营业部）等证券公司，不进行任何实际交易，在资金到账后直接划转至农凯集团控制下的上海金凯物资实业有限公司（以下简称金凯物资）等机构资金账户进行股票交易。2001年5月至8月，金凯物资共计非法拆借资金1.7亿元。1999年3月，周某某送给黄某某价值9390元的雷达牌手表一对。2000年5月，周某某又送给黄某某港币2万元（折合人民币20712元）。2001年3月，周某某与黄某某到杭州市，由周某某支付现金104万余元为黄某某购买上城区万安城市花园·南苑2幢商品房一套，另送给黄某某现金20万元用于装潢。（二）对企业人员行贿罪：2001年春节前夕，被告单位农凯集团直接负责的主管人员周某某送给时任福建兴业银行上海分行行长助理兼国际业务部总经理、信用审查委员会委员的王某某现金40万元。2001年3月至12月间，周某某为谋取不正当利益，在与王某某商议后，用其上市关联企业上海海鸟电子股份有限公司（2001年7月更名为上海海鸟企业发展股份有限公司，以下简称海鸟发展）名义，以收购企业和增发新股为由违规向福建兴业银行上海分行贷款，并通过提前还贷、转贷等方式掩盖贷款由农凯集团使用的事实，农凯集团将获取的9亿元贷款中的4.6亿元划入证券公司账户，用于股票交易。（三）行贿罪：2003年9月至2004年6月，被告人周某某因涉嫌操纵证券交易价格罪和虚报注册资本罪被羁押在上海市看守所。其间，黄某利用担任上海市看守所所长，负责对周某某监管的职务便利，多次为周非法传递信件，并给予周特殊照顾。2004年6月，周某某委托其姐周某于2004年7月1日晚，在上海市江宁路188号兴业大厦农凯集团办公室，送给黄某夫妇现金20万元。此外，被告单位和被告人周某某还犯有虚开增值税专用发票罪，被告人周某某还犯有挪用资金罪。

上海市第二中级人民法院经审理认为：被告单位农凯集团及其直接负责的主管人员被告人周某某为谋取不正当利益，给予国家工作人员黄某某财物，共计价值人民币127万余元，情节严重，已构成单位行贿罪；为谋取不正当利益，给予企业人员王某某人民币40万元，数额较大，已构成对企业人员行贿罪。被告人周某某为谋取不正当利益，给予国家工作人员黄某人民币20万元，情节严重，已构成行贿罪。被告人周某某作为农凯集团直接负责的主管人员，在被追诉前主动交代上述行贿行为，对被告单位农凯集团所犯单位行贿罪、对企业人员行贿罪依法可以减轻或者免除处罚；辩护人建议对被告人周某某所犯单位行贿罪、对企业人员行贿罪免予处罚的辩护意见，予以采纳；公诉机关要求对被告人周某某所犯行贿罪减轻处罚的意见，予以支持。鉴于被告人周某某在本院审理期间退出人民币2.065亿余元，对周某某所犯挪用资金罪可以酌情从轻处罚。被告单位农凯集团、被告人周某某犯数罪，依法应当数罪并罚。被告人周某某有检举他人犯罪的立功表现，对被告人周某某所犯数罪，依法可以从轻处罚。于2007年11月30日判决：（1）被告单位上海农凯发展（集团）有限公司犯单位行贿罪，判处罚金人民币25万元；犯对企业人员行贿罪，判处罚金人民币10万元；犯虚开增值税专用发票罪，判处罚金人民币300万元；决定执行罚金人民币335万元。（2）被告人周某某犯单位行贿罪，免予刑事处罚；犯对企业人员行贿罪，免予刑事处罚；犯行贿罪，判处有期徒刑3年；犯虚开增值税专用发票罪，判处有期徒刑10年；犯挪用资金罪，判处有期徒刑6年；决定执行有期徒刑16年。（3）违法所得予以追缴。被告单位和被告人不服，提出上诉。上海市高级人民法院于2008年1月21日二审裁定驳回上诉，维持原判。

（四）单位行贿罪与对外国公职人员、国际公共组织官员行贿罪的界限

根据刑法第164条第2款的规定，对外国公职人员、国际公共组织官员行贿罪，是指为谋取不正当商业利益，给予外国公职人员或者国际公共组织官员以财物，数额较大的行为。单位行贿罪与对外国公职人员、国际公共组织官员行贿罪在客观方面、主观方面的表现基本相同，主要区别在于行贿对象和犯罪主体的不同：单位行贿罪的行贿对象是国家工作人员；而对外国公职人员、国际公共组织官员行贿罪的行贿对象是外国公职人员、国际公共组织官员。单位行贿罪的犯罪主体是单位，不包括个人，个人向国家工作人员行贿的，则可能

构成行贿罪；对外国公职人员、国际公共组织官员行贿罪的犯罪主体也是一般主体，既包括单位，也包括个人。

（五）单位行贿的自首

2009年3月12日最高人民法院、最高人民检察院《关于办理职务犯罪案件认定自首、立功等量刑情节若干问题的意见》专门就单位犯罪的自首指出：单位犯罪案件中，单位集体决定或者单位负责人决定而自动投案，如实交代单位犯罪事实的，或者单位直接负责的主管人员自动投案，如实交代单位犯罪事实的，应当认定为单位自首。单位自首的，直接负责的主管人员和直接责任人员未自动投案，但如实交代自己知道的犯罪事实的，可以视为自首；拒不交代自己知道的犯罪事实或者逃避法律追究的，不应当认定为自首。单位没有自首，直接责任人员自动投案并如实交代自己知道的犯罪事实的，对该直接责任人员应当认定为自首。

对于具有自首情节的犯罪分子或犯罪单位，应当根据犯罪的事实、性质、情节、危害后果、社会影响、被告人的主观恶性和人身危险性等，结合自动投案的动机、阶段、客观环境，交代犯罪事实的及时性、完整性、稳定性以及悔罪表现等具体情节，依法决定是否从轻、减轻或者免除处罚以及从轻、减轻处罚的幅度。具有自首情节的，一般应依法从轻、减轻处罚；犯罪情节较轻的，可以免除处罚。在共同犯罪案件中，对具有自首情节的被告人的处罚，应注意共同犯罪人以及首要分子、主犯、从犯之间的量刑平衡。虽然具有自首情节，但犯罪情节特别恶劣、犯罪后果特别严重、被告人主观恶性深、人身危险性大，或者在犯罪前即为规避法律、逃避处罚而准备自首的，可以不从宽处罚。

【案例6-17】1996至1998年间，被告单位北京轧机轴承公司在与首钢总公司第一线材厂业务往来过程中，为保持业务关系谋取利益，由其直接负责的主管人员被告人张某决定，分4次给予首钢总公司第一线材厂供应科科长贾某某（已判刑）好处费合计人民币20万元。被告人张某在立案前接受检察院询问过程中如实供述了上述犯罪事实。北京市昌平区人民法院经审理认为：被告单位北京轧机轴承公司为谋取不正当利益，先后向国有企业的工作人员行贿，情节严重，其行为已构成单位行贿罪；被告人张某系北京轧机轴承公司的法定代表人，是单位行贿的直接责任人，其行为也构成单位行贿罪，对被告单位及被告人张某均应予惩处。鉴于被告单位的法定代表人张某在司法机关尚未采取强制措施时，向司法机关如实供述罪行，是自首，依法对被告单位及被告人张某予以从轻处罚。判决：被告单位北京轧机轴承公司犯单位行贿罪，判处罚金人民币4万元。被告人张某犯单位行贿罪，判处有期徒刑1年，缓刑1年。

七、单位行贿罪的法定刑

根据刑法第 393 条第 1 款的规定，犯单位行贿罪的，对单位判处罚金，并对其直接负责的主管人员和其他直接责任人员，处 5 年以下有期徒刑或者拘役。

按照 2001 年 1 月 21 日最高人民法院《全国法院审理金融犯罪案件工作座谈会纪要》的解释，所谓“直接负责的主管人员”，是指在单位实施的犯罪中起决定、批准、授意、纵容、指挥等作用的人员，一般是单位的主管负责人，包括法定代表人。所谓“其他直接责任人员”，是指在单位犯罪中具体实施犯罪并起较大作用的人员，既可以是单位的经营管理人员，也可以是单位的职工，包括聘任、雇用的人员。应当注意的是，在单位犯罪中，对于受单位领导指派或奉命而参与实施了一定犯罪行为的人员，一般不宜作为直接责任人员追究刑事责任。对单位犯罪中的直接负责的主管人员和其他直接责任人员，应根据其在单位犯罪中的地位、作用和犯罪情节，分别处以相应的刑罚。主管人员与直接责任人员，在个案中不是当然的主、从犯关系，有的案件，主管人员与直接责任人员在实施犯罪行为时的主从关系不明显的，可不分主、从犯。但具体案件可以分清主、从犯，且不分清主、从犯，在同一法定刑档次、幅度内量刑无法做到罪刑相适应的，应当分清主、从犯，依法处罚。

【案例 6－18】被告单位重庆东方远海置业发展有限公司（以下简称东方远海公司）和担任该公司总经理的被告人李某，2001 年至 2002 年期间，为了假借重庆缙云山园艺场的名义向北碚区建委申请减免城市建设综合配套费，先后四次给予时任重庆缙云山园艺场场长向某某人民币 69 万元及价值 20 余万元的“畔溪名都”商品住宅一套。2006 年 6 月，被告单位东方远海公司为了在“畔溪名都”工程项目中获得减免城市建设配套费的利益，被告人李某派人分两次送给时任北碚区建委主任的王某某共计人民币 15 万元。2003 年 11 月至 2004 年 6 月期间，被告单位东方远海公司及被告人李某为了该公司开发“畔溪名都”第三期建设工程城市建设综合配套费的征收上减半收取，将坐落于北碚区月兴村 48 号（畔溪名都第二期）5 幢某号 208.39 平方米商品房卖给北碚区建委建筑管理站副站长杨某，总价 20 余万元，低于市场价 25 余万元。

重庆市北碚区人民法院经审理认为：被告单位重庆东方远海置业发展有限公司为了谋取不正当利益而向国家工作人员行贿，情节严重，已构成单位行贿罪。被告人李某作为被告单位直接负责的主管人员，亦应以单位行贿罪追究其刑事责任。关于被告单位的辩护人提出本案所涉及的行贿行为并非出于东方远海公司的单位意志，东方远海公司未从本案所涉及行贿行为中受益的辩护意见，经查，被告人李某身为被告单位总经理，是被告单位直接负责的主管人员，在向国家工作人员行贿现金和房产的过程中，均以单位名义实施，被告单位也因此而未缴纳应承担的相关配套费用，虽案发后已全部补交，但仍不能掩盖因行贿而非法获利的客观事实。被告单位辩护人的辩护意见与审理查明的事实和法律规定不符，不予采纳。关于被告人李某的辩护人提出李某到案后主动检举了检察机关尚未掌握的相关国家工作人员受贿的犯罪事实，有立功表现的辩护意见，本院认为，侦查机关出具的情况说明、立案决定书证实检察机关经初查，已掌握东方远海公司在开发“畔溪名都”商住楼中，有向国家机关工作人员行贿的情况，于 2007 年 3 月 1 日对被告人李某以涉嫌行贿立案侦查，并于同年 7 月 16 日抓获被告人李某。根据行贿行为的对合性质，行贿对象成为行贿犯罪的必然内容，行贿人归案后向侦查机关交代行贿事实和行贿对象，属于对自己全部犯罪事实的如实供述，可视为坦白，不能认定为立功，对该辩护意见不予采纳。鉴于被告单位已向有关部门补交相关配套费，未给国家造成实际损失，可作为量刑情节。被告人李某归案后能如实坦白自己的罪行，在法庭审理过程中自愿认罪，亦可酌予从轻处罚。据此，根据本案被告单位、被告人犯罪的事实、性质、情节和犯罪后的悔罪表现，判决：被告单位重庆东方远海置业发展有限公司犯单位行贿罪，判处罚金人民币 10 万元；被告人李某犯单位行贿罪，判处有期徒刑 1 年 6 个月。

第七章　对单位行贿罪

一、对单位行贿罪概述

（一）对单位行贿罪的立法沿革

1979年刑法没有规定单位受贿罪，当然也就没有规定对单位行贿罪。1988年1月21日全国人大常委会《关于惩治贪污罪贿赂罪的补充规定》增设了单位受贿罪，但并没有相应地规定对单位行贿罪。

1997年修订后的刑法在贪污贿赂罪一章规定单位受贿罪的同时，增设了对单位行贿罪。第391条规定："为谋取不正当利益，给予国家机关、国有公司、企业、事业单位、人民团体以财物的，或者在经济往来中，违反国家规定，给予各种名义的回扣、手续费的，处三年以下有期徒刑或者拘役。单位犯前款罪的，对单位判处罚金，并对其直接负责的主管人员和其他直接责任人员，依照前款的规定处罚。"1999年9月16日最高人民检察院公布的《关于人民检察院直接受理立案侦查案件立案标准的规定（试行）》和2000年12月22日最高人民检察院公布的《关于行贿罪立案标准的规定》，就对单位行贿罪的概念、理解、立案标准等进行了解释。

（二）对单位行贿罪的概念

根据刑法第391条和1999年最高人民检察院《关于人民检察院直接受理立案侦查案件立案标准的规定（试行）》以及2000年最高人民检察院《关于行贿罪立案标准的规定》，对单位行贿罪，是指个人或单位为谋取不正当利益，给予国家机关、国有公司、企业、事业单位、人民团体以财物，或者在经济往来中，违反国家规定，给予上述单位各种名义的回扣、手续费的行为。

二、对单位行贿罪的客体和对象

对单位行贿罪侵犯的客体与单位受贿罪侵犯的客体是相同的，均侵犯了国家机关、国有公司、企业、事业单位、人民团体公务活动的廉洁性。

对单位行贿罪的行贿对象仅限于国家机关、国有公司、企业、事业单位、人民团体等国有单位，不包括非国有单位，也不包括国家工作人员。如果向非国有单位行贿的，根据现行刑法规定，不构成犯罪；如果向国家工作人员行贿的，则个人行贿构成行贿罪，单位行贿构成单位行贿罪。关于国家机关、国有公司、企业、事业单位、人民团体等国有单位的具体范围，请参见“受贿罪的主体”部分的论述。

对单位行贿罪的犯罪对象为贿赂，根据刑法第391条的规定，限于“财物”。关于“财物”的范围，请参见“受贿罪的对象”部分的论述。

三、对单位行贿罪的客观方面

对单位行贿罪的客观方面表现为个人或单位为谋取不正当利益，给予国家机关、国有公司、企业、事业单位、人民团体以财物，或者在经济往来中，违反国家规定，给予上述单位各种名义的回扣、手续费的行为。具体表现为以下两种行为方式：

一是为谋取不正当利益，给予国家机关、国有公司、企业、事业单位、人民团体以财物。在这种情况下，无论意图谋取的不正当利益是否实现，均不影响对单位行贿罪的成立。

二是在经济往来中，违反国家规定，给予国家机关、国有公司、企业、事业单位、人民团体各种名义的回扣、手续费的行为。关于“经济往来”、“国家规定”、“回扣”、“手续费”的具体含义，请参见受贿罪中“经济往来中受贿罪的认定”部分的论述。

【案例7-1】2002年至2006年期间，昆明展煜科贸有限公司、昆明裕群同科技有限公司（该公司已于2006年9月5日注销）、昆明示好科技有限公司在销售“百利多”、“威克创”心脏起搏器和“强生”冠脉支架、导管过程中，为增加公司销量，以支付“射线补助费”的形式，向昆明医学院第一附属医院心内科、昆明四十三医院心内科、丽江市人民医院心内科、曲靖市第一人民医院心内科、大理州人民医院心内科、昆钢职工医院心内科、曲靖市第二人民医院心内科、红河州第一人民医院心内科、思茅市人民医院心内科共计返还回扣款人民币2241960元。昆明市盘龙区人民法院经审理认为：被告单位昆明展煜科贸有限公司、昆明示好科技有限公司在经济往来中，违反国家规定，给予国有事业单位各种名义的回扣，其行为已构成对单位行贿罪。被告人许某作为昆明展煜科贸有限公司、昆明示好科技有限公司直接负责的主管人员，其行为亦构成对单位行贿罪。被告人许某在未被采取强制措施时，如实供述自己的罪行，属自首，依法可以从轻处罚。判决：昆明展煜科贸有限公司犯对单位行贿罪，判处罚金人民币20万元。昆明示好科技有限公司犯对单位行贿罪，判处罚金人民币 20 万元。被告人许某犯对单位行贿罪，判处有期徒刑 1 年 6 个月，缓刑 2 年。宣判后，被告单位昆明展煜科贸有限公司、昆明示好科技有限公司及被告人许某均没有提出上诉。

四、对单位行贿罪的主体

对单位行贿罪的犯罪主体是一般主体，既包括个人，也包括单位。个人是指年满 16 周岁，具有刑事责任能力的自然人；单位是指公司、企业、事业单位、机关、团体。按照 1999 年 6 月 25 日最高人民法院公布的《关于审理单位犯罪案件具体应用法律有关问题的解释》，公司、企业、事业单位，既包括国有、集体所有的公司、企业、事业单位，也包括依法设立的合资经营、合作经营企业和具有法人资格的独资、私营等公司、企业、事业单位。

五、对单位行贿罪的主观方面

对单位行贿罪的主观方面是直接故意，并且具有谋取不正当利益的目的。如果个人或单位为谋取正当利益，而向国家机关、国有公司、企业、事业单位、人民团体行贿的，根据现行刑法规定，不构成犯罪。

关于“不正当利益”的含义，2008 年 11 月 20 日最高人民法院、最高人民检察院《关于办理商业贿赂刑事案件适用法律若干问题的意见》第 9 条指出：在行贿犯罪中，“谋取不正当利益”，是指行贿人谋取违反法律、法规、规章或者政策规定的利益，或者要求对方违反法律、法规、规章、政策、行业规范的规定提供帮助或者方便条件。在招标投标、政府采购等商业活动中，违背公平原则，给予相关人员财物以谋取竞争优势的，属于“谋取不正当利益”。有关“不正当利益”的争议，可以参见行贿罪的主观方面部分的论述。

关于经济往来中的对单位行贿罪，是否需要行贿方主观上具有为谋取不正当利益的目的，刑法学界的认识并不一致。有的学者认为，行贿方不论是否为谋取不正当利益，只要在经济往来中违反国家规定给予国有单位各种名义的回扣、手续费的，均可构成对单位行贿罪。[①] 笔者认为，刑法第 391 条第 1 款中“为谋取不正当利益”是修饰对单位行贿罪的两种行为方式的，经济往来中的对单位行贿罪，行贿方主观上也应当具有为谋取不正当利益的目的。

---

① 参见陈正云、文盛堂主编：《贪污贿赂犯罪认定与侦查实务》，中国检察出版社 2002 年版，第 115 页；刘生荣等著：《贪污贿赂罪》，中国人民公安大学出版社 2003 年版，第 209 页；孟庆华著：《贪污贿赂罪重点疑点难点问题判解研究》，人民法院出版社 2005 年版，第 435 页。

六、对单位行贿罪的认定

（一）对单位行贿罪与一般对单位行贿行为的界限

刑法第 391 条没有明确规定对单位行贿罪的具体数额标准，但并不是所有的对单位行贿的行为都构成对单位行贿罪。1999 年最高人民检察院《关于人民检察院直接受理立案侦查案件立案标准的规定（试行）》和 2000 年最高人民检察院《关于行贿罪立案标准的规定》就对单位行贿罪指出：涉嫌下列情形之一的，应予立案：一是个人行贿数额在 10 万元以上、单位行贿数额在 20 万元以上的；二是个人行贿数额不满 10 万元（应达 8 万元以上①）、单位行贿数额在 10 万元以上不满 20 万元，但具有下列情形之一的：（1）为谋取非法利益而行贿的；（2）向 3 个以上单位行贿的；（3）向党政机关、司法机关、行政执法机关行贿的；（4）致使国家或者社会利益遭受重大损失的。

（二）对单位行贿罪与行贿罪、单位行贿罪的界限

对单位行贿罪与行贿罪、单位行贿罪均属于刑法第八章规定的行贿犯罪，三者在主观方面均为直接故意，并且均具有为谋取不正当利益的目的，客观方面的表现也较为相似。三者的最主要区别是行贿对象、侵犯客体和犯罪主体的不同：对单位行贿罪的行贿对象是国家机关、国有公司、企业、事业单位、人民团体，侵犯了上述国有单位公务活动的廉洁性；行贿罪、单位行贿罪的行贿对象均是国家工作人员，侵犯了国家工作人员职务行为的廉洁性。对单位行贿罪的主体既包括个人，也包括单位；而行贿罪的主体限于个人，单位行贿罪的主体限于单位。

1999 年最高人民法院《关于审理单位犯罪案件具体应用法律有关问题的解释》第 2 条指出：个人为进行违法犯罪活动而设立的公司、企业、事业单位实施犯罪的，或者公司、企业、事业单位设立后，以实施犯罪为主要活动的，不以单位犯罪论处。第 3 条指出：盗用单位名义实施犯罪，违法所得由实施犯罪的个人私分的，依照刑法有关自然人犯罪的规定定罪处罚。实践中，在认定对单位行贿罪时，要注意区分是个人实施的对单位行贿罪，还是单位实施的对单位行贿罪。需要指出的是，对单位行贿罪与单位受贿罪通常情况下是对

① 1999 年最高人民检察院《关于人民检察院直接受理立案侦查案件立案标准的规定（试行）》附则部分第 2 项指出：本规定中有关犯罪数额“不满”，是指接近该数额且已达到该数额的百分之八十以上。

向性的犯罪，但在个别情况下也可能出现例外。如在对单位行贿案件中，接受财物的个人以单位的名义收取了财物，但却并没有将财物归为单位，而是私下归个人或私分，这种情况下虽然应当以财物的归属认定收受方不构成单位受贿罪而构成受贿罪，但不能仅依据财物的归属就认定行贿方也构成行贿罪而不构成对单位行贿罪，因为行贿方主观方面可能仍然是出于对国有单位行贿的故意，而不是对某个国家工作人员行贿的故意。

【案例7－2】2000年5月，被告人杨某请托张某某（辽宁省国土资源厅工作人员，另案处理）为沈阳欧亚实业有限公司找一块已造好的耕地，用于抵顶该公司的建设用地。嗣后，张某某利用其职务上的便利，找到法库县规划土地管理局局长胡某某（另案处理）和时任该局地籍科长的孙某某（另案处理），许诺事成后给付该局人民币100万元。胡某某及孙某某为使本单位获得利益，同意将法库县卧牛石乡苇子沟村一块国家尚未纳入地籍管理的耕地（共1600余亩）作为沈阳欧亚实业有限公司"新开发的耕地"。张某某在向杨某汇报后，按照杨某的旨意起草、填写了《关于沈阳欧亚实业有限公司开发卧牛石乡苇子沟村荒滩的批复》、《辽宁省土地开发整理项目呈报表》用于验收，并在沈阳欧亚实业有限公司以法库县规划土地管理局名义起草、填写的《关于沈阳欧亚实业有限公司开发卧牛石乡苇子沟村荒滩的批复》、《辽宁省土地开发整理项目呈报表》、《改造法库县卧牛石乡苇子沟村荒滩地开发利用协议》等文件上将时间提前1年。嗣后，张某某再次找到胡某某和孙某某，由胡某某和孙某某安排，在上述"批复"、"呈批表"上加盖了法库县规划土地管理局公章，并通过卧牛石乡土地所所长李某某找到苇子沟村党支部书记王某某，在上述"荒滩地开发利用协议"上加盖了法库县卧牛石乡苇子沟村的公章，从而使沈阳欧亚实业有限公司取得了证明该公司新开发耕地的虚假证明文件。同年6月下旬，辽宁省土地整理中心在沈阳欧亚实业有限公司申请下，对该公司所谓"新开发的耕地"进行了验收，在收到该公司提供的上述虚假证明文件后，轻信了沈阳欧亚实业有限公司确有"新开发的耕地"，出具了《土地开发整理项目验收单》，认为该公司"所造耕地数量质量符合要求，可以抵顶建设占用耕地指标"，并按规定提出收购沈阳欧亚实业有限公司"新开发的耕地"。同年10月下旬，被告人杨某代表沈阳欧亚实业有限公司同辽宁省土地整理中心签订《收购耕地协议》，将所谓的"新开发的耕地"作为"储备耕地"以人民币316.6万元的价格出售。同年11月初，沈阳欧亚实业有限公司向辽宁省土地整理中心交纳管理费和验收手续费15万元后，收到该中心支付的人民币316.6万元。嗣后，为感谢张某某及法库县规划土地管理局提供的帮助，经被告人杨某决定，沈阳欧亚实业有限公司于2000年12月给予张某某人民币25万元，并根据事先的承诺，于2001年4月、9月分两次给予法库县规划土地管理局共人民币98万元。沈阳市中级人民法院一审认为：被告单位欧亚实业公司为谋取不正当利益给予国家机关及国家机关工作人员财物，情节严重，其行为已分别构成对单位行贿罪、单位行贿罪。被告人杨某系该单位实施上述犯罪直接负责的主管人员，亦构成上述各罪。判决：被告单位沈阳欧亚实业有限公司犯对单位行贿罪，判处罚金人民币100万元；犯单位行贿罪，判处罚金人民币40万元；与其他罪并罚后，决定执行罚金人民币560万元。被告人杨某犯对单位行贿罪，判处有期徒刑1年；犯单位行贿罪，判处有期徒刑1年；与其他罪并罚后，决定执行有期徒刑18年，罚金人民币230万元。被告单位沈阳欧亚实业有限公司、被告人杨某不服，提出上诉。辽宁省高级人民法院二审裁定驳回上诉，维持原判。

（三）对单位行贿罪与对非国家工作人员行贿罪的界限

根据刑法第164条第1款的规定，对非国家工作人员行贿罪，是指为谋取不正当利益，给予公司、企业或者其他单位的工作人员以财物，数额较大的行为。对单位行贿罪与对非国家工作人员行贿罪在客观方面、犯罪主体、主观方面的表现基本相同，主要区别在于行贿对象的不同：对单位行贿罪的行贿对象是国家机关、国有公司、企业、事业单位、人民团体等国有单位，不包括非国有单位，也不包括国家工作人员；而对非国家工作人员行贿罪的行贿对象则是非国家工作人员，既包括非国有公司、企业或者其他单位中的工作人员，也包括国有公司、企业以及其他国有单位中的非国家工作人员，但不包括单位。

（四）对单位行贿罪与对外国公职人员、国际公共组织官员行贿罪的界限

根据刑法第164条第2款的规定，对外国公职人员、国际公共组织官员行贿罪，是指为谋取不正当商业利益，给予外国公职人员或者国际公共组织官员以财物，数额较大的行为。对单位行贿罪与对外国公职人员、国际公共组织官员行贿罪在客观方面、犯罪主体、主观方面的表现基本相同，主要区别在于行贿对象的不同：对单位行贿罪的行贿对象是国家机关、国有公司、企业、事业单位、人民团体等国有单位，不包括非国有单位，也不包括国家工作人员；而对外国公职人员、国际公共组织官员行贿罪的行贿对象是外国公职人员、国际公共组织官员。

（五）对单位行贿的自首

根据刑法、1998年最高人民法院《关于处理自首和立功具体应用法律若

干问题的解释》、2009 年最高人民法院、最高人民检察院《关于办理职务犯罪案件认定自首、立功等量刑情节若干问题的意见》和 2010 年最高人民法院《关于处理自首和立功若干具体问题的意见》的有关规定，在办理对单位行贿案件时，认定犯罪分子或犯罪单位成立自首，需同时具备自动投案和如实供述自己的罪行两个要件，具体可参见行贿罪和单位行贿罪相应部分的论述。

对于具有自首情节的犯罪分子或犯罪单位，应当根据犯罪的事实、性质、情节、危害后果、社会影响、被告人的主观恶性和人身危险性等，结合自动投案的动机、阶段、客观环境，交代犯罪事实的及时性、完整性、稳定性以及悔罪表现等具体情节，依法决定是否从轻、减轻或者免除处罚以及从轻、减轻处罚的幅度。具有自首情节的，一般应依法从轻、减轻处罚；犯罪情节较轻的，可以免除处罚。在共同犯罪案件中，对具有自首情节的被告人的处罚，应注意共同犯罪人以及首要分子、主犯、从犯之间的量刑平衡。虽然具有自首情节，但犯罪情节特别恶劣、犯罪后果特别严重、被告人主观恶性深、人身危险性大，或者在犯罪前即为规避法律、逃避处罚而准备自首的，可以不从宽处罚。

七、对单位行贿罪的法定刑

根据刑法第 391 条的规定，个人犯对单位行贿罪的，处 3 年以下有期徒刑或者拘役。单位犯对单位行贿罪的，对单位判处罚金，并对其直接负责的主管人员和其他直接责任人员，处 3 年以下有期徒刑或者拘役。

按照 2001 年 1 月 21 日最高人民法院《全国法院审理金融犯罪案件工作座谈会纪要》的解释，所谓“直接负责的主管人员”，是指在单位实施的犯罪中起决定、批准、授意、纵容、指挥等作用的人员，一般是单位的主管负责人，包括法定代表人。所谓“其他直接责任人员”，是指在单位犯罪中具体实施犯罪并起较大作用的人员，既可以是单位的经营管理人员，也可以是单位的职工，包括聘任、雇佣的人员。应当注意的是，在单位犯罪中，对于受单位领导指派或奉命而参与实施了一定犯罪行为的人员，一般不宜作为直接责任人员追究刑事责任。对单位犯罪中的直接负责的主管人员和其他直接责任人员，应根据其在单位犯罪中的地位、作用和犯罪情节，分别处以相应的刑罚。主管人员与直接责任人员，在个案中不是当然的主、从犯关系，有的案件，主管人员与直接责任人员在实施犯罪行为时的主从关系不明显的，可不分主、从犯。但具体案件可以分清主、从犯，且不分清主、从犯，在同一法定刑档次、幅度内量刑无法做到罪刑相适应的，应当分清主、从犯，依法处罚。

第八章　对非国家工作人员行贿罪

一、对非国家工作人员行贿罪概述

（一）对非国家工作人员行贿罪的立法沿革

1952 年 4 月 21 日中央人民政府公布的《中华人民共和国惩治贪污条例》第 6 条规定了行贿罪，但行贿的对象限于国家工作人员，对非国家工作人员行贿的行为并没有规定为犯罪。1979 年刑法第 185 条第 3 款规定的行贿罪的行贿对象也限于国家工作人员。

1988 年 1 月 21 日全国人大常委会通过的《关于惩治贪污罪贿赂罪的补充规定》扩大了行贿对象的范围，第 7 条规定："为谋取不正当利益，给予国家工作人员、集体经济组织工作人员或者其他从事公务的人员以财物的，是行贿罪。在经济往来中，违反国家规定，给予国家工作人员、集体经济组织工作人员或者其他从事公务的人员以财物，数额较大的，或者违反国家规定，给予国家工作人员、集体经济组织工作人员或者其他从事公务的人员以回扣、手续费的，以行贿论处。因被勒索给予国家工作人员、集体经济组织工作人员或者其他从事公务的人员以财物，没有获得不正当利益的，不是行贿。"第 8 条规定："对犯行贿罪的，处五年以下有期徒刑或者拘役；因行贿谋取不正当利益，情节严重的，或者使国家利益、集体利益遭受重大损失的，处五年以上有期徒刑；情节特别严重的，处无期徒刑，并处没收财产。行贿人在被追诉前，主动交代行贿行为的，可以减轻处罚，或者免予刑事处罚。因行贿而进行违法活动构成其他罪的，依照数罪并罚的规定处罚。"第 9 条还增加规定了单位行贿罪："企业事业单位、机关、团体为谋取不正当利益而行贿，或者违反国家规定，给予国家工作人员、集体经济组织工作人员或者其他从事公务的人员以回扣、手续费，情节严重的，判处罚金，并对其直接负责的主管人员和其他直接责任人员，处五年以下有期徒刑或者拘役。因行贿取得的违法所得归私人所有的，依照本规定第八条的规定处罚。"可以看出，《关于惩治贪污罪贿赂罪的补充规定》关于行贿的对象由"国家工作人员"扩大为"国家工作人员、集体经济组织工作人员或者其他从事公务的人员"，将对非国家工作人员行贿的行为也纳入到行贿罪的惩治范围；行贿罪的犯罪主体也由“个人”扩大为“个人”或“企业事业单位、机关、团体”。

1997 年修订后的刑法吸收了全国人大常委会《关于惩治贪污罪贿赂罪的补充规定》和《关于惩治违反公司法的犯罪的决定》的有关内容，分则第三章破坏社会主义市场经济秩序罪中的第三节规定了妨害对公司、企业的管理秩序罪，其中第 163 条规定了单独的公司、企业人员受贿罪，同时第 164 条规定了单独的对公司、企业人员行贿罪。

鉴于刑法第 163 条规定的受贿罪主体仅限于公司、企业人员，实践中无法对公司、企业人员以外的其他非国家工作人员的受贿行为予以惩治，2006 年 6 月 29 日全国人大常委会通过的《中华人民共和国刑法修正案（六）》将刑法第 163 条公司、企业人员受贿罪的犯罪主体修改为“公司、企业或者其他单位的工作人员”，相应地将刑法第 164 条修改为：“为谋取不正当利益，给予公司、企业或者其他单位的工作人员以财物，数额较大的，处三年以下有期徒刑或者拘役；数额巨大的，处三年以上十年以下有期徒刑，并处罚金。单位犯前款罪的，对单位判处罚金，并对其直接负责的主管人员和其他直接责任人员，依照前款的规定处罚。行贿人在被追诉前主动交待行贿行为的，可以减轻处罚或者免除处罚。”2007 年 10 月 25 日最高人民法院、最高人民检察院《关于执行〈中华人民共和国刑法〉确定罪名的补充规定（三）》将刑法第 164 条的罪名相应地修改为对非国家工作人员行贿罪，取消了对公司、企业人员行贿罪的罪名。2010 年 5 月 7 日最高人民检察院、公安部《关于公安机关管辖的刑事案件立案追诉标准的规定（二）》第 11 条就对非国家工作人员行贿案件的立案追诉标准进行了规定。

2008 年 11 月 20 日最高人民法院、最高人民检察院联合印发了《关于办理商业贿赂刑事案件适用法律若干问题的意见》，对行贿犯罪的有关问题进行了解释。2011 年 2 月 25 日全国人大常委会通过的《中华人民共和国刑法修正案（八）》再次对刑法第 164 条进行了修改，增加规定了“对外国公职人员、国际公共组织官员行贿罪”，但关于对非国家工作人员行贿罪的规定并没有进行修改，只是调整了条款的顺序。

（二）对非国家工作人员行贿罪的概念

根据刑法第 164 条第 1 款的规定，对非国家工作人员行贿罪，是指为谋取不正当利益，给予公司、企业或者其他单位的工作人员以财物，数额较大的行为。

二、对非国家工作人员行贿罪的客体和对象

关于对非国家工作人员行贿罪侵犯的客体，刑法学界的认识和表述并不一致。笔者认为，对非国家工作人员行贿罪侵犯的客体是公司、企业或者其他单位的非国家工作人员职务行为的廉洁性。

对非国家工作人员行贿罪的行贿对象仅限于公司、企业或者其他单位的工作人员，既包括非国有公司、企业或者其他非国有单位中的工作人员，也包括国有公司、企业以及其他国有单位中的非国家工作人员；不包括国家工作人员，也不包括单位。

对非国家工作人员行贿罪的犯罪对象为贿赂，根据刑法第164条第1款的规定，限于“财物”。关于“财物”的范围，请参见“受贿罪的对象”部分的论述。

三、对非国家工作人员行贿罪的客观方面

对非国家工作人员行贿罪的客观方面表现为行为人为谋取不正当利益，给予公司、企业或者其他单位的工作人员以财物，数额较大的行为。与非国家工作人员受贿罪中索取他人财物或者非法收受他人财物的形式相对应，对非国家工作人员行贿罪在客观方面也表现为两种行为方式：

一是行为人为谋取不正当利益，主动给予非国家工作人员以财物的。在这种情况下，无论行贿人意图谋取的不正当利益是否实现，均不影响对非国家工作人员行贿罪的成立；即使非国家工作人员实际上并未实施为行贿人谋取不正当利益的行为，行为人也可以构成对非国家工作人员行贿罪。

二是行为人因被勒索给予非国家工作人员以财物，已获得不正当利益的。关于被动行贿的犯罪构成，刑法第389条第3款规定：“因被勒索给予国家工作人员以财物，没有获得不正当利益的，不是行贿。”但刑法第164条并没有类似规定。笔者认为，按照“举重以明轻”的刑法适用原则，在对国家工作人员被动行贿而没有获得不正当利益的情况下，对行为人不以行贿论处；那么对非国家工作人员被动行贿而没有获得不正当利益的情况下，对行为人也不应当以行贿论处。当然，如果行为人因被勒索给予非国家工作人员以财物，并且已获得不正当利益的，则应当以对非国家工作人员行贿罪追究其刑事责任。

四、对非国家工作人员行贿罪的主体

对非国家工作人员行贿罪的主体是一般主体，既包括个人，也包括单位。凡是年满16周岁，具有刑事责任能力的自然人均可成为本罪的主体。单位也

能成为本罪的主体，关于单位的范围，根据刑法第 30 条的规定，是指公司、企业、事业单位、机关、团体。1999 年 6 月 25 日最高人民法院公布的《关于审理单位犯罪案件具体应用法律有关问题的解释》第 1 条进一步指出：刑法第 30 条规定的公司、企业、事业单位，既包括国有、集体所有的公司、企业、事业单位，也包括依法设立的合资经营、合作经营企业和具有法人资格的独资、私营等公司、企业、事业单位。

需要指出的是，2001 年 1 月 21 日最高人民法院印发的《全国法院审理金融犯罪案件工作座谈会纪要》专门就“单位的分支机构或者内设机构、部门实施犯罪行为的处理”进行了解释：以单位的分支机构或者内设机构、部门的名义实施犯罪，违法所得亦归分支机构或者内设机构、部门所有的，应认定为单位犯罪。不能因为单位的分支机构或者内设机构、部门没有可供执行罚金的财产，就不将其认定为单位犯罪，而按照个人犯罪处理。2002 年 7 月 9 日最高人民检察院《关于涉嫌犯罪单位被撤销、注销、吊销营业执照或者宣告破产的应如何进行追诉问题的批复》指出：涉嫌犯罪的单位被撤销、注销、吊销营业执照或者宣告破产的，应当根据刑法关于单位犯罪的相关规定，对实施犯罪行为的该单位直接负责的主管人员和其他直接责任人员追究刑事责任，对该单位不再追诉。

【案例 8－1】2007 年 2 月，被告人陈某某进入英之健公司工作，任大客户业务经理，负责与国内大客户联系业务。同年 4 月，安利公司开发“纽崔莱电动按摩肩枕”促销品项目，刘某、饶某某均是安利公司上述项目团队的成员，刘某负责参与供应商的审核及评估，以及按摩肩枕技术指标的设定和测试；饶某某负责参与供应商的审核及评估，以及按摩肩枕的订单及交货安排。陈某某为获得安利公司的上述按摩肩枕业务及按时取得货款，与刘某商定由英之健公司支付刘某好处费。随后，陈某某向英之健公司总经理林某某、副总经理黄某某汇报了上述情况，并将与刘某商定的好处费数额报大，林某某、黄某某表示同意。同年 6 月 4 日，英之健公司与陈某某签订劳动合同，以上述项目订单执行完成为合同期限，并在合同中约定：陈某某的提成为 2%，计算公式为：（营业额－税金－财务损失－佣金）×2%。同年 7 月至 12 月间，英之健公司分三次向安利公司供应按摩肩枕共计 968734 个，共收取货款合计 3200 余万元。期间，英之健公司除依照合同约定向陈某某支付提成外，林某某还按每个按摩肩枕 4.15 元的比例从个人账户内另行支出 4015473.6 元给陈某某，陈某某从中转给刘某好处费共计 150 万元，刘某将其中的 25 万元分给饶某某。刘某、饶某某分别于 2009 年 1 月 8 日、9 日向公安机关投案自首。同月 9 日，陈某某被公安机关抓获归案。广州市萝岗区人民法院一审认为：被告人陈某某为谋取不正当利益，给予公司工作人员以财物，其行为已构成对非国家工作人员行贿罪，数额巨大。陈某某归案后认罪态度较好，对其酌情从轻处罚。判决被告人陈某某犯对非国家工作人员行贿罪，判处有期徒刑3年6个月，并处罚金人民币1万元。陈某某上诉提出：其是在英之健公司老板的授意和指示下向刘某行贿，本案应属单位犯罪而非个人犯罪，其应当承担直接责任人员的责任，请求减轻处罚。广州市中级人民法院二审认为：上诉人陈某某在英之健公司与安利公司的业务往来中，由英之健公司负责人同意并出资，陈某某直接负责向安利公司有关人员贿送现金达150余万元，为英之健公司谋取利益，其行为已构成对非国家工作人员行贿罪。原判认定陈某某向安利公司有关人员贿送款项的基本事实清楚，证据充分，认定陈某某系个人行贿的证据不足，本院予以纠正。陈某某认罪态度较好，可以酌情从轻处罚。改判上诉人陈某某犯对非国家工作人员行贿罪，判处有期徒刑3年，缓刑4年，并处罚金5000元。

五、对非国家工作人员行贿罪的主观方面

对非国家工作人员行贿罪的主观方面是直接故意，行为人具有谋取不正当利益的目的。如果行为人为谋取正当利益，而向非国家工作人员行贿的，根据现行刑法规定，不构成犯罪。

关于“不正当利益”的含义，2008年11月20日最高人民法院、最高人民检察院《关于办理商业贿赂刑事案件适用法律若干问题的意见》第9条指出：在行贿犯罪中，“谋取不正当利益”，是指行贿人谋取违反法律、法规、规章或者政策规定的利益，或者要求对方违反法律、法规、规章、政策、行业规范的规定提供帮助或者方便条件。在招标投标、政府采购等商业活动中，违背公平原则，给予相关人员财物以谋取竞争优势的，属于“谋取不正当利益”。有关“不正当利益”的争议，可以参见“行贿罪的主观方面”部分的论述。

【案例8-2】2004年12月至2005年1月间，被告人王某某在担任北京市昌平区农村信用合作社联合社西沙屯分社负责人期间，受被告人李某请托，利用职务之便违规操作，使用分散提现的方法，将刘某某（另案处理）侵占北京罗顿沙河高教园区建设发展有限公司的人民币1297万元，通过被告人王某某私自设立或借用的对公账户在短期内全部提取现金，并接受被告人李某贿赂人民币207520元。2006年5月29日北京市公安局电话通知二被告人到达北京罗顿沙河高教园区建设发展有限公司附近后被抓获。二被告人已退赔全部赃款。北京市昌平区人民法院经审理认为：被告人王某某无视国法，身为银行的工作人员，利用职务上的便利，收受贿赂，为他人谋取利益，且数额巨大，其

行为已构成公司、企业人员受贿罪；被告人李某为谋取不正当经济利益，给予公司、企业的工作人员以数额较大的财物，其行为已构成对公司、企业人员行贿罪，依法应予惩处。二被告人的辩护人关于被告人有自首情节的辩护意见，有事实依据，本院予以采纳。被告人李某的辩护人关于李某系被追诉前主动交代行贿行为，应减轻、免除处罚的辩护意见，无事实依据，本院不予采纳。鉴于被告人王某某、李某案发后主动投案，如实供述犯罪事实，系自首，依法予以从轻处罚。判决：被告人王某某犯公司、企业人员受贿罪，判处有期徒刑7年。被告人李某犯对公司、企业人员行贿罪，判处有期徒刑1年6个月。

六、对非国家工作人员行贿罪的认定

（一）对非国家工作人员行贿和赠与的界限

赠与是一种正当合法的民事行为，与行贿具有截然不同的性质。区分二者的关键在于行为人的主观目的不同。对非国家工作人员行贿是行为人为了使对方利用职务之便给自己谋取不正当利益，具有“权钱交易”的性质；赠与则是当事人为了增加相互之间的情谊，具有联络感情或礼尚往来的性质。但是，行为人主观目的的判断是个极为复杂的问题，司法实践中，需要结合多种因素综合判断。2008年最高人民法院、最高人民检察院《关于办理商业贿赂刑事案件适用法律若干问题的意见》第10条专门就此指出：办理商业贿赂犯罪案件，要注意区分贿赂与馈赠的界限。主要应当结合以下因素全面分析、综合判断：（1）发生财物往来的背景，如双方是否存在亲友关系及历史上交往的情形和程度；（2）往来财物的价值；（3）财物往来的缘由、时机和方式，提供财物方对于接受方有无职务上的请托；（4）接受方是否利用职务上的便利为提供方谋取利益。该司法解释虽然是针对商业贿赂案件而作出的，但在办理其他贿赂犯罪案件时，也可以结合上述四个方面的因素，综合把握行贿和赠与的界限。

（二）对非国家工作人员行贿罪与不正之风的界限

区分二者的关键是看行为人主观上有无使非国家工作人员利用职务上的便利为其谋取不正当利益的目的。一般说来，下列情况应属于不正之风：一是行为人因非国家工作人员积极履行职责，使其正当利益得以实现，为了表示答谢而给予非国家工作人员少量财物的；二是行为人因正当利益应当解决而未解决，为了促进解决，无奈之下给予有关非国家工作人员以财物的；三是行为人为谋取不正当利益，因非国家工作人员勒索而给予其财物，没有获得不正当利益的；等等。

（三）对非国家工作人员行贿罪与一般行贿行为的界限

刑法第 164 条第 1 款仅规定对非国家工作人员行贿，数额较大的构成犯罪，但并没有明确规定构成犯罪的具体数额标准。2010 年 5 月 7 日最高人民检察院、公安部《关于公安机关管辖的刑事案件立案追诉标准的规定（二）》第 11 条就对非国家工作人员行贿案的立案追诉标准进行了规定：为谋取不正当利益，给予公司、企业或者其他单位的工作人员以财物，个人行贿数额在 1 万元以上的，单位行贿数额在 20 万元以上的，应予立案追诉。这说明，对非国家工作人员行贿罪与一般行贿行为的界限为个人行贿数额是否达到 1 万元，单位行贿数额是否达到 20 万元。

【案例 8－3】重庆市津辉园林工程有限责任公司（以下简称津辉公司）于 2002 年 5 月成立，注册资本 50 万元，2003 年 9 月增资到 100 万元，李某为公司总经理。2003 年被告人李某在津辉公司承揽重庆怡佳园林景观建设有限公司在融桥半岛的园林绿化工程期间，以工程总价的 10% 许诺给时任重庆怡佳园林景观建设有限公司融桥半岛的园林绿化工程现场负责人的“信息费”。约定后不久被告人袁某某代表重庆怡佳园林景观建设有限公司对津辉公司进行了考察，并向重庆怡佳园林景观建设有限公司推荐津辉公司承揽该工程。津辉公司承揽该工程后，被告人李某以津辉公司资金紧张为由，又与被告人袁某某约定以总价的 8% 支付“信息费”。事后在工程施工期间被告人李某等人用虚开苗木发票透出的现金分多次给被告人袁某某 9.5 万元。案发后被告人袁某某已退出全部赃款。重庆市江津区人民检察院指控被告单位重庆市津辉园林工程有限责任公司犯对公司、企业人员行贿罪，被告人李某犯对公司、企业人员行贿罪，被告人袁某某犯公司、企业人员受贿罪。重庆市江津区人民法院一审认为：被告单位津辉公司为了承揽重庆怡佳园林景观建设有限公司在融桥半岛的园林绿化工程向被告人袁某某行贿，但数额较小，其行为不构成对公司、企业人员行贿罪，其主要负责人被告人李某也不构成对公司、企业人员行贿罪。被告人袁某某利用职务上的便利，收受他人财物，为他人谋取利益，且数额较大，其行为已构成公司、企业人员受贿罪。被告人袁某某犯罪后认罪态度好，且积极退赃，确有悔罪表现，依法对其从轻处罚。判决：（1）被告单位重庆市津辉园林工程有限公司无对公司、企业人员行贿罪；（2）被告人李某无对公司、企业人员行贿罪；（3）被告人袁某某犯公司、企业人员受贿罪，判处有期徒刑 3 年。被告人袁某某不服，提出上诉。重庆市第五中级人民法院二审认为：原判对原审被告单位重庆市津辉园林工程有限责任公司及原审被告人李某所查明的事实清楚、适用法律正确、处理恰当，应予维持。上诉人袁某某作为怡佳公司的工作人员，利用职务上的便利，非法收受他人人民币 9.5 万元，为他人谋取利益，数额较大，其行为已构成非国家工作人员受贿罪。袁某某犯罪后认罪态度好，积极退赃，确有悔罪表现，依法对其从轻处罚。原判认定事实清楚，证据确实、充分，审判程序合法。鉴于袁某某在犯罪中的情节较轻，且年老多病，在二审中又确有悔罪表现，对其适用缓刑不致再危害社会，可对袁某某宣告缓刑，对辩护人提出宣告缓刑的意见予以采纳。改判上诉人袁某某犯非国家工作人员受贿罪，判处有期徒 3 年，缓刑 3 年。

（四）对非国家工作人员行贿罪与行贿罪的界限

根据刑法第 389 条的规定，行贿罪，是指为谋取不正当利益，给予国家工作人员以财物的行为。对非国家工作人员行贿罪与行贿罪在客观方面、主观方面的表现基本相同，主要区别在于行贿对象和犯罪主体的不同：对非国家工作人员行贿罪的行贿对象是非国家工作人员，既包括非国有公司、企业或者其他非国有单位的工作人员，也包括国有公司、企业以及其他国有单位中的非国家工作人员；而行贿罪的行贿对象则是国家工作人员。对非国家工作人员行贿罪的犯罪主体是一般主体，除个人之外，单位也可以成为对非国家工作人员行贿罪的主体；行贿罪的犯罪主体虽然也是一般主体，但仅限于个人，单位不能成为行贿罪的主体，如果单位向国家工作人员行贿的，则可能构成单位行贿罪。

（五）对非国家工作人员行贿罪与对外国公职人员、国际公共组织官员行贿罪的界限

根据刑法第 164 条第 2 款的规定，对外国公职人员、国际公共组织官员行贿罪，是指为谋取不正当商业利益，给予外国公职人员或者国际公共组织官员以财物，数额较大的行为。对非国家工作人员行贿罪与对外国公职人员、国际公共组织官员行贿罪规定在同一个刑法条文，二者在犯罪主体、客观方面的表现基本相同，主要区别在于行贿对象、主观方面的不同：对非国家工作人员行贿罪的行贿对象是非国家工作人员，既包括非国有公司、企业或者其他非国有单位的工作人员，也包括国有公司、企业以及其他国有单位中的非国家工作人员；而对外国公职人员、国际公共组织官员行贿罪的行贿对象仅限于外国公职人员、国际公共组织官员。对非国家工作人员行贿罪的主观方面表现为行为人为谋取不正当利益；而对外国公职人员、国际公共组织官员行贿罪的主观方面表现为行为人为谋取不正当商业利益，将不正当利益进一步限定在了不正当商业利益的范围。

（六）对非国家工作人员行贿罪的定罪量刑情节

关于如何界定对非国家工作人员行贿罪的既遂与未遂、如何认定对非国家工作人员行贿罪的共同犯罪和一罪与数罪、如何认定行为人是否构成自首、坦白或者立功，请参见“行贿罪的定罪量刑情节”部分的论述。

【案例8-4】2002年1月29日至2007年2月29日，被告人常某某明知自己没有偿还能力，编造虚假的借款用途，冒用他人名义或利用自己名义从韩陵信用社贷款205笔共计520.44万元，其中结息467340.11元，还本金256.94万元，实得金额2167659.89元。被告人常某某在骗取贷款过程中，送给韩陵信用社主任李某某（已判刑）现金70万元和松下等离子电视机一台（价值3.1万元）、黄金项链一条（价值17539.8元）、海尔电脑一台（价值6250元），其余用于偿还债务和个人挥霍。安阳县人民法院一审判决：被告人常某某犯贷款诈骗罪，判处有期徒刑13年，剥夺政治权利3年，并处罚金10万元；犯对非国家工作人员行贿罪，判处有期徒刑4年，并处罚金5万元；决定执行有期徒刑16年，剥夺政治权利3年，并处罚金15万元。常某某上诉称，其行为不构成贷款诈骗罪、对非国家工作人员行贿罪。安阳市中级人民法院二审认为：上诉人常某某以非法占有为目的，在明知自己无偿还能力的情况下，虚构借款用途，以自己名义或冒用他人名义骗取金融机构贷款，数额特别巨大，其行为构成贷款诈骗罪；为获取非法利益，向非国家工作人员行贿，数额巨大，其行为构成对非国家工作人员行贿罪。原判认定事实清楚，证据确实、充分，定罪准确，量刑适当，审判程序合法。上诉人常某某上诉理由不能成立，不予采纳。裁定驳回上诉，维持原判。

七、对非国家工作人员行贿罪的法定刑

根据刑法第164条第1款的规定，犯对非国家工作人员行贿罪的，根据受贿数额多少予以量刑。数额较大的，处3年以下有期徒刑或者拘役；数额巨大的，处3年以上10年以下有期徒刑，并处罚金。

刑法第164条第4款规定：“行贿人在被追诉前主动交待行贿行为的，可以减轻处罚或者免除处罚。”行贿人在被追诉前，能够主动交待行贿行为，这实际上也是对受贿犯罪的检举揭发，因此，刑法规定对行贿人可以减轻处罚或者免除处罚。关于“被追诉前”的时间界定，刑法学界有不同认识。有的认为，“被追诉前”是指在公安机关立案侦查以前；也有的认为，“被追诉前”是指公安机关侦查终结移送审查起诉前；还有的认为，“被追诉前”是指在检察机关向法院提起公诉以前。笔者认为，公安机关对行为人立案侦查，就意味

着启动了刑事诉讼程序，刑事追诉就已经开始，因此，“被追诉前”理解为在公安机关立案侦查以前较为适宜。

【案例8－5】被告人朱某于2003年7月至2004年6月先后担任日商独资企业某制药株式会社（上海）代表处和某（中国）投资有限公司总务，主要职责为负责保管所在公司营业执照、公章、企业代码证、代码证IC卡等证件及机动车购置、接待等工作。2003年9月，被告人张某在担任上海某汽车租赁有限公司业务员，联系机动车辆牌照转让业务中，搭识朱某后，遂要求朱某将某制药株式会社（上海）代表处按有关规定可申领一副机动车辆牌照予以有偿转让，朱某即利用保管公司营业执照、公章等证、章的职务之便，携带某制药株式会社（上海）代表处营业执照、公章、企业代码证、代码证IC卡等证、章，前往上海市车辆管理所，以该制药株式会社（上海）代表处之名申领机动车辆牌照后，将机动车辆牌照转让、过户给上海某汽车租赁有限公司陈某，并从陈某处得到好处费2万元。2004年2月至3月间，被告人朱某任职的某制药株式会社（上海）代表处转为投资额为3000万美元的某（中国）投资有限公司后，朱某、张某分别为获取好处费和从中牟利，由张某纠集被告人高某，共谋商定高某、张某以每副机动车辆牌照支付人民币2.15万元好处费的允诺，要求朱某私自申领并转让某（中国）投资有限公司按有关规定可申领的机动车辆牌照，嗣后，朱某、高某采用上述相同手法，以该（中国）投资有限公司之名申领机动车辆牌照后，再由高某持伪造的该（中国）投资有限公司介绍信、机动车过户、转让、转入登记申请表等，以该（中国）投资有限公司之名，将六副机动车牌证转让过户给其他企业，朱某收取高某支付的好处费共计人民币12.9万元，高某、张某各非法获利人民币3.05万元。其间，朱某采用上述相同手法，将擅自申领的一副机动车辆牌照直接交给高某转让、过户给其他企业，收取高某支付的好处费人民币2.5万元，高某非法获利4500元。另查明，2004年6月17日，朱某向所在单位交代了擅自领取、转让机动车辆牌照的主要事实。2004年6月19日，被告人高某、张某在公安机关传唤后，主动交代了上述事实。朱某、高某、张某均退出了全部非法所得。上海市卢湾区人民法院经审理认为：被告人朱某利用职务之便，擅自领取、转让本单位机动车辆牌照，非法收受他人财物，为他人谋取利益，数额巨大；被告人高某、张某共同为谋取不正当利益，给予公司工作人员数额巨大的好处费，被告人朱某、高某、张某的行为均已触犯刑律，分别构成公司人员受贿罪和对公司人员行贿罪，应依法追究刑事责任。鉴于朱某能主动投案自首，高某、张某在公安机关立案侦查前，主动交代行贿行为，依法均属自首，且朱某、高某、张某系初犯，认罪态度较好，并均已退出全部非法所得，有悔罪表现，依法均可减轻处罚，并宣告缓刑。为保护公司、企业的正常管理活动和社会主义公平竞争的交易秩序不受侵犯，判决：被告人朱某犯公司人员受贿罪，判处有期徒刑3年，缓刑3年；被告人高某犯对公司人员行贿罪，判处有期徒刑1年6个月，缓刑1年6个月；被告人张某犯对公司人员行贿罪，判处有期徒刑1年，缓刑1年。被告人朱某、高某、张某退赔的非法所得共计人民币23.95万元，予以没收，上缴国库。

第九章　对外国公职人员、国际公共组织官员行贿罪

一、对外国公职人员、国际公共组织官员行贿罪概述

（一）对外国公职人员、国际公共组织官员行贿罪的立法沿革

新中国成立后，从1952年4月21日中央人民政府公布的《中华人民共和国惩治贪污条例》到1979年刑法，从1988年1月21日全国人大常委会通过的《关于惩治贪污罪贿赂罪的补充规定》到1997年修订后的刑法，均没有关于对外国公职人员、国际公共组织官员行贿罪的规定。

2003年12月9日我国签署了《联合国反腐败公约》，并于2005年10月27日经全国人大常委会批准。该公约第16条规定了贿赂外国公职人员或者国际公共组织官员的犯罪："一、各缔约国均应当采取必要的立法和其他措施，将下述故意实施的行为规定为犯罪：直接或间接向外国公职人员或者国际公共组织官员许诺给予、提议给予或者实际给予该公职人员本人或者其他人员或实体不正当好处，以使该公职人员或者该官员在执行公务时作为或者不作为，以便获得或者保留与进行国际商务有关的商业或者其他不正当好处。二、各缔约国均应当考虑采取必要的立法和其他措施，将下述故意实施的行为规定为犯罪：外国公职人员或者国际公共组织官员直接或间接为其本人或者其他人员或实体索取或者收受不正当好处，以作为其在执行公务时作为或者不作为的条件。"

为落实《联合国反腐败公约》，依法惩治贿赂外国公职人员或者国际公共组织官员的犯罪，2011年2月25日全国人大常委会通过的《中华人民共和国刑法修正案（八）》再次对刑法第164条进行了修改，增加规定了对外国公职人员、国际公共组织官员行贿罪："为谋取不正当利益，给予公司、企业或者其他单位的工作人员以财物，数额较大的，处三年以下有期徒刑或者拘役；数额巨大的，处三年以上十年以下有期徒刑，并处罚金。为谋取不正当商业利益，给予外国公职人员或者国际公共组织官员以财物的，依照前款的规定处罚。单位犯前两款罪的，对单位判处罚金，并对其直接负责的主管人员和其他

直接责任人员，依照第一款的规定处罚。行贿人在被追诉前主动交待行贿行为的，可以减轻处罚或者免除处罚。”从《刑法修正案（八）》可以看出，我国刑法仅规定了对外国公职人员、国际公共组织官员行贿罪，而没有同时规定外国公职人员、国际公共组织官员受贿罪。

（二）对外国公职人员、国际公共组织官员行贿罪的概念

根据刑法第 164 条第 2 款的规定，对外国公职人员、国际公共组织官员行贿罪，是指为谋取不正当商业利益，给予外国公职人员或者国际公共组织官员以财物，数额较大的行为。

二、对外国公职人员、国际公共组织官员行贿罪的客体和对象

笔者认为，对外国公职人员、国际公共组织官员行贿罪侵犯的客体是外国公职人员、国际公共组织官员职务行为的廉洁性。

对外国公职人员、国际公共组织官员行贿罪的行贿对象是外国公职人员或者国际公共组织官员，不包括外国的单位或者国际公共组织。根据《联合国反腐败公约》第 2 条的规定，“外国公职人员”，系指外国无论是经任命还是经选举而担任立法、行政、行政管理或者司法职务的任何人员；以及为外国，包括为公共机构或者公营企业行使公共职能的任何人员。“国际公共组织官员”，系指国际公务员或者经此种组织授权代表该组织行事的任何人员。

对外国公职人员、国际公共组织官员行贿罪的犯罪对象为贿赂，根据刑法第 164 条第 2 款的规定，限于“财物”。关于“财物”的范围，请参见“受贿罪的对象”部分的论述。

三、对外国公职人员、国际公共组织官员行贿罪的客观方面

对外国公职人员、国际公共组织官员行贿罪的客观方面表现为行为人为谋取不正当商业利益，给予外国公职人员或者国际公共组织官员以财物，数额较大的行为。笔者认为，对外国公职人员、国际公共组织官员行贿罪在客观方面表现为以下两种行为方式：

一是行为人为谋取不正当商业利益，主动给予外国公职人员、国际公共组织官员以财物的。在这种情况下，无论行贿人意图谋取的不正当商业利益是否实现，均不影响对外国公职人员、国际公共组织官员行贿罪的成立；即使外国公职人员、国际公共组织官员实际上并未实施为行贿人谋取不正当商业利益的行为，行为人也可以构成对外国公职人员、国际公共组织官员行贿罪。

二是行为人因被勒索给予外国公职人员、国际公共组织官员以财物，已获

得不正当商业利益的。关于被动行贿的犯罪构成，刑法第 389 条第 3 款规定：“因被勒索给予国家工作人员以财物，没有获得不正当利益的，不是行贿。”但刑法第 164 条并没有类似规定。笔者认为，按照“举重以明轻”的刑法适用原则，在对国家工作人员被动行贿而没有获得不正当利益的情况下，对行为人不以行贿论处；那么对外国公职人员、国际公共组织官员被动行贿而没有获得不正当商业利益的情况下，对行为人也不应当以行贿论处。当然，如果行为人因被勒索给予外国公职人员、国际公共组织官员以财物，并且已获得不正当商业利益的，则应当以对外国公职人员、国际公共组织官员行贿罪追究其刑事责任。

四、对外国公职人员、国际公共组织官员行贿罪的主体

对外国公职人员、国际公共组织官员行贿罪的主体是一般主体，既包括个人，也包括单位。凡是年满 16 周岁，具有刑事责任能力的自然人均可成为本罪的主体。单位也能成为本罪的主体，关于单位的范围，根据刑法第 30 条的规定，是指公司、企业、事业单位、机关、团体。无论是具有中国国籍的个人或单位，还是具有外国国籍的个人或单位，只要其实施对外国公职人员或者国际公共组织官员行贿的行为，又在我国刑事管辖的范围内，均可以成为本罪的主体。

1999 年 6 月 25 日最高人民法院公布的《关于审理单位犯罪案件具体应用法律有关问题的解释》第 1 条进一步指出：刑法第 30 条规定的公司、企业、事业单位，既包括国有、集体所有的公司、企业、事业单位，也包括依法设立的合资经营、合作经营企业和具有法人资格的独资、私营等公司、企业、事业单位。

需要指出的是，2001 年 1 月 21 日最高人民法院印发的《全国法院审理金融犯罪案件工作座谈会纪要》专门就“单位的分支机构或者内设机构、部门实施犯罪行为的处理”进行了解释：以单位的分支机构或者内设机构、部门的名义实施犯罪，违法所得亦归分支机构或者内设机构、部门所有的，应认定为单位犯罪。不能因为单位的分支机构或者内设机构、部门没有可供执行罚金的财产，就不将其认定为单位犯罪，而按照个人犯罪处理。2002 年 7 月 9 日最高人民检察院《关于涉嫌犯罪单位被撤销、注销、吊销营业执照或者宣告破产的应如何进行追诉问题的批复》指出：涉嫌犯罪的单位被撤销、注销、吊销营业执照或者宣告破产的，应当根据刑法关于单位犯罪的相关规定，对实施犯罪行为的该单位直接负责的主管人员和其他直接责任人员追究刑事责任，对该单位不再追诉。

五、对外国公职人员、国际公共组织官员行贿罪的主观方面

对外国公职人员、国际公共组织官员行贿罪的主观方面是直接故意，行为人具有谋取不正当商业利益的目的。如果行为人为谋取正当商业利益，而向外国公职人员、国际公共组织官员行贿的，根据现行刑法规定，不构成犯罪。

关于“不正当商业利益”的含义，应当依据外国法律、法规或国家政策，以及国际组织的规章、制度作出判断。这些利益可能是应损失而未损失的，也可能是不应得而获得的，还可能是应得而扩大的。例如，使资质欠缺的公司获得某国市场的准入资格，使国际公共组织违背标准进行认证，等等。此外，还可以参照2008年11月20日最高人民法院、最高人民检察院《关于办理商业贿赂刑事案件适用法律若干问题的意见》第9条关于“谋取不正当利益”的解释来认定不正当商业利益：在行贿犯罪中，“谋取不正当利益”，是指行贿人谋取违反法律、法规、规章或者政策规定的利益，或者要求对方违反法律、法规、规章、政策、行业规范的规定提供帮助或者方便条件。在招标投标、政府采购等商业活动中，违背公平原则，给予相关人员财物以谋取竞争优势的，属于“谋取不正当利益”。

六、对外国公职人员、国际公共组织官员行贿罪的认定

（一）对外国公职人员、国际公共组织官员行贿与赠与的界限

赠与是一种正当合法的民事行为，与行贿具有截然不同的性质。区分二者的关键在于行为人的主观目的不同。对外国公职人员、国际公共组织官员行贿是行为人为了使对方利用职务之便给自己谋取不正当商业利益，具有“权钱交易”的性质；赠与则是当事人为了增加相互之间的情谊，具有联络感情或礼尚往来的性质。但是，行为人主观目的的判断是个极为复杂的问题，需要结合多种因素综合判断。司法实践中，可以参照2008年最高人民法院、最高人民检察院《关于办理商业贿赂刑事案件适用法律若干问题的意见》第10条的解释：办理商业贿赂犯罪案件，要注意区分贿赂与馈赠的界限。主要应当结合以下因素全面分析、综合判断：（1）发生财物往来的背景，如双方是否存在亲友关系及历史上交往的情形和程度；（2）往来财物的价值；（3）财物往来的缘由、时机和方式，提供财物方对于接受方有无职务上的请托；（4）接受方是否利用职务上的便利为提供方谋取利益。

（二）对外国公职人员、国际公共组织官员行贿罪与一般行贿行为的界限

刑法第164条第2款仅规定了对外国公职人员、国际公共组织官员行贿的犯罪，但并没有明确规定构成犯罪的具体数额标准。2011年11月14日最高人民检察院、公安部《关于公安机关管辖的刑事案件立案追诉标准的规定（二）的补充规定》第1条就对外国公职人员、国际公共组织官员行贿案的立案追诉标准进行了规定：为谋取不正当商业利益，给予外国公职人员或者国际公共组织官员以财物，个人行贿数额在1万元以上的，单位行贿数额在20万元以上的，应予立案追诉。这说明，对外国公职人员、国际公共组织官员行贿罪与一般行贿行为的界限为个人行贿数额是否达到1万元，单位行贿数额是否达到20万元。

（三）对外国公职人员、国际公共组织官员行贿罪与行贿罪的界限

根据刑法第389条的规定，行贿罪，是指为谋取不正当利益，给予国家工作人员以财物的行为。对外国公职人员、国际公共组织官员行贿罪与行贿罪在客观方面、主观方面的表现基本相同，主要区别在于行贿对象和犯罪主体的不同：对外国公职人员、国际公共组织官员行贿罪的行贿对象是外国公职人员、国际公共组织官员；而行贿罪的行贿对象则是国家工作人员。对外国公职人员、国际公共组织官员行贿罪的犯罪主体是一般主体，除了个人之外，单位也可以成为对外国公职人员、国际公共组织官员行贿罪的主体；行贿罪的犯罪主体虽然也是一般主体，但仅限于个人，单位不能成为行贿罪的主体，如果单位向国家工作人员行贿的，则可能构成单位行贿罪。

（四）对外国公职人员、国际公共组织官员行贿罪与对非国家工作人员行贿罪的界限

根据刑法第164条第1款的规定，对非国家工作人员行贿罪，是指为谋取不正当利益，给予公司、企业或者其他单位的工作人员以财物，数额较大的行为。对外国公职人员、国际公共组织官员行贿罪与对非国家工作人员行贿罪规定在同一个刑法条文，二者在犯罪主体、客观方面的表现基本相同，主要区别在于行贿对象、主观方面的不同：对外国公职人员、国际公共组织官员行贿罪的行贿对象仅限于外国公职人员、国际公共组织官员；而对非国家工作人员行贿罪的行贿对象是非国家工作人员，既包括非国有公司、企业或者其他非国有单位中的工作人员，也包括国有公司、企业以及其他国有单位中的非国家工作

人员。对外国公职人员、国际公共组织官员行贿罪的主观方面表现为行为人为谋取不正当商业利益；而对非国家工作人员行贿罪的主观方面表现为行为人为谋取不正当利益，并没有限定为不正当商业利益。

（五）对外国公职人员、国际公共组织官员行贿罪的定罪量刑情节

关于如何界定对外国公职人员、国际公共组织官员行贿罪的既遂与未遂、如何认定对外国公职人员、国际公共组织官员行贿罪的共同犯罪和一罪与数罪、如何认定行为人是否构成自首、坦白或者立功，请参见“行贿罪的定罪量刑情节”部分的论述。

七、对外国公职人员、国际公共组织官员行贿罪的法定刑

根据刑法第164条第2款和第1款的规定，犯对外国公职人员、国际公共组织官员行贿罪的，根据受贿数额多少予以量刑。数额较大的，处3年以下有期徒刑或者拘役；数额巨大的，处3年以上10年以下有期徒刑，并处罚金。

刑法第164条第4款规定：“行贿人在被追诉前主动交待行贿行为的，可以减轻处罚或者免除处罚。”行贿人在被追诉前，能够主动交待行贿行为，这实际上也是对受贿犯罪的检举揭发，因此，刑法规定对行贿人可以减轻处罚或者免除处罚。关于“被追诉前”的时间界定，刑法学界有不同认识。有的认为，“被追诉前”是指在公安机关立案侦查以前；也有的认为，“被追诉前”是指公安机关侦查终结移送审查起诉前；还有的认为，“被追诉前”是指在检察机关向法院提起公诉以前。笔者认为，公安机关对行为人立案侦查，就意味着启动了刑事诉讼程序，刑事追诉就已经开始，因此，“被追诉前”理解为在公安机关立案侦查以前较为适宜。

第十章　介绍贿赂罪

一、介绍贿赂罪概述

（一）介绍贿赂罪的立法沿革

1952年4月21日中央人民政府公布的《中华人民共和国惩治贪污条例》第6条第1款规定："一切向国家工作人员行使贿赂、介绍贿赂者，应按其情节轻重参酌本条例第三条的规定处刑；其情况特别严重者，并得没收其财产之一部或全部；其彻底坦白并对受贿人实行检举者，得判处罚金，免予其他刑事处分。"

1979年刑法在分则渎职罪一章规定了介绍贿赂罪，第185条第3款规定："向国家工作人员行贿或者介绍贿赂的，处三年以下有期徒刑或者拘役。"1985年7月18日最高人民法院、最高人民检察院联合印发的《关于当前办理经济犯罪案件中具体应用法律的若干问题的解答（试行）》对介绍贿赂罪进行了具体解释："个人为谋取非法利益，向国家工作人员行贿或者介绍贿赂的，应按（1979年）刑法第185条第3款追究刑事责任。"司法解释将介绍贿赂罪限定为行为人为了谋取非法利益，大大缩小了介绍贿赂罪的成立范围。1988年1月21日全国人大常委会通过的《关于惩治贪污罪贿赂罪的补充规定》对贿赂犯罪进行了修改，但并没有涉及介绍贿赂罪。有的学者据此认为，这表明立法上已取消了介绍贿赂罪的罪名，因为介绍贿赂可以分别作为行贿罪和受贿罪的教唆犯、帮助犯看待，没有必要规定独立的罪名。① 实际上，《关于惩治贪污罪贿赂罪的补充规定》只是未对介绍贿赂罪进行修改，但并没有取消这个罪名，司法实践中对于介绍贿赂罪，仍然是直接依照1979年刑法第185条第3款的规定定罪处罚。

1997年修订后的刑法在贪污贿赂罪一章用独立条文分两款规定了介绍贿赂罪，第392条规定："向国家工作人员介绍贿赂，情节严重的，处三年以下

---

① 参见刘明祥：《简析全国人大常委会〈补充规定〉对贿赂罪的修改》，载《法学》1988年第6期。

有期徒刑或者拘役。介绍贿赂人在被追诉前主动交待介绍贿赂行为的，可以减轻处罚或者免除处罚。”

（二）介绍贿赂罪的概念

根据刑法第 392 条和 1999 年最高人民检察院《关于人民检察院直接受理立案侦查案件立案标准的规定（试行）》的规定，介绍贿赂罪，是指向国家工作人员介绍贿赂，情节严重的行为。

二、介绍贿赂罪的客体和对象

关于介绍贿赂罪侵犯的客体，刑法学界的认识和表述并不一致。笔者认为，介绍贿赂罪侵犯的客体与受贿罪和行贿罪侵犯的客体一样，是国家工作人员职务行为的廉洁性。

根据刑法第 392 条的规定，介绍贿赂罪的犯罪对象为贿赂，司法实践中将贿赂限于“财物”。关于“财物”的范围，请参见“受贿罪的对象”部分的论述。

【案例 10－1】 2007 年上半年，瑞金市象湖镇金星村村民胡某某为办理其个人住房拆迁重建手续，请被告人易某某出面跟原瑞金市规划局局长周某某（另案处理）说情，并许诺送给周某某几万元钱。后易某某找到周某某，转达了胡某某的意思。2007 年七八月，易某某代胡某某送给周某某人民币 2 万元，胡某某自己送给周某某人民币 2 万元。被告人易某某向周某某介绍贿赂共计人民币 4 万元。赣州市中级人民法院经审理认为：被告人易某某身为国家工作人员，向其他国家工作人员介绍贿赂，情节严重，以介绍贿赂罪判处其有期徒刑 6 个月。与其他罪数罪并罚后，决定执行有期徒刑 18 年，并处没收个人财产人民币 100 万元，罚金人民币 100 万元。

【案例 10－2】 2003 年年初，浙江人王某等人在德州成立房地产开发公司，开发德州某小区的商品房。其间，经其老乡被告人李某介绍，认识了时任德州的党政领导人赵某某。王某等人在开发以上商品房建设项目时，意在德州投资另一项目，故多次通过被告人李某联系该党政领导人赵某某请求帮助。2006 年 3—5 月间，赵某某为给其女儿结婚用，通过被告人李某向开发商王某等人提出，想便宜购买王某等人开发的一处面积 160 多平方米的商品房。被告人李某向开发商王某等人提出后，王某等人商议决定将该处价值 40 多万元的房产以 30 万元的价格，外加 1 个价值 5 万元的车位，共计 35 万元，卖给赵某某。被告人李某转告赵某某后，赵某某同意，分两次以其女儿的名义交付房款共计 30 万元。2007 年 1 月，在赵某某实付总房款 30 万元的情况下，王某指使其房地产公司与赵某某的女儿签订该商品房及车位1个的购房合同，并注明总房款35万元已付清，并于2007年4月，将该房产及车位交付赵某某。经鉴定，该房地产公司与赵某某的女儿签订购房合同时，该房产价值人民币430480元，车位1个价值人民币5万元。德州市德城区人民法院经审理认为：被告人李某向国家工作人员介绍贿赂，情节严重，其行为已构成介绍贿赂罪，鉴于被告人李某认罪态度较好，社会危害不大，判决被告人李某犯介绍贿赂罪，免予刑事处罚。①

三、介绍贿赂罪的客观方面

介绍贿赂罪的客观方面表现为行为人向国家工作人员介绍贿赂，情节严重的行为。

所谓“介绍贿赂”，是指在行贿人与受贿人之间沟通关系、撮合条件，使贿赂行为得以实现的行为。介绍贿赂通常表现为三种情况：一是受行贿人之托，为其物色行贿的对象，疏通行贿渠道，引荐受贿人，转述行贿信息，为行贿人转交财物，代为表达行贿人的要求等。二是按照受贿人的意图，为其寻找索贿对象，转告索贿人的要求，使行贿受贿得以实现。三是主动介绍行贿人和受贿人认识，并积极促成贿赂实现。

需要注意的是，介绍贿赂罪的受贿方仅限于国家工作人员，不包括国家机关、国有公司、企业、事业单位、人民团体等国有单位，也不包括公司、企业或者其他单位中的非国家工作人员，还不包括外国公职人员、国际公共组织官员。根据现行刑法规定，行为人向国有单位、非国家工作人员或者外国公职人员、国际公共组织官员介绍贿赂的，不构成介绍贿赂罪，也不构成其他犯罪。关于国家工作人员的具体范围，请参见“受贿罪的主体”部分的论述。

根据刑法第385条和第393条的规定，向国家工作人员行贿的，既包括个人，构成行贿罪；也包括单位，构成单位行贿罪。因此，介绍贿赂罪的行贿方也应当既包括个人，也包括单位。也就是说，行为人无论是介绍个人向国家工作人员行贿，还是介绍单位向国家工作人员行贿，均可以构成介绍贿赂罪。

【案例10－3】2002年3月至9月间，被告人王某某利用担任中国证券监督管理委员会（以下简称证监会）发行监管部发审委工作处助理调研员的便利条件，通过时任东北证券有限责任公司（以下简称东北证券公司）工作人员的被告人林某介绍，接受福建凤竹纺织科技股份有限公司（以下简称凤竹

① 参见张炜琰、王茜：《老乡拜托老乡 中间人被判介绍贿赂罪》，载《中国法院网》2011年4月6日。

公司）的请托，通过证监会发行监管部其他工作人员职务上的行为，为风竹公司在申请首次发行股票的过程中谋取不正当利益，为此王某某收受请托人通过林某给予的贿赂款人民币72.6万元。其间，被告人林某利用在东北证券公司工作的职务便利，在参与东北证券公司承销风竹公司首次发行股票业务的过程中，收取风竹公司给予的贿赂款人民币67.4万元。北京市第一中级人民法院一审认为：被告人王某某身为国家工作人员，利用本人职权或地位形成的便利条件，通过其他国家工作人员职务上的行为，为请托人谋取不正当利益，收受请托人通过他人给予的贿赂款人民币72.6万元，其行为已构成受贿罪，且受贿数额巨大，依法应予惩处。被告人林某在风竹公司申请上市过程中，帮助风竹公司向王某某介绍贿赂，情节严重，其行为又已构成介绍贿赂罪，应与其所犯公司人员受贿罪并罚。判决：被告人王某某犯受贿罪，判处有期徒刑13年，并处没收个人财产人民币12万元。被告人林某犯公司人员受贿罪，判处有期徒刑9年，并处没收个人财产人民币10万元；犯介绍贿赂罪，判处有期徒刑1年6个月；决定执行有期徒刑10年，并处没收个人财产人民币10万元。两被告人不服，提出上诉。北京市高级人民法院二审裁定驳回上诉，维持原判。

【案例10-4】2004年9月，天津市红桥区政府法制办原主任陈某某受天津市红桥区政府推荐和委派，被天津市高级人民法院指定担任天津市宏商发展有限责任公司的破产清算组组长，代表区政府协调相关部门，配合法院审理宏商公司的破产案，并负责保护红桥区政府破产债权利益。被告人陈某某利用上述职务便利，多次收受天津嘉利拍卖行董事长姜某（另案处理）、总经理张某（另案处理）的财物，为该拍卖行能够取得宏商公司金摇篮商厦的拍卖权及姜某实际控制的天津新生清算事务所尽快完成破产案件代理业务提供便利。同时，他还多次介绍上述单位向国家工作人员行贿。2005年春节前，姜某为了办理盛世锦华公司经拍卖竞得的金摇篮商厦产权证，派张某送给陈某某人民币2万元，请其协调关系办好此事。陈某某用这笔钱购买字画送人，余下价值7000元的字画自己占有；2005年4月，姜某为了感谢陈某某为其办理了盛世锦华公司竞买的金摇篮商厦产权证，派人送给陈某某3万元钱。陈某某拿出1万元陪帮忙的人旅游，余款2万元揣入个人腰包。辽宁省大洼县人民法院经审理，以受贿罪判处陈某某有期徒刑5年，以介绍贿赂罪判处其有期徒刑1年6个月，数罪并罚，决定执行有期徒刑6年。一审宣判后陈某某没有提起上诉，目前判决已经生效。① 本案中，被告人陈某某在构成受贿罪的同时，还介绍有关单位向国家工作人员行贿，同时构成介绍贿赂罪。

四、介绍贿赂罪的主体

介绍贿赂罪的主体是一般主体，凡是年满16周岁，具有刑事责任能力的自然人均可成为本罪的主体。实践中，介绍贿赂人通常都是与行贿人或受贿人关系密切的人，如亲戚、朋友、同学、老乡、战友、秘书、司机、情人等。单位不能成为本罪的主体。

【案例10－5】杨某是丽水市电业局职工，2002年开始任当时的丽水市电业局副局长李某的专职驾驶员，二人关系甚密。2002年至2006年，李某分管丽水市电业局的基建工作。不久，杨某便将基建包工头尚某介绍给李某认识。期间，杨某与尚某商量，拟以尚某出面参与工程投标及承包。杨某让李某给有关方面打招呼、提供招投标信息的方法承包电力工程，事成后给杨某好处。之后，在丽水正阳电建综合楼、仙都变电所、灵山变电所等土建工程的招投标过程中，杨某都对李某提出要求，让尚某参与投标并让他从中帮忙。在李某的帮助下，尚某获得了上述工程的承建权。在此期间，尚某告诉杨某，希望对李某表示感谢。杨某多次在开车接送李某途中转告他，尚某赚了钱不会忘记他这个领导的。2008年9月，李某因家中装修房屋及孩子出国急需用钱打电话给杨某，杨某将此信息告诉尚某。几天后，杨某约李某、尚某等人喝茶。在送李某回家途中，尚某将事先准备好的10万元人民币送给了李某。次日，尚某将此事告诉了杨某。庆元县人民法院一审以介绍贿赂罪判处杨某有期徒刑1年，缓刑1年6个月。杨某当庭表示服判，不再上诉。②

五、介绍贿赂罪的主观方面

介绍贿赂罪的主观方面是直接故意，行为人明知自己的行为是在行贿人与受贿人之间沟通关系、撮合条件，目的是使贿赂行为得以实现，仍然故意为之。如果行为人虽然在行贿人与受贿人之间沟通关系、撮合条件，但主观上并没有介绍贿赂的故意，即使行贿人和受贿人分别构成行贿罪和受贿罪，则行为人也不构成介绍贿赂罪。

---

① 参见范春生：《天津市一法制干部受贿并介绍贿赂被判刑6年》，载《新华网》2008年9月3日。

② 参见范跃红、沈光友：《帮局长受贿牵线搭桥 浙江丽水首例介绍贿赂案开审》，载《正义网》2009年6月13日。

需要指出的是，1979 年刑法对介绍贿赂罪并没有特殊限制，1985 年最高人民法院、最高人民检察院《关于当前办理经济犯罪案件中具体应用法律的若干问题的解答（试行）》指出：个人为谋取非法利益，向国家工作人员介绍贿赂的，才构成介绍贿赂罪。虽然司法解释将介绍贿赂行为人的主观方面限定为“为谋取非法利益”，但 1997 年刑法对介绍贿赂罪并没有规定如此限制。实践中，无论行为人是否为了谋取非法利益或者其他不正当利益，或者是否谋取了非法利益或者其他不正当利益，或者是出于其他动机如碍于亲友情面、讨好他人等，只要其故意在行贿人与受贿人之间沟通关系、撮合条件，使贿赂行为得以实现的，就可以构成介绍贿赂罪。

【案例 10－6】 2006 年，烟台市某国家机关工作人员孙某因涉嫌受贿罪，被烟台市检察机关立案侦查，不久被逮捕。那些日子，孙某的爱人十分紧张，便找到李某，请他给介绍一些能为丈夫减轻处罚“帮上忙”的朋友。后来，李某介绍孙某的爱人与某国家机关工作人员孔某某相识。次日上午，孙某的爱人通过李某给孔某某专程送去人民币 20 万元。2009 年 11 月 27 日，烟台市芝罘区法院对此案进行了审理。法庭上，李某对自己涉嫌犯罪的行为甚感不解：“我只是给他们双方引见了一下，也没有得到什么好处，这怎么也犯法了呢？”法院经审理认为：李某向国家机关工作人员介绍贿赂，在行贿人与受贿人之间进行沟通、撮合，使行贿、受贿得以实现且数额较大，介绍贿赂事实清楚，证据充分，情节严重，其行为已构成介绍贿赂罪，鉴于其认罪态度较好，依法判处其有期徒刑 1 年，缓刑 1 年。孔某某因犯受贿罪被判处有期徒刑 10 年。①

六、介绍贿赂罪的认定

（一）介绍贿赂罪与正常中介活动的界限

介绍贿赂，是在行贿人与受贿人之间沟通关系、撮合条件，使“权钱交易”的贿赂行为得以实现。从某种意义上讲，介绍贿赂也是一种“中介活动”，但却是一种法律所禁止的中介活动，因为行为人居间促成的是行贿受贿的犯罪活动，侵犯了国家工作人员职务行为的廉洁性，与正常的中介活动具有本质的区别。正常的中介活动是促进经济交往的一种市场行为，行为人的居间行为促使了双方当事人合法交易行为的实现，是法律所允许和保护的一种正常的经济活动，并没有侵犯国家工作人员职务行为的廉洁性，反而有利于市场经

① 参见卢金增等：《山东烟台首例介绍贿赂案警醒“热心人”》，载《检察日报》2010 年 1 月 24 日。

济的繁荣发展。

【案例 10－7】2008 年 5 月，被告人智某某为行贿人宋某某（另案处理）和受贿人李某（另案处理）的行、受贿行为得以实现，居中介绍，致使宋某某向国家工作人员某市某局某科科长李某行贿共计人民币 5.65 万元。智某某从李某手里分得好处费 2500 元。案发后智某某退出赃款 2500 元。西华县人民法院经审理认为：被告人智某某向国家工作人员介绍贿赂，情节严重，其行为已构成介绍贿赂罪。被告人智某某认罪、悔罪，已将赃款退回。根据被告人的犯罪事实、情节及悔罪表现，判决被告人智某某犯介绍贿赂罪，免予刑事处罚。

（二）介绍贿赂罪与一般介绍贿赂行为的界限

刑法第 392 条虽然规定介绍贿赂情节严重的构成犯罪，但并没有明确规定情节严重的具体标准。1999 年最高人民检察院《关于人民检察院直接受理立案侦查案件立案标准的规定（试行）》指出，介绍贿赂涉嫌下列情形之一的，应予立案：一是介绍个人向国家工作人员行贿，数额在 2 万元以上的；介绍单位向国家工作人员行贿，数额在 20 万元以上的；二是介绍贿赂数额不满①上述标准，但具有下列情形之一的：（1）为使行贿人获取非法利益而介绍贿赂的；（2）3 次以上或者为 3 人以上介绍贿赂的；（3）向党政领导、司法工作人员、行政执法人员介绍贿赂的；（4）致使国家或者社会利益遭受重大损失的。

【案例 10－8】2006 年 4 月，在沈阳铁路局某工务段工作的佟某得知，自家在铁路旁的违章自建房将被拆迁，但如果没有房产认证手续，就得不到动迁补偿款，而唯一能帮上忙的是工务段办公室主任李某（另案审理）。佟某为此找到王某帮忙。经过王某穿针引线，李某为佟某办理了虚假房产认证。事后，王某代表佟某将事先承诺的 2 万元贿赂款交给李某。沈阳铁路运输法院经审理认为：被告人王某向国家工作人员介绍贿赂，其行为触犯了刑法第 392 条第 1 款的规定，犯罪事实清楚，证据确实充分，应当以介绍贿赂罪追究其刑事责任。鉴于王某系初犯，认罪态度好，且涉案数额刚达立案标准，判决免予刑事

① 1999 年最高人民检察院《关于人民检察院直接受理立案侦查案件立案标准的规定（试行）》附则部分第 2 项指出：本规定中有关犯罪数额“不满”，是指接近该数额且已达到该数额的百分之八十以上。

处罚。①

【案例10－9】被告人倪某某于2006年9月间，为使涉嫌盗窃的宋某某逃避法律制裁，介绍宋某某的亲属向承办该案的北京市公安局公共安全保卫分局民警程某某、史某（另案处理）行贿人民币2万元。被告人倪某某于2006年9月27日被北京市公安局查获。北京市东城区人民法院经审理认为：被告人倪某某为使行贿人获取非法利益，向司法工作人员介绍贿赂，情节严重，其行为侵犯了国家工作人员职务的廉洁性，构成介绍贿赂罪，依法应予刑罚处罚。鉴于被告人倪某某认罪态度好，可酌情从轻处罚，判决被告人倪某某犯介绍贿赂罪，判处有期徒刑8个月。

（三）介绍贿赂罪与受贿罪共犯或者行贿罪共犯的界限

在刑法学界，有的学者认为，介绍贿赂罪实际上就是行贿受贿的帮助行为，在行贿与受贿之间，总是有倾向性地帮助某一方，或者帮助行贿方，或者帮助受贿方，进而或者成立行贿罪的共犯，或者成立受贿罪的共犯。② 也有的学者认为，介绍贿赂行为的目的本身不是行贿也不是受贿，而是旨在帮助行贿受贿双方建立贿赂联系，其结果是不仅对行贿的实现起促成作用，同时对受贿的实现也起促成作用。也就是说，介绍贿赂的行为不仅指向行贿人和行贿犯罪，而且指向受贿人和受贿犯罪，既不能单纯地看成是行贿罪的帮助犯或教唆犯，也不能单纯地看成是受贿罪的帮助犯或教唆犯。由此可见，介绍贿赂人既不同于行贿人主观上具有行贿故意，以图受贿人利用职务便利为自己谋取利益，也不同于受贿人主观上具有受贿故意，企图以权谋私索取或非法收受他人贿赂。介绍贿赂人主观上具有独立的故意即介绍贿赂的故意，客观上具有独立的行为即介绍贿赂的行为。③ 实践中，对于行为人与行贿人或受贿人没有形成共同的行贿故意或受贿故意的，即使行为人因介绍贿赂得逞而从行贿人或受贿人一方接受一定的介绍费用，也只能以介绍贿赂罪论处，而不能以行贿罪或受贿罪的共犯论处。但是，对于有些行为人既是行贿或受贿犯罪的帮助犯、教唆犯，同时又在行贿人与受贿人之间沟通关系、撮合条件，促使贿赂行为得以实

---

① 参见刘键、李冬梅：《穿针引线介绍贿赂 成全朋友害自己》，载《检察日报》2009年8月29日。

② 参见朱铁军：《介绍贿赂罪与行贿、受贿共犯界限之分析》，载《中国刑事法杂志》2003年第1期。

③ 参见陈正云、文盛堂主编：《贪污贿赂犯罪认定与侦查实务》，中国检察出版社2002年版，第119—120页。

现的，则其行为既构成了行贿罪或受贿罪的共犯，同时又构成了介绍贿赂罪，笔者认为，对此可从一重罪处罚，按照行贿罪或受贿罪的共犯论处。

【案例10－10】高三学生小李（女）随其父李某和教练孙某到某大学参加篮球特长生招生测试，在孙某介绍下，李某认识了该大学女子篮球队主教练杨某。李某向孙某提出，为让杨某在招生过程中给予照顾，其决定给杨某送钱，两人商量后，决定由孙某将3万元现金给杨某。测试结束后，李某又找到孙某商量，要再给杨某送2万元钱。孙某向杨某索取了其银行账号，李某遂将2万元现金存入杨某账号。本案中，对李某、杨某的行为定性并无争议，但对于孙某的行为如何定罪处罚，存在三种不同意见：第一种意见认为，孙某的行为构成介绍贿赂罪。李某与杨某原先并不相识，在孙某的介绍下才相互认识。第一次行贿过程中，李某委托与杨某较为熟悉的孙某代为转交，在此过程中孙某起到了沟通关系的作用。第二次行贿时孙某将杨某银行账号转发给李某，其行为起到了撮合条件的作用。因此孙某的行为构成介绍贿赂罪。第二种意见认为，孙某的行为构成行贿罪的共犯。在第一次行贿时，孙某与李某共同议定行贿数额，并受李某委托代为转交现金，其行为已构成行贿的共同实行行为。第二次孙某询问并转发杨某银行账号的行为，对李某的行贿行为起到了帮助作用，系行贿罪的从犯。第三种意见认为，孙某的行为构成了行贿罪和介绍贿赂罪两罪，应当数罪并罚。在第一次行贿的过程中，孙某与李某共同议定行贿数额，并受李某委托代为转交现金，其行为已构成行贿的共同实行行为，脱离了介绍贿赂罪中沟通关系、撮合条件的范畴，构成了行贿罪。在第二次行贿的过程中，孙某向杨某索取其银行账号并转发给李某，系沟通二人关系、撮合行贿条件的行为，构成了介绍贿赂罪。① 笔者同意第二种意见，本案中李某虽然是经孙某介绍认识杨某的，但孙某并没有介绍贿赂的主观故意，李某两次向杨某行贿均是自己主动提出的，杨某在李某行贿的过程中起到了帮助作用，因此杨某的行为应当属于行贿罪的共犯，而不是单独构成介绍贿赂罪。

【案例10－11】被告人张某某系北京市公安局房山分局青龙湖派出所民警，与被告人任甲系朋友。被告人任甲与任乙系弟兄。被告人任乙、杨某某均系北京普益利民有限责任公司职工。被告人杨甲系北京良乡华昌双兴建材供应站负责人。2006年3月，杨甲让杨某某帮助办理其妻和3个子女的进京户口，杨某某即与同事任乙联系，后任乙找到任甲，任甲让张某某帮助办理，张某某表示不同意。此后，任甲与任乙商定由请托人出三四十万元，任甲再次让张某

---

① 参见罗猛、蒋朝政：《居中联系又帮助转交财物是介绍贿赂吗》，载《检察日报》2010年1月5日。

某帮助办理，并称事成后给付张某某10万元，张某某未表示不同意。在与任甲商定后，任乙让杨某某通知杨甲办理4人户口进京需40万元。杨某某即通知杨甲需44万元，杨甲觉得把钱给杨某某风险较大，即未同意。2006年3月29日，杨某某以自己的房产作抵押保证能够办理，杨甲明知自己的妻子和子女不符合户口进京的条件，即同意花44万元办理其妻和3个子女的进京户口，并先期给付杨某某人民币4万元及10万元支票1张，当日杨甲即回原籍迁其妻和3个子女的户口。在将10万元支票兑现后，杨某某将人民币10万元及迁出证明等交给任乙，任乙又交给任甲。2006年4月6日上午，在任甲欲将人民币5万元交给张某某时，张某某表示让任甲先拿着，等事后再说，后张某某利用其担任户籍民警的职务之便，在未经任何审批的情况下，私自将安某某、杨乙、杨丙、杨丁的户口由山西省迁入北京市房山区青龙湖镇坨里村大街10号。2006年4月10日，在给杨甲之妻安某某办理了身份证并取得张某某办理的户口簿后，杨某某要求杨甲兑现承诺，杨甲又给付杨某某人民币5万元及25万元空头支票1张，并承诺在2006年5月10日前用25万元人民币换回这张支票。2006年4月12日中午，杨某某将人民币5万元和25万元空头支票交给任乙，任乙给付杨某某9900元。北京市公安局人口管理处经网上监测，发现房山分局青龙湖派出所于2006年4月6日9时54分补入1户4人户口（安某某、杨乙、杨丙、杨丁），入户地址为青龙湖坨里村大街，操作员为张某某，即于2006年4月11日通知房山分局人口处立即调查补入原因。2006年4月12日晚19时许，北京市公安局房山分局北潞园派出所接房山分局人口处布警后于当晚将被告人任甲、任乙、杨某某传唤到案，被告人张某某亦被北京市公安局房山分局纪律检查委员会禁闭。

北京市房山区人民法院经审理认为：被告人张某某作为国家工作人员，利用职务上的便利，非法收受他人财物，为他人谋取利益，其行为已构成受贿罪；被告人任甲、任乙、杨某某向国家工作人员介绍贿赂，情节严重，其行为已构成介绍贿赂罪；被告人杨甲为谋取不正当利益，给予国家工作人员以财物，其行为已构成行贿罪，依法均应惩处。被告人张某某由于意志以外的原因而受贿未得逞，是犯罪未遂，依法减轻处罚。被告人任甲曾因犯罪被处以刑罚而再次犯罪，酌予从重处罚。鉴于5被告人认罪态度较好，有一定悔罪表现，均酌予从轻处罚。根据被告人张某某、任甲、任乙、杨某某、杨甲犯罪的事实、犯罪的性质、情节以及对于社会的危害程度，判决：（1）被告人张某某犯受贿罪，判处有期徒刑3年，并处没收财产人民币5000元。（2）被告人任甲犯介绍贿赂罪，判处有期徒刑1年6个月。（3）被告人任乙犯介绍贿赂罪，判处有期徒刑1年。（4）被告人杨某某犯介绍贿赂罪，判处有期徒刑9个月。

（5）被告人杨甲犯行贿罪，判处有期徒刑6个月，缓刑1年。

【案例10－12】 重庆市新华书店集团公司（以下简称新华书店集团公司）为国有独资公司。2005年11月，被告人付某某被该公司聘任为集团公司审计部基建审计科副科长，负责对企业内部基本建设项目进行审计监督。按新华书店集团公司规定，内部工程未经审计不得支付工程尾款，不得办理财务结算。2004年3月，新华书店集团公司将“新华书店南坪二期集资房工程”发包给重庆路桥股份有限公司，由挂靠该公司的张某某个人承包施工，自负盈亏。张某某将其同学即被告人杨某聘任为项目部副经理，负责现场施工。2006年11月，上述工程完工后在上报新华书店集团公司审计部基建审计科审计期间，杨某在南坪工地上遇见付某某，向付某某提出希望审计快一点，审查不要太严，并可以此为由向张某某索要好处费。付某某当即表示接受，二人共谋先索要2万元，分给杨某0.7万元。随后，杨某向张某某提议向付某某行贿，以便审计快一点。张某某接受后与杨某商量向付某某行贿2万元。经杨某从中沟通，在“中天酒店”张某某付给付某某好处费2万元。付某某回家后在重庆工学院门口分给杨某0.7万元。2007年1月，审计工作快结束前，杨某按与付某某的共谋，传递付某某还要贿赂款13万元的信息给张某某。张某某为尽快办理结算，取得工程尾款，与付某某面谈，经杨某从中撮合，张某某同意再付13万元。1月8日，张某某与杨某一道在九龙坡区杨家坪“小青蛙酒吧”付给付某某好处费13万元。待张某某离开后，二被告人又回到上述酒吧，付某某按约定分给杨某3万元。2008年3月24、25日，付某某、杨某分别被抓获归案，付某某退出赃款人民币5.77万元；杨某退出赃款人民币3.7万元。重庆市渝中区人民检察院指控付某某、杨某犯受贿罪。重庆市渝中区人民法院一审认为：被告人付某某是国有公司中从事公务的人员，利用职务上的便利条件，收受他人人民币15万元，并为他人谋取利益，其行为已构成受贿罪。被告人杨某在主观上是利用张某某急于通过审计获得工程尾款，付某某具有审计职权又想获得好处的心理，促成贿赂行为实现后从中获得好处，客观上是在行贿人张某某和受贿的国家工作人员付某某之间进行联系、沟通，以牵线搭桥的方式促使行贿、受贿行为得以实现，符合介绍贿赂罪的构成要件。杨某向国家工作人员介绍贿赂，情节严重，其行为已构成介绍贿赂罪。付某某归案后，认罪态度较好，并退出部分赃款，但在庭审中翻供，拒不承认全部犯罪事实，只能适当酌情从轻处罚。杨某归案后，认罪态度较好，并已退出全部赃款，酌情从轻处罚。判决付某某犯受贿罪，判处有期徒刑12年；杨某犯介绍贿赂罪，判处有期徒刑1年6个月。

重庆市渝中区人民检察院抗诉提出：付某某、杨某的行为均已构成受贿罪，原判认定杨某的行为为介绍贿赂属定性错误；付某某、杨某通过杨某向张某某索要贿赂，均应从重处罚；原判对杨某定性错误导致对杨某量刑畸轻，付某某无法定从轻处罚情节，原判对付某某从轻处罚属量刑不当。付某某上诉提出，张某某此前曾暗示要给予其好处费，此次收受张某某贿赂也因杨某先提出犯罪意图后同意，属于被动受贿，其行为没有违反相关规定，也没有给单位造成经济损失，实际取得受贿款人民币 11.3 万元，案发后认罪态度好，已退出大部分赃款，请求从轻处罚。杨某辩称，张某某此前曾要求其和付某某保持沟通联系，并明确表示要给付某某好处费，其只是在付某某和张某某之间进行联系，为双方牵线搭桥，犯罪后已退出全部赃款，请求法院给予其重新做人的机会。其辩护人认为，杨某在行、受贿方均有行、受贿意图的情况下，在双方之间实施沟通、撮合，促成行、受贿行为完成，而非只与行、受贿一方联系，为一方出谋划策，杨某的行为符合介绍贿赂罪的客观构成要件。杨某从付某某处取得的人民币 3.7 万元，系杨某促成贿赂行为完成后从中获得的好处费。原判认定杨某的行为为介绍贿赂定性正确，建议维持原判。

重庆市第五中级人民法院二审认为：原审被告人杨某首先向上诉人付某某提出向行贿人张某某要好处费并表达张某某愿意给好处费的意思，尔后与付某某两次商量收张某某好处费的具体数额以及二人各自所得数额，随后又向张某某转达需要向付某某行贿的信息和具体数额，并假意与张某某商量，而张某某只知道自己是向付某某行贿，不知道杨某从付某某处分得部分行贿款。尽管杨某客观上与行、受贿双方都有沟通、联系，但其与受贿方付某某的沟通并不只是限于转达行贿人的意思，而是主动、积极为付某某出谋划策，帮助付某某完成受贿行为，从而从中分得好处费，该行为符合受贿罪共犯特征。杨某为付某某积极出谋划策、传达信息，帮助付某某利用职务上的便利完成受贿行为，并从中分得好处费人民币 3.7 万元，在共同受贿犯罪中起帮助作用，系从犯。付某某、杨某在二审期间均提出张某某此前就有行贿的意思表示，而张某某否认有向付某某行贿的意思表示。对于贿赂方式，上诉人、原审被告人与行贿人各执一端，但都不能提供其他证据印证。按照证据裁判“疑义有利于被告人”的原则，抗诉机关指控索贿情节证据不足，不予支持。根据杨某在共同受贿犯罪中的地位作用，以及犯罪情节、犯罪后的表现等，依法可对其减轻处罚。重庆市渝中区人民检察院抗诉认为杨某的行为构成受贿罪的理由成立，本院予以支持。重庆市渝中区人民检察院抗诉认为付某某、杨某通过杨某向张某某索要贿赂证据不足，该抗诉意见不能成立，本院不予支持。重庆市渝中区人民检察院抗诉及付某某上诉提出对付某某量刑不当的意见，本院认为，原判根据付某某的犯罪金额及犯罪情节，对其判处有期徒刑 12 年，量刑适当，故对该抗诉、上诉意见不予采纳。判决维持一审对付某某的定罪量刑，改判杨某犯受贿罪，判处有期徒刑1年6个月。

（四）介绍贿赂罪与斡旋受贿罪的界限

实践中，有的国家工作人员利用本人职权或者地位形成的便利条件，通过其他国家工作人员职务上的行为，为请托人谋取不正当利益，索取请托人财物或者收受请托人财物；同时，为促使请托人谋取不正当利益的顺利进行，该国家工作人员又在请托人和其他国家工作人员之间沟通关系、撮合条件，介绍请托人向其他国家工作人员行贿。对于上述情形，行为人既构成斡旋受贿罪，同时又构成介绍贿赂罪。有的学者认为，应当实行数罪并罚。① 也有的学者认为，应当按照受贿罪定罪并从重处罚。② 还有的学者认为，应当在介绍贿赂罪与受贿罪中，选择法定刑较重的罪名从一重罪定罪处罚。③ 笔者认为，行为人的介绍贿赂行为实际上从属于其受贿并为请托人谋取利益的行为，因此可以按照处理吸收犯的原则，以斡旋受贿罪追究行为人的刑事责任，没有必要对行为人实行数罪并罚。需要指出的是，如果行为人的受贿行为和介绍贿赂行为之间是相互独立的，并不是针对同一件事情，则就不存在主行为与从行为的吸收关系，应当对行为人实行数罪并罚。

【案例10－13】1994年至1998年间，被告人卢某利用担任海安县公路站站长、南通市公路处副处长及南通市交通局局长助理的职务便利，先后多次收受贿赂，合计人民币75.4万元。卢某不但自己受贿，还介绍包工头向淮阴市交通局高速公路建设指挥部刘某行贿人民币4万元。南通市崇川区人民法院一审判决：被告人卢某犯介绍贿赂罪，判处有期徒刑6个月；犯受贿罪，判处有期徒刑14年；合并执行有期徒刑14年，并处没收财产8万元，追缴赃款75.4万元，剥夺政治权利3年。④

【案例10－14】2006年9月至2009年3月期间，被告人邓某某利用担任

---

① 参见孙国祥著：《贪污贿赂犯罪疑难问题学理与判解》，中国检察出版社2003年版，第463页；张穹主编：《贪污贿赂渎职"侵权"犯罪案件立案标准精释》，中国检察出版社2000年版，第98页。

② 参见陈正云、文盛堂主编：《贪污贿赂犯罪认定与侦查实务》，中国检察出版社2002年版，第121页。

③ 参见赵秉志主编：《中国刑法案例与学理研究》（第六卷），法律出版社2004年版，第240页。

④ 参见淙川：《向介绍贿赂开刀 南通交通局原局长助理被判刑》，载《正义网》2001年10月15日。

湖南省乡镇企业局副局长、局长的职务便利，在给湖南省农业产业化龙头企业拨付贷款贴息资金过程中，向农业产业化龙头企业负责人索取财物1259365元，收受农业产业化龙头企业负责人所送财物5万元。此外，被告人邓某某还犯有介绍贿赂罪。2004年5月至2006年8月，何某某等人为承揽湖南省监狱管理局家属楼基建项目，通过他人请邓某某帮忙。期间，何某某等人为感谢被告人邓某某帮忙，先后3次送给邓某某117万元。被告人邓某某在被湖南省纪委“双规”期间，主动交待了湖南省纪委尚未掌握的受贿罪的事实。长沙市中级人民法院一审判决：被告人邓某某犯受贿罪，判处有期徒刑10年，并处没收财产50万元；犯介绍贿赂罪，判处有期徒刑2年；决定执行有期徒刑11年，并处没收财产50万元，追缴被告人邓某某犯罪赃款和非法所得2479365元。①

（五）介绍贿赂罪与诈骗罪的界限

根据刑法第266条的规定，诈骗罪，是指以非法占有为目的，用虚构事实或者隐瞒真相的方法，骗取公私财物，数额较大的行为。实践中，有的行为人假借介绍贿赂的名义，骗取行贿人的信任，将行贿人交与自己用于行贿的财物占为己有，而自己并没有实施介绍贿赂行为，数额较大的，应当以诈骗罪论处。有的行为人在介绍贿赂的过程中，由于国家工作人员拒绝收受贿赂，出于怕丢面子等原因，对行贿人谎称国家工作人员已经收受贿赂，然后将贿赂据为己有，数额较大的，也应当以诈骗罪论处。还有的行为人在介绍贿赂的过程中，将行贿人交与自己用于行贿的财物的一部分占为己有，其他部分用于行贿，而对行贿人隐瞒真相，谎称已经将全部财物用于行贿的，则行为人既有介绍贿赂的行为，也有非法骗取他人财物的行为，数额较大的，应当以介绍贿赂罪和诈骗罪数罪并罚。

【案例10－15】2000年3月，某村村民汪甲为办理乡村医生资格证四处找门路，其父汪乙找到被告人汪丙。汪丙在镇医院当主治医生，有一些关系，便答应帮忙，但他提出要拿点钱才能“摆平”。最后，汪丙从汪乙处拿到4500元“打点费”。之后，汪丙拿出2000元“打点”医院的某领导，剩下的2500元揣进了自己的腰包。同年6月，汪丙在为何某某介绍“关系”时，又以同样手段获得2500元。此外，汪丙在为其他人“帮忙”过程中，还多次向国家机关工作人员介绍贿赂共计人民币1.35万元。铜梁县人民检察院认为，汪丙

---

① 参见曾妍等：《湖南乡镇企业局原局长邓某某受贿一审领刑11年》，载《中国法院网》2010年8月23日。

的行为除涉嫌诈骗罪外，还涉嫌介绍贿赂罪，该院以此罪名对其起诉。铜梁县人民法院经审理，以介绍贿赂罪判处汪丙拘役3个月，缓刑5个月；以诈骗罪判处罚金3000元。两罪并罚，决定执行拘役3个月，缓刑5个月，罚金3000元。①

（六）介绍贿赂罪的既遂与未遂

介绍贿赂罪属于直接故意犯罪，从刑法理论上讲也存在既遂与未遂。实践中，行为人实施了介绍贿赂的行为，但由于某种原因，致使贿赂行为未能最后实现的，能否构成介绍贿赂罪，刑法学界有不同认识。有的学者认为，这种情况行为人不能构成介绍贿赂罪。② 也有的学者认为，只要行为人出于介绍贿赂的目的，实施向国家工作人员介绍贿赂的行为，不论行贿和受贿是否最终得以实现，情节严重的，均可构成介绍贿赂罪。③ 还有的学者认为，介绍贿赂罪应当以行贿人、受贿人之间最终达成受贿人接受贿赂并为行贿人谋取利益的约定为既遂标准。约定，是指行贿人与受贿人就接受贿赂达成的不法约定。只要约定形成，就应当认为是犯罪既遂。④

笔者认为，1999年最高人民检察院《关于人民检察院直接受理立案侦查案件立案标准的规定（试行）》指出，“介绍贿赂”是指在行贿人与受贿人之间沟通关系、撮合条件，使贿赂行为得以实现的行为。据此理解，如果行为人介绍的贿赂得以实现，则属于介绍贿赂既遂；如果由于行为人意志以外的原因导致其介绍的贿赂没有实现，则应属于介绍贿赂未遂。也就是说，介绍贿赂罪既遂与未遂的标准，应当以行为人介绍的贿赂是否得以实现为标准。

【案例10－16】 2003年5月，张某因夫妻长期两地分居，生活不便，急欲调往丈夫所在的某市工作，但因不符合某市人事调动的条件一直未能调成。张某经打听得知某市主管人事调动的是赵书记，便多次上门送钱送物，均被退回。李某（系张某丈夫的朋友）得知情况后，主动到张某家声称自己和赵书记关系密切，愿意帮忙。张某将3万元现金交给李某，让李某送给赵书记，并

---

① 参见沈义等：《重庆一医生因介绍贿赂被判刑》，载《正义网》2002年11月27日。

② 参见张穹主编：《贪污贿赂渎职“侵权”犯罪案件立案标准精释》，中国检察出版社2000年版，第93—94页。

③ 参见陈正云、文盛堂主编：《贪污贿赂犯罪认定与侦查实务》，中国检察出版社2002年版，第117页。

④ 参见林亚刚主编：《贪污贿赂罪疑难问题研究》，中国人民公安大学出版社2005年版，第239页。

言明工作调成之后，重谢李某。李某拿钱到赵书记家讲明来意，赵书记拒绝收受3万元现金，还告诉李某："张某的调动问题无法解决。"李某因夸下海口，怕失了面子，就将这3万元存入自己的账户，并告诉张某说赵书记已经收了现金，让她等等。后张某因工作未能调成，多次找李某询问，李某则一再推诿。案发时，李某仍未退款。此案如何处理，有四种意见：第一种意见认为，李某的行为构成介绍贿赂罪（未遂）和诈骗罪。第二种意见认为，李某的行为构成行贿罪（未遂）和诈骗罪。第三种意见认为，李某的行为构成介绍贿赂罪（未遂）和侵占罪。第四种意见认为，李某的行为构成行贿罪（未遂）和侵占罪。① 笔者赞同第一种意见。本案中，李某在张某给赵书记送钱送物均被退回后，声称自己和赵书记关系密切，就出面想促成这起贿赂行为得以实现，具有介绍贿赂的故意和行为。因赵书记拒绝，李某将这笔钱存入自己的账户，并向张某谎称赵书记已经收下了。这时候，李某就具有了非法占有这笔贿赂款的主观故意和行为，但由于李某并不存在张某向其索要贿赂款而其拒不退还的行为，因此并不符合侵占罪的构成要件，而是构成诈骗罪，应当和介绍贿赂罪（未遂）两罪并罚。

七、介绍贿赂罪的法定刑

根据刑法第392条的规定，犯介绍贿赂罪的，处3年以下有期徒刑或者拘役。介绍贿赂人在被追诉前主动交待介绍贿赂行为的，可以减轻处罚或者免除处罚。

介绍贿赂行为人在被追诉前，能够主动交待介绍贿赂行为，这实际上也是对行贿和受贿犯罪的检举揭发，因此，刑法规定对介绍贿赂人可以减轻处罚或者免除处罚。关于"被追诉前"的时间界定，刑法学界有不同认识。有的学者认为，"被追诉前"是指在检察机关立案侦查以前；也有的学者认为，"被追诉前"是指检察机关侦查终结移送审查起诉前；还有的学者认为，"被追诉前"是指在检察机关向法院提起公诉以前。笔者认为，检察机关对行为人立案侦查，就意味着启动了刑事诉讼程序，刑事追诉就已经开始，因此，"被追诉前"理解为在检察机关立案侦查以前较为适宜。

1999年3月4日最高人民法院、最高人民检察院《关于在办理受贿犯罪大要案的同时要严肃查处严重行贿犯罪分子的通知》指出：介绍贿赂人在被追诉后如实交待介绍贿赂行为的，也可以酌情从轻处罚。

---

① 参见苏云峰等：《中间人截留行贿款应如何定性》，载《检察日报》2004年3月28日。

【**案例 10－17**】2006 年 8 月，湖南省攸县某煤矿为扩界等事需要与镇政府、国土局、煤炭局、安监局等部门协调。在被告人罗某介绍下，该煤矿股东宁某认识了县国土局局长、煤炭局局长、安监局局长，然后分别送给三位局长各 10 万元干股（股权未实际转让）。三位局长收受干股后，为煤矿扩界之事大开绿灯。此后，三位局长因煤矿干股共得到 37000 元的分红。攸县人民法院经审理认为：被告人罗某向国家工作人员介绍贿赂，情节严重，其行为已构成介绍贿赂罪。由于涉案煤矿干股的股权未实际转让，受贿数额为其干股的分红数额，因此被告人罗某介绍贿赂的数额亦应以分红数额认定。根据被告人罗某的犯罪事实、性质、情节以及社会危害程度，以介绍贿赂罪判处被告人罗某免予刑事处罚。①

【**案例 10－18**】2008 年年初，张某某（另案处理）以他人名义在忠县体育馆附近开设“星象电玩”游戏厅。同年 3 月 30 日，忠县公安局刑警大队忠州中队接到群众举报称，该游戏厅聚众赌博。当晚，忠州中队对游戏厅进行了清查，次日，忠县公安局决定对该赌博案立案侦查。张某某为逃避法律追究，通过吕某某找到王某某和万州区公安局出租汽车治安管理办公室民警熊某某（二人均另案处理）帮忙。4 月 2 日，王某某、吕某某与被告人熊某某在忠县三峡风酒店通过商议，决定送 22 万元现金打点办案人员，并由吕通知张某某将此款送到酒店。当晚，被告人熊某某邀请张甲（时任忠县公安局政委，另案处理）来到其房间，请求张甲帮忙对张某某涉嫌赌博案从轻处理。张甲答应帮忙后，熊某某随即将 12 万元人民币送给张甲作为“打点”费用。次日，张甲主持研究张某某涉嫌赌博案，并决定将该案由刑事案件转为行政案件。重庆市第二中级人民法院经审理认为：被告人熊某某受朋友的委托，为使张某某的“星象电玩”游戏厅涉嫌赌博案件得到从轻处理，向国家工作人员介绍贿赂 12 万元，其行为已构成介绍贿赂罪，应受刑罚处罚。根据被告人熊某某的犯罪事实、性质、情节以及社会危害程度，判决被告人熊某某犯介绍贿赂罪，判处有期徒刑 1 年 6 个月。②

---

① 参见刘伟良等：《攸县一安监站站长为矿长搭桥介绍贿赂触刑》，载《中国法院网》2009 年 12 月 8 日。

② 参见赵华：《重庆万州区公安局一民警介绍贿赂获刑一年半》，载《中国法院网》2009 年 11 月 18 日。

主要法律法规

一、中华人民共和国刑法（节选）

（1979年7月1日第五届全国人民代表大会第二次会议通过，1997年3月14日第八届全国人民代表大会第五次会议修订；根据1999年12月25日《中华人民共和国刑法修正案》、2001年8月31日《中华人民共和国刑法修正案（二）》、2001年12月29日《中华人民共和国刑法修正案（三）》、2002年12月28日《中华人民共和国刑法修正案（四）》、2005年2月28日《中华人民共和国刑法修正案（五）》、2006年6月29日《中华人民共和国刑法修正案（六）》、2009年2月28日《中华人民共和国刑法修正案（七）》、2011年2月25日《中华人民共和国刑法修正案（八）》修正）

第三章　破坏社会主义市场经济秩序罪

第三节　妨害对公司、企业的管理秩序罪

第一百六十三条【非国家工作人员受贿罪】公司、企业或者其他单位的工作人员利用职务上的便利，索取他人财物或者非法收受他人财物，为他人谋取利益，数额较大的，处五年以下有期徒刑或者拘役；数额巨大的，处五年以上有期徒刑，可以并处没收财产。

公司、企业或者其他单位的工作人员在经济往来中，利用职务上的便利，违反国家规定，收受各种名义的回扣、手续费，归个人所有的，依照前款的规定处罚。

国有公司、企业或者其他国有单位中从事公务的人员和国有公司、企业或者其他国有单位委派到非国有公司、企业以及其他单位从事公务的人员有前两款行为的，依照本法第三百八十五条、第三百八十六条的规定定罪处罚。

第一百六十四条【对非国家工作人员行贿罪；对外国公职人员、国际公共组织官员行贿罪】为谋取不正当利益，给予公司、企业或者其他单位的工作人员以财物，数额较大的，处三年以下有期徒刑或者拘役；数额巨大的，处三年以上十年以下有期徒刑，并处罚金。

为谋取不正当商业利益，给予外国公职人员或者国际公共组织官员以财物的，依照前款的规定处罚。

单位犯前两款罪的，对单位判处罚金，并对其直接负责的主管人员和其他直接责任人员，依照第一款的规定处罚。

行贿人在被追诉前主动交待行贿行为的，可以减轻处罚或者免除处罚。

第八章　贪污贿赂罪

第三百八十三条【贪污罪的法定刑】对犯贪污罪的，根据情节轻重，分别依照下列规定处罚：

（一）个人贪污数额在十万元以上的，处十年以上有期徒刑或者无期徒刑，可以并处没收财产；情节特别严重的，处死刑，并处没收财产。

（二）个人贪污数额在五万元以上不满十万元的，处五年以上有期徒刑，可以并处没收财产；情节特别严重的，处无期徒刑，并处没收财产。

（三）个人贪污数额在五千元以上不满五万元的，处一年以上七年以下有期徒刑；情节严重的，处七年以上十年以下有期徒刑。个人贪污数额在五千元以上不满一万元，犯罪后有悔改表现、积极退赃的，可以减轻处罚或者免予刑事处罚，由其所在单位或者上级主管机关给予行政处分。

（四）个人贪污数额不满五千元，情节较重的，处二年以下有期徒刑或者拘役；情节较轻的，由其所在单位或者上级主管机关酌情给予行政处分。

对多次贪污未经处理的，按照累计贪污数额处罚。

第三百八十五条【受贿罪】国家工作人员利用职务上的便利，索取他人财物的，或者非法收受他人财物，为他人谋取利益的，是受贿罪。

国家工作人员在经济往来中，违反国家规定，收受各种名义的回扣、手续费，归个人所有的，以受贿论处。

第三百八十六条【受贿罪的法定刑】对犯受贿罪的，根据受贿所得数额及情节，依照本法第三百八十三条的规定处罚。索贿的从重处罚。

第三百八十七条【单位受贿罪】国家机关、国有公司、企业、事业单位、人民团体，索取、非法收受他人财物，为他人谋取利益，情节严重的，对单位判处罚金，并对其直接负责的主管人员和其他直接责任人员，处五年以下有期徒刑或者拘役。

前款所列单位，在经济往来中，在账外暗中收受各种名义的回扣、手续费的，以受贿论，依照前款的规定处罚。

第三百八十八条【受贿罪】国家工作人员利用本人职权或者地位形成的便利条件，通过其他国家工作人员职务上的行为，为请托人谋取不正当利益，索取请托人财物或者收受请托人财物的，以受贿论处。

第三百八十八条之一【利用影响力受贿罪】国家工作人员的近亲属或者其他与该国家工作人员关系密切的人，通过该国家工作人员职务上的行为，或者利用该国家工作人员职权或者地位形成的便利条件，通过其他国家工作人员职务上的行为，为请托人谋取不正当利益，索取请托人财物或者收受请托人财物，数额较大或者有其他较重情节的，处三年以下有期徒刑或者拘役，并处罚金；数额巨大或者有其他严重情节的，处三年以上七年以下有期徒刑，并处罚金；数额特别巨大或者有其他特别严重情节的，处七年以上有期徒刑，并处罚金或者没收财产。

离职的国家工作人员或者其近亲属以及其他与其关系密切的人，利用该离职的国家工作人员原职权或者地位形成的便利条件实施前款行为的，依照前款的规定定罪处罚。

第三百八十九条【行贿罪】为谋取不正当利益，给予国家工作人员以财物的，是行贿罪。

在经往来中，违反国家规定，给予国家工作人员以财物，数额较大的，或者违反国家规定，给予国家工作人员以各种名义的回扣、手续费的，以行贿论处。

因被勒索给予国家工作人员以财物，没有获得不正当利益的，不是行贿。

第三百九十条【行贿罪的法定刑】对犯行贿罪的，处五年以下有期徒刑或者拘役；因行贿谋取不正当利益，情节严重的，或者使国家利益遭受重大损失的，处五年以上十年以下有期徒刑；情节特别严重的，处十年以上有期徒刑或者无期徒刑，可以并处没收财产。

行贿人在被追诉前主动交待行贿行为的，可以减轻处罚或者免除处罚。

第三百九十一条【对单位行贿罪】为谋取不正当利益，给予国家机关、国有公司、企业、事业单位、人民团体以财物的，或者在经济往来中，违反国家规定，给予各种名义的回扣、手续费的，处三年以下有期徒刑或者拘役。

单位犯前款罪的，对单位判处罚金，并对其直接负责的主管人员和其他直接责任人员，依照前款的规定处罚。

第三百九十二条【介绍贿赂罪】向国家工作人员介绍贿赂，情节严重的，处三年以下有期徒刑或者拘役。

介绍贿赂人在被追诉前主动交待介绍贿赂行为的，可以减轻处罚或者免除处罚。

第三百九十三条【单位行贿罪】单位为谋取不正当利益而行贿，或者违反国家规定，给予国家工作人员以回扣、手续费，情节严重的，对单位判处罚金，并对其直接负责的主管人员和其他直接责任人员，处五年以下有期徒刑或者拘役。因行贿取得的违法所得归个人所有的，依照本法第三百八十九条、第三百九十条的规定定罪处罚。

二、贿赂案件立案追诉标准

最高人民检察院、公安部关于公安机关管辖的刑事案件立案追诉标准的规定（二）（节选）

（公通字〔2010〕23号　2010年5月7日印发施行）

第十条［非国家工作人员受贿案（刑法第一百六十三条）］公司、企业或者其他单位的工作人员利用职务上的便利，索取他人财物或者非法收受他人财物，为他人谋取利益，或者在经济往来中，利用职务上的便利，违反国家规定，收受各种名义的回扣、手续费，归个人所有，数额在五千元以上的，应予立案追诉。

第十一条［对非国家工作人员行贿案（刑法第一百六十四条）］为谋取不正当利益，给予公司、企业或者其他单位的工作人员以财物，个人行贿数额在一万元以上的，单位行贿数额在二十万元以上的，应予立案追诉。

最高人民检察院、公安部关于公安机关管辖的刑事案件立案追诉标准的规定（二）的补充规定（节选）

（公通字〔2011〕47号　2011年11月14日印发施行）

一、在《最高人民检察院公安部关于公安机关管辖的刑事案件立案追诉标准的规定（二）》（以下简称《立案追诉标准（二）》）中增加第十一条之一：［对外国公职人员、国际公共组织官员行贿案（刑法第一百六十四条第二款）］

为谋取不正当商业利益，给予外国公职人员或者国际公共组织官员以财物，个人行贿数额在一万元以上的，单位行贿数额在二十万元以上的，应予立案追诉。

最高人民检察院《关于人民检察院直接受理立案侦查案件立案标准的规定（试行)》(节选)

（高检发释字1999－2号　1999年9月16日公布施行）

根据《中华人民共和国刑法》、《中华人民共和国刑事诉讼法》和其他法律的有关规定，对人民检察院直接受理立案侦查案件的立案标准规定如下：

一、贪污贿赂犯罪案件

（三）受贿案（第385条、第386条、第388条、第163条第3款、第184条第2款）

受贿罪是指国家工作人员利用职务上的便利，索取他人财物的，或者非法收受他人财物，为他人谋取利益的行为。

“利用职务上的便利”，是指利用本人职务范围内的权力，即自己职务上主管、负责或者承办某项公共事务的职权及其所形成的便利条件。

索取他人财物的，不论是否“为他人谋取利益”，均可构成受贿罪。非法收受他人财物的，必须同时具备“为他人谋取利益”的条件，才能构成受贿罪。但是为他人谋取的利益是否正当，为他人谋取的利益是否实现，不影响受贿罪的认定。

国家工作人员在经济往来中，违反国家规定，收受各种名义的回扣、手续费，归个人所有的，以受贿罪追究刑事责任。

国有公司、企业中从事公务的人员和国有公司、企业委派到非国有公司、企业从事公务的人员利用职务上的便利，索取他人财物或者非法收受他人财物，为他人谋取利益，或者在经济往来中，违反国家规定，收受各种名义的回扣、手续费，归个人所有的，以受贿罪追究刑事责任。

国有金融机构工作人员和国有金融机构委派到非国有金融机构从事公务的人员在金融业务活动中索取他人财物或者非法收受他人财物，为他人谋取利益的，或者违反国家规定，收受各种名义的回扣、手续费归个人所有的，以受贿罪追究刑事责任。

国家工作人员利用本人职权或者地位形成的便利条件，通过其他国家工作人员职务上的行为，为请托人谋取不正当利益，索取请托人财物或者收受请托人财物的，以受贿罪追究刑事责任。

涉嫌下列情形之一的，应予立案：

1. 个人受贿数额在5千元以上的；

2. 个人受贿数额不满5千元，但具有下列情形之一的：

(1) 因受贿行为而使国家或者社会利益遭受重大损失的；

(2) 故意刁难、要挟有关单位、个人，造成恶劣影响的；

(3) 强行索取财物的。

(四) 单位受贿案（第387条）

单位受贿罪是指国家机关、国有公司、企业、事业单位、人民团体，索取、非法收受他人财物，为他人谋取利益，情节严重的行为。

索取他人财物或者非法收受他人财物，必须同时具备为他人谋取利益的条件，且是情节严重的行为，才能构成单位受贿罪。

国家机关、国有公司、企业、事业单位、人民团体，在经济往来中，在账外暗中收受各种名义的回扣、手续费的，以单位受贿罪追究刑事责任。

涉嫌下列情形之一的，应予立案：

1. 单位受贿数额在10万元以上的；

2. 单位受贿数额不满10万元，但具有下列情形之一的：

(1) 故意刁难、要挟有关单位、个人，造成恶劣影响的；

(2) 强行索取财物的；

(3) 致使国家或者社会利益遭受重大损失的。

(五) 行贿案（第389条、第390条）

行贿罪是指为谋取不正当利益，给予国家工作人员以财物的行为。

在经济往来中，违反国家规定，给予国家工作人员以财物，数额较大的，或者违反国家规定，给予国家工作人员以各种名义的回扣、手续费的，以行贿罪追究刑事责任。

涉嫌下列情形之一的，应予立案：

1. 行贿数额在1万元以上的；

2. 行贿数额不满1万元，但具有下列情形之一的：

(1) 为谋取非法利益而行贿的；

(2) 向三人以上行贿的；

(3) 向党政领导、司法工作人员、行政执法人员行贿的；

(4) 致使国家或者社会利益遭受重大损失的。

因被勒索给予国家工作人员以财物，已获得不正当利益的，以行贿罪追究刑事责任。

（六）对单位行贿案（第 391 条）

对单位行贿罪是指为谋取不正当利益，给予国家机关、国有公司、企业、事业单位、人民团体以财物，或者在经济往来中，违反国家规定，给予上述单位各种名义的回扣、手续费的行为。

涉嫌下列情形之一的，应予立案：

1. 个人行贿数额在 10 万元以上、单位行贿数额在 20 万元以上的；

2. 个人行贿数额不满 10 万元、单位行贿数额在 10 万元以上不满 20 万元，但具有下列情形之一的：

（1）为谋取非法利益而行贿的；

（2）向三个以上单位行贿的；

（3）向党政机关、司法机关、行政执法机关行贿的；

（4）致使国家或者社会利益遭受重大损失的。

（七）介绍贿赂案（第 392 条）

介绍贿赂罪是指向国家工作人员介绍贿赂，情节严重的行为。

“介绍贿赂”是指在行贿人与受贿人之间沟通关系、撮合条件，使贿赂行为得以实现的行为。

涉嫌下列情形之一的，应予立案：

1. 介绍个人向国家工作人员行贿，数额在 2 万元以上的；介绍单位向国家工作人员行贿，数额在 20 万元以上的；

2. 介绍贿赂数额不满上述标准，但具有下列情形之一的：

（1）为使行贿人获取非法利益而介绍贿赂的；

（2）三次以上或者为三人以上介绍贿赂的；

（3）向党政领导、司法工作人员、行政执法人员介绍贿赂的；

（4）致使国家或者社会利益遭受重大损失的。

（八）单位行贿案（第 393 条）

单位行贿罪是指公司、企业、事业单位、机关、团体为谋取不正当利益而行贿，或者违反国家规定，给予国家工作人员以回扣、手续费，情节严重的行为。

涉嫌下列情形之一的，应予立案：

1. 单位行贿数额在 20 万元以上的；

2. 单位为谋取不正当利益而行贿，数额在 10 万元以上不满 20 万元，但具有下列情形之一的：

（1）为谋取非法利益而行贿的；

（2）向三人以上行贿的；

（3）向党政领导、司法工作人员、行政执法人员行贿的；

(4) 致使国家或者社会利益遭受重大损失的。

因行贿取得的违法所得归个人所有的，依照本规定关于个人行贿的规定立案，追究其刑事责任。

四、附则

(一) 本规定中每个罪案名称后所注明的法律条款系《中华人民共和国刑法》的有关条款。

(二) 本规定中有关犯罪数额“不满”，是指接近该数额且已达到该数额的百分之八十以上。

(五) 本规定中有关贿赂罪案中的“谋取不正当利益”，是指谋取违反法律、法规、国家政策和国务院各部门规章规定的利益，以及谋取违反法律、法规、国家政策和国务院各部门规章规定的帮助或者方便条件。

(七) 本规定自公布之日起施行。本规定发布前有关人民检察院直接受理立案侦查案件的立案标准，与本规定有重复或者不一致的，适用本规定。

三、最高人民法院、最高人民检察院关于办理受贿刑事案件适用法律若干问题的意见

(法发〔2007〕22 号　2007 年 7 月 8 日印发施行)

为依法惩治受贿犯罪活动，根据刑法有关规定，现就办理受贿刑事案件具体适用法律若干问题，提出以下意见：

一、关于以交易形式收受贿赂问题

国家工作人员利用职务上的便利为请托人谋取利益，以下列交易形式收受请托人财物的，以受贿论处：

(1) 以明显低于市场的价格向请托人购买房屋、汽车等物品的；

(2) 以明显高于市场的价格向请托人出售房屋、汽车等物品的；

(3) 以其他交易形式非法收受请托人财物的。

受贿数额按照交易时当地市场价格与实际支付价格的差额计算。

前款所列市场价格包括商品经营者事先设定的不针对特定人的最低优惠价格。根据商品经营者事先设定的各种优惠交易条件，以优惠价格购买商品的，不属于受贿。

二、关于收受干股问题

干股是指未出资而获得的股份。国家工作人员利用职务上的便利为请托人谋取利益，收受请托人提供的干股的，以受贿论处。进行了股权转让登记，或

者相关证据证明股份发生了实际转让的，受贿数额按转让行为时股份价值计算，所分红利按受贿孳息处理。股份未实际转让，以股份分红名义获取利益的，实际获利数额应当认定为受贿数额。

三、关于以开办公司等合作投资名义收受贿赂问题

国家工作人员利用职务上的便利为请托人谋取利益，由请托人出资，“合作”开办公司或者进行其他“合作”投资的，以受贿论处。受贿数额为请托人给国家工作人员的出资额。

国家工作人员利用职务上的便利为请托人谋取利益，以合作开办公司或者其他合作投资的名义获取“利润”，没有实际出资和参与管理、经营的，以受贿论处。

四、关于以委托请托人投资证券、期货或者其他委托理财的名义收受贿赂问题

国家工作人员利用职务上的便利为请托人谋取利益，以委托请托人投资证券、期货或者其他委托理财的名义，未实际出资而获取“收益”，或者虽然实际出资，但获取“收益”明显高于出资应得收益的，以受贿论处。受贿数额，前一情形，以“收益”额计算；后一情形，以“收益”额与出资应得收益额的差额计算。

五、关于以赌博形式收受贿赂的认定问题

根据《最高人民法院、最高人民检察院关于办理赌博刑事案件具体应用法律若干问题的解释》第七条规定，国家工作人员利用职务上的便利为请托人谋取利益，通过赌博方式收受请托人财物的，构成受贿。

实践中应注意区分贿赂与赌博活动、娱乐活动的界限。具体认定时，主要应当结合以下因素进行判断：（1）赌博的背景、场合、时间、次数；（2）赌资来源；（3）其他赌博参与者有无事先通谋；（4）输赢钱物的具体情况和金额大小。

六、关于特定关系人“挂名”领取薪酬问题

国家工作人员利用职务上的便利为请托人谋取利益，要求或者接受请托人以给特定关系人安排工作为名，使特定关系人不实际工作却获取所谓薪酬的，以受贿论处。

七、关于由特定关系人收受贿赂问题

国家工作人员利用职务上的便利为请托人谋取利益，授意请托人以本意见所列形式，将有关财物给予特定关系人的，以受贿论处。

特定关系人与国家工作人员通谋，共同实施前款行为的，对特定关系人以受贿罪的共犯论处。特定关系人以外的其他人与国家工作人员通谋，由国家工作人员利用职务上的便利为请托人谋取利益，收受请托人财物后双方共同占有的，以受贿罪的共犯论处。

八、关于收受贿赂物品未办理权属变更问题

国家工作人员利用职务上的便利为请托人谋取利益，收受请托人房屋、汽车等物品，未变更权属登记或者借用他人名义办理权属变更登记的，不影响受贿的认定。

认定以房屋、汽车等物品为对象的受贿，应注意与借用的区分。具体认定时，除双方交代或者书面协议之外，主要应当结合以下因素进行判断：(1) 有无借用的合理事由；(2) 是否实际使用；(3) 借用时间的长短；(4) 有无归还的条件；(5) 有无归还的意思表示及行为。

九、关于收受财物后退还或者上交问题

国家工作人员收受请托人财物后及时退还或者上交的，不是受贿。

国家工作人员受贿后，因自身或者与其受贿有关联的人、事被查处，为掩饰犯罪而退还或者上交的，不影响认定受贿罪。

十、关于在职时为请托人谋利，离职后收受财物问题

国家工作人员利用职务上的便利为请托人谋取利益之前或者之后，约定在其离职后收受请托人财物，并在离职后收受的，以受贿论处。

国家工作人员利用职务上的便利为请托人谋取利益，离职前后连续收受请托人财物的，离职前后收受部分均应计入受贿数额。

十一、关于“特定关系人”的范围

本意见所称“特定关系人”，是指与国家工作人员有近亲属、情妇（夫）以及其他共同利益关系的人。

十二、关于正确贯彻宽严相济刑事政策的问题

依照本意见办理受贿刑事案件，要根据刑法关于受贿罪的有关规定和受贿罪权钱交易的本质特征，准确区分罪与非罪、此罪与彼罪的界限，惩处少数，教育多数。在从严惩处受贿犯罪的同时，对于具有自首、立功等情节的，依法从轻、减轻或者免除处罚。

四、最高人民法院、最高人民检察院关于办理商业贿赂刑事案件适用法律若干问题的意见

（法发〔2008〕33号 2008年11月20日）

为依法惩治商业贿赂犯罪，根据刑法有关规定，结合办案工作实际，现就

办理商业贿赂刑事案件适用法律的若干问题，提出如下意见：

一、商业贿赂犯罪涉及刑法规定的以下八种罪名：(1) 非国家工作人员受贿罪（刑法第一百六十三条）；(2) 对非国家工作人员行贿罪（刑法第一百六十四条）；(3) 受贿罪（刑法第三百八十五条）；(4) 单位受贿罪（刑法第三百八十七条）；(5) 行贿罪（刑法第三百八十九条）；(6) 对单位行贿罪（刑法第三百九十一条）；(7) 介绍贿赂罪（刑法第三百九十二条）；(8) 单位行贿罪（刑法第三百九十三条）。

二、刑法第一百六十三条、第一百六十四条规定的“其他单位”，既包括事业单位、社会团体、村民委员会、居民委员会、村民小组等常设性的组织，也包括为组织体育赛事、文艺演出或者其他正当活动而成立的组委会、筹委会、工程承包队等非常设性的组织。

三、刑法第一百六十三条、第一百六十四条规定的“公司、企业或者其他单位的工作人员”，包括国有公司、企业以及其他国有单位中的非国家工作人员。

四、医疗机构中的国家工作人员，在药品、医疗器械、医用卫生材料等医药产品采购活动中，利用职务上的便利，索取销售方财物，或者非法收受销售方财物，为销售方谋取利益，构成犯罪的，依照刑法第三百八十五条的规定，以受贿罪定罪处罚。

医疗机构中的非国家工作人员，有前款行为，数额较大的，依照刑法第一百六十三条的规定，以非国家工作人员受贿罪定罪处罚。

医疗机构中的医务人员，利用开处方的职务便利，以各种名义非法收受药品、医疗器械、医用卫生材料等医药产品销售方财物，为医药产品销售方谋取利益，数额较大的，依照刑法第一百六十三条的规定，以非国家工作人员受贿罪定罪处罚。

五、学校及其他教育机构中的国家工作人员，在教材、教具、校服或者其他物品的采购等活动中，利用职务上的便利，索取销售方财物，或者非法收受销售方财物，为销售方谋取利益，构成犯罪的，依照刑法第三百八十五条的规定，以受贿罪定罪处罚。

学校及其他教育机构中的非国家工作人员，有前款行为，数额较大的，依照刑法第一百六十三条的规定，以非国家工作人员受贿罪定罪处罚。

学校及其他教育机构中的教师，利用教学活动的职务便利，以各种名义非法收受教材、教具、校服或者其他物品销售方财物，为教材、教具、校服或者其他物品销售方谋取利益，数额较大的，依照刑法第一百六十三条的规定，以非国家工作人员受贿罪定罪处罚。

六、依法组建的评标委员会、竞争性谈判采购中谈判小组、询价采购中询价小组的组成人员，在招标、政府采购等事项的评标或者采购活动中，索取他人财物或者非法收受他人财物，为他人谋取利益，数额较大的，依照刑法第一百六十三条的规定，以非国家工作人员受贿罪定罪处罚。

依法组建的评标委员会、竞争性谈判采购中谈判小组、询价采购中询价小组中国家机关或者其他国有单位的代表有前款行为的，依照刑法第三百八十五条的规定，以受贿罪定罪处罚。

七、商业贿赂中的财物，既包括金钱和实物，也包括可以用金钱计算数额的财产性利益，如提供房屋装修、含有金额的会员卡、代币卡（券）、旅游费用等。具体数额以实际支付的资费为准。

八、收受银行卡的，不论受贿人是否实际取出或者消费，卡内的存款数额一般应全额认定为受贿数额。使用银行卡透支的，如果由给予银行卡的一方承担还款责任，透支数额也应当认定为受贿数额。

九、在行贿犯罪中，“谋取不正当利益”，是指行贿人谋取违反法律、法规、规章或者政策规定的利益，或者要求对方违反法律、法规、规章、政策、行业规范的规定提供帮助或者方便条件。

在招标投标、政府采购等商业活动中，违背公平原则，给予相关人员财物以谋取竞争优势的，属于“谋取不正当利益”。

十、办理商业贿赂犯罪案件，要注意区分贿赂与馈赠的界限。主要应当结合以下因素全面分析、综合判断：（1）发生财物往来的背景，如双方是否存在亲友关系及历史上交往的情形和程度；（2）往来财物的价值；（3）财物往来的缘由、时机和方式，提供财物方对于接受方有无职务上的请托；（4）接受方是否利用职务上的便利为提供方谋取利益。

十一、非国家工作人员与国家工作人员通谋，共同收受他人财物，构成共同犯罪的，根据双方利用职务便利的具体情形分别定罪追究刑事责任：

（1）利用国家工作人员的职务便利为他人谋取利益的，以受贿罪追究刑事责任。

（2）利用非国家工作人员的职务便利为他人谋取利益的，以非国家工作人员受贿罪追究刑事责任。

（3）分别利用各自的职务便利为他人谋取利益的，按照主犯的犯罪性质追究刑事责任，不能分清主从犯的，可以受贿罪追究刑事责任。

五、最高人民法院、最高人民检察院关于办理职务犯罪案件认定自首、立功等量刑情节若干问题的意见

（法发〔2009〕13号 2009年3月12日印发施行）

为依法惩处贪污贿赂、渎职等职务犯罪，根据刑法和相关司法解释的规定，结合办案工作实际，现就办理职务犯罪案件有关自首、立功等量刑情节的认定和处理问题，提出如下意见：

一、关于自首的认定和处理

根据刑法第六十七条第一款的规定，成立自首需同时具备自动投案和如实供述自己的罪行两个要件。犯罪事实或者犯罪分子未被办案机关掌握，或者虽被掌握，但犯罪分子尚未受到调查谈话、讯问，或者未被宣布采取调查措施或者强制措施时，向办案机关投案的，是自动投案。在此期间如实交代自己的主要犯罪事实的，应当认定为自首。

犯罪分子向所在单位等办案机关以外的单位、组织或者有关负责人员投案的，应当视为自动投案。

没有自动投案，在办案机关调查谈话、讯问、采取调查措施或者强制措施期间，犯罪分子如实交代办案机关掌握的线索所针对的事实的，不能认定为自首。

没有自动投案，但具有以下情形之一的，以自首论：（1）犯罪分子如实交代办案机关未掌握的罪行，与办案机关已掌握的罪行属不同种罪行的；（2）办案机关所掌握线索针对的犯罪事实不成立，在此范围外犯罪分子交代同种罪行的。

单位犯罪案件中，单位集体决定或者单位负责人决定而自动投案，如实交代单位犯罪事实的，或者单位直接负责的主管人员自动投案，如实交代单位犯罪事实的，应当认定为单位自首。单位自首的，直接负责的主管人员和直接责任人员未自动投案，但如实交代自己知道的犯罪事实的，可以视为自首；拒不交代自己知道的犯罪事实或者逃避法律追究的，不应当认定为自首。单位没有自首，直接责任人员自动投案并如实交代自己知道的犯罪事实的，对该直接责任人员应当认定为自首。

对于具有自首情节的犯罪分子，办案机关移送案件时应当予以说明并移交相关证据材料。

对于具有自首情节的犯罪分子，应当根据犯罪的事实、性质、情节和对于

社会的危害程度，结合自动投案的动机、阶段、客观环境，交代犯罪事实的完整性、稳定性以及悔罪表现等具体情节，依法决定是否从轻、减轻或者免除处罚以及从轻、减轻处罚的幅度。

二、关于立功的认定和处理

立功必须是犯罪分子本人实施的行为。为使犯罪分子得到从轻处理，犯罪分子的亲友直接向有关机关揭发他人犯罪行为，提供侦破其他案件的重要线索，或者协助司法机关抓捕其他犯罪嫌疑人的，不应当认定为犯罪分子的立功表现。

据以立功的他人罪行材料应当指明具体犯罪事实；据以立功的线索或者协助行为对于侦破案件或者抓捕犯罪嫌疑人要有实际作用。犯罪分子揭发他人犯罪行为时没有指明具体犯罪事实的；揭发的犯罪事实与查实的犯罪事实不具有关联性的；提供的线索或者协助行为对于其他案件的侦破或者其他犯罪嫌疑人的抓捕不具有实际作用的，不能认定为立功表现。

犯罪分子揭发他人犯罪行为，提供侦破其他案件重要线索的，必须经查证属实，才能认定为立功。审查是否构成立功，不仅要审查办案机关的说明材料，还要审查有关事实和证据以及与案件定性处罚相关的法律文书，如立案决定书、逮捕决定书、侦查终结报告、起诉意见书、起诉书或者判决书等。

据以立功的线索、材料来源有下列情形之一的，不能认定为立功：(1) 本人通过非法手段或者非法途径获取的；(2) 本人因原担任的查禁犯罪等职务获取的；(3) 他人违反监管规定向犯罪分子提供的；(4) 负有查禁犯罪活动职责的国家机关工作人员或者其他国家工作人员利用职务便利提供的。

犯罪分子检举、揭发的他人犯罪，提供侦破其他案件的重要线索，阻止他人的犯罪活动，或者协助司法机关抓捕的其他犯罪嫌疑人，犯罪嫌疑人、被告人依法可能被判处无期徒刑以上刑罚的，应当认定为有重大立功表现。其中，可能被判处无期徒刑以上刑罚，是指根据犯罪行为的事实、情节可能判处无期徒刑以上刑罚。案件已经判决的，以实际判处的刑罚为准。但是，根据犯罪行为的事实、情节应当判处无期徒刑以上刑罚，因被判刑人有法定情节经依法从轻、减轻处罚后判处有期徒刑的，应当认定为重大立功。

对于具有立功情节的犯罪分子，应当根据犯罪的事实、性质、情节和对于社会的危害程度，结合立功表现所起作用的大小、所破获案件的罪行轻重、所抓获犯罪嫌疑人可能判处的法定刑以及立功的时机等具体情节，依法决定是否从轻、减轻或者免除处罚以及从轻、减轻处罚的幅度。

三、关于如实交代犯罪事实的认定和处理

犯罪分子依法不成立自首，但如实交代犯罪事实，有下列情形之一的，可以酌情从轻处罚：（1）办案机关掌握部分犯罪事实，犯罪分子交代了同种其他犯罪事实的；（2）办案机关掌握的证据不充分，犯罪分子如实交代有助于收集定案证据的。

犯罪分子如实交代犯罪事实，有下列情形之一的，一般应当从轻处罚：（1）办案机关仅掌握小部分犯罪事实，犯罪分子交代了大部分未被掌握的同种犯罪事实的；（2）如实交代对于定案证据的收集有重要作用的。

四、关于赃款赃物追缴等情形的处理

贪污案件中赃款赃物全部或者大部分追缴的，一般应当考虑从轻处罚。

受贿案件中赃款赃物全部或者大部分追缴的，视具体情况可以酌定从轻处罚。

犯罪分子及其亲友主动退赃或者在办案机关追缴赃款赃物过程中积极配合的，在量刑时应当与办案机关查办案件过程中依职权追缴赃款赃物的有所区别。

职务犯罪案件立案后，犯罪分子及其亲友自行挽回的经济损失，司法机关或者犯罪分子所在单位及其上级主管部门挽回的经济损失，或者因客观原因减少的经济损失，不予扣减，但可以作为酌情从轻处罚的情节。

主要参考书目

1. 高铭暄、马克昌主编：《刑法学》（下编），中国法制出版社 1999 年版。

2. 高铭暄、马克昌主编：《刑法学》（第五版），北京大学出版社、高等教育出版社 2011 年版。

3. 高铭暄主编：《刑法专论》（下编），高等教育出版社 2002 年版。

4. 王作富主编：《刑法》，中国人民大学出版社 1999 年版。

5. 王作富主编：《刑法分则实务研究》（下），中国方正出版社 2010 年版。

6. 赵秉志主编：《刑法新教程》，中国人民大学出版社 2001 年版。

7. 苏惠渔主编：《刑法学》，中国政法大学出版社 1999 年版。

8. 何秉松主编：《刑法教科书》（下卷），中国法制出版社 2000 年版。

9. 张明楷著：《刑法学》（下），法律出版社 1997 年版。

10. 侯国云主编：《中国刑法学》，中国检察出版社 2003 年版。

11. 康树华、杨征主编：《新刑法教程》，中国民主法制出版社 1997 年版。

12. 赵秉志主编：《刑法争议问题研究（刑法各论）》（下卷），河南人民出版社 1996 年版。

13. 高格著：《定罪与量刑（下卷）》，中国方正出版社 1999 年版。

14. 胡康生、李福成主编：《中华人民共和国刑法释义》，法律出版社 1997 年版。

15. 周道鸾等主编：《刑法的修改与适用》，人民法院出版社 1997 年版。

16. 单民、刘方主编：《刑事司法疑难问题解答（刑法适用部分）》，中国检察出版社 2002 年版。

17. 张穹主编：《新刑法罪与非罪此罪与彼罪的界限》，中国检察出版社 1998 年版。

18. 赵秉志主编：《贪污贿赂及相关犯罪认定处理》，中国方正出版社 1999 年版。

19. 孙国祥著：《贪污贿赂犯罪疑难问题学理与判解》，中国检察出版社

2003 年版。

20. 刘生荣等著：《贪污贿赂罪》，中国人民公安大学出版社 2003 年版。

21. 张穹主编：《贪污贿赂渎职“侵权”犯罪案件立案标准精释》，中国检察出版社 2000 年版。

22. 陈正云、文盛堂主编：《贪污贿赂犯罪认定与侦查实务》，中国检察出版社 2002 年版。

23. 肖中华著：《贪污贿赂罪疑难解析》，上海人民出版社 2006 年版。

24. 张建南主编：《贪污贿赂罪案的侦查方法与法律适用》，中国检察出版社 2002 年版。

25. 孟庆华著：《贪污贿赂罪重点疑点难点问题判解研究》，人民法院出版社 2005 年版。

26. 赵建平著：《贪污贿赂犯罪界限与定罪量刑研究》，中国方正出版社 2000 年版。

27. 林亚刚主编：《贪污贿赂罪疑难问题研究》，中国人民公安大学出版社 2005 年版。

28. 李希慧主编：《贪污贿赂罪研究》，知识产权出版社 2004 年版。

29. 李文燕主编：《贪污贿赂犯罪证据调查与运用》，中国人民公安大学出版社 2002 年版。

30. 熊选国、任卫华主编：《刑法罪名适用指南——贪污贿赂罪》，中国人民公安大学出版社 2007 年版。

31. 王季君主编：《贪污贿赂罪 · 渎职罪》，法律出版社 1999 年版。

32. 杨兴国著：《贪污贿赂罪法律与司法解释应用问题解疑》，中国检察出版社 2002 年版。

33. 孙谦主编：《国家工作人员职务犯罪研究》，法律出版社 1998 年版。

34. 隋光伟著：《职务犯罪与刑法实务》，中国检察出版社 2005 年版。

35. 刘生荣、但伟著：《腐败七罪刑法精要》，中国方正出版社 2001 年版。

36. 肖扬主编：《贿赂犯罪研究》，法律出版社 1994 年版。

37. 王俊平、李山河著：《受贿罪研究》，人民法院出版社 2002 年版。

38. 肖介清著：《受贿罪的定罪与量刑》，人民法院出版社 2000 年版。

39. 李伟迪著：《国家工作人员与亲属共同受贿犯罪的理论与实务》，中国方正出版社 2003 年版。

40. 高铭暄主编：《刑法学案例选编》，中国人民大学出版社 1990 年版。

41. 韩玉胜主编：《刑法各论案例分析》，中国人民大学出版社 2000 年版。

42. 韩玉胜主编：《刑法学原理与案例教程》，中国人民大学出版社 2006

年版。

43. 赵秉志主编：《中国刑法案例与学理研究》（第六卷），法律出版社 2004 年版。

44. 于志刚主编：《案例刑法学（各论）》，中国法制出版社 2010 年版。

45. 张建南主编：《贪污贿赂犯罪疑难实例精解》，中国检察出版社 2003 年版。

46. 祝铭山主编：《典型案例与法律适用——受贿罪》，中国法制出版社 2004 年版。

47. 张耕主编：《刑事案例诉辩审评——受贿罪》，中国检察出版社 2005 年版。

48. 毕志强等编著：《受贿罪定罪量刑案例评析》，中国民主法制出版社 2003 年版。

49. 阮齐林编著：《刑法总则案例教程》，中国政法大学出版社 1999 年版。

50. 刘亚平编著：《刑法分则案例教程》，中国政法大学出版社 1999 年版。

51. 薛瑞麟主编：《刑法教学案例》，中国政法大学出版社 1999 年版。

52. 最高人民法院刑事审判第一、二、三、四、五庭主办：《中国刑事审判指导案例》（5），法律出版社 2009 年版。

后　记

当今时代，贿赂犯罪已经成为各国政府面临的共同问题，2003 年联合国大会全体会议还审议通过了《联合国反腐败公约》。新中国成立后，1952 年中央人民政府公布了《惩治贪污条例》，其中就规定了贿赂犯罪。改革开放以来，随着党和政府反腐败斗争的逐步深入，惩治贿赂犯罪的法网也越织越密。1979 年刑法规定了受贿罪、行贿罪和介绍贿赂罪，1988 年全国人大常委会《关于惩治贪污罪贿赂罪的补充规定》增设了单位受贿罪、单位行贿罪，1995 年全国人大常委会《关于惩治违反公司法的犯罪的决定》增设了公司、企业人员受贿罪，1997 年刑法增设了对公司、企业人员行贿罪和对单位行贿罪，2006 年《刑法修正案（六）》将公司、企业人员受贿罪和对公司、企业人员行贿罪修改为非国家工作人员受贿罪和对非国家工作人员行贿罪，2009 年《刑法修正案（七）》增设了利用影响力受贿罪，2011 年《刑法修正案（八）》增设了对外国公职人员、国际公共组织官员行贿罪。同时，最高人民法院、最高人民检察院还先后制定了多个有关贿赂犯罪的司法解释、会议纪要等。

我们在工作中办理过许多贿赂犯罪案件，也经常参加重大、疑难、复杂案件的研讨，因此对有关贿赂犯罪的法律法规、司法解释有了较多的关注，在适用的过程中也有了较多的思考。我们认为，一些案件之所以疑难，虽然个别情况下是由于法律法规、司法解释缺位甚至相互矛盾造成的，但多数情况下还是由于一些办案人员对有关法律法规、司法解释的不理解甚至不知晓导致取证不到位或者偏差造成的。鉴于上述情况，我们对有关贿赂犯罪的法律法规、司法解释进行了认真梳理，结合实践中有关贿赂犯罪的诸多争议，就刑法分则第三章和第八章规定的十个贿赂犯罪进行了深入研究。每个罪名首先介绍新中国成立以来的立法沿革和概念，以便读者对这个罪名有个初步认识。接下来分别从犯罪构成的四个要件，即客体、客观方面、主体、主观方面分别进行论证，深入剖析实践中存在的问题，对不同观点进行比较研究，提出自己的见解。再接下来分别就每个犯罪的罪与非罪、此罪与彼罪、定罪量刑情节、法定刑进行详细论述。

在写作本书之前和过程中，我们尽最大可能地收集了有关贿赂犯罪的法律法规、司法解释、部门规章、法学著作、学术论文、典型案例等。我们感到，有的法学著作、学术论文对贿赂犯罪的论述较为深入，但没有案例予以说明，如果没有一定的法学理论知识理解起来较为困难；有的案例书籍和裁判文书对贿赂犯罪案情叙述较为详细，甚至是前后反复叙述，但对案件涉及的理论问题缺乏深入分析，说理性不强，也容易导致当事人不服裁判。有鉴于此，我们在对每个罪名的知识点进行深入研究的同时，尽可能的选择有关这个知识点的典型案例附随其后，以满足读者对理论研讨和案例解析两方面的需要。我们在工作中有意识地积累了许多贿赂犯罪案例，又通过网站、报纸、杂志、书籍收集了大量案例，经过层层筛选后确定了三百余个，其中受贿罪的案例占了较大部分，当然，这也印证了实践中十个贿赂犯罪的发案比例。这些案例均是实践中真实发生的案件，大多数来源于判决书或裁定书。出于篇幅限制，原来在写作时仅想保留案情部分，但后来感到实践中法院对某个案件如何定罪量刑也会受到关注，特别是更会受到案件当事人的关注，加之2010年10月1日起全国法院已经开始将量刑纳入法庭审理程序，犯罪既遂与未遂、主犯、从犯、胁从犯、教唆犯、自首、坦白、立功等法定量刑情节和自愿认罪、退赃、追赃等酌定量刑情节受到了控辩双方更多的关注，一罪与数罪、此罪与彼罪也是容易产生争议的问题，因此在叙述案例时保留了法院定罪量刑的理由和判处被告人的罪名和刑罚。

需要说明的是，由于本书侧重于对司法实践的指导，因此对于我国古代和外国有关贿赂犯罪的立法没有涉及，仅介绍了新中国有关贿赂犯罪的立法和司法解释。在本书结构上，每个罪名独立成章，由于“国家工作人员”、“职务便利”、“贿赂”、“不正当利益”、“经济往来”、“国家规定”、“回扣”、“手续费”等在多个罪名中出现，为避免重复，在有的罪名中就简单提一下，详细内容可以参见受贿罪或行贿罪相应部分的论述。此外，每个罪名也涉及既遂与未遂、共同犯罪、一罪与数罪、自首、坦白、立功、退赃等定罪量刑情节，我们在受贿罪和行贿罪部分对这些情节进行了详细论述，在其他罪名中为避免重复省略了若干情节，如果读者想了解请参见受贿罪或行贿罪相应部分的论述。法院的判决书或裁定书少则数千字，多则数万字，虽然尽量压缩，但有的案例仍显得有些长，特别是经过一审、二审甚至再审的案例。虽然绝大多数案例我们赞成法院判决，但也有一些案例我们并不认同法院判决，在选择这类案例时我们特别慎重，仅选择了很少部分。由于是真实案例，在引用时隐去了当事人的名字，以某某代替，但保留了审判法院的名称，以便读者如有需要可以查询到裁判文书。我们不希望有关案件当事人在本书中对号入座，谨希望需要法律帮助的人能够在本书中找到类似案例，解开心中的疑惑。

感谢我们的研究生导师韩玉胜教授对学生的教诲，我们先后毕业于韩老师门下，在校期间乃至毕业后一直得到韩老师的关爱，这次韩老师又亲自为本书作序。感谢中国检察出版社史朝霞编辑为本书顺利出版所做的工作。本书在写作过程中参考了许多刑法学界前辈、同仁的著作、论文，并引用了许多法院判决的案例，除了在书中注明之外，在此向作者表示衷心的感谢。由于我们水平有限，书中有些观点和对有些案例的评析也许并不妥当，恳请有关专家、学者和读者给予批评指正。

李文峰　徐彦丽

2012 年 4 月于北京 海淀 翠微